Manfred Ferner

türkei

mittelmeerküste

Manfred Ferner

türkei
mittelmeerküste

Impressum

Manfred Ferner
Türkei Mittelmeerküste
erschienen im
Reise Know-How Verlag

ISBN 978-3-89662-367-6

Untere Mühle
D - 71706 Markgröningen
3. akutalisierte Auflage **2014**

– Printed in Germany –

www.reise-know-how.de

eMail-Adresse des Verlags:
verlag@rkh-reisefuehrer.de

Gestaltung und Herstellung
Umschlagkonzept: Carsten Blind
Inhalt: Carsten Blind
Lektorat: Helmut Hermann
Karten: Helmut Hermann
Druck: mediaprint, Paderborn
Fotos: siehe Anhang

Dieses Buch ist erhältlich in jeder Buchhandlung in
Deutschland, Österreich, Schweiz, Niederlande und Belgien.
Bitte informieren Sie Ihren Buchhändler über
folgende Bezugsadressen:

D: PROLIT GmbH, Postfach 9, 35461 Fernwald, www.prolit.de
(sowie alle Barsortimente)
CH: AVA-Verlagsauslieferung AG, Postfach 27, 8910 Affoltern, www.ava.ch
A: Mohr Morawa Buchvertrieb GmbH,
Sulzengasse 2, 1230 Wien, www.mohrmorawa.at
NL, B: Willems Adventure, www.willemsadventure.nl

Wer im Buchhandel trotzdem kein Glück hat, bekommt
unsere Bücher auch über unsere Büchershops im Internet (s.o.).

Hoş Geldiniz – Herzlich willkommen!

Wer sich für die türkische Mittelmeerküste als Urlaubsgebiet entscheidet, hat in vielfacher Hinsicht die Qual der Wahl: zunächst einmal gilt es, sich geografisch zu beschränken, denn mit über 5000 Kilometer Küstenlinie ist der landschaftliche und kulturelle Reichtum der Regionen zwischen Istanbul und syrischer Grenze auch bei einer längeren Reise schwerlich in einem Wurf zu bewältigen.

Die zwangsläufige Begrenzung lässt sich in zwei Abschnitte unterteilen: In die Westküste, die *Türkische Ägäis,* die im Süden ungefähr bei den beliebten Urlaubsorten Kalkan bzw. Kaş endet, und in die sich daran anschließende Südküste, gerne werbewirksam als *Türkische Riviera* vermarktet.

Wichtiger für den Urlauber ist aber vielleicht die Einteilung nach touristischem Entwicklungsstand: als eine Aneinanderreihung von mehr oder weniger entwickelten touristischen Hochburgen kann das gesamte landschaftliche Bilderbuchgebiet zwischen Izmir und Alanya angesehen werden. Hier ist man ganz auf internationale Klientel orientiert, in den pittoresken Badeorten hat man sich umfassend auf die Konsum- und Freizeitbedürfnisse der Besucher eingestellt, so dass dieses Gebiet gleichsam von touristischer Infrastruktur dominiert wird und man rundum – einschließlich der Sprache – versorgt ist.

Nördlich von Izmir sowie vor allem östlich von Alanya ist der internationale Tourismus dagegen weniger stark ausgeprägt, denn hier machen – bisher! – hauptsächlich Türken selbst Urlaub, was diesen Regionen ein viel dichteres lokales Gepräge wie auch größere kulturelle Authentizität verleiht.

Entlang der gesamten Küste wartet in der „zweiten Reihe" der kulturelle Reichtum des Hinterlandes, mit berühmten und oft herrlich gelegenen griechischen bzw. römischen Ruinenstädten. Eine solche Fahrt ins Landesinnere ist unbedingt zu empfehlen, nicht nur wegen der Historie, sondern mehr noch wegen der Einblicke in die ländliche Lebensweise der Bevölkerung. Denn schon 20 Kilometer landeinwärts gehen die kulturellen und überhaupt alle Uhren völlig anders, hier beginnt recht eigentlich der „Orient", den man an der Küste nur in seiner sorgsam touristischen Verpackung kennenlernt. Und so wie die touristische Rundumversorgung abnimmt, steigt gleichsam das soziale Reiseerlebnis, die Begegnung mit Menschen, die in West- und Zentralanatolien immer noch in einer anderen Zeit und anderen Verhältnissen leben. Die Reiseerlebnisse werden „echter", „erdiger", und dies selbst dann, wenn der Fremde nur über wenige türkische Vokabeln verfügt. Freundlichkeit und ein nettes Lächeln sind hier mindestens so wichtig wie der Geldbeutel an der Küste.

All diese Aspekte wird dieses Buch versuchen, an Ort und Stelle klar und deutlich herauszustellen. Bei der Fülle des Materials sind Raffungen allerdings unerlässlich – aber schließlich will der neugierige Besucher ja auch vielleicht selbst noch als Entdecker tätig werden, in irgendeinem Dorf, an irgendeinem Fluss oder in irgendeinem Teehaus…

Versuchen Sie es und trauen Sie sich – es lohnt sich auf jeden Fall! Denn nur zum Schwimmen ist diese historisch so vielschichtige Mittelmeerküste der Kulturen sicherlich zu schade …

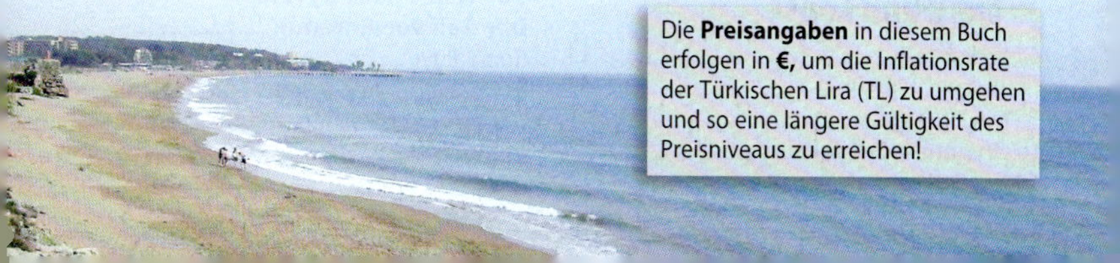

Die **Preisangaben** in diesem Buch erfolgen in **€,** um die Inflationsrate der Türkischen Lira (TL) zu umgehen und so eine längere Gültigkeit des Preisniveaus zu erreichen!

INHALTSVERZEICHNIS

☐ Exkurs

A-Z Praktisches Reise-ABC

Land und Leute

Reiseteil – Städte und Wege

1 Istanbul

2 Rund ums Marmara Meer

3 Die nördliche Ägäis

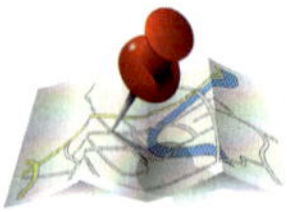

Bitte schreiben oder mailen Sie (verlag@rkh-reisefuehrer.de), wenn sich in der Türkei Dinge verändert haben oder Sie Neues wissen. Wir beantworten jede Zuschrift. Danke!

TEIL I

PRAKTISCHES REISE-ABC
LAND & LEUTE

Die Türkei im Überblick

Landesfläche:	779.452 qkm (Weltposition 36; im Vergleich dazu Deutschland 357.121 qkm, Weltposition 62)
Einwohner:	73,64 Mio. (Weltposition 18; D: 82,1 – Weltposition 16)
Bevölkerungs-wachstum:	1,5% 1990–2010 (D: 0,2% 1990–2010)
Urbanisierung:	70% 2010 (D: 74%)
Kindersterblichkeit:	18 (pro 1000 Lebendgeburten 2010); D 4
Alphabetisierung:	90,8% 2010 (D: 99%)
Bruttonational-einkommen	pro Kopf und Jahr in US-Dollar: 10410 (2011), D: 43980 (2011)
Energieverbrauch	je Einw. in kg: 1441 (D: 4054)
CO2-Emission	je Einw. in Tonnen 4(2008); D: 9,6 (2008)
Inflation:	6,5% (2011); D: 2,3% (2011)
Arbeitslosigkeit:	8,8% (2011); D: 7% (2013)
Hauptstadt:	Ankara, ca. 4,35 Mio. Einw.
Ethnien:	70–80% Türken, 15–20% Kurden, 2% Araber
Religionen:	Muslime 99,8% (darunter 80% Sunniten, 19,8% Aleviten), Christen 0,2%
Sprachen:	Türkisch, Kurdisch
Durchschnittl. Lebenserwartung:	74 (2010); D: 80 (2010)
Türkei im Internet:	www.tbmm.gov.tr

A-Z

Praktisches Reise-ABC

Anreise

Anreise per Flugzeug

Der Großteil der Besucher wird mit dem **Flugzeug** in die Türkei reisen. Von den meisten Flughäfen Deutschlands, Österreichs und der Schweiz gibt es preiswerte Linien- oder Charterflüge nach **Istanbul** (IST), **Izmir** (ADB), **Dalaman** (DLM) und **Antalya** (AYT). Bekannte Billigflieger sind u.a. *Germanwings* (www.germanwings.de), *Air Berlin* (www.airberlin.com) und *Easyjet* (www.easyjet.com), die – bei frühzeitiger Buchung im Internet und etwas Flexibilität! – sehr preiswert sein können. Die Flugdauer beträgt drei bis vier Stunden. Unter den vielen Liniengesellschaften, die die Türkei anfliegen, bietet *Turkish Airlines* (www.turkishairlines.com) naturgemäß das breiteste Angebot, bei dem auch nichttouristische Flughäfen, wie z.B. *Adana*, berücksichtigt werden. Wer eine Pauschalreise mit Flug und Hotelunterkunft gebucht hat, kommt meist in den Genuss eines kostenlosen Transfers vom Ankunftsflughafen zum Hotel.

Anreise per Auto

Wer unbedingt mit dem **eigenen Auto** in die Türkei reisen möchte, muss entweder auf dem Landweg eine fast 3000 Kilometer (München – Antalya) lange, durch die Länder des Balkans und über Istanbul führende Strecke zurücklegen. In diesem Fall sollten Sie sich bei Ihrem Automobilclub über Ein- und Durchreisebestimmungen für die einzelnen Länder, Straßenbedingungen, Übernachtungsmöglichkeiten und Kosten informieren. Benötigt wird auf jeden Fall die „Grüne Versicherungskarte"; zudem sollten Sie sich unbedingt erkundigen, ob die normale Kasko- und Insassenunfallversicherung für die gesamte Türkei gilt (also auch für den asiatischen Teil!). Schließen Sie nötigenfalls Zusatzversicherungen ab.

Eine bequemere sowie sicherere, wenn auch nicht kürzere Variante, ist die Route **über Italien.** Von den Häfen Ancona bzw. Brindisi existieren Fährverbindungen nach Çeşme (ca. 30 h pro Strecke). Die Überfahrt ist jedoch nur während der Sommermonate möglich und dauert einschließlich des Landwegs mindestens drei Tage; es fallen im Vergleich zum Flug erhebliche Kosten an (2 Erwachsene, Kleinwagen, Kabine und Verpflegung, hin und zurück ab ca. 1600 €). Günstiger ist da die Fährverbindung von Brindisi/Bari nach Igoumenitsa/Griechenland (6–8 h, 2 Erwachsene, Kleinwagen, ohne Kabine, hin und zurück ab ca. 200 €). Natürlich hat man im letzteren Fall noch die Durchquerung Griechenlands vor sich (ca. 750 km, mind. 8 h Fahrzeit), bevor bei Alexandroupolis die türkische Ägäisküste erreicht wird. (Nähere Informationen zu Fährstrecken und -buchungen auf www.ocean24.de, www.SeeTour24.de oder www.marmaralines.com).

Kreuzfahrt

Zahlreiche Veranstalter bieten **Kreuzfahrten** ins östliche Mittelmeer an, die man teilweise zu einem Kurzaufenthalt von einer Woche unterbrechen kann. Da sich Routen und Aufenthaltsangebote meist saisonal ändern, empfehlen wir Ihnen, über eine solche Reisevariante die aktuellen Angebote in einem Reisebüro zu erfragen. Über Kreuzfahrten entlang der türkischen Mittelmeerküste (die „Blaue Reise") finden Sie nähere Informationen in den konkreten Ortskapiteln sowie dem Essay „Die Gulet und der Traum ins Blaue", s.S. 31.

Anreise per Bahn

Freunde einer **Anfahrt mit der Bahn** wird die Fahrzeit möglicherweise nicht abschrecken, obwohl der Zug von München nach Istanbul etwa 40 Stunden benötigt. Für eine Weiterfahrt an die türkische Mittelmeerküste eignet sich die Bahn allerdings aufgrund ihres begrenzten Streckennetzes nur bedingt, so dass man besser auf das Transportmittel Bus umsteigt.

Die Fahrt mit dem Autoreisezug von Villach/Österreich bzw. Wien nach Edirne ist bei Optima Tours, München, im Angebot (www.optimatours.de). Aber auch bei dieser Variante sollte der Urlauber den Kosten-Nutzen-Effekt berücksichtigen, da bei einer Familie mit zwei Kindern zur Hochsaison die Kosten für Hin- und Rückfahrt ca. 1400 € betragen können.

Anreise per Bus

Auch mit dem **Europa-Bus** kann man in die Türkei fahren. Trotz Komforts ist die Fahrt von München nach Istanbul (ca. 2 Tage) anstrengend. Die Kosten sind oft nur geringfügig günstiger als mit dem Flugzeug. Fahrpläne und Preise unter www.touring.de.

Bekleidung und Ausrüstung

Natürlich bestimmt das Klima (s. „ Klima") der Region, in die Sie reisen möchten, ganz entscheidend, welche Kleidung Sie mitnehmen sollten. In den warmen bis heißen Monaten (nördliche Ägäis im Sommer, südliche Mittelmeerküste bis auf Dezember bis Februar fast ganzjährig), empfiehlt sich leichte Kleidung aus Naturfasern. Für den Aufenthalt am Strand ist Badebekleidung natürlich unverzichtbar. Diese sollte aber auch nur diesem Zweck vorbehalten bleiben. Die Scharen von nur leicht bekleideten Touristen, die vor allem in der Hochsaison die Ortschaften und Städte, antiken Ausgrabungsanlagen und Moscheen oder Kirchen, Basare und Geschäfte bevölkern, werfen kein gutes Licht auf das angemessene Verhalten in einem Land mit anderen Sitten und Gebräuchen. Leisten Sie Ihren Beitrag zum Respekt unterschiedlicher Lebensauffassungen und zeigen Sie sich als rücksichtsvoller Gast, indem Sie bei einem Stadtbummel, Restaurantbesuch oder Ausflug zu einer Ausgrabungsstätte sowie vor allem beim Betreten von religiösen Bauwerken auf Shorts, kniefreie Röcke, schulterfreie Blusen oder „Muscleshirts" und Badeschlappen verzichten.
Ein weitverbreitetes Missverständnis ist übrigens, dass möglichst wenig Kleidung vor Hitze schützt. Gegen hohe Außentemperaturen hilft viel mehr, wenn möglichst viel Haut von luftiger Kleidung bedeckt ist. Lange Hosen, Röcke, Blusen und Hemden mit kurzen oder langen Ärmeln – alles aus atmungsaktiven Stoffen – gehören also in Ihr Gepäck, genauso unverzichtbar wie eine vor Sonne schützende Kopfbedeckung.

Für Stadtbummel und Besichtigungstouren von antiken Ausgrabungsstätten sollten Sie festes, bequemes Schuhwerk tragen. Bei Ausflügen und Wanderungen im Gebirge sind leichter Pullover, Regenjacke und Wanderschuhe zu empfehlen. Viele Hotels in der Türkei sind vollklimatisiert, und selbst in den Sommermonaten ist daher eine leichte Jacke oder ein Jacket angebracht.

Bei Höhlenbesichtigungen sind festes Schuhwerk und ein Pullover bzw. eine Jacke ebenso angebracht wie eine Taschenlampe; einige Höhlen bzw. Kirchenräume in Kappadokien haben schlecht bzw. gar nicht ausgeleuchtete Bereiche.

Wenn Sie Ihr eigenes Sportgerät (Surfbrett, Fahrrad, Golf- oder Tauchausrüstung etc.) mit in die Türkei nehmen wollen, müssen Sie dies rechtzeitig vor Abflug als Sperrgepäck bei der Fluggesellschaft anmelden. Erkundigen Sie sich dort auch nach den Verpackungsbestimmungen des Sportgerätes. Die Bezahlung als „Übergepäck" erfolgt dann meist beim Check-in.

Charterboote

Wer plant, mit einem gecharterten Segel- oder Motorschiff auf eigene Faust die türkische Küste zu erkunden, sollte die Anmietung vor Urlaubsantritt regeln.

Grundsätzlich sei davor gewarnt, die Anmietung direkt in der Türkei vorzunehmen, da nicht sichergestellt ist, dass die Schiffe immer den erforderlichen technischen Anforderungen genügen (man beachte aber die Hinweise in den entsprechenden Kapiteln der Küstenorte, wo auf seriöse Anbieter hingewiesen wird). Im Schadensfall ist es fraglich, ob die Versicherungsbestimmungen nach türkischem Recht ausreichen. Außerdem müssen Regressansprüche und Schadensabwicklung in der Türkei erfolgen. Angebote zur Bootsanmietung ab türkischen Häfen bei deutschen, österreichischen und Schweizer Anbietern finden Sie unter www.yacht.de. Die dortige Charter-Datenbank ist umfangreich und nach Zielgebieten zu durchsuchen. Es werden Informationen zu Bootseigner, Ort, Basis, Baujahr, Länge, Anzahl Kabinen/Kojen und Preisen gegeben.

Unverzichtbar für einen Törn in der östlichen Ägäis ist das „Hafenhandbuch Teil V – Türkei Ägäis Ost", das man über den Nautik-Verlag, Am Kirchenhölz 12, 82166 Gräfelfing, Tel. 089-69919118, www.nautik-verlag.de, beziehen kann. Teile des Handbuchs sind dort auch als Datei herunterzuladen.

Diplomatische Vertretungen

Vertretung der Türkei in Deutschland: Türkische Botschaft, Rungestr. 9, 10179 Berlin, Tel. 030-275850, Fax 27590915, www.tuerkischebotschaft.de. Generalkonsulate in vielen deutschen Großstädten.

Vertretung der Türkei in Österreich: Türkische Botschaft, Prinz-Eugen-Str. 40, 1040 Wien, Tel. 01-50573380, Fax 5053660.

Vertretung der Türkei in der Schweiz: Türkische Botschaft, Lombachweg 33, 3000 Bern 15, Tel. 031-3597070, Fax 3528819, www.tr-botschaft.ch

Vertretungen von Deutschland in der Türkei:

- Antalya: Deutsches Konsulat (für die gesamte Riviera zuständig), Yeşilbahçe Mah. 1447 Sok., B. Gürkanlar Apt., Kat 5, Daire 14; Tel. 0242-3141101 (Mo–Fr 8–15.30 Uhr, Mi/Fr nur bis 13 Uhr), Fax 0242-3216914. Besuchszeit Mo–Fr 9–12 Uhr. Bei schweren Notlagen außerhalb der oben angegebenen Zeiten: Tel. 0532-2833634.

- Ankara: Botschaft der Bundesrepublik Deutschland in Ankara, Atatürk Bulv. 114, Kavaklidere, 06690 Ankara, Tel. 0312-4555100, www.germanembassyyank.com.
- Istanbul: Generalkonsulat der Bundesrepublik Deutschland: Inönü Cad. 16–18, Gümüssuyu, 80090 Istanbul, Tel. 0212-3346100, www.deutschesgeneralkonsulat-istanbul.org.tr.
- Izmir: Generalkonsulat der BRD: Atatürk Cad. 260, 35220 Izmir, Tel. 0232-42169-95/-96

Vertretungen von Österreich in der Türkei:

- Ankara: Botschaft der Republik Österreich, Atatürk Bulvari 189, 06680 Ankara, Postanschrift: P.K. 131, TR-06661 Ankara-Kücükesat, Tel. 0312-41904 31/32/33.
- Antalya: Honorarkonsulat (ohne Passbefugnis): Vasco Turizm, Caglayan Mahallesi, 2054 Sokak No. 8, TR-07230 Barinaklar/ Antalya, Tel. 0242-2490330.
- Bodrum: Konsulat (ohne Passbefugnis), Atatürk Cadessi No. 79, Kumbahce Mah., TR-48400 Bodrum, Tel. 0252-3133687.
- Bursa: Honorarkonsulat (ohne Passbefugnis), SKT A.S., Organize San Bölgesi; Yesil Cad. Nr. 17, 16140 Bursa, Postanschrift: SKT A.S., P.K. 90, TR-16159 Bursa, Tel. 0224-243 4100.
- Istanbul: Generalkonsulat, Köybasi cad. No. 46, 34464 Yeniköy, Istanbul, Postanschrift: P.K. 2, TR-34464 Yeniköy-Istanbul, Tel. 0212-2629315. Izmir: Honorarkonsulat in Izmir (ohne Passbefugnis), Erboy Is Hani, Gazi Bulv./Sehit Fethi Cad 41, 7. St., 33212 Izmir, Postanschrift: P.K. 160, TR-35212 Izmir, Tel. 0232-425 45 64.
- Mersin: Honorarkonsulat (ohne Passbefugnis), Atatürk cad. 4302 Sok., Toroglu apt. B Blk. 1. kat no 1, Kültür Mah., TR-33010 Mersin, Tel. 0324-2313606.

Vertretungen der Schweiz in der Türkei:

- Ankara: Botschaft der Schweiz, Atatürk Bulvari 247, P.K. 25, 06692 Kavaklidere, Tel. 0312-4675555 www.eda.admin.ch/ankara.
- Antalya: Konsulat, c/o Pamfilya Tourism Inc., Isiklar Caddesi No. 57, 07100 Antalya, Tel. 0242-2431500.
- Istanbul: Generalkonsulat, 1. Levent Plaza, A-Blok Kat:3, Büyükdere Cad. No. 173, 34394 Levent Istanbul, Tel. 0212-2831282.
- Izmir: Konsulat, 1380 Sokak, Alyans Apt. B. Blok K:3 D:6. 35220 Alsancak/Izmir, Tel. 0232-4214239.

Einkaufen

Freunde des Shopping kommen in der Türkei eigentlich überall auf ihre Kosten. Ob in einschlägigen Geschäften oder auf Basaren und bunten Wochenmärkten, es ist immer etwas für jeden Geschmack und Geldbeutel dabei. Zu bei Besuchern beliebten und meist preisgünstig zu kaufenden Artikeln gehören kunstvoll gewebte Teppiche und Wandbehänge mit geo-

metrischen oder floralen Mustern (Kelims), Lederwaren (Jacken, Mäntel, Taschen, Schuhe), Gold- und Silberwaren, Gegenstände aus Messing und Kupfer, Porzellan und Keramik.

Ein typisches Souvenir ist eine Wasserpfeife *(nargile)* oder ein kunstvoll mit Intarsien ausgestattetes Spielbrett (z.B. Schach oder Backgammon, das in der Türkei „tavla" genannt wird). Schmuck wird aus Halbedelsteinen oder mit Ornamenten verziertem Glas hergestellt, berühmt sind die „blauen Augen", die gegen Unglück aller Art *(nazar)* helfen sollen.

Textilien sind deutlich preiswerter als bei uns. Oft finden Sie Designerware aus Überproduktionen oder als Imitate zu sehr günstigen Preisen. Wenn Sie sich nicht scheuen, bei 40 Grad Hitze einen Pelzmantel anzuprobieren, können Sie, z.B. im Aksaray-Viertel in Istanbul, auch hierbei fündig werden. Frotteeware, z.B. Badetücher, gibt es in hoher Qualität für wenige Euro. Marmelade, Honig, kandierte Früchte, exotische Gewürze, Oliven- oder Rosenöl und Weine sind ebenfalls beliebte Souvenirs.

Antike Gegenstände werden zwar angeboten, meist handelt es sich aber um im Prinzip wertlose Nachbildungen. Antiquitäten, die mehr als 100 Jahre alt sind, können Sie zwar kaufen, jedoch nicht exportieren. Gleiches gilt für Mineralien. Ebenfalls vom Aus- bzw. Einfuhrverbot betroffen sind u.a. Gegenstände aus Elfenbein, exotische Katzenfelle, Nashorn- und Krokodilprodukte, ausgestopfte (oder gar lebendige) Vögel, aus Korallen, Muscheln oder Schneckenschalen hergestellte Schmuckgegenstände. Zahlreiche Pflanzen, darunter Kakteen und Orchideen, dürfen nicht in europäische Staaten importiert werden.

Lassen Sie sich beim Kauf von Gegenständen, die einen Wert von 50 Euro übersteigen, auf jeden Fall eine Quittung ausstellen, die Sie notfalls bei der Ausreise aus der Türkei und bei Einreise in Ihr Heimatland vorweisen können. Und beachten Sie auch die Zollbestimmungen bei der Rückreise: Nach Deutschland dürfen z.B. Reisemitbringsel aus Nicht-EU-Ländern nur bis zu einem Gesamtwert von 430 Euro abgabenfrei eingeführt werden (weitere Details auf www.zoll.de). Was mehr gekostet hat, muss angemeldet werden.

Handeln gehört in der Türkei zum Geschäft! Das gilt zumindest für Basare, Märkte und Straßenhändler. In Supermärkten, Kaufhäusern oder Geschäften, die z.B. Lebensmittel verkaufen, gelten allerdings Festpreise. Zum Feilschen um den Preis gehört etwas Gewöhnung und Geschick, vor allem, weil der Anbieter mit allen erdenklichen Überredungskünsten (durchaus auch in perfektem Deutsch) Sie vom Kauf einer Ware überzeugen will. Lassen Sie sich auf einen Handel nur dann ein, wenn Sie wirklich am Kauf der Ware interessiert sind. Ansonsten sollten Sie bestimmt, wenn auch höflich, jede Verhandlung ablehnen. Der zunächst angebotene Preis übertrifft den Warenwert meist um das Doppelte. Bieten Sie dagegen nur die Hälfte dessen, was Sie am Ende tatsächlich zu zahlen bereit sind. Wenn Sie sich mit dem Verkäufer in der Mitte treffen, ist der Kauf meist für beide Seiten in Ordnung.

Die Kunst, auf dem Teppich zu bleiben

Gekonnt rollt Zafer den vierten Teppich aus, um seinen Vortrag für Sekunden zu unterbrechen, als wolle er das Ereignis als solches wirken lassen. Die Reisegruppe, die per Bus in der Teppichfabrik (carpet factory) gelandet ist, sitzt bewundernd um die ausgebreiteten Kunstwerke, deren filigranes Design und Farbenfeuerwerk durch Zafers Erläuterungen immer begehrenswerter zu werden scheinen.

Vorbei an den anatolisch gekleideten Teppichweberinnen, die vor ihrem traditionellen Webstuhl oder -rahmen in die mühselige Kunst des Knüpfens versunken erscheinen, ist die Gruppe in den Präsentationsraum geleitet worden, um zunächst skeptisch und verhalten bei einem Glas Çay den Darbietungen zu folgen. Zafer weiß das, und kein Wort weist anfangs daraufhin, dass es ihm um etwas anderes geht als um die ehrliche Vermittlung der Maßstäbe, nach denen ein Teppich als wertvoll zu erachten ist. Da sei zunächst einmal das **Material,** meist Wolle, seltener die kostbarere Seide, das für die Beurteilung von Wichtigkeit ist. Des Weiteren ist natürlich die **Knotenzahl** von Bedeutung, die bei einem Orientteppich durchschnittlich zwischen 100.000–200.000 Knoten pro m^2 liegt und bis auf eine Million pro Quadratmeter ansteigen kann. Simpel gesagt: je höher die Knotendichte, umso mehr Zeit, Kunst und Mühe, sprich Wert, erlangt ein Teppich. Dann sind natürlich die **Farben** von nicht unerheblicher Bedeutung. Chemische Anilin- und Chromfarben werden heute nicht nur in der industriellen, sondern auch manufakturellen Teppichherstellung weitflächig benutzt; natürlich seien Pflanzenfarben insgesamt höher einzuschätzen. Überhaupt müsse man aufpassen (gemeint ist die böse Konkurrenz), künstliche, d.h. maschinelle Teppiche von „echten", d.h. rein handgenüpften Teppichen zu unterscheiden. Und er legt zwei Exemplare wirkungsvoll nebeneinander, um zum Erstaunen der Herbeigerufenen die „Fehler" – also unregelmäßigen Kanten, Fransen und Knüpfreihen – des einen vor den standardisierten Längen des anderen zu loben. Und natürlich sei auch das **Design** und die **Motivarbeit** von großer Bedeutung, womit Zafer die tiefe Verwurzelung des Teppichs als symbolreiches Gut der türkischen Geschichte und Kultur auszulegen beginnt. Vögel, Ranken, Farbensymbolik, der mihrabgeschmückte Gebetsteppich und der mit Liebessymbolen durchwirkte Hochzeitsteppich, alles entfaltet eine Bedeutung und Lesbarkeit, die den Zuhörer in eine geheime, uralte Teppichsprache entzückender Bedeutungen einzuweihen scheint. Von der puren Nutzbarkeit im Wohnzimmer hat Zafer den Sprung zur „Seele" des Teppichs – und der seiner Zuhörer – geschafft. Und das Ausbreiten dieser ideellen Schönheit ist nicht selten der Knackpunkt, an dem auch große Skeptiker ihren Widerstand schwinden fühlen und dem geheimen Zauber zu unterliegen scheinen, etwas von der großartigen Symbolwelt dieser Kultur ins eigene Heim mitzunehmen.

Begehrtes Souvenir: ein Orientteppich

Klug breitet Zafer, nach dem Gipfel seiner Erläuterungs- und Erzählkunst, noch einige preiswertere **Kelims** (Flachgewebe-Teppich) aus, um auch die nicht so solventen Besucher zu ermuntern, und den bereits überzeugten (oder doch überredeten?) die Zeit zu lassen, sich ihr kostbares Stück Orient auszusuchen.

Damit kein Missverständnis entsteht: Teppichhändler sind um keinen Deut schlechtere oder unehrlichere Menschen als andere Händler auch. Nur ist das Geschäft mit dem berühmten guten Stück knochenhart geworden. Nicht selten müssen Teppichhändler an Hotels oder Reiseagenten einen erklecklichen „Vorschuss" zahlen, damit diese dann die Kundschaft herbeidirigieren. Zwischen 5 und 10% einer Gruppe, so rechnen Zafer und seine Kollegen nüchtern, lassen sich zum Kauf eines Teppichs bewegen. Dafür muss der Händler neben seinem Wissen all seine Eloquenz und psychologische Begabung aktivieren, und nicht selten steht er nach einem anstrengenden Vortrag von mehreren Stunden ohne Gewinn da. Die „Seele" des Teppichs gibt es – für Türken – übrigens wirklich, und einen guten Teppichverkäufer die symbolischen Geheimnisse der Teppichkultur ausbreiten zu sehen, ist ein Genuss für sich. Es gibt Teppiche, z.B. Geburts- oder Hochzeitsteppiche, die ihren Besitzer ein Leben lang begleiten und für diesen einen Wert besitzen, der ihn praktisch unverkäuflich macht.

Selbstredend kann ein Teppich auch für einen ausländischen Besucher eine lebenslange Erinnerung an ein schönes Land darstellen. Beim Kauf ist man gut beraten, sich Zeit zu lassen und einige Tipps zu beherzigen. Wer Laie ist, und das sind die meisten, sollte zumindest so tun, als verstünde er etwas von der Materie. Fragen Sie also nach der Knotenzahl, dem Material, der „Biographie" des Teppichs – so er eine hat –, fragen Sie nach der Bedeutung des Designs, und tun Sie beim Streicheln des Gewebes so, als wollten Sie kritisch die Farbechtheit prüfen. Verstecken Sie ihren Kaufentschluss hinter einer zweifelnden Miene oder leicht gespielten Unwilligkeit. Man kann – auch nach 10 Gläsern Tee – die Teppichfabrik oder den Bazarladen ohne Gesichtsverlust und ohne Teppich wieder verlassen. Beginnt man aber mit dem *Feilschen* (durch das Nennen des *eigenen* Preises), so wird auch ein Abschluss des Geschäfts erwartet, gleichwohl sich dieses durch langsames Annähern von Käufer- und Verkäuferpreis zu einer langwierigen Verhandlungszeremonie entwickeln kann.

Es gilt also, möglichst „auf dem Teppich zu bleiben", auch wenn die begeisterte Seele auf dem zauberhaften Stück Orient davonzufliegen scheint. Hat man sich aber einmal entschlossen, sein persönliches Souvenir oder gar Wunderwerk zu erstehen, so beachte man die Regeln des *fiatı pazarlık* (Feilschen): je länger und geschickter man um sein Gut ringen muss, umso lieber und teurer wird es einem zuhause werden.

Einreisebestimmungen und Reisedokumente

- Deutsche und Schweizer benötigen bei der Einreise über einen Flughafen lediglich den Personalausweis; man erhält einen kleinen losen Zettel mit dem Einreisestempel (anstelle des Stempels im Pass), der bei der Ausreise wieder vorgelegt werden muss. Reist man über Land ein (z.B. mit dem Zug/Auto), ist der Reisepass vonnöten.
- Deutsche und Schweizer die länger als drei Monate im Land bleiben wollen, benötigen ein Visum. Österreicher benötigen den Reisepass und ein Visum (z.Zt. 15 €), das am Flughafen an den Visa-Schaltern vor den Passkontrollen erteilt wird. Am besten den Betrag passend bereithalten.
- Kinder unter 16 Jahren müssen einen Lichtbildausweis (mit Foto) besitzen oder aber im Pass der Eltern eingetragen sein.
- Ausweis bzw. Pass sollte man stets bei sich tragen, um sich bei etwaigen Kontrollen ausweisen zu können. Bei Verlust der Dokumente sind sofort die Polizei (Protokoll schreiben lassen) sowie die zuständige Botschaft zu informieren (deshalb ggf. Kopien von Pass bzw. Personalausweis sowie ein kleines Sortiment an zusätzlichen Passbildern im Gepäck deponieren).
- Wer mit eigenem Pkw in die Türkei reist, benötigt Reisepass, EU-Führerschein sowie die Grüne Versicherungskarte. Bei Weiterfahrt in den asiatischen Teil der Türkei sollte man sich bei der heimischen Versicherung vergewissern, dass der Versicherungsschutz auch für den asiatischen Teil gültig ist. Der Wagen wird bei Grenzübertritt in den Pass eingetragen. Bei der Ausreise achte man darauf, dass der Vermerk im Pass ungültig gemacht wird.

Elektrizität

Die Spannung beträgt 220 Volt, Wechselstrom. Die Steckdosen in allen modernen oder renovierten Häusern passen zu europäischen Steckern; lediglich in alten Häusern ist für die auslaufenden dreipoligen Steckdosen ein Adapter erforderlich. In den Badezimmern der Hotels gibt es oft einen Anschluss mit 110 Volt. In entlegenen Regionen kann es manchmal zu Stromausfällen kommen, die Störung ist jedoch meist schnell behoben. Trotzdem empfiehlt sich das Mitnehmen einer kleinen, leistungsstarken LED-Taschenlampe.

Feste und Feiertage

1. Januar	Neujahr
23. April	Unabhängigkeitstag und Tag der Kinder
19. Mai	Gedenken an Atatürk, Jugend- und Sporttag, meist zwei oder drei Tage
30. August	Nationalfeiertag, Sieg im türkisch-griechischen Unabhängigkeitskampf 1922
29. Oktober	Gründungstag der Türkischen Republik 1923

Der islamische Fastenmonat **Ramadan** richtet sich – ebenso wie die beiden höchsten religiösen Feste, **Şeker Bayramı** (Zuckerfest) und **Kurban Bayramı** (Opferfest) –, nach dem Mondkalender, der nur 354 Tage umfasst. Das bedeutet folglich, dass sich der Beginn wie das Ende dieser Feste jedes Jahr um 11 Tage nach vorne verschiebt. So beginnt der Ramadan 2014 am 28. Juni (Ende 27. Juli). Während des Ramadan ist den Gläubigen das Essen und Trinken erst nach Sonnenuntergang gestattet. Das Ende des Fastenmonats wird mit dem dreitägigen Zuckerfest gefeiert. Das viertägige Opferfest findet ca. zwei Monate später statt. An diesen Feiertagen sind Geschäfte, Banken, Behörden und Museen meist geschlossen. Als Folge der Säkularisierung unter Kemal Atatürk gilt der Sonntag – und nicht wie in anderen islamischen Ländern der Freitag – als allgemeiner Ruhetag.

Fotografieren

Material für Ihre Kamera-, Film- oder Videoausstattung können Sie natürlich auch in der Türkei kaufen. Meist sind die Preise aber höher als bei uns. Versorgen Sie sich daher am besten vor Reiseantritt mit dem geplanten Bedarf.

Das Fotografieren militärischer Einrichtungen ist grundsätzlich verboten. Verzichten Sie auch darauf, Menschen beim Beten aufzunehmen. Wenn Sie Personen fotografieren wollen, ist es schon alleine eine Frage der Höflichkeit, vorher um Erlaubnis zu fragen (gilt insbesondere für ältere Menschen in konservativen Gegenden). In archäologischen Ausgrabungsstätten wie einigen großen Museen müssen Sie damit rechnen, dass fürs Fotografieren oder Filmen eine Gebühr zu zahlen ist.

Geschäfts- und Öffnungszeiten

Banken, Behörden und Postämter haben montags bis freitags zwischen 8.30 und 12.30 Uhr sowie von 13.30 bis 17.30 Uhr geöffnet. Für Geschäfte gilt eine generelle Öffnungszeit von 9 bis 19 Uhr, montags bis samstags. Allerdings gibt es kein Ladenschlussgesetz, so dass viele Läden und Basare auch bis in den späten Abend und auch am Sonntag geöffnet haben, vor allem in den Sommermonaten und in touristisch bedeutsamen Orten.

Die meisten Museen haben täglich außer Montag geöffnet. Das Topkapı-Museum in Istanbul hat dienstags geschlossen. Ausgrabungsstätten öffnen oft bereits um 8 Uhr morgens und schließen um 18 oder 19 Uhr. Da eine Besichtigung in den kühleren Morgenstunden oder am späten Nachmittag angenehmer ist als während der heißen Tageszeit, sollten Sie die angegebenen Öffnungszeiten der jeweiligen Reisekapitel beachten.

Gesundheit und ärztliche Versorgung

(Für Erste Hilfe s. unter Notfallnummern). Bei der Einreise gibt es keine besonderen Gesundheitsvorschriften. Im eigenen Interesse sollten Sie prüfen, ob noch ein ausreichender Tetanus- und Polioschutz besteht. Wenn Sie dauerhaft ein bestimmtes Medikament einnehmen müssen, empfiehlt sich die Mitnahme einer ausreichenden Menge sowie zusätzlich eines entsprechenden, in englischer Sprache ausgestellten Rezeptes.

Die ärztliche Versorgung in der Türkei ist als durchaus zufriedenstellend zu bezeichnen. Sofern Sie sich nicht gerade in entlegenen Regionen aufhalten, finden Sie meist einen Arzt, der im Ausland studiert hat und mindestens eine Fremdsprache spricht, meist Englisch, Französisch oder Deutsch (gilt vor allem für die Touristengebiete der Küste). Dies gilt gleichermaßen für Allgemein-, Fach- und Zahnärzte. Krankenhäuser *(hastane)* finden Sie in allen größeren Städten. Apotheken *(eczane)* gibt es nahezu überall. Sie sind an einem Firmenschild mit dem roten Halbmond zu erkennen, dem Pendant zum Roten Kreuz.

Auch wenn es teilweise Abrechnungsabkommen zwischen der Türkei und europäischen Krankenversicherungen gibt, sollten Sie sich vor Abreise bei Ihrer Krankenkasse über den jeweils geltenden Versicherungsumfang erkundigen. Sicherheitshalber eine Auslandskrankenversicherung abschließen (Banken halten Vordrucke bereit), die im Bedarfsfall auch die Rückholung in Ihr Heimatland abdeckt. Bei Inanspruchnahme ärztlicher Leistungen oder beim Kauf von Medikamenten, die Sie vor Ort bezahlen, sollten Sie sich Quittungen ausstellen lassen, um die Kosten später mit Ihrer Krankenkasse abrechnen zu können.

Informationen

Es gibt eine nahezu unüberschaubare Menge an gedruckten Informationen aus und über die Türkei auf dem deutschsprachigen Markt. Die Palette reicht von Kurzreiseführern für den Pauschaltouristen über wissenschaftliche Publikationen zu Geschichte und Kultur des Landes bis hin zu ins Deutsche übersetzte literarische Werke. Ein Beispiel zu letzterer Kategorie ist der Schriftsteller *Orhan Pamuk,* der 2005 mit dem Friedenspreis des Deutschen Buchhandels ausgezeichnet wurde. Über den Online-Buchhändler www.amazon.de erhält man bei Eingabe des Stichwortes „Türkei" eine Liste von mehr als 1400 deutschen Buchtiteln.

Auch im Internet findet sich eine unüberschaubare Menge von Informationen. Unter dem Stichwort „Türkeireisen" wirft die Suchmaschine Google.de mehr als 31.000 Fundstellen aus. Hier eine kleine Liste von Internetadressen, die Ihnen Informationen über eine Reise in die Türkei vermitteln:

- www.reiseland-tuerkei-info.de: Website der Kultur- und Informationsabteilung des türkischen Generalkonsulates
- www.ratgeber-tuerkei.de
- www.tuerkei.de: mit vielen Links zu Reiseveranstaltern
- www.tuerkei.com: Suchmaschine für verschiedenste Themen
- www.aysen.net: auf dieser Website berichtet eine Türkin über ihr Land und gibt Insidertipps.

Schriftliche Informationen kann man anfordern beim Generalkonsulat der Republik Türkei, Kultur- und Informationsabteilung

Deutschland
- 10789 Berlin, Tauentzienstr. 9–12 Uhr, Tel. 030-2143752, Fax 030-2143952,
- in 80335 München, Karlsplatz 3, Tel. 089-594902, Fax 089-5504138 oder
- in 60329 Frankfurt/Main, Baseler Str. 35–37, Tel. 069-233081-82, Fax 069-232751, info-@reiseland-tuerkei.de.

Schweiz Türkisches Fremdenverkehrsbüro, Talstr. 82, 8001 Zürich, Tel. 01-2210810-12, Fax 01-2121749, turkeiinfo@bluemail.ch

Österreich Informationsabteilung der Türkischen Botschaft, Singerstr. 2/8, 1010 Wien, Tel. 01-5122128, Fax 01-5138326, office@turkinfo.at oder turkinfo@tic.at.

Klima

Die **türkische Ägäis,** also der nördliche Teil der Mittelmeerküste, zeichnet sich durch trockene, angenehm warme bis heiße und überwiegend sonnige Sommermonate aus. Badesaison im Mittelmeer ist von Juni bis September. Im Winter fallen die Temperaturen selten unter 10 °C, allerdings regnet es häufiger. Daher sind hier die meisten touristischen Einrichtungen zwischen November und März geschlossen.

Die **südliche Mittelmeerküste** ist ein Ganzjahres-Reiseziel. Im Sommer ist es sehr warm bis heiß, es fallen nahezu keine Niederschläge und die Sonne wird von Wolken nicht getrübt. Baden im Meer kann man von April bis Oktober. Die Frühlings- und Herbstmonate warten mit angenehmen Tagestemperaturen auf, auch wenn es hin und wieder regnen kann. Aber auch in den Wintermonaten herrscht mit Tagestemperaturen zwischen 15 und 20 Grad noch Urlaubsklima, wenn auch mit häufigeren Regenfällen gerechnet werden muss.

In den **Gebirgsregionen der Küste** und im **Landesinneren** der Türkei herrscht kontinentales Klima vor. Die Sommer sind warm und trocken, die Winter können lang und teilweise extrem kalt werden. Schneefall ist hier durchaus an der Tagesordnung. An der Schwarzmeerküste gibt es das ganze Jahr über Niederschläge. Dafür sind die Sommer angenehm warm und die Winter mild.

Klimatabelle Ägäis (Izmir)

Monat	J	F	M	A	M	J	J	A	S	O	N	D
Sonnenstunden/Tag	4	5	6	8	9	11	12	12	10	7	5	4
Temp. mittags in °C	12	14	16	21	26	30	33	33	29	24	19	14
Temp. nachts in °C	5	5	6	10	14	18	21	21	17	14	10	7
Wassertemperatur in °C	14	15	15	15	17	19	21	22	23	22	18	17
Regentage	14	11	9	8	6	2	0	0	2	5	9	13

Klimatabelle Mittelmeerküste (Antalya)

Monat	J	F	M	A	M	J	J	A	S	O	N	D
Sonnenstunden/Tag	4	6	7	8	10	12	12	12	10	8	6	5
Temp. mittags in °C	15	16	18	21	25	30	34	34	31	26	21	17
Temp. nachts in °C	6	7	8	11	15	19	23	23	19	15	11	8
Wassertemperatur in °C	16	16	16	17	20	23	25	27	26	23	20	18
Regentage	14	11	8	6	5	2	0	0	1	6	8	12

Kommunikation

Postämter erkennt man allgemein an der gelb-schwarzen Signatur „PTT". Sie sind zahlreich vertreten. Postkarten und Briefe bis 10 g nach Deutschland, in die Schweiz oder nach Österreich kosten etwa 50 Cent. Beförderungsdauer, je nach Absenderegion, etwa drei bis acht Tage. Paketpreise sind abhängig von Gewicht und Beförderungsart (Luftfracht). Für ein 1-kg-Paket per Luftpost ist mit etwa 15 € zu rechnen, Dauer mindestens 1 Woche.

Bei den Postämtern können Sie nicht nur Briefmarken kaufen, Briefe, Päckchen, Pakete, Telegramme und Telefaxe aufgeben, sondern auch Devisen tauschen, Post- und Reiseschecks einlösen (nur an den großen Postämtern oder in touristischen Regionen) sowie *Telefonkarten* („Telefon-kartı") und Wertmünzen („Jeton") kaufen. Letztere erhalten Sie auch an den meisten Zeitungsständen. **Telefonieren** kann man von öffentlichen, türkisfarbenen Telefonzellen die man mit Telefonkarten oder Jetons füttert. Wenn Sie mit Ihrem persönlichen **Mobiltelefon** telefonieren wollen, erkundigen Sie sich vorher bei Ihrer Telefongesellschaft oder im Internet, z.B. bei www.tariftip.de, ob das Netz die Türkei einschließt und welche – nicht geringen! – Gebühren dabei anfallen. Die Hälfte der Gebühren wird Ihnen angerechnet, auch wenn Sie angerufen werden.

Am günstigsten ist es, in der Türkei eine Prepaid-SIM-Card eines türkischen Netzanbieters zu kaufen, z.B. bei den größten Gesellschaften *Turkcell* und *Telsim* und diese dann in Ihr Handy einzusetzen, sofern Sie zuvor Ihr Prepaid-Handy entsperrt haben (Prozedur im Internet).

In Hotels stehen oft Direktwahltelefone auf dem Zimmer zur Verfügung. Aber auch hier ist mit erheblichen Kosten zu rechnen, denn die Hotels berechnen meist einen Grundbetrag pro geführtem Telefonat, auch wenn eine Verbindung nicht zustande kam, und höhere Gesprächsgebühren als von öffentlichen Telefonzellen.

Internationale Telefonvorwahl in die Türkei: 0090.
Nach Deutschland: 0049. Nach Österreich: 0043. In die Schweiz: 0041.

Internetanschlüsse finden Sie in Hotels auf dem Zimmer oder in der Lobby (WLAN). In fast allen Orten gibt es auch **Internetcafés.**

Mietwagen

Internationale Vermietfirmen gibt es in den Ankunftsterminals der Flughäfen. Hier können Sie Ihren ggf. vorab reservierten Wagen übernehmen bzw. ein Fahrzeug mieten. In den großen Urlaubsorten – Marmaris, Antalya, Alanya – ist die Konkurrenz groß, so dass dort vor allem lokale Anbieter mit günstigen Preisen locken. Bei ihnen schaue man sich das Fahrzeug gut an, bevor es auf die Reise geht.

Das Mindestalter zur Anmietung eines Fahrzeuges beträgt 21 Jahre. Der nationale Führerschein ist ausreichend, jedoch erleichtert ein internationaler die Formalitäten. Die Kreditkarte ist nahezu unverzichtbar, da sonst eine hohe Kaution in bar hinterlegt werden muss. Einige Vermieter schließen ohne Kreditkarte gar keinen Vertrag ab.

Moscheen

Trotz der Säkularisierungspolitik unter Kemal Atatürk in den 1920er Jahren ist der islamische Glaube in der Türkei eine feste Größe und allseits präsent (s.a. Kapitel „Land und Leute“). Grundsätzlich können alle Moscheen *(cami)* besichtigt werden.

Während der vorgeschriebenen täglichen fünf Gebetszeiten sollte man allerdings auf einen touristischen Besuch verzichten oder warten, bis das Gebet vorbei ist, vor allem während des besonders wichtigen Mittagsgebetes am Freitag. Vor Betreten der Moschee müssen die Schuhe ausgezogen werden (ein paar Strümpfe sollten deshalb im Rucksack mitgeführt werden). Angemessene Kleidung ist Voraussetzung, also keine kurzen Hosen oder Röcke, keine tief ausgeschnittenen Blusen oder ärmellose T-Shirts. Frauen sollten keine nackten Arme zeigen und ein Kopftuch lose umbinden. Sehen Sie davon ab, Betende zu fotografieren.

Yeni Camii Moschee in Istanbul

Nationalparks

Im Jahr 1958 wurde der erste Nationalpark *(Milli Parkı)* in der Türkei eingerichtet. Vorbild war ausdrücklich der amerikanische Yellowstone-Nationalpark, und als schützenswert galten zunächst nur Waldgebiete. Im Laufe der Zeit kamen aber auch Küstenregionen, Ausgrabungsstätten und Kulturdenkmäler hinzu. Neben dem besonderen Schutz für Natur und Kultur gelten die Nationalparks auch als Erholungsstätten für die Bevölkerung. Überall gibt es Camping- und Picknickplätze, die einen Aufenthalt angenehm machen. Da mehrere Nationalparks von der Küste aus zu erreichen sind, jedoch in den Gebirgsregionen liegen, ist ein Tagesausflug eine – vor allem in den heißen Sommermonaten – willkommene Abwechslung in etwas kühlere Regionen. Die folgende Aufstellung gibt Ihnen einen Überblick zu den wichtigsten Nationalparks, die von der Ägäis und Mittelmeerküste aus zu erreichen sind. Teils nähere Informationen finden Sie dann im Kapitel über den jeweiligen Küstenabschnitt.

Küstenort	Nationalpark	s. Seite
Bursa	Uludağ Milli Parkı	99
Çanakkale	Gelibolu Yarımadası	112
Edremit	Kaz Dağı	129
Kuşadası	Dilek Yarımadası	175
Fethiye	Saklıkent Kanyonu	204
Olympos	Olimpos Beydağları Milli Parkı	223
Köprülü Kanyon	Köprülü Kanyon Milli Parkı	243
Silifke	Akgöl Milli Parkı	268
Kappadokien	Göreme	298

Notruf

- Allgemeine Notruf-Nummer/Polizei: 155
- Bereitschaft Arzt/Apotheke: 118
- Notarzt: 112
- Feuerwehr: 110

Presse, TV, Radio

Es gibt zahlreiche Tages- und Wochenzeitungen auf nationaler und regionaler Ebene. Eine täglich in englischer Sprache erscheinende Tageszeitung ist „Turkish Daily News" (online-Ausgabe unter www.turkishdailynews.com.tr). Eine englischsprachige Online-Publication findet sich unter www.turkishpress.com mit einem speziellen Nachrichtenteil zu Deutschland. Unter www.dw-world.de kann man Nachrichten in deutscher Sprache übers Internet lesen. Deutsche Zeitungen und Zeitschriften kann man an den Flughäfen, in den größeren Städten und Hotels kaufen, meist jedoch erst ein oder zwei Tagen nach Erscheinungsdatum.

Bei Radio und Fernsehen gibt es mehrere staatliche und private Sender. Wo Satellitenempfang möglich ist, können auch deutsche Sender empfangen werden. Viele Hotels bieten diesen Service an. Der Sender TRT („Stimme der Türkei") sendet im 3. Programm des Rundfunks (TRT-3 auf UKW) täglich mehrmals in seinen Nachrichten zur vollen Stunde auch Kurznachrichten in deutscher Sprache. TRT-2 (22 Uhr) sowie TRT INT (23 Uhr) senden im Fernsehen deutsche Kurznachrichten.

Rauchen: Der Kampf gegen die Nargile

Hätte noch vor wenigen Jahren jemand prophezeit, dass die Türkei – eine historische Hochburg des gepflegten blauen Dunstes – ein strikteres Rauchverbot als die Europäer selbst einführen würde, man hätte ihn als Spinner belächelt, mindestens aber als Landesunkundigen ausgemacht. Die Türkei, das Land des *keyifs* (Muße), wo in einem Café – heute nicht mehr nur das ehemals bekannte „Wohnzimmer der Männer" – zu einem guten *çay* (Tee) die Zigarette oder noch besser die *nargile* (Wasserpfeife) unerlässliche Accessoires der Entspannung darstellen, ausgerechnet dieses Land überholt die angeblich gesundheitsbewussten Europäer auf der nikotinfreien Überholspur zur rauchabstinenten Wellness-Gesellschaft. Denn seit Juli 2009 ist das bereits ein Jahr vorher beschlossene Gesetz in Kraft und unumstößlich: in geschlossenen öffentlichen Räumen darf nicht mehr geraucht werden. Die wenigen Ausnahmen muten wie eine zusätzliche Verspottung der Raucher an: Gefängnisse, Seniorenheime und Kliniken für psychisch Kranke sind durch Raucherräume ausgenommen, ferner Hotels, die bei mehreren Etagen eine davon für Raucher reservieren dürfen. Wer gegen das Gesetz verstößt, muss rund 30 € berappen. Wirte, die das Rauchverbot in ihren Räumen nicht beachten, trifft es sehr viel härter und existentieller, denn Strafen von bis zu 2700 € sind in der Türkei selbstredend kein Pappenstiel.

„Jeden Unsinn aus Europa müssen wir einführen", grollt Menderes, der als Hotelrezeptionist nun jedes Mal vor die Tür eilen muss, wenn er seinen 12-Stundendienst mit Zigaretten auflockern will. Er wie auch viele andere trösten sich mit der unbestreitbaren Tatsache, dass es die Sonne gut meint mit der Türkei, so dass Cafés und Restaurants auf ihren Terrassen bei schönem Wetter kaum Einbußen erleiden dürften. Mit Unbehagen sehen allerdings Wirte dem – wenn auch recht kurzen – Winter entgegen, denn nur wenige können sich vorstellen, dass ein Cafébesuch ohne Rauchvergnügen noch die gleiche Anziehungskraft hat.

Dabei hat vor allem die Wasserpfeife doch gerade in den letzten Jahren geradezu eine Renaissance erlebt, nachdem man den scharfen Tabak durch Apfelschalen und viele Genusskombinationen – man kann wählen zwischen Cappuccino, Apfel, Erdbeere und anderen Aromen – ersetzt hat. Nicht nur in Istanbul gibt es beliebte Nargile-Teegärten, in denen längst auch junge Frauen sich dem einst der Männerwelt vorbehaltenen Entspannungsritual hingeben. Tee, *tavla* (türkisches Backgammon) und eine Nargile – dieser traditionelle Dreiklang ist gleichsam ein kulturelles Markenzeichen türkischer Teehäuser.

So mancher tröstet sich damit, dass die Umsetzung des Gesetzes bestimmt nicht so drastisch sein werde – man sei ja schließlich in der Türkei. Allein, die Hoffnung auf eine mildernde kulturelle Lässigkeit dürfte zumindest in diesem Punkt entschieden trügen, denn die steigende Fraktion der Nichtraucher (mittlerweilen bei ca. 60 Prozent) kann jubilierend und ganz demokratisch auf einhellige Umfragen verweisen, nach denen die meisten Türken (angeblich 90 Prozent der Befragten) das Rauchverbot durchaus bejahen. Diese schier unglaublichen Prozentzahlen erklären sich sicherlich auch durch die äußerst entschieden inszenierte Unterstützung seitens der Politik: sowohl Gesundheitsminister Akdağ als auch Premierminister Erdoğan sind Hardliner im Kampf gegen den blauen Dunst, so dass die gesundheitspolitische Deutungshoheit klar zugunsten des Rauchverbots ausfällt.

Wasserpfeife

Dass dramatische Wechsel im kulturellen Habitus der Türkei durchaus Geschichte und Erfolg haben, kann jeder an den Maßnahmen Atatürks studieren, der von heute auf morgen das Tragen des *Fes* (alte türkische Kopfbedeckung), den Schleier und sogar das arabische Alphabet abschaffte. Atatürk selbst – bekanntlich ansonsten eine fast unantastbare Ikone in der Türkei – war passionierter Raucher, so dass man nun hingeht und nur noch möglichst Bilder von ihm ohne Zigarette publiziert – der große Meister hat schließlich auch hier eine Vorbildfunktion. Man sieht also, dass die Türkei sehr wohl Erfahrung damit hat, von oben drakonische Maßnahmen durchzusetzen.

So muss derjenige, der sich im Café dem Anti-Raucher-Votum nicht beugt, heute damit rechnen, über eine telefonische „Petz-Hotline" verpfiffen zu werden – blitzschnell sind die Kontrolleure, die an der Strafe mitverdienen, dann da. Vorher muss der Kellner den Gesetzesbrecher allerdings darauf aufmerksam machen, sofort den Glimmstengel zu löschen; tut er dies nicht, wird er nicht mehr bedient und – beim Verbleiben im Café – die Polizei gerufen.

Immerhin noch besser, als umgebracht zu werden. Denn – man höre und staune – im Land der gurgelnden Wasserpfeife gab es das vermutlich erste Rauchverbot überhaupt: Sultan Murad IV. (1623–40) ließ angesichts einer der verheerenden Brände im damals weitgehend hölzernen Istanbul kurzerhand die Kaffehäuser schließen und auch die Nargile verbieten. Dann schlich der als besonders grausam und rücksichtslos geltende Sultan verkleidet durch die Straßen, um die Einhaltung des Verbots persönlich zu überwachen. In seiner Begleitung war der Scharfrichter, und jeder, der beim Rauchen, Kaffee- oder Weintrinken erwischt wurde, wurde an Ort und Stelle sofort liquidiert …

Reisen im Land

Istanbul ist das internationale Drehkreuz des Flugverkehrs der Türkei. Von hier aus bestehen gute Verbindungen zu den inländischen Flughäfen an der Küste des Mittelmeeres (Izmir, Dalaman, Antalya und Adana). Örtliche Reisebüros oder die Fluggesellschaften, z.B. THY, vermitteln entsprechende Flüge.

Von Reisen mit der Eisenbahn entlang der Küste in der Türkei sei abgeraten, da das Streckennetz sehr spärlich und zudem weit zeitaufwendiger ist als die Reise mit dem Bus. Schnellzugverbindungen bestehen eigentlich nur zwischen Istanbul und Ankara.

Der Bus *(Otobüs)* ist das mit Abstand beliebteste Verkehrsmittel in der Türkei. Überlandbusse verbinden die größeren Städte in regelmäßigem Turnus. Die Busse sind meist mit Klimaanlage ausgestattet, die Fahrpreise günstig. Auf längeren Strecken werden Pausen eingelegt und Erfrischungen gereicht. In den Städten gibt es meist zentrale Busterminals (*Otogar* oder

Unterwegs mit dem Sammeltaxi – Dolmuş

Garaj), in kleineren Orten halten die Busse am Marktplatz. Die verschiedenen Busgesellschaften sind in privater Hand und konkurrieren auf einigen Strecken miteinander. Nach Verbindungen und Preisen erkundigen Sie sich daher am besten in einem örtlichen Reisebüro.

Ebenfalls mit dem Bus werden in den touristischen Zentren an der Küste Ausflugsfahrten zu den Sehenswürdigkeiten der näheren oder weiteren Umgebung angeboten.

Dolmuş

Dieses Verkehrsmittel in Form eines Kleinbusses ist die in der Türkei beliebteste Art und Weise, kürzere Strecken zu sehr günstigen Preisen zu überwinden.

Die festgelegte Fahrtroute beginnt meist an zentral gelegenen Stellen *(Garaj)* in der Innenstadt, ein Schild an der Windschutzscheibe nennt das Fahrziel. *Dolmuş* heißt „voll", weshalb der Kleinbus erst startet, wenn alle Plätze besetzt sind. Auf der Strecke gibt es festgelegte Haltestellen, wo Passagiere aus- oder zusteigen können. Auf offener Strecke abseits der Ortschaften hält der Bus auch auf Handzeichen. Wollen Sie aussteigen, sagen Sie dem Fahrer einfach laut „ineçek var" (gesprochen: „inedschek war"). Der für einen Streckenabschnitt festgelegte Fahrpreis – oft von der Stadtverwaltung bestimmt – wird beim Fahrer bezahlt.

Sicherheit

Die Türkei ist grundsätzlich ein erfreulich sicheres Reiseland. Aber wie überall auf der Welt werden auch hier Straftaten begangen, denen Sie jedoch durch entsprechendes Verhalten vorbeugen können. Beachten Sie folgende Hinweise:

- ✖ Tragen Sie keine größeren Bargeldbeträge mit sich
- ✖ Lassen Sie im Auto oder am Strand keine Wertsachen unbeaufsichtigt (Papiere, Kameras etc.)
- ✖ Tragen Sie nicht unnötig wertvollen Schmuck, teure Uhren etc. zur Schau

- ✖ Lassen Sie sich nicht von Schleppern verführen. Auch wenn diese mit ihrer Tätigkeit keine Straftat begehen, müssen Sie mit unangenehmen, meist teuren Überraschungen rechnen.

Denken Sie als **alleinreisende Frau** daran, dass die Moralvorstellungen in der islamisch geprägten Welt der Türkei anders sind als unsere. Verhalten Sie sich grundsätzlich distanziert, aber höflich; dies wird akzeptiert und nicht als arrogant gewertet. Protestieren Sie bei Belästigungen durchaus lautstark, um die Umgebung auf sich aufmerksam zu machen. Setzen Sie sich im Bus nicht auf den freien Platz neben einem alleinreisenden Mann (umgekehrt gilt es übrigens auch für den Mann als unschicklich, sich neben eine alleinreisende Frau zu setzen). Abseits der Touristenzentren und großen Städte stellt eine alleinreisende Frau immer noch eine Kuriosität dar, die bei Frauen wie Männern Neugierde und Aufmerksamkeit weckt. Denken Sie als Frau daran, dass Sie in einer wie auch immer gearteten Notlage sich jederzeit an eine andere türkische Frau um Rat oder Hilfe wenden können – man wird Ihnen sofort freundlich entgegenkommen. Weitere Hinweise s.S. 35, „Umgangsformen“.

Der Besitz von **Drogen** – wozu auch Haschisch gehört –, wird nach türkischem Gesetz streng bestraft. Dies gilt auch für ausländische Besucher und wird unnachgiebig geahndet. Werden Sie nicht zum ahnungslosen Drogenkurier, indem Sie sich ein Päckchen zur weiteren Beförderung daheim andrehen lassen, dessen Inhalt Sie nicht kennen.

Sport

Sportlichen Urlaubsaktivitäten sind in der Türkei (nahezu) keine Grenzen gesetzt. An erster Stelle stehen natürlich alle Arten von Wassersport, vom anspruchsvolleren Surfen angefangen bis hin zum lustigen „Bananaboat Ride“. Je nach dem, für welche Sportart Sie sich begeistern, sollten Sie in Erwägung ziehen, einen kompletten Aufenthalt in einem der Hotels zu buchen, die besondere Angebote und Einrichtungen für den Gast bereithalten.

Am oder im Meer können Sie Segeln, Windsurfen, Tauchen, Schnorcheln, Wasserski oder Jetboot fahren. Auch wenn Ihr Hotel nicht direkt am Strand liegt und über eigene Einrichtungen verfügt, gibt es überall Vermieter für das entsprechende Sportgerät. Oft stehen solche Einrichtungen in Hotels auch Nichtgästen zur Verfügung. Wenden Sie sich an die Rezeption. Außerdem hilft Ihnen das örtliche Touristenbüro mit entsprechenden Informationen weiter.

Aber auch abseits von Wasser und Strand gibt es viele Freizeitsportarten: Wandern und Bergsteigen, Reiten, Gleitschirmfliegen oder Wildwasserfahrten sind gleichfalls möglich. Im Folgenden eine aufgrund des vielfältigen Angebots naturgemäß unvollständige Information zu den verschiedenen Sportarten.

Segeln/ Bootscharter

Diesen Sport können Sie aktiv betreiben, indem Sie vor Ort für einen Tagesausflug ein Boot anmieten (Segelschein sollte vorhanden sein). Vor Abschluss des Mietvertrages das Boot inspizieren (einschlägige Kenntnisse vorausgesetzt) und sich ausführlich einweisen lassen.

Gulet oder der Traum ins Blaue

Auch Paradiese haben ihre Embleme, die erstere recht eigentlich erst zu Paradiesen machen: In der blau leuchtenden Skyline der türkischen Küste sind dies die **Gulets,** jene adrett anzusehenden Holzbarken, die in mehr oder weniger luxuriöser Ausführung die Küste zwischen Çeşme und Alanya bereichern, besonders aber in der buchtenreichen Idylle zwischen Bodrum und Fethiye zuhause sind. Ihre durchaus an historischen Vorbildern orientierte Bauweise zeigt oft zwei stolze Masten, einen mehr oder weniger behäbigen Bauch, und immer die warme Farbe hölzerner Gediegenheit. Das ganze Bild des Schiffes oszilliert zwischen der Piratenromantik unentdeckter Küsten und dem Stevenson-Traum einer vorfindbaren Schatzinsel, an den sich noch der moderne Wunsch nach historisch-ökologischen Fluchträumen anschließen mag. Wobei ein Haar in der arkadischen Suppe zu notieren ist, denn von den Segeln machen unsere Gulets in der Regel reichlich wenig Gebrauch, da ein ganz profan im Bauch arbeitender Motor die Fortbewegung wesentlich erleichtert.

Nichtsdestotrotz wird dem über anstrengende Landwege an abgelegene Buchten eilenden Reisenden oft ein Bild zuteil, das nicht nur in der Werbung, sondern auch realiter einen längst gehegten Traum als Wirklichkeit erweist: da liegt es in der gleißenden Sonne, im Idealfall allein und nur von den grünen Hügeln der Bucht paradiesisch eingerahmt. Auf einem blitzblauen Meer schaukelt da leicht ein historischer Traum aus nie vergessenen Zeiten, Gelächter der glücklich Entronnenen schwappt herüber, jemand räkelt sich lässig und faul an Deck, während ein zweiter die Stille der Ägäis durch einen Sprung ins hier völlig jungfräuliche Blau sprengt. Die haben es geschafft, wird unser verschwitzter Zuschauer am Strand mokant notieren – und sich vielleicht vornehmen, die Fahrt ins Blaue, die „Blue Voyage", im nächsten Hafen auf die persönliche Event-Liste zu setzen.

Und da warten sie ja auch zu Hunderten, an der Marina von Bodrum, Marmaris, Fethiye und sie sind fast alle zu haben, für einen Tag jedenfalls, zum kleinen Preis. Aber Vorsicht! Wer hier nach Lösen seines Tickets am frühen Morgen für die Tagestour auftaucht, Handtuch und Badehose im Gepäck, muss schnell erkennen, dass er nicht der einzige ist, der träumt. Erste Bedenken mögen schon bei der höchstmöglich erstrebten Belegung der Holzplanken aufkommen. Die wollen alle mit? Aber mit Spiel und Fahnen läuft man aus, lustiges Erwarten drängelt sich um die besten Plätze, und gleich zu Anfang dreht der flippige Alphawolf in gestreiften Boxershorts – mehr hat er nicht an – für seine johlende Clique den mitgebrachten Gettoblaster auf, um mit musikalischem Tam-Tam das Ereignis zu würdigen. Das vorwiegend junge Publikum hämmert begeistert mit, wobei der eine oder andere euphorisch getragen schon mal die erste Bierkanne zischen lässt. Natürlich muss das Schiff erforscht werden, ein beständiges Hin und Her erweist, dass auch eine Gulet nicht endlos ist. Zum Aussteigen ist es zu spät.

Aber da brutzeln schon die ersten Hammelkoteletts (im Preis inklusive), und mit Plastikgeschirr bestückt heißt es sich in die Futterreihe einzureihen. Ach ja, die Schwimmpause: über eine Planke oder wie Tarzan an einem Seil geht es kreischend ins Wasser, der schönste Salto Mortale wird bestaunt und beklatscht, unter den Damen eventuell die schönste Piratenbraut gekürt.

Danach wird es doch tatsächlich etwas träge, der mit den Boxershorts – müde von dem dritten Bier – hat sogar den Blaster abgestellt und cremt an seinen krebsroten Hautpartien – also fast überall – herum. Die türkische Crew – einer von ihnen im effektvollen Piraten-Look – tut, was sie kann, um die Stimmung nicht abfallen zu lassen. Der nette Deckboy lacht und erzählt effektvolle Witze, schäkert mit den Damen und gibt profunde Geheimnisse der Küstengeschichte preis. Nur zufriedene Kunden werben für den Nachschub am nächsten Tag, und so dreht der Käptn – er meint es nur gut – bei der Einfahrt in den Hafen noch mal richtig die discoerprobten Phondüsen auf, damit die an der Mole Flanierenden auch all die Tanzenden sehen und hören können, die von der wunderbaren Fahrt ins Blaue zurückkommen.

Benommen schwankt unser Traumsucher ans rettende Ufer, wo er vor dem nächsten Apollon-Tempel hoch und heilig bei den Wassern des Styx schwört, nie wieder den festen Boden unter den Füßen zu verlieren.

Denken Sie an ihn, wenn Sie abends am Kai stehen und Ihnen ein Guletbesitzer liebenswürdig die Preisliste in die Hand drückt. Es kann natürlich auch ganz anders sein als oben beschrieben. Ein guter Tipp ist, sich die auserwählte Barke bei ihrer Abfahrt (besser noch Ankunft) am Tag vorher anzusehen, denn die Tagestouren laufen immer gleich ab. Je nachdem was Ihnen ihre Augen und die Gesichter erzählen und je nach eigenem Temperament und Traumerwartung kann man dann seine Rückschlüsse ziehen.

Die eingangs geschilderte Idylle gibt es übrigens wirklich, aber nicht für 10 €. Wer sich in den blauen Traum von still wiegenden Schiffsplanken und entgleitendem Tageslicht begeben will, muss – leider – vorher tief ins Portemonnaie schauen. Am Kai liegen genug Yachten, die sich für welchen gewünschten Zeitraum auch immer vermieten. Preisangaben sind naturgemäß schwierig und variieren je nach Schiffstyp, Komfort, Saison, Dauer und Anzahl der Passagiere. Über den Daumen gepeilt muss man – die durchaus möglichen Schnäppchenangebote nicht mitgerechnet – pro Tag und Person mit einem Obolus zwischen 80–150 € rechnen (VP inbegriffen). Am leichtesten ist es für eine kleine Gruppe, die sich gut kennt und die Tage auf See nebeneinander ertragen kann und das Schiff allein für sich hat (Vollcharter im Gegensatz zu Kabinencharter). Erkundigen kann man sich nicht nur am Kai, sondern auch in vielen Agenturen vor Ort, oder surfen Sie schon mal virtuell ins Blaue unter www.gulet-online.de oder www.bluecruise.org

Fahrt ins Blaue, bei Göcek

Beachten Sie, dass Sie auf keinen Fall die türkischen Hoheitsgewässer in Richtung griechischer Inseln verlassen sollten, um Missverständnissen vorzubeugen, dass Sie mehr als ein rein sportliches Interesse haben. Selbst ein Wechsel zwischen den Hoheitsgewässern wird nicht gerne gesehen. Hinweise zum Chartern einer Yacht für einen längeren Törn finden Sie unter „Charterboote" am Anfang dieses Kapitels.

Windstill ist es entlang der türkischen Küste am Mittelmeer eigentlich nur nachts. Tagsüber und vor allem zur Mittagszeit weht ein nordwestlicher Wind, der „Meltemi" (im südägäischen Abschnitt auch „Imbat" genannt). Böige Winde können im Golf von Gökova und Hisarönü (nördlich und südlich der Halbinsel von Datça) auftreten.

Wer eher passiv bleiben und trotzdem in den Genuss des besonderen Segelfeelings kommen möchte, findet meist Angebote zum Mitsegeln bei von einheimischen Skippern organisierten Ausflügen.

Surfen Die beschriebenen Windbedingungen sind natürlich auch für das Surfen beste Voraussetzung. Besonders beliebte Regionen sind die Buchten bei Çeşme, Bodrum und an der Halbinsel von Datça sowie bei Antalya. Falls Sie Ihr eigenes Brett mitnehmen wollen, müssen Sie dies bei der jeweiligen Fluggesellschaft als kostenpflichtiges Sperrgepäck anmelden. Ansonsten können Sie die Ausrüstung in lokalen Sportgeschäften mieten. Örtliche Surfschulen bieten Kurse für Anfänger mit deutsch- bzw. englischsprachigem Lehrpersonal.

Tauchen Nicht überall in türkischen Gewässern ist Sporttauchen mit Sauerstoffflaschen gestattet. Erlaubt ist es bei z.B. Çeşme, Kaş, in der Bucht von Bodrum und im Golf von Marmaris bzw. Antalya. Den Taucher und Schnorchler erwartet eine bunte Unterwasserwelt mit zahlreichen Meeresbewohnern, Seegraswiesen, bewachsenen Felsformationen und Höhlen. Mancherorts sind Schiffswracks eine besondere Attraktion. Funde unter Wasser von antikem Aussehen sind meist Reproduktionen, die hier ins Wasser geworfen wurden, um Taucher und Schnorchler zu erfreuen. Sollten Sie aber tatsächlich auf Funde von archäologischem Interesse treffen, diese den örtlichen Behörden übergeben, da deren Ausfuhr strikt verboten ist. In den oben genannten Orten gibt es Tauchschulen, bei denen Sie Kurse oder die Mitfahrt zu Tauchgängen buchen können. Wenn Sie die Ausrüstung (Anzug, Flossen etc.) von daheim mitnehmen, können Sie vor Ort Flasche und Blei mieten. Eine gute Übersicht über Tauchclubs etc. finden Sie unter www.tauchbasen.net/ mit Links zu mehr als 60 türkischen Tauchbasen. Für Schnorchler werden fast überall Tagesausflüge mit dem Boot zu den schönsten Revieren angeboten.

Tennis Freunde des weißen Sports kommen eigentlich überall auf ihre Kosten. Viele Hotels bieten die kostenlose Nutzung der Plätze auf eigenem Gelände an (Gebühr bei Flutlicht), manche stehen auch Nichtgästen zur Verfügung. In größeren Orten und Städten gibt es auch öffentliche Anlagen. Wer in seinem Urlaub intensiv trainieren oder professionell betreut werden möchte, sollte im Programm der Reiseveranstalter nach einem geeigneten Angebot suchen, das neben Flug und Unterbringung auch Platznutzung und Training beinhaltet. Eine der schönsten Hotelanlagen dieser Art ist der Club *Ali Bey* in Belek, der über 33 Sandplätze, einen Centercourt und eine deutsche PCT-Tennisschule verfügt.

Golf Ebenfalls in Belek befindet sich das türkische Eldorado für Golfer: Hier gibt es insgesamt fünf Golfplätze (18- und 9-Loch), zwischen denen ein Bustransfer (Fahrtzeit etwa 15 bis 20 Minuten) eingerichtet ist. Das Handicap bei Damen beträgt 36, bei Herren 28. Nehmen Sie Ihren Clubausweis bzw. Handicapnachweis von daheim mit. Unterkunft finden Sie in komfortablen bis luxuriösen Hotelanlagen, die über zahlreiche andere, auch für Nichtgolfer interessante Angebote verfügen. Auch einen Golfurlaub buchen Sie am besten im Paket über einen Reiseveranstalter, z.B. www.classicgolf tours.de oder www.nazar.de.

Bergsteigen Leider ist die schöne Bergwelt im Hinterland der Küstenregionen nicht mit einem gezeichneten Wegenetz und bewirtschafteten Hütten ausgestattet, wie man das beispielsweise aus den Alpen kennt. Ebenso fehlt es an entsprechendem Kartenmaterial, um individuelle Bergtouren unternehmen zu können. Trotzdem können Sie auch an der türkischen Mittelmeerküste wandern oder mit dem Mountainbike fahren. Allerdings sollten Sie das Angebot eines örtlichen Veranstalters in Anspruch nehmen (gebietskundiger Wanderführer und Anmietung eines Bikes siehe Adressen vor Ort). Wenn Sie ein mehrtägiges Arrangement im Voraus buchen wollen, empfehlen sich einige Spezialveranstalter. Brigitte-Krickl-Reisen (www.brigitte-krickl-reisen.de) bietet eintägige Ausflüge per pedes oder mit dem Mountainbike von Kaş aus an. Mit dem DAV-Summit-Club (www.dav-summit-club.de) können Sie mehrtägige Wanderungen in den Lykischen Bergen zwischen Fethiye und Antalya machen. Trekking-Angebote finden sich z.B. auch in den Programmen von Hauser Exkursionen (www.hauser-exkursionen.de) und Wikinger Reisen (www.wikinger.de). Übrigens: ein Highlight für Bergsteiger ist natürlich die Besteigung des Ararat, mit 5167 Meter Höhe der höchste Berg Anatoliens. Solche Touren können Sie z.B. über den DAV-Summit-Club oder Wikinger-Reisen buchen.

Reiten Freunde des Pferdesports können ebenso das küstennahe Hinterland erkunden. Mehrtägige Pauschalen (mit Flug, Unterkunft und Ausritten) bieten z.B. www.urlaubspferd.de und www.pferdereiter.de.

Ski Selbst Skifahren ist möglich, auch wenn die Pisten keinen Weltcupcharakter haben. Etwa 50 km westlich von Antalya liegt Saklıkent auf einer Höhe von 1850 Meter, und die Berggipfel sind über 2700 Meter hoch. Bekannt ist auch das Skigebiet des Uludağ bei Bursa. Skisaison ist allgemein von Januar bis April, so dass sich ein Badeurlaub im Frühling an der Riviera durchaus mit einem Ausflug zum Skifahren verbinden läßt.

Trinkgeld

Vielfach ist das Trinkgeld für das Dienstleistungspersonal in allen Bereichen Bestandteil eines ohnehin recht niedrigen Lohnes. Daher ist ein „Tip" durchaus gerechtfertigt, entsprechend zufriedenstellenden Service vorausgesetzt. Im Restaurant sollte er etwa 10 bis 15% des Rechnungsbetrages ausmachen. Beim Friseur, Taxifahrer etc. sollten Sie den Zahlbetrag großzügig aufrunden. Gepäckträger, Zimmermädchen oder Busfahrer bei Ausflügen sollten ebenfalls bedacht werden.

Toiletten

Mit „kadın" oder „bayan" sind die Damentoiletten, mit „erkek" oder „bay" die Herrentoiletten (allgemein: „tuvalet", immer verfügbar in oder nahe den Moscheen) gekennzeichnet. Bei öffentlichen Einrichtungen dieser Art müssen Sie meist eine kleine Gebühr bezahlen. In den städtisch geprägten Küstenregionen können Sie eine wie bei uns ausgestattete Sitzeinrichtung mit Wasserspülung erwarten. In ländlichen Gebieten müssen Sie mit einem einfachen Plumpsklo rechnen, was nicht notwendigerweise mit mangelnder oder fehlender Hygiene gleichzusetzen ist. Das dort aus unten angebrachten Hähnen fließende oder in Behältern bereitgestellte Wasser ersetzt die Reinigung mit Toilettenpapier. Darin Ungeübte sollten folglich immer mit Papier(-taschentüchern) ausgerüstet sein, die Sie bitte in dafür bereitgestellte Behälter werfen (in der Toilette führen sie zur Verstopfung!).

Antike Bedürfnisanstalten in Ephesus

Umgangsformen

Wer bei einem Besuch in der Türkei auf keinen Fall und in keiner Situation ins „Fettnäpfchen" treten möchte, kann sich in einschlägigen Kulturreiseführern (s. Literatur) über detailliertere Hintergrundinformationen wie auch praktische Tipps informieren, die ein tieferes Verständnis kultureller Zusammenhänge ermöglichen.

Hier sollen einige besonders wichtige Regeln aufgeführt werden, die nicht unbedingt die Beherrschung der türkischen Sprache voraussetzen und die Situationen entsprechen, in die ein Urlauber normalerweise kommen kann. Teilweise wiederholen wir hier, was bereits früher (siehe z.B. Kleidung, Moscheen) erwähnt wurde.

Begrüßung Allgemeine Begrüßungsformel, z.B. beim Betreten eines Restaurants oder Geschäftes, ist „Merhaba". Beim Abschied sagt der Gehende „Allaha ismarladık", der Bleibende antwortet „Güle güle". Unter Bekannten (des gleichen Geschlechts!) ist der beidseitige Wangenkuss üblich, wobei es sich nicht um einen tatsächlichen Kuss, sondern nur das Berühren der Wangen handelt. Eine Respektperson wird mit dem Handkuss begrüßt, wobei die Hand nicht an den Mund, sondern an die Stirn geführt wird. Die sich der Begrüßung anschließende Frage nach dem Wohlbefinden – „nasılsınız?" – ist genau wie die sich anschließende Antwort („Iyiyim, teşekkür – mir geht es gut, danke") und die folgende gleichlautende Gegenfrage mehr eine Floskel, bei der das tatsächliche Befinden keine Rolle spielt. Es sollte auch nicht verwundern, wenn sich der Gesprächspartner danach erkundigt, ob man z.B. verheiratet sei oder Kinder habe, wo man wohne etc. Dies gilt als höflich, nicht als aufdringlich.

Anrede Die bei uns in Europa übliche Anrede mit Herr/Frau und Nachnamen ist in der Türkei eher ungebräuchlich. Frauen spricht man mit dem Vornamen und dem Zusatz *hanım* (Frau, Dame), Männer mit dem Zusatz *bey* (Herr) an. Diese Zusatzbezeichnungen verwendet man auch bei Personen, deren Vornamen man nicht kennt, z.B. *garson bey* beim Kellner oder *şoför bey* beim Busfahrer. Sehr förmliche Anreden sind *efendi* (mein Herr) und *hanımefendi* (meine Dame).

Es gibt eine Vielzahl weiterer, gebräuchlicher Anreden, zu deren Verwendung man aber Kenntnis der türkischen Sozialstrukturen haben muss. Dies zu erläutern, würde an dieser Stelle den Rahmen sprengen.

In Verbindung mit einer Aufforderung (z.B. „Geben Sie mir ..., bitte") folgt *lütfen* (bitte). Allgemein dankt man mit *teşekkür ederim* (ich danke) oder *teşekkürler.* Für unsere Sprachgewohnheiten einfacher ist das aus dem Französischen stammende und inzwischen auch in der Türkei gebräuchliche *mersi.* Ebenso einfach ist es, einer Entschuldigung Ausdruck zu verleihen: *pardon.* Die Antwort lautet dann z.B. *önemi yok* oder *fark etmez* (ist nicht wichtig/ist egal, macht nichts).

Übrigens: wer nur ein paar dieser türkischen Worte anwendet, wird erstaunt sein, welchen Effekt er damit erreicht! Dies wird als der (bei Touristen durchaus nicht übliche) Versuch anerkannt, die Sitten und Gebräuche des Landes zu respektieren.

Kleidung Achten Sie abseits von Strand und großen Touristenorten auf schickliche Kleidung. Ärmellose Hemdchen, Shorts oder durchsichtige Pareos sollten bei einem Bummel durch traditionelle Orte selbst im Hochsommer tabu sein. Hemden und Blusen mit kurzen Ärmeln und lange Hosen oder Röcke aus leichtem Stoff sind ebenso angenehm, aber angemessen. Damit zeigen Sie, dass Sie die Lebensgewohnheiten des Landes, in dem Sie schließlich Gast sind, respektieren. Beim Besuch von Moscheen müssen Sie am Eingang die Schuhe ausziehen und Frauen sollten ein Kopftuch tragen.

Baden am Strand „oben ohne" sollte tabu sein, denn dies wird (von türkischen Männern) leicht als Bereitschaft zu lockerem Lebenswandel verstanden.

Einladung

Sollten Sie eine private Einladung in ein türkisches Haus bekommen, gilt die Ablehnung dieser Aufforderung ohne einleuchtende Begründung als grob unhöflich. Bringen Sie als Dank ein Gastgeschenk mit, das Sie dem Gastgeber (nicht der Frau des Hauses) übergeben. Beim Betreten des Hauses oder der Wohnung die Schuhe aus ziehen. In traditionellen Familien werden sich die Männer im Wohnzimmer aufhalten, die Frauen dagegen in den für sie reservierten Bereichen. In sehr westlich orientierten Familien verhält man sich dagegen kaum anders als in Europa. Bei der Einladung zu einem Getränk (oder Essen) in einem Teehaus oder Restaurant übernimmt selbstverständlich der Einladende die Bezahlung. Revanchieren kann man sich dann z.B. mit einer Gegeneinladung. Ein getrenntes Bezahlen wie in Europa ist allgemein unüblich.

Grundsätzlich empfiehlt es sich nicht, mit türkischen Gesprächspartnern über in der Türkei besonders sensible Themen zu sprechen. Viele reagieren auf Kritik von Ausländern empfindlich, selbst wenn es in der Sache eigentlich keinen großen Meinungsunterschied gibt. Oft werden (sachlich durchaus berechtigte) Bemerkungen als Schädigung des Ansehens der Türkei, Beleidigung der staatlichen Autoritäten oder „Verunglimpfung des Türkentums" schlechthin verstanden. Zu besonders sensiblen Themen gehören die Zypern- und Kurdenfrage, der Völkermord an den Armeniern oder die Stellung der Frau in der Gesellschaft.

Tipps für alleinreisende Frauen

Ob es in unsere Vorstellungswelt passt oder nicht: Die Geschlechterrollen in der Türkei sind in traditionellen und dörflichen Gebieten recht klar festgelegt (was nichts mit Diskriminierung zu tun haben muss). Alleinreisende Frauen stellen vor allem in den touristisch abgelegeneren Gebieten der Türkei durchaus eine Rarität dar, so dass folgende Verhaltenstipps vielleicht uneindeutigen Situationen vorbeugen helfen:

- Vermeiden Sie als Frau direkten Blickkontakt mit türkischen Männern. Dies schützt Sie vor ungewollten und unliebsamen Missverständnissen. Tragen Sie z.B. eine Sonnenbrille, wenn Sie Ihre Blicke ungehindert schweifen lassen wollen. Umgekehrt sollten Sie als Mann darauf verzichten, (türkische) Frauen ungeniert zu mustern. Von einer „ehrbaren" Frau erwartet man durchaus ein distanzierendes und „undurchdringliches" – nicht ängstliches! – Verhalten gegenüber Männern. Dies wird keinesfalls als Unhöflichkeit, sondern als Selbstverständlichkeit aufgefasst. Für den Mann gilt es, durch ein angemessenes und zurückhaltendes Auftreten im wahrsten Sinne des Wortes die Sicherheitsdistanz der Frau zu respektieren. Dies bedeutet praktisch z.B., dass alleinreisende Männer bei Männern Hilfe und Informationen erfragen können, während alleinreisende Frauen sich selbstverständlich an Frauen richten können.

- In öffentlichen Verkehrsmitteln sitzen in der Regel nur gleichgeschlechtliche Passagiere nebeneinander, sofern sie nicht ohnehin ein Paar oder familiär verwandt sind. Bleiben Sie im Zweifelsfalle lieber stehen. Die Einheimischen werden meist durch Umsetzen dafür sorgen, dass auch Sie einen Sitzplatz bekommen. Meiden Sie überhaupt jeden Körperkontakt mit Ihnen nicht bekannten, andersgeschlechtlichen Personen.

- Alleinreisende Frauen sind bestens und sicher vor unliebsamen Überraschungen gefeit, wenn sie die als Familieneinrichtungen gekennzeichneten Bereiche nutzen (Familienpension: „Aile pansiyonu"; Familienbereich im Teegarten: „Aile çay bahçesi", im Restaurant: „Aile salonu").
- Verzichten Sie als Paar in der Öffentlichkeit auf allzu intensive Beweise Ihrer gegenseitigen Zuneigung. Dies ist in der Türkei in traditionellen Gebieten einfach unüblich.
- Versuchen Sie auch als Paar, sich den Gewohnheiten Ihres Gastlandes anzupassen, in dem üblicherweise der Mann aktiv und initiativ ist, die Frau dagegen eher passiv und zurückhaltend. Es schadet z.B. Ihrem persönlichen Image (und letztlich vielleicht auch Ihrem Geldbeutel), wenn in einem Basar die Frau das Handeln um den Preis übernimmt. Im Restaurant sollte der Mann die Rechnung bezahlen und auf der Straße nach dem Weg fragen.

Umweltschutz

Diese Frage bzw. die Lösung der Probleme hat in der Türkei durchaus einen anderen Stellenwert als bei uns in Westeuropa. Vielfach hat gerade der boomende Tourismus Probleme überhaupt erst geschaffen (z.B. Müllaufkommen und -beseitigung), die die verantwortlichen örtlichen Behörden durchaus nicht immer rechtzeitig erkannt haben. Und oft sind es leider auch die Besucher des Gastlandes selbst, die es an Bewusstsein fehlen lassen. Mit der Beachtung einiger Regeln können Sie selbst durchaus einen Beitrag zum Umweltschutz leisten und mit gutem Beispiel voran gehen.

- Sie reisen in ein Land mit wunderschönen Stränden und Naturlandschaften, die zum Teil als Nationalparks geschützt sind. Tragen Sie durch Ihr Verhalten zum Schutz dieser Naturschönheiten bei. Hinterlassen Sie nirgends Abfälle, die Sie mitnehmen und in dafür vorgesehenen Behältern entsorgen können.
- Archäologische und historische Stätten werden alljährlich von einer Vielzahl von Besuchern aufgesucht. Dies kann auch maßgeblich zur Abnutzung und Schädigung unwiderbringlicher Zeugnisse der Menschheitsgeschichte beitragen. Unterlassen Sie die Mitnahme jedweder „Andenken" und begegnen Sie diesen Stätten mit Rücksicht und dem gebotenen Respekt.
- Beobachten Sie Tiere in freier Wildbahn mit angemessenem Abstand. Meiden Sie bei bestimmten Wassersportarten empfindliche Geländebereiche (Schilfgürtel, seichte Gewässer), die als Brut- oder Laichplätze dienen können. Pflanzen aller Art sollen an ihrem angestammten Platz gedeihen und nicht ausgerissen und mitgenommen werden.
- Verzichten Sie zum Sonnenschutz auf ölhaltige Lotionen, die im Wasser einen schwer auflösbaren Film bilden.
- Klimaanlagen und Ventilatoren verbrauchen viel teure Energie. Sie sollten nur eingeschaltet werden, wenn sie tatsächlich gebraucht werden. Auch Wasser wird zunehmend kostbarer: brauchen Sie nur soviel wie nötig, auch dort, wo es anscheinend ausreichend vorhanden ist.

- Beim Kauf von Souvenirs müssen Sie die Vorschriften des Artenschutzes beachten. Die Einfuhr von Tieren und einer Vielzahl von aus Tierprodukten hergestellten Waren in EU-Staaten ist verboten. Dazu gehören u.a. geschnitztes Elfenbein, exotische Katzenfelle (auch Pelzmäntel und -jacken), aus Korallen, Muscheln oder Schneckenschalen hergestellte Schmuckstücke, präparierte Schmetterlinge, aus Schildkrötenpanzern oder Zähnen und Knochen von Walen hergestellte Produkte und vieles andere mehr.

Unterkunft

Bezüglich Unterkunftsangebot wird die Türkei ihrem Ruf als Urlaubsland in vollem Umfang gerecht, von einigen sehr entlegenen Regionen einmal abgesehen. Sie finden in den touristisch frequentierten Gebieten und Orten eine breite Spannbreite von Unterkünften für jeden Anspruch und Geldbeutel.

Das türkische Tourismusministerium legt grundsätzlich die Qualifizierung von Beherbergungsbetrieben fest. Es gibt fünf Hotelkategorien (Hotel = *Otel*), die nach internationalem Standard zwischen einem und fünf Sternen klassifiziert werden. Für Feriendörfer *(Tatil Köyü)* gibt es zwei Kategorien, A und B. Ein Motel entspricht dem meist einfachen Hotel an der Straße. Gästehäuser und Pensionen („Pansiyon") sind Unterkünfte einfacherer Art, die den Gästen Zimmer und Frühstück bieten (kein Restaurant oder sonstige Einrichtungen). In touristischen Zentren gibt es auch sehr einfache Unterkünfte (meist mit Mehrbettzimmern), die entsprechend ihrer Klientel als „Backpacker Hotels" beworben werden.

Wenn Sie Ihre Reise in die Türkei als Pauschalreise planen, also bereits Flug und Unterbringung vorab buchen, hilft Ihnen die Katalogausschreibung des jeweiligen Reiseveranstalters dabei, die Ihren Ansprüchen entsprechende Unterkunft auszuwählen. Scheuen Sie dabei den Aufwand nicht, die Angebote verschiedener Veranstalter zu vergleichen: Manchmal finden Sie das gleiche Hotel mit gleichen Leistungen zu unterschiedlichen Preisen.

Hotel mit Poollandschaft in Antalya

Wenn Sie jedoch durch einen früheren Aufenthalt im Land schon Erfahrungen mit „türkischen Verhältnissen" haben oder insgesamt bereits reiseerfahren und neugierig sind, **sollten Sie die Türkei auf eigene Faust erkunden,** ohne Pauschalurlaub und vorgebuchtes Hotel, das Sie vielleicht von Tag zu Tag mehr langweilt. Das ist einfacher als Sie denken und bietet die Chance, das Land aus einer anderen, weit authentischeren Perspektive zu erleben.

Die detaillierten Hotelempfehlungen in diesem Reiseführer sind darauf ausgerichtet, Ihnen Hinweise zu geben, wo Sie in den jeweiligen Regionen gut, relativ preiswert und meistens recht originell (z.B. in individuell eingerichteten „Boutique-Hotels") untergebracht sind. Das Preisniveau der ausgesuchten Häuser bewegt sich mehr oder weniger in der Mittelklasse.

Ein Wort zu den Zimmerpreisen: häufig werden die Preise in internationalen Währungen (z.B. US-Dollar oder Euro) ausgeschrieben; dieses Buch folgt diesem Muster und gibt alle Preise grundsätzlich in Euro an. Dies hat – wegen der höheren Inflationsrate in der Türkei – für Sie den Vorteil einer berechenbaren und recht konstanten Größe. In der Nebensaison lohnt sich kräftiges Handeln und Vergleichen, vor allem dann, wenn es sich um einen längeren Aufenthalt handelt.

Wenn Sie auf eigene Faust ein Hotel im Internet aussuchen möchten, finden Sie viele Möglichkeiten und Informationen unter www.hotelguide.com.tr, www.venere.com, www.expedia.de und anderen Portalen mehr.

Verkehr

Vor allem in ländlichen Gebieten sollten Autofahrer bedenken, dass türkische Verkehrsteilnehmer weit weniger regelkonform reagieren als man es in europäischen Gefilden gewohnt ist. Fahren Sie deshalb stets defensiv und seien Sie auf plötzlich auftretende „Anomalitäten" gefasst: Tiere kreuzen die Fahrbahn, Fußgänger überqueren sie auch bei roter Ampel und Kinder sind naturgemäß überhaupt nicht berechenbar. Als Faustregel muss folglich gelten, dass man immer mit Eventualitäten rechnen sollte, auch wenn sich das Verkehrsverhalten in den Touristengebieten sehr „europäisiert" hat. Ansonsten scheint der Verkehr für regelbrave Mitteleuropäer etwas chaotischer abzulaufen als bei uns, man nimmt aber letztlich gegenseitig Rücksicht aufeinander. Hupen dient nicht nur der Warnung, sondern kann auch Freunde grüßen oder einen Überholvorgang ankündigen.

Grundsätzlich gelten die international gebräuchlichen Verkehrsschilder. Die Beachtung wird aber in ländlichen Gebieten durchaus nachlässig behandelt. Innerhalb geschlossener Ortschaften gilt eine Geschwindigkeitsbegrenzung von 50 km/h, auf Landstraßen von 90 km/h. Als Fußgänger stehen Ihnen wenige geregelte Möglichkeiten (z.B. Ampeln) zur Verfügung, mit deren Hilfe Sie eine mehrspurige oder vielbefahrene Straße überqueren können. Hier müssen Sie sich langsam, aber bestimmt und mutig Schritt um Schritt vorwagen, um den (oft vorhandenen) Mittelstreifen bzw. die andere Straßeseite zu erreichen. Kein Autofahrer wird zwar freiwillig anhalten, aber keiner wird Sie rücksichtslos über den Haufen fahren.

Unterwegs auf einer Küstenstraße

Die Beschilderung von Orten (mit Entfernungen und Straßennummern) ist nur in vielbefahrenen Regionen ausreichend und zuverlässig. In ländlichen Regionen sollten Sie über ausreichendes Kartenmaterial und Orientierungsvermögen verfügen. Erforderliche Umleitungen sind manchmal mangelhaft ausgeschildert.

Bei einer Panne oder einem Unfall benötigen Sie zwei Warnschilder, die vor und hinter dem Fahrzeug aufgestellt werden müssen. Bei Unfällen sollten Sie – auch ohne Personenschaden – die Polizei hinzuziehen, die ein Protokoll anfertigen sollte (zur Vorlage bei der Versicherung bzw. dem Autovermieter).

Es besteht Anschnallpflicht und absolutes Alkoholverbot!

Auf dem Lande sind die Straßen oft nicht über die ganze Breite asphaltiert. Bei Gegenverkehr müssen Sie teilweise auf den unbefestigten Randstreifen ausweichen. Rechnen Sie überall mit langsamen Eselskarren und Viehherden, die die ganze Straßenbreite in Anspruch nehmen. Bei Nachtfahrten – die aus diesem Grunde möglichst vermieden werden sollten! – müssen Sie mit plötzlich auftauchenden Menschen oder Tieren rechnen. Viele türkische Verkehrsteilnehmer fahren in der Dämmerung und sogar bei Dunkelheit nur mit schlechter oder gar keiner Beleuchtung.

Wenn Sie Mitglied eines europäischen Verkehrsclubs sind, sollten Sie Ihre Mitgliedskarte mitnehmen. Falls eine Kooperation mit dem türkischen Automobilclub *Türkiye Turing ve Otomobil Kurumu* besteht, können Sie gewisse Vergünstigungen und Leistungen in Anspruch nehmen.

Währung

Die Türkei hat in den letzten Jahren zwei Währungsreformen durchgeführt. Mit einer radikalen Wähungsumstellung am 1. Januar 2005 wurde die Neue Türkische Lira (YTL, Yeni Türk

Die **Preisangaben** in diesem Buch erfolgen in **€,** um die Inflationsrate der Türkischen Lira (TL) zu umgehen und so eine längere Gültigkeit des Preisniveaus zu erreichen!

Lirası) eingeführt. Banknoten gibt es im Wert von 100, 50, 20, 10 und 5 YTL, Münzen in den Nennbeträgen 1 YTL und 50, 25, 10 und 5 Yeni Kuruş.

Seit 1. Januar 2009 ersetzt nun die **neue Türk Lirası** (TL) wiederum die YTL; letztere kann seit 2010 nicht mehr als Zahlungsmittel benutzt, aber noch bis 2019 bei den Zentralbanken in TL umgetauscht werden. Demnach gelten ab 2010 die neuen TL-Scheine zu 200, 100, 50, 20, 10 und 5 Türkische Lira sowie die Münzen zu 1 Lira, 50, 25, 10, 5 und 1 Kuruş.

Die Wechselkurse können von Bank zu Bank unterschiedlich sein. **Ein Euro entspricht etwa 2,7 TL** (Stand Oktober 2013: 1 € = 2,7 TL, 1 TL = 0,37 €). Die zu Ihrem Reisetermin gültigen Kurse erfahren Sie bei Ihrem Kreditinstitut oder im Internet, z.B. bei www.reisebank.de. Geld und Reiseschecks können an allen großen oder in Touristengebieten liegenden Postämtern (PTT) oder den Banken getauscht werden. Wechselstuben *(Döviz)* haben während der Hochsaison oft bis spät abends geöffnet. An Geldautomaten in der Türkei können Sie auch mit Ihrer Maestro-BankCard/girocard oder mit einer Kreditkarte (mit PIN-Code) Bargeld abheben. Grundsätzlich empfiehlt es sich, die Kreditkarte nur für Direktkäufe, nicht aber zum Geldabheben von Bankautomaten zu benutzen (hohe Umtauschgebühren von bis zu 5,5%, im einzelnen abhängig vom Kreditkarteninstitut). Mit der Maestro-BankCard/girocard liegen die Gebühren pro Abhebung zwischen 1,3–4 €, je nach Hausbank. Das wöchentliche Abhebungsvolumen am Geldautomaten liegt bei 5000 € (tägliche Höchstgrenze bei ca. 1000 €). Gängige Kreditkarten sind American Express, MasterCard, Visa und Diners Club.

Ausländische Devisen dürfen unbeschränkt eingeführt werden, jedoch müssen Beträge von über 10000 € schriftlich am Zoll deklariert werden; darüber hinaus ist zu bedenken, dass Devisen bzw. ihr türkischer Gegenwert nur bis zu einer Grenze von 5000 US-Dollar wieder aus der Türkei ausgeführt werden dürfen.

Zeit

Der Zeitunterschied zur MEZ beträgt – auch während der mitteleuropäischen Sommerzeit – eine Stunde. Sie müssen also Ihre Uhr bei Einreise in die Türkei um eine Stunde vor-, bei Rückreise um eine Stunde zurückstellen.

Zollvorschriften

Folgende Waren dürfen bei Einreise zollfrei von Reisenden ab 18 Jahren in die Türkei eingeführt werden (gilt nicht für Transitreisende):

200 Zigaretten und 50 Zigarren oder 200 g Tabak und 200 Stück Zigarettenpapiere oder 50 g Kautabak oder 200 g Pfeifentabak oder 200 g Schnupf-

tabak; ein Liter oder eine 700 ml-Flasche Wein und/oder Spirituosen; 5 Flaschen Parfüm (je 120 ml); Kaffee und Tee für persönlichen Gebrauch

Persönliche Gebrauchsgegenstände, Medikamente, Geschenke und elektronische Geräte im Wert von bis zu 300 Euro (Kinder unter 15 Jahren bis 145 Euro). Ausländische Touristen sollten ihre Wertsachen (z.B. kostbare Uhren, Schmuck) bei der Einreise in ihrem Reisepass registrieren lassen, damit es später bei der Ausreise zu keinen Problemen kommt. Spitze Instrumente, Schneidewerkzeugen und Waffen sind untersagt und bedürfen einer Einfuhrerlaubnis. Die Einfuhr von Rauschgiften aller Art ist streng verboten. Drogenschmuggel in die und aus der Türkei wie auch der Drogenkonsum werden mit hohen Gefängnisstrafen geahndet. Die Einfuhr von mehr als einem Set Spielkarten ist verboten.

Die Ausfuhr von Souvenirs, wie z.B. Teppichen, unterliegt strengen Zollbestimmungen (je nach Alter und Wert der Ware). Der Erwerb, Besitz und die Ausfuhr von Antiquitäten (z.B. Gegenstände, die älter als 100 Jahre sind, Fossilien, behauene Steine) sind verboten, Zuwiderhandlung wird mit Gefängnis bestraft. Es besteht jedoch die Möglichkeit, bei den zuständigen Behörden eine Ausfuhrgenehmigung einzuholen. Für die Ausfuhr von Mineralien benötigt man eine Lizenz. Die Ausfuhr von Getreideprodukten, Tee, Kakao, Kaffee und Gewürzen ist in Mengen, die den persönlichen Gebrauch übersteigen, verboten.

Bundesrepublik Deutschland

Bei der Rückreise nach Deutschland sind Reisemitbringsel und Waren für den persönlichen Bedarf bis zu einem Gesamtwert von 430 Euro für Personen, die mit dem Schiff und Flugzeug einreisen, abgabenfrei (300 Euro für Personen die mit anderen Verkehrsmitteln einreisen / z.B. Bahn und Auto; 175 Euro für Reisende unter 15 Jahren unabhängig vom Verkehrsmittel). Darunter fallen auch Parfüm, Kaffee und Tee. Man beachte auch die Einfuhrbestimmungen des Heimatlandes bezüglich importierter Markenkopien!

Außerdem dürfen Reisende mit einem Mindestalter von 17 Jahren 200 Zigaretten oder 100 Zigarillos oder 50 Zigarren oder 250 Gramm Rauchtabak im Gepäck haben. Dazu ein Liter Spirituosen mit einem Alkoholgehalt von mehr als 22 Volumenprozent oder 2 Liter alkoholische Getränke mit einem Alkoholgehalt von höchstens 22 Volumenprozent oder 4 Liter nichtschäumende Weine.

Weitere Informationen zu den Zollbestimmungen findet man auf der Website des deutschen Zolls (www.zoll.de) und des Auswärtigen Amts (www.auswaertiges-amt.de).

Land und Leute

Geschichte im Überblick

Die türkische Mittelmeerküste als westlichster Punkt Asiens stellt nicht nur in geografischer, sondern auch in politisch-kultureller Hinsicht eine markante Grenzlinie dar. Über drei Jahrtausende hinweg kämpften hier europäische und orientalische Zivilisationen um die Macht, zerstörten wie befruchteten sich wechselseitig, um Zeugnisse zu hinterlassen, die zu den unbestreitbaren Höhepunkten menschlichen Kulturschaffens zu zählen sind. Den orientalischen Völkern der Perser, Araber und Türken sind dabei auf abendländischer Seite vor allem Griechen und Römer gegenüberzustellen. Vor allem ihre geschichtlichen Vermächtnisse sind es, welche die landschaftlichen Reize der kleinasiatischen Küste um eine kulturelle Schatzkammer bereichern und damit zu einem der besuchenswertesten Reiseziele der Welt machen.

Antike

um 2000 v. Chr.	Die *Hethiter* gründen das erste kleinasiatische Großreich. Sie übernehmen die Keilschrift und legen in ihrer Hauptstadt Hattuşa (Ruinen bei Boğazkale östlich von Ankara) ein regelrechtes Staatsarchiv an. Ihre Herrschaft wird durch den Ansturm der ominösen, kriegerischen Seevölker um 1200 beendet, die die Hauptstadt zerstören.
um 1230 v. Chr.	Mykenische Griechen vernichten den reichen Stadtstaat Troia (südlich von Çanakkale). Das Ereignis wird durch den in Smyrna, das heutige Izmir, tätigen „Dichter" Homer weltbekannt (um 800 v. Chr.). Seine „Ilias" gilt als das erste Werk abendländischer Dichtkunst.
-8. Jhd. v. Chr.	Ionische und dorische Griechen kolonisieren die kleinasiatische Küste und gründen bedeutende Städte, unter denen vor allem *Milet* bald besonders hervorragt.
7./6. Jhd. v. Chr.	Die *Lyder* beherrschen von ihrer Hauptstadt Sardes aus das westliche Kleinasien; ihnen wird die Erfindung des Münzgeldes zugeschrieben.
660/658 v. Chr.	Megarische Griechen unter ihrem Führer Byzas gründen die Stadt **Byzanz,** das heutige Istanbul.
6. Jhd. v. Chr.	Die griechischen Küstenstädte werden mit den Philosophen *Thales* und *Anaximander* (in Milet) sowie *Heraklit* (in Ephesos) zu Geburtsstätten der westlichen Philosophie. Der letzte Lyderkönig, der sprichwörtlich reiche Kroisos („Krösus"), verliert sein Reich an die Perser, die von nun an ganz Kleinasien einschließlich der griechischen Küstenstädte beherrschen.
500–494 v. Chr.	Der von Milet geführte Aufstand der kleinasiatischen Griechen gegen die Perser scheitert. Es gelingt den Persern aber nicht, Griechenland selbst zu erobern (Niederlage bei Marathon, 490 v. Chr.).

Hellenistische Ära

336-323 v. Chr. Der Makedonenkönig **Alexander der Große** (356–323 v. Chr.) steht an der Spitze des griechischen Rachefeldzugs gegen die Perser. Er erobert in wenigen Jahren ganz Vorderasien und das Persische Reich einschließlich Ägypten und gelangt bis nach Indien.

nach 323 v. Chr. Nach dem Tod Alexanders zerfällt sein Reich in mehrere griechische Nachfolgestaaten (Diadochenreiche), unter denen auf kleinasiatischem Boden besonders *Pergamon* (das heutige Bergama) hervorragt.

Römische Expansion

133 v. Chr. Der letzte König von Pergamon, Attalos III., vererbt sein Reich an die **Römer,** die 129 v. Chr. die römische Provinz **Asia** gründen und in der Folgezeit ganz Kleinasien unter ihre Herrschaft bringen. Die lange römische Friedenszeit *(pax romana)* führt zur Blüte der griechisch-römischen Stadtkultur.

ab 47 n. Chr. Durch das Wirken des **Apostels Paulus**, geboren um das Jahr 1 n. Chr. in Tarsus bei Adana an der östlichen Mittelmeerküste, entstehen in Kleinasien die ersten Christengemeinden (*Ephesus/Efes* bei Izmir).

284–305 Diokletian, Römischer Kaiser von 284–305, erzwingt 298 die Anerkennung der römischen Oberhoheit in Armenien durch die Perser.

330 Kaiser Konstantin, Regierungszeit 306–337, macht die alte griechische Stadt **Byzanz** zur neuen Hauptstadt des Römischen Reiches. Neuer Name: **Konstantinopel.**

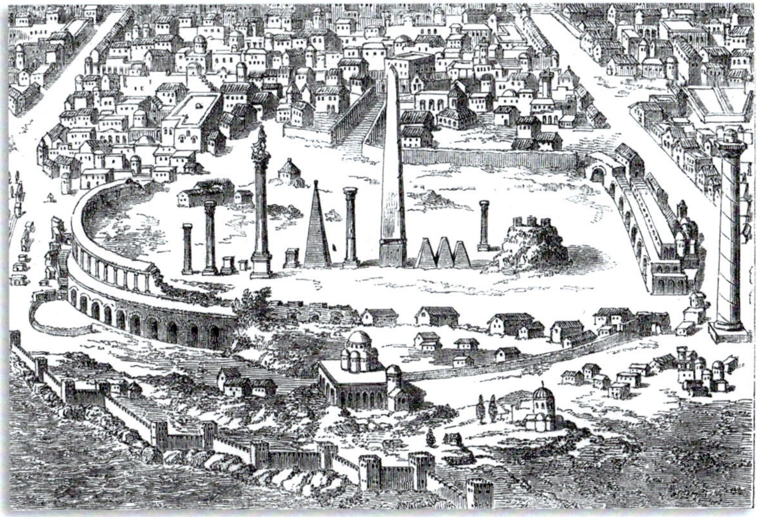

Alte Stadtansicht von Konstantinopel mit dem Hippodrom und Obelisk

Christentum

303/304 Um die religiöse Einheit des Römischen Reiches wiederherzustellen, leitet Diokletian 303/04 unter dem Einfluss von Kaiser Galerius eine allgemeine Christenverfolgung ein mit Kultverbot, Niederreißen der Kirchen, Beschlagnahmung christlicher Vermögen und Schriftenverbrennungen.

311 Das Toleranz-Edikt von Galerius markiert das Ende der Christenverfolgungen im Römischen Reich.

324 Konstantin alleiniger Herrscher über das Römische Reich.

391 Unter dem römischen Kaiser Theodosius wird das Christentum Staatsreligion.

West- und Ostrom

Nach dem Tod von Theodosius **395** wird das Römische Reich unter seinen beiden Söhnen in **West- und Ostrom aufgeteilt.** Der oströmische Kaiser residiert in Konstantinopel. Während das Weströmische Reich in den Wirren der Völkerwanderung 476 untergeht, sollte Ostrom noch über 1000 Jahre als Byzantinisches Reich weiterbestehen. Über fast die gleiche Zeitspanne ist Konstantinopel die reichste Stadt der Christenheit und Sitz des griechisch-orthodoxen Patriarchats.

Byzantinisches Reich

Das **Oströmische** bzw. das **Byzantinische Reich** (verkürzt auch nur **„Byzanz"**) erlebt unter **Justinian,** Kaiser von 527 bis 565, eine Blütezeit. Es endet mit der Eroberung von Konstantinopel durch die Osmanen 1453.

Kulturelle Zentren waren neben der Hauptstadt Konstantinopel Antiochia, Thessaloniki, Alexandria und Ephesus. Das Byzantinische Reich sorgte entscheidend für die Vermittlung kultureller Werte der Antike durch die Zeit des Mittelalters bis zur Neuzeit. Territorial umfasste es Griechenland, Teile des Balkans, Thrakien, die ägäische Inselwelt und Kleinasien.

622–632 In Mekka und Medina begründet **Mohammed** (568–632) den Islam.

7./8. Jhd. Nach dem Tode Mohammeds erobern die islamischen Heere unter seinen Nachfolgern, den *Kalifen,* Vorderasien und Nordafrika. Auch Konstantinopel wird mehrmals belagert (678 und 718), aber das byzantinische Reich kann den Angriff der Araber abwehren und Kleinasien weitgehend halten.

um 1050 Die türkische Fürstendynastie der **Seldschuken,** aus der Kasachensteppe stammend, erobert Vorderasien. Stammesanführer Seldschuk nimmt den sunnitischen Islam an.

1071 In der Schlacht bei Mantzikert in Ostanatolien erleiden die Byzantiner gegen die Seldschuken eine vernichtende Niederlage, welche die Türkisierung und Islamisierung Kleinasiens einleitet.

12./13. Jhd. Das seldschukische Sultanat von Konya (Zentralanatolien) kann sich gegen Byzantiner und christliche Kreuzfahrerheere behaupten, erliegt aber dem Ansturm der Mongolen (1243) und zerfällt in viele Fürstentümer.

Osmanisches Reich

1326 Die türkische Dynastie der **Osmanen** (so benannt nach ihrem Stammvater Osman, 1281–1326) erobert Bursa (südlich von Istanbul). Aufgrund ihrer enormen militärischen Macht vergrößern die Osmanen ständig ihr Einflussgebiet.

1453 Sultan Mehmed II. **erobert Konstantinopel,** das bei den Türken in den nächsten Jahrhunderten fortschreitend in Stambul/Istanbul umbenannt wird und fortan die Hauptstadt des Osmanischen Reiches darstellt. Ganz Kleinasien wie auch die christlichen Balkanreiche werden von den Osmanen überrannt.

1512–20 Unter Sultan Selim I. Yavuz (der Gestrenge, 1512–20) werden 1514 die Perser und danach das ägyptische Mameluckenreich besiegt. Damit herrscht das Osmanische Reich auch über die heiligen Stätten des Islams, Mekka und Medina.

1520–1566 Unter **Sultan Süleyman I.** („dem Prächtigen") erreicht das Osmanische Reich seinen Höhepunkt. Türkische Heere dringen über Ungarn bis Wien vor (1529). Während der Regentschaft Süleymans 1520–1566 florieren Kunst und Architektur.

Sultan Süleyman I.

1683 Die zweite Belagerung Wiens schlägt fehl. Rückgang der osmanischen Macht.

1774/1791 Mit Niederlage gegen die Russen in zwei Kriegen 1768–74 und 1788–91 verliert das Osmanische Reich endgültig seine Position als Großmacht. Die führenden europäischen Staaten – allen voran Russland und Österreich-Ungarn – etablieren sich in der Hauptstadt Konstantinopel, wo ausländische Diplomatenviertel entstehen. Der osmanische Hof orientiert sich immer stärker an europäischen Lebensformen.

1839–76 In der so genannten „Tanzimat-Periode" werden weitere westliche Reformansätze in Staat und Verwaltung durchgeführt, ohne dass sich der außenpolitische Verfallsprozess aufhalten lässt. Das Reich wird immer mehr von westlichem Kapital abhängig (Staatsbankrott 1875). Im **Krimkrieg** 1853–56 versucht Russland, sein Gebiet auf Kosten des niedergehenden Osmanischen Reiches zu vergrößern.

20. Jahrhundert

1912/13 In den Balkankriegen verliert das Osmanische Reich fast alle seine europäischen Besitztümer.

1914–18 Im Ersten Weltkrieg erleidet das Osmanische Reich an der Seite Deutschlands eine vollständige Niederlage.

1921/22 Griechenland meint, die Schwäche der Türkei zur Eroberung Westanatoliens nutzen zu können. Die griechischen Truppen erleiden aber eine vollständige Niederlage, welche die massenhafte **Vertreibung aller** kleinasiatischen

Griechen zur Folge hat (etwa 1,2 Millionen Menschen, Vertrag von Lausanne 1923).

Mustafa Kemal Atatürk

1923 **Mustafa Kemal Atatürk** (1881–1938) begründet mit türkischen Nationalisten die moderne türkische Republik. Der osmanische Sultan und Kalif wird abgesetzt, Ankara zur neuen Hauptstadt erklärt.

Atatürk („Vater der Türken") setzt eine Kulturrevolution durch, die sich nach westlichen Staatsprinzipien ausrichtet: u.a. Trennung von Religion und Politik (Laizismus), Gebrauch der lateinischen Schrift (anstelle der arabischen), Einführung des christlichen Kalenders und Erhebung des Sonntags zum Feiertag (anstelle des islamischen Freitags), Kleidervorschriften (u.a. Verbot von Frauenschleier und Kopftuch in staatlichen Institutionen), staatliche Einehe (anstelle der islamischen Ehepraxis, nach der ein Mann bis zu vier Frauen heiraten kann).

nach 1945 Entwicklung eines Mehrparteiensystems; die Türkei wird Mitglied der NATO.

1987 Die Türkei stellt einen Antrag auf Vollmitgliedschaft in der EG (heute EU)

01.01.1996 Die Zollunion zwischen der Türkei und der EU tritt in Kraft, aber die von der Türkei angestrebte Vollmitgliedschaft in der EU wird von den Europäern, u.a. aufgrund von Menschenrechtsfragen (Kurdenproblematik), abgelehnt.

Dez. 1999 Auf dem EU-Gipfel in Helsinki wird der Türkei offiziell der Status eines Beitrittskandidaten zugestanden.

Nov. 2002 Die islamisch-konservative Gerechtigkeits- und Entwicklungspartei (AKP, Adalet ve Kalkinma Partisi) gewinnt die Parlamentswahlen. Regierungschef wird *Recep Tayyip Erdoğan.*

Nov. 2005 Die Türkei und die EU beginnen die offiziellen Beitrittsgespräche; man rechnet auf Seite der Europäer mit langen und ergebnisoffenen Verhandlungen.

2007/2011 Sowohl bei den Parlamtentswahlen im Juli 2007 wie auch im Juni 2011 kann die AKP ihre Mehrheit verteidigen. Seit August 2007 amtiert Abdullah Gül als neuer Staatspräsident, Regierungschef ist nach wie vor Erdoğan. Die Türkei erlebt einen Wirtschaftsboom.

2012/2013 In einer Reihe von spektakulären Prozessen im Rahmen um die Geheimorganisation *Ergenekon* gelingt es der Regierung, die bis dato allmächtige Militärführung zu schwächen bzw. abzusetzen und den Primat der Politik durchzusetzen.

2013 Anlässlich eines Disputs um die Zukunft des Gezi-Parks nahe dem Taksim-Platz in Istanbul kommt es ab Mai zu Protesten, die schnell den Charakter von Anti-Regierungsdemonstrationen annehmen; die kemalistisch-säkular orientierten Demonstranten befürchten eine zunehmende Islamisierung der Türkei durch die AKP-Regierung.

Essen und Trinken

Die türkische Küche zählt zu den vielfältigsten und besten der Welt, und das Erfreuliche: die kulinarischen Freuden sind für alle durchaus bezahlbar. Ihr Ruhm gründet sich auf die fast unerschöpfliche Breite der verwendeten Zutaten, die nur noch von der chinesischen Küche übertroffen wird. Der Grund für diese Diversität liegt im Osmanischen Reich, das sich über drei Kontinente erstreckte und Küchenanregungen und Rezepte der verschiedensten Kulturen aufnahm. In der Palastküche des türkischen Sultans wetteiferten die Köche darum, dem Herrscher immer wieder neue Köstlichkeiten zu erfinden und aufzutragen. Woran die Männer beim Kochen dachten, verraten die allseits bekannten Namen solcher Gerichte wie **kadın budu** („Frauenschenkel"; Fleischspeise, die aus Hackfleischbällchen, *köfte,* besteht), **kız memesi tel kadayıfı** („Mädchenbrüste", ein richtig „geiles" Teig-Sirup-Dessert), **dilber dudağı** („schöne Lippen", kurz als „Frauenlippen" bekannt; frittiertes, schön gefaltetes Gebäck) oder **kadın göbeği** („Frauennabel"; frittiertes Gebäck mit einem fantasievollen Loch in der Mitte).

Wie man sieht, isst man mit den Augen und der Fantasie. Einige Gerichte müssen so umwerfend gewesen sein, dass auch hohe Würdenträger in Euphorie ausbrachen: **imambayıldı** („des Imams Entzücken", meist als „der Imam, der in Ohnmacht fiel" bezeichnet, nämlich gefüllte Auberginen in Olivenöl).

Bei der Zubereitung werden reichlich Olivenöl und Kräuter bzw. Gewürze verwendet; allerdings sind die Speisen im Westen der Türkei (in der Regel) keineswegs so scharf gewürzt wie im Osten.

Immer gut versorgt

Zu jedem Essen wird ein Körbchen mit frischem Brot (**ekmek**, flaches **Fladenbrot** heißt **pide**) gereicht, das immer reichlich verzehrt wird, sowie eine Flasche Wasser *(su)* oder ein Glas bzw. ein Becher *ayran* (leicht gesalzenes Joghurt-Getränk) bestellt. Als weitere Getränke bieten sich verschiedene **Fruchtsäfte** *(meyva suyu)* oder auch Limonade *(limonata)* an. *Salep* (gegorene Milch mit Zimt und Gewürzen, kein Alkohol) wird im Winter warm getrunken und soll allen möglichen Formen des Unwohlseins vorbeugen. An Festtagen wie z.B. im Fastenmonat Ramadan wird er an vielen Buden und Ständen angeboten.

Frühstück

Beginnen wir mit dem Bescheidensten, dem Frühstück *(kahvaltı):* Schafskäse, Oliven, Tomaten, Honig, Konfitüre, ein Ei und viel, viel frisches, helles Weizenbrot – das war's schon. In den Hotels wird dazu Kaffee oder Tee gereicht (die Türken selbst nehmen eher Tee, s.u.). Reichhaltige Frühstücksbüfetts sind in großen und teureren Hotels die Regel.

Vorspeisen (mezeler)

Die Hauptgerichte beginnen mit den bekannten Vorspeisen (mezeler) oder einer Suppe (çorba). Erstere werden warm oder kalt auf kleinen Tellern serviert und sind äußerst vielfältig, so z.B. *midye dolması* (gefüllte Muscheln), *biber dolması* (gefüllte Paprika), *domates dolması* (gefüllte Tomaten), *humus* (Kichererbsenpüree), *muhamarra* (Walnusspaste), *beyaz peynir* (Schafskäse), *patlıcan kızartması* (gebratene Auberginen), verschiedene Arten von *pastırma* (Dörrfleisch mit Knoblauch und anderen Gewürzen) oder *börek*-Variationen (Gebäck- und Pasteten).

Der Ausdruck *dolma* bedeutet übrigens „gefüllt" und ist bei vielen türkischen Gerichten zu finden, deren äußere Hülle verschiedene Leckereien enthalten. Auch *pilav* (Reis), *yumurtalar* (Eierspeisen) sowie die türkische Pizza *(lahmacun)* können Vorspeisencharakter haben, auch wenn vor allem letztere als große Pizza längst zu einem billigen Hauptgericht geworden ist.

Ein klassisches türkisches Restaurant – das kann auch ein sehr einfaches Lokal sein, eine *lokanta* (s.u.) –, wird zu jedem Essen unaufgefordert einen Salat *(salata)* servieren, der im Preis inbegriffen ist. Hauptzutaten sind hier Bohnen *(fasulye)*, Zwiebeln *(piyaz)* und Tomaten *(domates)*.

Suppen (çorbalar)

Auch unter den Suppen (çorbalar), die klassische türkische Vorspeise, finden sich viele Variationen: da gibt es beispielsweise die *tutmaç çorbası* (Nudelsuppe), die *işkembe çorbası* (Kuttelsuppe), die *tarhana çorbası* (Joghurt-Suppe mit Tomaten und Zwiebeln), die *yayla çorbası* (Reissuppe mit Yoghurt und Ei), die *domates soğan çorbası* (Tomaten-Zwiebelsuppe) und die sehr beliebten heißen Joghurtsuppen *(yoğurt çorbası)*, die mit Reis oder zerstoßenem Getreide zubereitet werden.

Fleischgerichte (etler)

Die Fleischgerichte (etler) werden den meisten Europäern zumindest namentlich nicht ganz unbekannt sein. *Kebap* (gegrilltes/geröstetes Fleisch) und *köfte* (Fleischklöße) sind in der ganzen Welt verbreitet. Aber sie finden sich in der Türkei in weit vielfältigerer Weise verarbeitet: der Imbisshit *döner kebap* wird bekanntlich meist in dünnen Scheiben einfach ins Brot geschnetzelt. Daneben stellen *şiş kebabı* und *adana kebabı* (Kebabspieße) und vor allem auch der *iskender kebabı* (Kebab in Yoghurtsoße) beliebte Hauptgerichte dar. Preiswert ist *tavuk* (Hähnchen) *döner*, der oft an kleinen

Obst- und Gemüsestand

Feigen, Nüsse und mehr …

Imbiss-Kiosken verkauft wird. Tavuk ist auch in den *lokantas* beliebt, so z.B. *çerkeş tavuğu* („Tscherkessenhuhn“, in einer Paprika-Sauce serviert). Kostspieliger sind da schon Lammgerichte, *kuzu eti;* sie werden als Kotelett *(pirzola)* oder Frikassee *(kuzu kapaması)* serviert. Natürlich ist auch der Hammelbraten *(koyun kızartması)* sehr beliebt, während Schweinefleisch gemäß den Regeln des Islams nicht gegessen wird.

Gemüsebeilagen (sebze)

Zu diesen Gerichten gibt es verschiedene Gemüsebeilagen (sebze), so z.B. *fasulye* (weiße Bohnen), *patates* (Kartoffeln), *patlıcan* (Auberginen), *kabak* (Zucchini) und *domates* (Tomaten).

Fischgerichte (balıklar)

Fischgerichte (balıklar) sind natürlich auch beliebt, besonders frisch in Küstenorten erhältlich, haben aber ihren Preis. Bekanntere Fischrestaurants halten verschiedene Fischarten bereit, darunter *palamut* (Bonito, eine Makrelenart), *uskumru* (Makrele), *kılıç* (Schwertfisch), *gümüç* (Silberfisch), *şipura* (Goldbrasse), *lipsos* (Roter Drachenkopf), *kırlangıç* (Roter Knurrhahn), *kalkan* (Steinbutt), *dil balığı* (Zungenfisch), *mersin* (Stör), *sardalya* (Sardine), *hamsi* (Schwarzmeerfisch, Sardelle), *levrek* (Seebarsch aus dem Schwarzen Meer), *sinarit* (Zahnbrasse), *karagöz* (Geissbrasse), *mercan* (Rotbrasse).

Dessert (tatlılar)

Schließen wir den Speiseplan mit dem süßen Dessert (tatlılar): wie wäre es mit einem Stück *baklava* (honigübergossener Mandelkuchen mit Nüssen oder Pistazien, gleichsam das türkische Dessert par excellence)? Oder bevorzugen Sie Türkischen Honig *(sade lokum)?* Egal, was man wählt – und es locken noch viele Variationen, wie z.B. *sütlaç* (Reispudding) und *keşkül* (Mandeldessert) –, es ist süß und mächtig – und viel zu lecker! Zum Glück muss man z.B. in Istanbul viel laufen, da kann man sich ruhig einige kulinarische Exzesse erlauben. Zwischendurch kann man auch in einer **pastane (Konditorei)** seinen Heißhunger auf Süßes, Kuchen oder Gebäck stillen.

Ach, ist der süß!

Getränke

Bei **alkoholischen** Getränken sollte man bedenken, dass aus Lizenz- oder religiösen Gründen nicht alle Restaurants (darunter oft einfache Lokantas in konservativen Stadtteilen) Hochprozentiges ausschenken. Ansonsten sind die türkischen **Biersorten** *(bira)* Tekel und Efes durchaus zu empfehlen, wobei vor allem bessere Restaurants auch ausländische Biere wie z.B. Tuborg besitzen und zudem mit mehreren türkischen oder ausländischen Weinsorten *(şarap)* aufwarten können (z.B. *doluca*). Etwas vorsichtig sollte man dagegen mit dem türkischen Anisschnaps (**rakı**) verfahren: Die als *aslan sütü* („Löwenmilch") bekannte Variante des griechischen Ouzo wird von den Türken bei langen und ausgedehnten Abendessen *(rakı sofrası)* mit Wasser vermischt (deshalb die milchige Farbe) und oft reichlich getrunken. Der klassische Ort für solch eine Rakı-Tafel ist die **meyhane,** also die „Kneipe", wo man in geselliger Runde bei einer Flasche „Löwenmilch" den *mezeler* zuspricht. Im Gegensatz zum Ouzo besitzt der bis zu 50prozentige *rakı* aber nur einen leichten Anisgeschmack, so dass Touristen leicht das subjektive Gefühl haben, an einem „farblosen" und harmlosen Getränk zu nippen. Die Wirkung setzt dann plötzlich ein, und ein rakı-Rausch kann einen dann schon für einen Tag außer Gefecht setzen!

Tee (çay)

Nach dem Essen bekommt man in einem türkischen Restaurant noch einen Tee (çay), das Nationalgetränk schlechthin, das den ganzen Tag über – meist aus „Tulpengläsern" (*bardak,* eine Tasse heißt *fincan*) – getrunken wird.

Der türkische Tee aus den Anbaugebieten um Rize am Schwarzen Meer ist reichlich zu süßen, um seine bittere Grundnote auszugleichen, aber dann ist er der aromatischste Tee der Welt. Neben seiner Grundvariante als schwarzer Tee gibt es noch den touristischen *elma* (Apfeltee) oder *oralet çay* (Orangentee). Ein türkischer **Teegarten (çay bahçesi)** – und das sei hier mit Nachdruck herausgestellt – ist der ideale Ort, um sich zu erholen und auszuruhen (in den Routenkapiteln sind die schönsten aufgeführt),

Teegarten am Bosporus

und längst sind die allermeisten von ihnen nicht länger mehr ein Vorrecht der Männer.

Bestellt man übrigens in Gesellschaft einen **Samovar** (ca. 3 Euro, abhängig von der Lokalität), liegt stets ein feuchtes Tuch auf dem Tablett, mit dem man die heiße Tee- und die darunter stehende Wasserkanne bedienen kann, sowie ein Sieb. Man schüttet zuerst ein wenig Tee durch das Sieb ins Teeglas, um danach Wasser hinzuzugeben. Die Mischung ist Geschmacksache, wobei als Grundregel allerdings gelten mag: ein Drittel Tee, zwei Drittel Wasser.

Tee-Equipment

Mokka

Der **türkische Mokka, türk kahvesi,** aus dessen Sud man die Zukunft lesen zu können glaubt, wird dagegen viel seltener getrunken. Wer ihn bestellt, wird gefragt werden, ob er ihn mit Milch *(sütlü),* süß *(şekerli)* oder schwarz *(sade)* haben möchte.

Wo isst man und was kostet es?

Die Türkei bietet jedem Geldbeutel seine passende – und dazu noch gute – Küche. In einer groben Einteilung lassen sich vier Ebenen ausmachen: Die billigste Essgelegenheit (wenn auch meist nur ein Snack) bietet in den Städten der Straßenhändler oder **Imbissstand.** Ein gekochter Maiskolben *(mısır)* kostet hier ca. 40 Cent, einen Tavuk Döner bekommt man für ca. 1–2 €, desgleichen die türkische Pizza *Lahmacun* wie auch einen Hamburger oder Hot Dog. *Gözleme* ist eine Art mehrfach zusammengefalteter, würzig gefüllter Pfannkuchen aus an Blätterteig erinnerndem *yufka*-Teig, der zuvor mit einem Rundholz papierdünn ausgerollt und mit Öl bestrichen wurde. Eine Spezialität der anatolischen Küche.

Maiskolbenverkäufer

Richtiges Essen fängt aber erst auf der zweiten Ebene an, der **lokanta.** Diese kleinen, schmucklosen Restaurants bzw. Garküchen gibt es in Städten wie auch in kleinen Küstenorten, und die Gerichte, die sie in ihren Töpfen bequem zur Schau stellen, sind immer schmackhaft und sehr frisch.

Besser und preisgünstiger können Sie nirgendwo essen. Auch wer kein Wort Türkisch spricht kommt hier zurecht, indem er einfach auf das Gewünschte zeigt. Der Preis für eine Portion beträgt – je nach Ortslage und touristischer Frequenz – ca. 4–5 €. In diesen Lokalen essen auch die Einheimischen, was stets ein Zeichen von Qualität und Frische ist. Verzichten müssen Sie hier in aller Regel auf Dekor und Ambiente.

Appetitlich – eine Lokanta in Beyoğlu

Die Räume sind einfach und nüchtern eingerichtet, Plastikstühle und Neonlicht zeigen an, dass es hier lediglich ums Essen geht, und auch die Gabel kann schon mal etwas krumm sein.

Das ändert sich mit der dritten Ebene, den eigentlichen **Restaurants.** Nicht dass das Essen hier unbedingt besser ist, aber die Inhaber legen Wert auf schöne Dekoration oder stilvolles Ambiente. Hierzu gehören die vielen **Aussichtsrestaurants** mit Blick über Stadt bzw. Meer sowie die **Touristenrestaurants** mit Kerzenlicht-Romantik in den bekannten Touristenorten. Letztere werden fast nie von Türken besucht, sondern nur bedient, haben die Eigentümer doch längst begriffen, dass die Besucher auf dezente Musik und stilvolle Einrichtung Wert legen. Das Abendessen in einem dieser Restaurants kann leicht zwischen 10 und 20 Euro pro Person liegen, und landet man in touristisch besonders stark frequentierten Gegenden, kann es noch teurer werden. Wer sein Gericht nicht aus der Karte, sondern nach dem dargebotenen Vorspeise- oder Fischteller auswählt, sollte vorsichtig sein: etliche kleine Häppchen summieren sich schnell zu saftigen Gesamtpreisen.

Restaurant mit Aussicht in Izmir

Der Hamam

Der Besuch eines der berühmten türkischen Dampfbäder (Hamam) zählt heute allgemein zum Pflichtprogramm eines Aufenthaltes in der Türkei. Diese traditionsreichen Badeanstalten, häufig in kuppelgeschmückten alten Gebäuden untergebracht, waren oft Teil eines Stiftungskomplexes (Vakif), zu dem in osmanischer Zeit außer der Moschee auch Medrese (Koranschule), Imaret (Armenküche) und oft ein Hospital gehörten. Da das alte Stiftungswesen nach der Kulturrevolution unter Atatürk umgestaltet wurde und kaum neue Bäder entstanden, sind die meisten heutigen Hamams historischen Datums. Lediglich an der Urlaubsküste sind im Zuge der Nachfrage moderne Badanlagen hinzugekommen, die sich gerne mit dem anziehungsträchtigen Begriff „Hamam" schmücken. Ein „richtiger" Hamam, wie man ihn z.B. in Istanbul und Bursa, aber auch den älteren Küstenorten der Ägäis bzw. der türkischen Riviera findet, hat schon einige hundert Jahre auf dem Buckel, und nicht selten sind sie so alt, dass sich das Amt für Denkmalspflege für sie interessiert. Von außen machen sie nicht selten einen etwas vernachlässigten Eindruck, wovon man sich aber keinesfalls täuschen oder gar abschrecken lassen sollte, denn im Inneren erwartet einen Marmor und wahre Entspannung.

In einem klassischen Hamam baden die Frauen meist tagsüber, während der Abend den Männern gehört; alternativ dazu haben viele Bäder eine getrennte Frauen- bzw. Männerabteilung. Nur in den auf westlichen Besuchern eingerichteten Hamams der Touristenorte ist man zu „gemischten" Service-Angeboten übergegangen.

Wie sieht nun der Ablauf in einem klassischen Hamam aus?

Nachdem man am Eingang bezahlt hat (die Massage ist im Grundpreis nicht immer inbegriffen, so dass das dort ausgehängte Service-Paket beachtet werden sollte), bekommt man ein großes Tuch *(peştamal)* und wird in den Umkleideraum geführt. Dort deponiert man seine Sachen in einem kleinen Korb oder Fach (Wertgegenstände an der Kasse verschließen lassen!), schlüpft in die bereitgestellten Holzschuhe *(takunya)*, bindet sich das Tuch wie einen kleidartigen Schurz um die Hüften und stapft in vorfreudiger Erwartung höchster Wonnen in den dampfenden Baderaum. Dessen Zentrum bildet eine ca. 80 Zentimeter hohe viereckige Marmorplatte *(göbektaşı)*, die in der Regel unmittelbar unter der Kuppel des Raums platziert ist. Die Wände um sie herum sind – wie oft alle Räume des Bades – aus hellgrauem Marmor und weisen mehrere Waschstellen auf, die nischenartig voneinander getrennt sind. Spätestens hier wird man neben den Wasserhähnen auch Schöpfschalen und Seife vorfinden, falls diese notwendigen Utensilien einem nicht schon am Eingang ausgehändigt worden sind.

Man wäscht sich nun, indem aus den jeweiligen Wasserhähnen heißes und kaltes Wasser in den Schalen gemischt und über den Körper geschüttet wird; danach seift man sich gründlich ein, bevor die Prozedur des Übergießens bzw. Abwaschens wiederholt wird.

Ist man damit fertig, legt man sich auf die beheizte Marmorplatte, die in Verbindung mit Feuchtigkeit und Dampf die Poren noch weiter öffnet. Auf dem Rücken dösend kann man nun in Ruhe die astrale Kuppel des Hamam studieren, deren sternförmige Öffnungen Licht in den Raum fließen lassen. Dann kommt die Phase des Knetens und Massierens. Als Mann wird man von einem Tellâk (Badediener), als Frau von dem weiblichen Pendant, der Natır, bedient. Zunächst wird man mit einem Frottierhandschuh aus Ziegenhaar *(kese)* von oben bis unten ein- und abgerieben, eingeseift und wieder abgespritzt.

Natürlich gibt es zusätzlich auch eine Massage, bei der es vielleicht manchmal knackt und spannt, aber – keine Angst! – niemals schmerzhaft oder gar gefährlich wird. Wem es aber dennoch manchmal zu viel des Guten wird, der rufe einfach „yavaş, yavaş!" (langsam, langsam! Aussprache: javasch!), und der Tellâk bzw. die Nadır werden sofort einen Gang zurückschalten.

Die ganze Prozedur beseitigt nicht nur die allerletzten abgestorbenen Hautpartikelchen, sie fördert auch selbstredend das Kreislaufsystem, so dass man sich dann als neuer Mensch wieder ins Straßengetümmel werfen kann.

Während des ganzen Badeablaufs einschließlich der Massage bleibt das nasse Badetuch lose zwischen den Beinen bzw. um die Hüften gewickelt. Kein türkischer Mann pflegt sich nämlich nach seiner Beschneidung nackt zu zeigen. Als vor wenigen Jahren der Film „Hamam", eine italienisch-türkisch-spanische Koproduktion unter der Regie von Ferzan Özpetek, das Tabu der Homosexualität thematisierte – seit osmanischen Zeiten kursieren Gerüchte, dass die Dampfbäder mehr als nur der körperlichen Entspannung dienten –, verwahrte sich der türkische Bäderverein aufs heftigste gegen derartige Verleumdungen und wies darauf hin, dass vor allem Männer abends gezielt und meist nur kurz den Hamam als Badeanstalt zu benutzen pflegen. Das ist sicherlich zutreffend, denn im Gegensatz zu den Frauen, die stets in Gruppen kommen und oft einen großen Teil des Tages im Hamam verbringen, besuchen Männer das Dampfbad nach der Arbeit nur für kurze Zeit. Auch kommen sie häufig allein, wollen schweigen und sich von dem Stress des Tages erholen.

Die Frauen dagegen genießen den Besuch geradezu als soziales Happening. Früher, als noch keineswegs jedes Haus über eine eigene Dusche verfügte, war es durchaus üblich, dass die weibliche Verwandtschaft an festgelegten Tagen en groupe den Hamam besuchte. Soziale Anlässe, wie z.B. eine bevorstehende Hochzeit, führten Braut samt weiblicher Entourage ebenfalls ins reinigende Dampfbad. Anders als die Männer wissen die weiblichen Besucher das gegenseitige Einseifen und Pflegen, Inspizieren und Abrubbeln auch als sozialen Treffpunkt zu genießen; man lacht, tratscht, witzelt und wettert (z.B. über die Männer), was das Zeug hält, so dass zumindest in diesem Fall dem Hamam neben der körperlichen auch eine psychosoziale Reinigungskomponente nicht abgesprochen werden kann.

(In den praktischen Infos der jeweiligen Ortsbeschreibungen werden einige alte Hamams genannt)

Oryantal – Der Bauchtanz

Die Zettel liegen in jedem Hotel aus und versprechen immer das gleiche: eine zauberhafte orientalische Nacht mit großem Dinner, folkloristischem Tausend-und-eine-Nacht und natürlich das erotische Sahnehäubchen der westlichen Touristenpsyche, dem Bauchtanz.

Eines der bekanntesten kulturellen Aushängeschilder des Orients ist seit Jahr und Tag der „orientalische Tanz", jenes kunstvoll um den Nabel kreisende Schwingen, das nach Meinung eines türkischen Freundes nur Frauen beherrschen – gleichwohl es mittlerweilen auch männliche Bauchtänzer gibt.

Türkisch ist dieser uralte „Fruchtbarkeitstanz" aber nicht, deshalb auch die korrektere Bezeichnung „Oryantal – Orient". Es ist der wahrscheinlich älteste Frauentanz der Welt, als lange vor Islam und Christentum vorderasiatische Muttergottheiten wie Ishtar und Kybele im Tempel durch den Tanz verehrt und angerufen wurden. Vom Christentum verteufelt, ist es schon eine Ironie, dass dieser uralte Geburts- und Fruchtbarkeitsritus ausgerechnet aus dem islamischen Orient, dem man ansonsten nur frauenunterdrückende Eigenschaften andichtete, seine weltweite Renaissance und Berühmtheit erlangte. Zigeunerinnen (vornehmlich aus Ägypten) machten ihn auch im Osmanischen Reich populär, gleichwohl die Tänzerinnen auch hier, zumindest bei Darbietungen in der Öffentlichkeit, wenig gesellschaftsfähig waren. Europäer glaubten denn auch den „Haremstanz" als Ausschweifung orientalischen Paschadenkens qualifizieren zu müssen – die Interpretation als bloßer Erotik- und Anmachtanz war geboren

Heute ist er eine touristische Institution, ausgeübt von professionellen Tänzerinnen, die gekonnt die Blicke und vor allem die anzuheftenden Geldscheine auf die kreisenden Hüften lenken. Nicht erst seit dem Triumph im Eurovisionsspektakel durch die ausgebildete Bauchtanztänzerin Sertap Erener sind die Darbietungen längst dem schlüpfrigen Spelunkenmilieu entkommen – was nicht heißt, dass die Mehrheit der männlichen Augen sich nicht voyeuristisch auf das konzentrieren, was nach ihrer Meinung auch nur für sie in Schwingung gebracht wird. Dabei üben türkische Mädchen und Frauen bei Festen und zuhause durchaus gerne diese urweibliche Ausdrucksform – aber sie tun es meist unter sich und haben ebenso viel Spaß daran, auch wenn kein Mann zuschaut.

Der Ablauf und das Ambiente in den touristisch orientierten Lokalitäten – kennzeichnenderweise sind die meisten in der Nähe großer Hotels – ist mehr oder weniger gleich: In einem orientalisch hergerichteten Raum wird zum großen Dinner Folkloristisches geboten.

Musiker und Tänzer tragen traditionelle Kostüme, spielen auf einheimischen Instrumenten und führen mehrere farbenfrohe Tänze auf.

Der Höhepunkt ist dann das verführerische Erscheinen der bildhübsch herausgeputzten „Sultana" (so weit haben es heute Bauchtänzerinnen zumindest nominell gebracht). Die orientalische Nacht kreist ihrem Höhepunkt entgegen, denn so muss es schließlich sein – das Bild vom Orient.

TEIL II
UNTERWEGS IN DER TÜRKEI

 Karte vorne

1 Istanbul

Istanbul, einzige Stadt der Welt, die auf zwei Kontinenten liegt, zählt zu den sehenswertesten und faszinierendsten Reisezielen auf dem Globus. Dass die Beschreibung der 18-Millionen-Metropole an dieser Stelle aber nicht mehr als ein „Appetizer" sein kann, versteht sich von selbst, und wer nach dem ersten Besuch nun der grassierenden Istanbulsucht verfällt – eine lebenslange und unheilbare Krankheit –, kann seine Bücherregale leicht mit Monographien füllen.

Geschichte

Als Byzas, der legendäre Anführer einer Schar auswanderungfreudiger Griechen aus Megara (nahe des heutigen Athens), im Jahre 660 v. Chr. auf seiner Fahrt nach Norden durch die Ägäis nach Land Ausschau hielt, hatte er einen Leitspruch des Orakels von Delphi im Gepäck: er solle bei der Wahl der neuen Siedlung nach dem „Land der Blinden" Ausschau halten. Als er die Einfahrt zum Bosporus erreichte und dabei die wenige Jahre vorher gegründete griechische Siedlung Chalkedon (das heutige Kadıköy) passierte, wusste er, dass er sein Ziel erreicht hatte, denn seiner Meinung nach konnten nur die Chalkedonier die Blinden sein, hatten sie doch die strategisch günstige Lage der gegenüberliegenden Halbinsel völlig übersehen.

Auf der Spitze dieser von *Goldenem Horn,* der Trichtermündung eines Flusses, *Bosporus,* die Verbindung zum Schwarzen Meer, und *Marmara Meer* flankierten Halbinsel gründeten die Megarer die nach ihrem Anführer benannte Stadt Byzanz, die in den folgenden Jahrhunderten eine starke, wenngleich nicht die vorderste Position unter den Griechenstädten einnahm. Ihre strategische Lage an der Meerenge wusste die Stadt mit wirtschaftlichem und politischem Geschick zu nutzen, aber ihre große Stunde kam erst unter den Römern. Kaiser Konstantin der Große (Regierungszeit 306–337) machte die Stadt 330 zur neuen Hauptstadt des Römischen Reiches. Von nun an hieß die Stadt *Konstantinopolis,* Stadt des Konstantin. Als das Römische Reich 395 geteilt wurde, residierten die Kaiser des Ostreichs – das sich in der Folge zum Byzantinischen Reich entwickelte – noch für Jahrhunderte in der damals reichsten Stadt des christlichen Abendlands.

Panoramablick mit der Blauen Moschee, Aya Sofya und Topkapı Sarayı

Konstantinopel war es auch, das den Ansturm des Islams im östlichen Mittelmeer zunächst zum Stehen brachte: zweimal, 674–678 und 717–718, standen arabische Heere und Flotten vor der Stadt, und zweimal scheiterten sie an der überlegenen Abwehrtechnik der Verteidiger. Die Auseinandersetzung mit dem Papst führte zwar dazu, dass sich katholische und orthodoxe Christen 1054 endgültig trennten, aber die Byzantiner schienen stark genug, um alleine ihre Machtstellung im Osten verteidigen zu können. Von hoher kultureller Bedeutung war denn auch die von Byzanz eingeleitete Slawenmission ab 869, die dazu führte, dass ganz Osteuropa und vor allem Russland den orthodoxen Glauben annahmen. Auch militärisch schien das Reich wieder die Initiative zurückgewinnen zu können, gab es doch Erfolge gegen die Muslime in der Ägäis (Rückgewinnung von Kreta 969) wie auch an der syrischen Front. Konstantinopel blieb so seit Konstantin der Sitz des alten legitimen christlichen Kaisers und zudem im Ost-West-Handel eine der reichsten Städte der damaligen Welt.

Das Auftreten der Türken, die aus Asien kommend den Islam angenommen und die arabischen Heere ersetzt hatten, beendete diese Phase der Erholung. Im Jahre 1071 unterlag der byzantinische Kaiser Romanos IV. Diogenes in der Schlacht bei Mantzikert in Ostanatolien den seldschukischen Türken unter Alp Arslan. Dem gefangenen Kaiser wurde der Fuß in den Nacken gesetzt, und der symbolischen Geste der Unterwerfung folgte umgehend die praktische: Türkische Heere und Kolonisten überschwemmten das bisher christlich gebliebene Kleinasien, so dass die Kaiser in Konstantinopel sich hilfesuchend an den Papst wandten. Der schickte 1095 die ersten Kreuzritter ins Morgenland, und genuesische und venezianische Schiffe übernahmen zunehmend den lukrativen Handel mit der Levante („Morgenland“).

In Konstantinopel leistete sich das Kaiserhaus derweil – wie so oft – dynastische Streitereien. Auf dem vierten Kreuzzug 1202–04 steuerten venezianische Schiffe unter der Leitung des Dogen Enrico Dandolo den Bosporus an. Der Sohn des abgesetzten byzantinischen Kaisers Issak II. hatte ihnen reiche Bezahlung in Aussicht gestellt, sollten sie ihm zur Rückgewinnung des Throns verhelfen. Die Venezianer ließen sich nicht lange bitten, aber als es an die Bezahlung ging, erwies sich, dass der abgesetzte und geflohene Kaiser Alexios III. die Staatskasse mitgenommen hatte. Die Wut der Venezianer führte am 13. April 1204 zum Sturm der Kreuzritterflotte auf Konstantinopel und es

folgte eine der größten Plünderungen der Geschichte: die Venezianer schleppten alles weg, was nur nach Geld aussah, darunter Bilder, Reliquien, Kunstgegenstände aller Art, auch die bronzene Pferdequadriga, die noch heute auf dem Markusplatz in Venedig bewundert werden kann …

Von diesem Aderlass sollte sich die Stadt nicht mehr erholen. Zwar gelang es den exilierten byzantinischen Kaisern 1261, die Hoheit über die Stadt zurückzugewinnen – zwischen 1204 und 1261 bestand hier das Lateinische Kaiserreich –, doch Macht und Größe waren dahin. Der byzantinische Kaiser hatte den Genuesen für ihre Hilfe bei der Rückeroberung sowohl finanzielle wie auch territoriale Zugeständnisse machen müssen, so dass sich die Genuesen gegenüber von Konstantinopel in Pera niederließen, ein weiterer wirtschaftlicher Dorn im geschwächten Byzantinischen Reich.

Dann tauchten im 14. Jahrhundert im westlichen Kleinasien die türkischen **Osmanen** auf. Das Byzantinische Reich sank zum umzingelten Stadtstaat ab, die letzten Kaiser reisten verzweifelt durch Europa, um Hilfe gegen den übermächtigen Feind zu erbitten, ja, sie boten sogar – eine unerhörte Demütigung der östlichen Christenheit – dem Papst den Übertritt zum katholischen Glauben an, sollte er Hilfe schicken.

All das nutzte nichts. Zwar standen in der letzten Stunde des Byzantinischen Reiches venezianische und genuesische Soldaten auf den Wällen, was aber nicht hindern konnte, dass die Truppen des osmanischen Sultans Mehmet II. am Morgen des 29. Mai 1453, nach zwei Monaten der Belagerung, die alte, ehrwürdige theodosianische Stadtmauer erstiegen. Der letzte byzantinische Kaiser, Konstantin XI. Dragases, starb im Kampf und mit ihm ein mehr als tausendjähriges Reich. In der Kirche der „Heiligen Weisheit", Hagia Sophia, gab es von einem Tag auf den anderen keine christlichen Gebete mehr, der Sultan, der von nun den Namen „Fatih – der Eroberer" trug, hatte sie in eine Moschee verwandelt.

Mit der Eroberung dieser materiell wie symbolisch wichtigsten christlichen Stadt des Mittelalters erlangten die Osmanen in der Folge eine Weltmachtstellung, die auch Konstantinopel – nun auch „Istanbul" genannt – selbst zugute kam. Die osmanischen Sultane belebten die vordem fast ausgestorbenen Stadtteile mit Handwerkern und Händlern, Architekten wie Sinan errichteten die Repräsentativbauten des neuen islamischen Kaiserreichs, und die Stärke der Osmanen brachte einen wirtschaftlichen und kulturellen Aufschwung, der die Stadt zu einer der größten und kosmopolitischsten Zentren der Welt machte.

Sultan Mehmet II.

Über 450 Jahre blieb Konstantinopel die Hauptstadt der Osmanen, deren Streitkräfte aber im 18. Jahrhundert von Angreifern zu Angegriffenen wurden. Immer mehr geriet das Osmanische Reich unter die auch finanzielle Kontrolle der westlichen Mächte, deren Botschafter sich im alten genuesischen Viertel von Pera niederließen. Den Abschluss einer 250jährigen Serie von militärischen Niederlagen gegen die Europäer bildete der 1. Weltkrieg, in dem das Osmanische Reich an der Seite Deutschlands unterging. Britische Truppen besetzten die Stadt.

Neuzeit

Nach dem türkischen Freiheitskampf 1920–23 unter Mustafa Kemal **Atatürk** wurde die moderne türkische Republik gegründet. Atatürk schaffte Sultanat und Kalifat ab und schickte die letzten Vertreter des Hauses Osman ins Exil. Die Hauptstadt verlegte der Republikgründer ins zentralanatolische Ankara. Für 1600 Jahre war die Stadt am Bosporus Hauptstadt des Byzantinischen bzw. Osmanischen Reiches gewesen. Mit dem Krieg und dem anschließenden Bevölkerungsaustausch von Griechen und Türken fiel die Einwohnerzahl der Metropole zwischen 1900 und 1930 zunächst um fast die Hälfte, nämlich von über einer Million auf etwas über 600.000.

Die zunächst langsame, dann ab den 1950er Jahren immer schneller fortschreitende Industrialisierung führte dazu, dass viele Landbewohner in die Städte zogen, um hier Arbeit zu finden. In den 1950er Jahren überschritt die Stadt wieder die Millonengrenze, um bis 2008 auf offiziell 12 Millionen anzuwachsen (in der Tat geht man von einer höheren Zahl von bis zu 18 Millionen aus). Auf beiden Seiten der Kontinente dehnen sich die Stadtteile immer weiter nach Westen bzw. Osten aus, eine schier endlose Reihe an Neubausiedlungen, die anfangs als *Geçekondu* gegründet, später als integrierte Stadtviertel an die städtische Versorgung angeschlossen werden. „Geçekondu – über Nacht erbaut", dies ist der islamische Grundsatz, nach dem niemandem sein über Nacht gebautes Dach wieder abgerissen werden darf.

So ist Istanbul heute eine der größten Städte der Welt, über 40% des türkischen Bruttosozialprodukts werden allein hier erwirtschaftet. Die Stadt, die mittlerweilen zwei Interkontinentalbrücken zwischen Asien und Europa besitzt, in der sich ländliche Zuwanderer- und städtische Hochkultur wenige Meter voneinander entfernt einen immer engeren Raum teilen, dieses multikulturelle Gebilde, in dem westlicher Kosmopolitismus und anatolische Dorfidentität aufeinandertreffen, ist heute das unangefochtene wirtschaftliche und kulturelle Zentrum des Landes und ein faszinierender Spiegel der vielseitigen türkischen Identität.

Für das Jahr 2010 wurde Istanbul – neben Essen als Vertreter des Ruhrgebiets und dem ungarischen Pecs – der Status einer Kulturhauptstadt Europas verliehen. Eigentlich eine überflüssige Prämierung, denn die Stadt am Bosporus war schon über 1000 Jahre die Kulturhauptstadt der Welt – und wird es auch nach 2010 bleiben.

Bleiben wird aber auch der seit Atatürk andauernde Kampf um die politisch-kulturelle Identität. Ende Mai 2013 wurde der Taksim-Platz im „westlich" orientierten Stadtteil Beyoğlu Schauplatz heftiger Proteste und Demonstrationen. Der verhältnismäßig geringfügige Anlass – die Frage des zukünftigen Umgangs mit dem nahegelegenen Gezi-Park – offenbarte schnell den eigentlichen Hintergrund des Konflikts, nämlich der Unzufriedenheit vieler säkular eingestellter Demonstranten mit dem zunehmend autoritären Regierungsstil Erdoğans, dessen Islamisierungstendenzen die alten kemalistisch-laizistischen Eliten als ökonomische wie auch kulturelle Bedrohung empfinden.

Istanbul sehen und erleben

In der folgenden Zusammenfassung der Sehenswürdigkeiten werden lediglich die touristisch wichtigsten Punkte aufgeführt; allein schon diese geraffte Darstellung setzt aber für den Besucher einen minimalen Zeitrahmen von 3–5 Tagen voraus.

Das historische **Zentrum** der Metropole bildet seit Gründung der Stadt vor 2700 Jahren jener Hügel, der an drei Seiten von Wasser begrenzt wird: vom Goldenen Horn (*Haliç*), Bosporus und vom Marmara Meer. Auf diesem Hügel, heute als Stadtteil **Sultanahmet** bekannt, erbauten die griechischen Siedler ihre Akropolis, und auch die nachfolgenden Großreiche der Byzantiner und Osmanen errichteten hier ihre Repräsentativbauten.

Hagia Sophia (Aya Sofya)

Das berühmteste Bauwerk Istanbuls, und eines ihrer vielen Wahrzeichen, ist die **Aya Sofya** (Haghia Sophia – „Kirche der göttlichen Weisheit").

Als der oströmische bzw. byzantinische Kaiser Justinian (Regierungszeit 527–565) am 27. Dezember 537 die Einweihung vornahm, soll er zufrieden ausgerufen haben: „Salomo, ich habe dich übertroffen!" Der legendäre Tempel in Jerusalem galt in der Antike als Maß aller Dinge, so dass man ermessen kann, wie epochal schon die Zeitgenossen den Bau der Hagia Sophia empfunden haben müssen. Die Architekten dieses Wunderwerks waren Isidor von Milet und Anthemios von Tralles. Der Kaiser hatte ihnen großzügige Mittel zur Verfügung gestellt, so dass ein Heer von mehr als 10.000 Arbeitern die Kirche in nur fünf Jahren fertigstellte. Dass Justinian, der schon in seinen endlosen Kriegen seinen Ehrgeiz kaum verhehlen konnte, hier nicht nur Gott, sondern vor allem seine eigene Maiestas gebührend verewigen wollte, dürfte durch obigen Ausspruch leicht zu erkennen sein.

Sehenswertes (Z = Karte Istanbul Zentrum / Ü = siehe Klappenkarte hinten)

1 Aya Sofya (Z)
2 Sultan Ahmet Camii (Z)
3 Topkapı Sarayı (Z)
4 Eski Şark Eserleri Müzesi (Z)
Arkeoloji Müzesi (Z)
5 Gülhane Parkı (Z)
6 Yerebatan Sarnıçı (Z)
7 At Meydanı (Z)
8 Alman Çeşmesi
Dikilitaş
Burma Sütun (Z)
9 Türk ve Islam Eserleri Müzesi (Z)
10 Çemberlitaş (Z)
11 Nuruosmaniye Camii (Z)
12 Kapalı Çarşı – Großer Bazar (Z)
13 Sultansmoschee von Bayezit II. (Z)
14 Aksaray (Ü)
15 Laleli Camii (Ü)
Şehzade Camii (Ü)
16 Valens Äquadukt (Ü)
17 Zeyrek Molla Camii (Ü)
18 Fatih Camii (Ü)
19 Süleymaniye (Z)
20 Rüstem Paşa Camii (Z)
21 Mısır Çarşı (Z)
22 Yeni Valide Camii (Z)
23 Fähranlegestellen Eminonü (Z / Ü)
24 Sirkeci-Bahnhof (Z/Ü)
Haydarpaşa-Bahnhof (asiat. Seite Ü)
25 Galata-Köprüsü (Z / Ü)
26 Goldenes Horn (Z / Ü)
27 Fener / Balat (Ü)
28 Fethiye-Müzesi (Ü)
29 Eyüp Sultan Camii (Ü)
30 Pierre Loti Café (Ü)
31 Theodosianischen Stadtmauer (Ü)
32 Tekfur Sarayı (Ü)
33 Kariye-Müzesi (Ü)
34 Mihrimah-Camii (Ü)
35 Yedikule (Ü)
36 Galata-Kulesi(Z)
37 Tünel-Standseilbahn (Z/Ü)
38 Istiklal Caddesi (Z/Ü)
39 Taksim-Platz (Ü)
40 Kabataş (Ü)
41 Dolmabahçe Camii (Ü)
Saat Kulesi (Ü)
Dolmabahçe Sarayı (Ü)
42 Yıldız Sarayı (Ü)
43 Çırağan Sarayı (Ü)
44 Boğazıçı-Köprüsü (Ü)
45 Ortaköy Camii (Ü)

Essen und Trinken

1 Laila / Reina (Ü)
2 Pano / Viktor Şarap Evi (Ü)
3 Nuteras / Lokanta (Ü)
4 5. Kat / Beşinci Kat (Ü)
5 Babylon (Z)
6 Kave (Z)
7 Nardis (Z)
8 Sarniç (Z)
9 Tarihi Sultan Ahmet Köftecisi (Z)
10 Seven Hills Restaurant (Z)
11 Çiya Sofrası (Ü)
12 Kumpir-Stände (Ü)

Unterkünfte

1 Triada Residence Apart (Ü)
2 Hotel Silviya (Z)
3 Ottoman Hotel (Z)
4 Hotel Alzer (Z)
5 Saba Hotel (Z)
6 Kent Hotel (Ü)
7 Stone Hotel (Z)

Sonstiges

1 Çağaloğlu Hamamı (Z)
2 Çemberlitaş Hamamı (Z)
3 Ayasofya Hürrem Sultan Hamamı (Z)

Istanbul-Zentrum
0 200 m
Tramvay (Straßenbahn)
© Rkh Verlag Hermann
Haliç (Goldenes Horn)
Istanbul Boğazı
Marmara Denizi
Gülhane Parkı
Atatürk Köprüsü
Galata Köprüsü
Unkapanı Eminönü Cd.
Evliya Çelebi Cd.
Refik Saydam Cd.
Yolcuzade Cd.
Tersane Cd.
Okçu Musa Cd.
Şair Ziya Paşa Cd.
Meşrutiyet Cd.
Asmalı Mescit Cd.
İstiklal Cd.
Sedar-ı Ekrem
Yüksekkaldırım
Bankalar Cd.
Kumbaracı Yk.
Lülecihendek Cd.
Kemeraltı Cd.
Necatibey Cd.
Galata Mumhane Cd.
Kemankeş Cd.
Boğazkesen Cd.
Türkgücü Cd.
Defterdar Yk.
Meclis-i Mebusan Cd.
Hasırcılar Cd.
Vefa Cd.
Şahinde Sk.
Uzun Çarşı Cd.
Yalı Köşkü Cd.
Hamidiye Cd.
Kennedy Cd.
Öner Cd.
Fırıncılar Yk.
Aşir Efendi Cd.
M. Hüdavendigar Cd.
Edussuut Cd.
Kirazlımescit Sk.
Fuatpaşa Cd.
Mercan Cd.
Mahmutpaşa Yk.
Türk Ocağı Cd.
Ankara Cd.
Alayköşkü Cd.
Darülfünun Cd.
Vezirhan Cd.
BabiAli Cd.
Yerebatan Cd.
Yeniçeriler Cd.
Divan Yolu Cd.
Çatalçeşme Sk.
Tatlıkuyu Sk.
Feyknane Cd.
Piyer Loti Cd.
Atmeydanı Cd.
İshak Paşa Cd.
Çifte Gelinler Cd.
Kadırga Limanı Cd.
Sahil Yolu
Kennedy Cd.

1

Einen kleinen Dämpfer musste der Kaiser aber hinnehmen, denn schon 558 brach bei einem Erdbeben Teile der flachen Kuppel ein, so dass diese nun um 6 m höher wiederaufgebaut wurde, um den Druck des Kuppelgewichts von der Horizontale auf die Vertikale zu verteilen. Für die nächsten 900 Jahre war die Hagia Sophia dann die größte und berühmteste Kuppelbasilika der Welt.

Mit der Schaffung dieser Zentralkuppel (Durchmesser 32,5 Meter, Gesamthöhe 55,6 Meter) verkündete und symbolisierte Konstantinopel seinen allumfassenden ideellen und machtpolitischen Führungsanspruch in der christlichen Welt. Diese Funktion der den Himmel abbildenden und ihn räumlich eingrenzenden Rundkuppel hatte vorher schon das unter Kaiser Hadrian im 2. Jahrhundert in Rom erbaute Pantheon erstrebt. Es sollte allen römischen Göttern (Pantheon = „alle Götter") gewidmet sein und gleichzeitig die Vielfalt in der kaiserlich-römische Einheit bündeln und harmonisieren. Mit dem Durchbruch des Monotheismus wurde die Kuppel dann zum Wahrzeichen der religiösen Allmacht, der auf Erden die Macht des Kaisers entsprach.

Als die Osmanen über 1000 Jahre später die Stadt eroberten, reklamierten sie dieses architekturelle Herrschaftssymbol für sich selbst und den umfassenden Anspruch des Islams – man schaue sich um: man wird in Istanbul an fast jeder Moschee die Zentralkuppel wieder erkennen. Die Hagia Sophia selbst wurde einen Tag nach der Eroberung 1453 zu einer Moschee gemacht, vier Minarette wurden errichtet und die christlichen Mosaiken wegen des islamischen Abbildverbots übertüncht. Erst als die Brüder Fossati im 19. Jahrhundert im Auftrag des Sultans Restaurierungsarbeiten durchführten, kamen einige wieder zum Vorschein. Weitere wurden freigelegt, als Atatürk 1934 die Aya Sofya zum Museum machte.

Das berühmteste Bauwerk Istanbuls – die Hagia Sophia

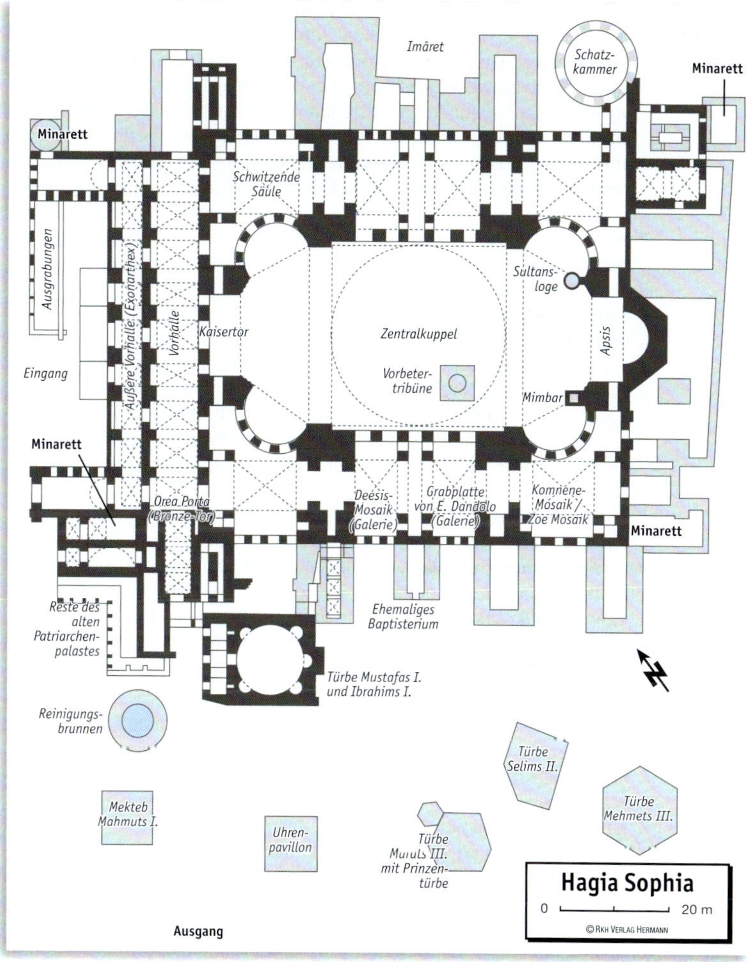

1

Man betritt die Kirche über den *Exonarthex* (äußere Vorhalle), dessen fünf Portale in die innere Vorhalle führen. Ihre Marmorplatten und ornamentalen Mosaiken stammen noch aus der Zeit Justinians. Von den insgesamt neun Türen, die in das Hauptschiff führen, ist vor allem das zentrale **Kaisertor** von Interesse: hier durfte nur der Kaiser selbst hindurchgehen. Über dem Tor sieht man – flankiert von zwei Medaillons – ein Mosaik des 9. Jahrhunderts, das den thronenden Christus mit einem Buch zeigt; vor Christus kniet Kaiser Leo VI. (886–912).

Hauptschiff und Zentralkuppel

Jedem Besucher, der zum ersten Mal das Hauptschiff betritt, vermittelt die sich über den Raum wölbende Zentralkuppel ein überwältigendes Raumbewusstsein. Der schon von historischen Zeitgenossen beschriebene Eindruck, sie schwebe gleichsam über der Erde, wird vor allem durch den von 40 Fenstern gebildeten Lichterkranz hervorgerufen, der die Kuppel zu entrücken scheint. Acht dunkelgrüne, mächtige Säulen, die ebenso wie die am Eingang postierten riesigen Vasen angeblich aus Ephesus stammen, trennen Haupt- und Seitenschiffe. Die übrigen Säulen – die Kirche besitzt insgesamt über 100 – sowie die verschiedenfarbigen Marmorplatten der Wände sind aus thessalischem bzw. prokonessischem Marmor, der von den nahegelegenen Marmara-Inseln stammt. Besonders bemerkenswert sind die fein gearbeiteten byzantinischen Kapitelle, in deren eigenwilligen Blattmustern das Monogramm des byzantinischen Kaiserpaars Justinian und Theodora eingearbeitet sind.

Das **Marienmosaik** in der Halbkuppel der Apsis zählt zu den ältesten Darstellungen der Kirche (9. Jh.). Auffallend sind natürlich auch die an den Hauptpfeilern hängenden acht riesigen **Rundschilde** (19. Jh.), die auf grünem Grund in goldenen arabischen Lettern die Namen Gottes (Allah), des Propheten Mohammed und seiner zwei Enkel sowie die der ersten vier Kalifen zeigen.

Nach der Eroberung wurde im 16. Jahrhundert in der zentralen Nische der Apsis in schräger Position zum Halbrund der Richtung Mekka ausgerichtete **Mihrab** installiert, aus derselben Zeit stammt die Gebetskanzel **Mimbar,** vor der sich die unter Sultan Murat III. (1574–95) erbaute und ebenfalls aus Marmor bestehende **Sängertribüne** des Muezzin befindet. Unter dem vergitterten Baldachin der links von der Apsis stehenden oktogonalen **Sultansloge** (1849 von Fossati erbaut) konnte der Herrscher sein Gebet verrichten.

Weitere Bauten und Mosaike

Auf dem Weg zurück zum inneren Narthex passiert man, kurz vor dem Verlassen des Kirchenraums, rechts die „Schwitzende Säule“, der wunderwirkende Kraft zugesprochen wird: in das Loch der immer feuchten Marmorsäule stecken Besucher brav ihre Daumen, um so von der seit alters her bezeugten Magie der Säule zu profitieren.

Vom inneren Narthex führt eine Rampe hinauf zur **Galerie,** wo mehrere sehenswerte Mosaike freigelegt wurden: in der südlichen Galerie, hinter der **Loge der Kaiserin** und der nachfolgenden **Marmortür,** gelangt man zum berühmten **Deesis-Mosaik,** das das Jüngste Gericht darstellt (12. Jh.): Jesus Pantokrator (Allherrscher) wird flankiert von der Muttergottes und Johannes dem Täufer.

Gegenüber befindet sich im Boden das einfache Grab des Dogen Enrico Dandolo, der 1204 mit seinen Kreuzrittern Konstantinopel eroberte und plünderte. Es folgen zwei weitere Mosaike – das sogenannte **Komnenos-Mosaik** (benannt nach dem dargestellten Kaiser Johannes Komnenos (1118–43), der mit seiner Frau Irene zu Seiten Marias steht), und ein gut erhaltenes Mosaik des 11. Jahrhunderts, das die byzantinische Kaiserin *Zoe* (978–1050) portraitiert.

In der nördlichen Galerie befindet sich das Mosaik des Kaisers Alexandros (10. Jh.), der im Jahre 912 für wenige Monate byzantinischer Kaiser war.

Man verlässt die Kirche über den inneren Narthex durch ein großes **Bronzetor** (*Orea Porta,* 2. Jh. v. Chr.), das aus einem Tempel des antiken Tarsus stammt. Hier ist ein weiteres prachtvolles Mosaik aus dem 10. Jahrhundert zu bewundern, das im Zentrum Maria und das Jesuskind zeigt. Rechts von ihr steht **Konstantin der Große,** der Gründer Konstantinopels, der ein Modell der Stadt in seinen Händen hält. Links erblickt man **Kaiser Justinian,** der der Muttergottes ein Modell der Hagia Sophia präsentiert. Am Ausgang passiert man mehrere Sultanstürben, darunter das aus der Zeit Justinians stammende Baptisterium, das den Sultanen Ibrahim (1640–48) und Mustafa (1617/18) als letzte Ruhestätte dient.

Eintritt 10 € (Online-Ticket: www.muze.gov.tr), 1.11.–15.4. 9–16 Uhr, 15.4.–1.11. 9–19 Uhr (Galerie nur bis 17 Uhr), Mo geschl.

Blaue Moschee (Sultan Ahmet Camii)

Den islamischen Kontrapunkt zur Hagia Sophia stellt das ebenso imposante Bauwerk der Blauen Moschee dar. Sie sollte die Hagia Sophia an Pracht übertreffen, wovon schon die sechs Minarette zeugen.

Zwischen beiden Gotteshäusern erstreckt sich ein kleiner Stadtpark, an dessen Seite zum Meer hin das 1556 von Sinan errichtete *Hamam Haseki Hürrem* steht. Haseki Hürrem, auch unter dem Namen *Roxelane* bekannt, war die Lieblingsfrau Sultan Süleymans.

Auf die Blaue Moschee zugehend, passiert man rechts die **Türbe** (Mausoleum) des Moscheestifters *Sultan Ahmet I.* (Regierungszeit 1603–17). Sein Sohn ließ es 1620 erbauen, es ist mit schönen Iznik-Kacheln ausgeschmückt. Die Moschee selbst beeindruckt durch ihre frontale Wirkung von Zentral- und Halbkuppeln, die von den Minaretten eindrucksvoll eingerahmt werden. Ihr Erbauer, Mehmet Ağa, ein Schüler Sinans, konnte die Kuppelmaße der Hagia Sophia allerdings nicht übertreffen. Die Zentralkuppel besitzt einen Durchmesser von 23,5 Meter, die Scheitelhöhe beträgt 43 Meter,

Imposante Blaue Moschee

so dass das Volumen der Hagia Sophia nicht ganz erreicht wird. Das mindert den auch hier überwältigend harmonischen Raumeindruck natürlich nicht im Mindesten. Vier monumentale, fünf Meter dicke Säulen tragen Hauptkuppel und die abstützenden Nebenbögen.

Ursprünglich schmückten die Moschee über 20.000 Iznik-Kacheln, da Sultan Ahmet als großer Liebhaber der Fayencen-Kunst galt. Die meisten sind in roten, blauen oder grünen Farben gehalten, was der 260 Fenster zählenden Moschee bei entsprechendem Lichteinfall früh den Namen „Blaue Moschee" einbrachte. Die Motive bestehen aus Blumenornamenten, wie z.B. Lilien-, Tulpen- und Zypressenemblemen. Viele der ursprünglichen Kacheln mussten leider ersetzt werden, da die alten beschädigt waren. Weitgehend authentisch ist noch die Fayencenarbeit an den Galerien und der Sultansloge. Letztere besitzt zudem eine schön bemalte Holzdecke.

Eintritt frei, ca. eine halbe Stunde vor den Gebetszeiten wird der Touristenstrom für die Zeit des Gebetes gestoppt; Touristen müssen einen eigenen Eingang benutzen (ausgeschildert). Im Sommer finden zwischen Hagia Sophia und Sultan Ahmet Cami bei Sonnenuntergang Lightshows statt (Englisch, Französisch, Deutsch).

Topkapı Sarayı (Sultanspalast)

Die dritte herausragende Sehenswürdigkeit – und zeitaufwendigste – ist der Sultanspalast **Topkapı** (= Kanonentor) **Sarayı,** dessen 70 ha großes Areal sich über die einstige antike Akropolis der Griechen erstreckt und unmittelbar hinter der Aya Sofya liegt.

Sultan Mehmet Fatih (der Eroberer) residierte nach der Eroberung erst in einem älteren (heute nicht mehr erhaltenen) Palast, begann aber schon wenige Jahre später mit der Erbauung des neuen Serail (nach dem ital. Wort Seraglio – Palast), der ab 1478 von ihm und seinen Ministern bezogen wurde. Der Harem, die Frauengemächer, kamen erst 1541 hinzu.

Die aus vier Höfen bestehende Anlage war bis 1853 der Sitz des Herrschers und das politische und administrative Zentrum des riesigen Osmanischen Reiches. Etwa 5000 Menschen lebten ständig in dieser „Stadt in der Stadt", allein 1000 Köche suchten den Gaumen des Sultans in immer neuen Variationen zu kitzeln, 30.000 Rinder und Hammel mussten im Küchentrakt alljährlich unters Messer.

Das Palastleben und die Raumaufteilung unterlagen strengen Regularien. Den **ersten Hof,** der zu Sultanszeiten für jeden zugänglich war, erreicht man durch das 1478 erbaute **Bab-i Hümayun** (Reichstor), vor dem der prachtvolle Rokoko-Brunnen (1728), **Sultan Ahmet III. Çeşmesi,** steht. Im parkähnlichen Hof logierten einst die Janitscharen, die Elitetruppe der Armee, die hier u.a. ihre (heute nicht mehr vorhandenen) Waffenkammern hatten.

Links des Eingangs steht die **Aya Irini Kilisesi** (Hagia Eirene – Kirche des Heiligen Friedens), eines der ältesten byzantinisch-christlichen Gotteshäuser der Stadt. Ursprünglich im 4. Jahrhundert erbaut, stammen die ältesten und heute noch erhaltenen Bauteile aus dem 6. Jahrhundert. Der von zwei Kuppeln überwölbte Kirchenbau wird heute gelegentlich für Konzerte und Kunstausstellungen genutzt.

Nach Durchschreiten des Palasttors **Bab-üs Selam** (Tor der Begrüßung), errichtet 1525 unter Sultan Süleyman, betritt man den **zweiten Hof,** das eigentliche heutige Museum. Er war früher das administrative Zentrum des

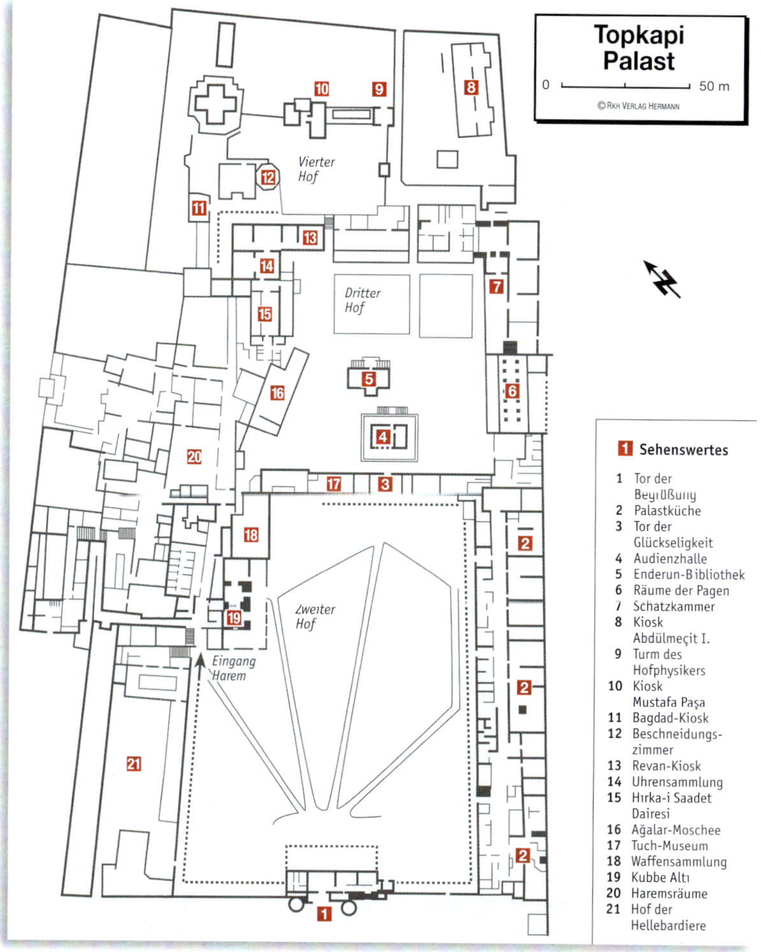

Reichs, hier hielt der *Diwan* (Ministerrat) seine Sitzungen ab, aber auch Stallungen und Küchentrakt waren hier untergebracht. Zugang hatte man nur mit dementsprechender offizieller Erlaubnis.

In seinen Verließen warteten die Verurteilten auf ihre Hinrichtung, die der Scharfrichter direkt vor dem Tor vollzog. Das Bab-üs Selam durfte nur der Sultan zu Pferd passieren, alle anderen Besucher mussten hier absteigen und wurden zu Fuß weitergeleitet.

Nach dem Tor sieht man rechts den Küchentrakt mit seinen Schornsteinen. Heute ist dort eine wertvolle **Porzellansammlung** untergebracht.

Gegenüber, beim Harem, steht das eindrucksvolle **Kubbe Altı,** in dem der Diwan unter dem Vorsitz des Großwesirs tagte. Die Sultane pflegten in den Spätzeiten des Osmanischen Reichs nicht mehr an der Ministerrunde teilzunehmen, konnten aber von einer kunstvoll vergitterten Loge der Debatte zuhören, ohne gesehen zu werden.

Direkt neben dem Diwan befindet sich der Eingang zum **Harem** (Extraticket, nur mit Führung möglich). Der Harem ist – vor allem in den Augen von Europäern – jener 6700 qm große, geheimnisvolle Bereich, in dem seit Sultan Süleymans Zeiten die Frauen und Dienerinnen des Sultanshofs ihr Leben verbrachten.

Die mehr als 300 Zimmer bilden ein Labyrinth, in dem außer den Haremswächtern, den Schwarzen Eunuchen, die eine Totalkastration über sich ergehen lassen mussten, kein Mann außer dem Sultan Zutritt hatte. Zu den herausragendsten Räumen zählen die Wohnung der *Valide* (Sultans-

Hünkar Sofası (Sultanshalle) im Harem

Brunnen der Enderun-Bibliothek

mutter, die mächtigste Frau des Reiches) und die Schlafgemächer der Sultane selbst.

Die schönsten Räume sind der im Rokoko-Stil ausgestattete **Hünkar Sofrası** (Sultanshalle, Wohn- und Festzimmer der Sultansfamilie), der **Salon Murats III.** (herrliche Iznik-Fayencen), der **Pavillon Ahmets I.**, der **Çifte Köşk** (goldene Verzierungen und Buntglasfenster) sowie das berühmte **Yemiş Odası** (Früchtezimmer), ein prachtvoll mit Früchte-Stilleben und Blumenmotiven dekoriertes Zimmer.

Die Führung entlässt die Besucher durch das *Kuşhane Kapısı* (Vogelhaustor) in den **dritten Hof**. Wer nicht den Harem besucht, erreicht diesen durch das prachtvolle **Babüs Saadet** (Tor der Glückseligkeit), unter dessen säulengestütztem Dach die Inthronisation des Sultans zelebriert wurde. In den Seitengebäuden waren die Weißen Eunuchen untergebracht, die die Palastschule leiteten und die Sklaven für ihre jeweiligen Funktionen ausbildeten.

Direkt hinter dem Tor liegt das mit einem ausladenden Dach und Marmorsäulen versehene **Arz Odası** (Audienzhalle), das einzige Gebäude des dritten Hofs, das von Außenstehenden betreten werden konnte. Hier empfing der Sultan hohe Würdenträger und ausländische Gesandte – ohne allerdings selbst mit den „Ungläubigen" zu sprechen, was die Aufgabe des beiwohnenden Großwesirs war. Das Plätschern des Brunnens verhinderte, dass etwaige Lauscher von der Audienz etwas mitbekamen, und auch das dienende Personal bestand aus diesem Grund zu einem großen Teil aus Taubstummen.

Hinter der Halle und zentral im Hof steht der prachtvolle Marmorbau der Bibliothek Ahmets III., **Kütüphane Ahmet III.** (1718), auch als Enderun-Bibliothek bekannt.

Links befindet sich das **Hırka-i Saadet Dairesi** (Halle des Heiligen Mantels), das die berühmteste Reliquiensammlung der islamischen Welt beherbergt: u.a. der Mantel, zwei Schwerter, einige Barthaare und sogar ein Zahn des Propheten Mohammed sowie die Schwerter der ersten Kalifen. Die Reliquien wurden von Sultan Selim I. 1517 nach seiner Eroberung von Ägypten mit gleichzeitiger Erlangung der Kalifenwürde nach Istanbul gebracht (wegen der religiösen Bedeutung des Ortes, sollten westliche Touristen hier – auch was die Kleidung angeht – achtungsvoll auftreten).

Die für Touristen größte Sehenswürdigkeit des Palastes ist aber die rechts in der Nordostecke des Hofes liegende **Hazine** (Schatzkammer; Extraeintritt), die einige der kostbarsten Preziosen der Welt präsentiert, darunter der 86 Karat schwere **Löffeldiamant** (den ein Fischer auf einer Müllhalde fand und gegen drei lausige Löffel eintauschte), der durch den gleichnamigen Ustinov-Film weltberühmte Dolch **Topkapı** sowie kostbare Throne, unter denen der von Ahmet I. 6666 Brillanten birgt.

Der **vierte Hof,** der fast an der Spitze der Halbinsel liegt (Sarayburnu), war nur der privaten Erholung des Sultans bestimmt. Prachtvolle Pavillons wie der **Revan Köşkü** (R.-Kiosk,1635), der **Bağdat Köşkü** (B.-Kiosk, 1638) sowie vor allem die herrlichen Fayencen des **Sünnet Odası** (Beschneidungszimmer) gehören zu seinen Höhepunkten.

Eintritt Topkapı Sarayı 10 € (Online-Ticket: www.muze.gov.tr / Harem weitere 7 €), geöffnet 1.10.–15.4. 9–17 Uhr (Harem 10 bis 16 Uhr), 15.4.–1.10. 9–19 Uhr (Harem 10–16 Uhr), Di. geschl.

Zurück zum ersten Palasthof

Verlässt man den ersten Palasthof über die kleine Straße der Osman Hamdi Bey Yokusu im Westen, gelangt man zu den sehr sehenswerten Museen **Eski Şark Eserleri Müzesi** (Museum der altorientalischen Kulturen) bzw. dem **Arkeoloji Müzesi** (Archäologischen Museum); im letzteren sind vor allem prachtvolle Sarkophage zu bewundern, darunter der aus dem 4. Jahrhundert v. Chr. stammende **Alexander-Sarkophag** (hervorragend erhaltene Marmorreliefs, die den berühmten Makedonenkönig bei der Jagd zeigen) und der **Sarkophag der klagenden Frauen** (4. Jh. v. Chr.), dessen plastische Trauerszenen an Darstellungskraft so überzeugen, dass man ihnen ein Alter von 2500 Jahren kaum abnehmen mag.

Eintritt 5 € (Online-Ticket: www.muze.gov.tr), 9–17 Uhr (Mo geschl.)

Vom Gülhane Park zum Großen Bazar

Gülhane Park

An der ehemaligen Münze der Osmanen vorbei erreicht man den ehemaligen Sultansgarten, heute als **Gülhane Parkı** eine der wenigen grünen Lungen und Erholungsstätten des Zentrums. Am nördlichen Rand liegen schöne Teegärten, die den Tee mit einem herrlichen Blick über den Bosporus versüßen.

Yerebatan-Zisterne

Westlich der Aya Sofya, an der Yerebatan Caddesi, liegt der Eingang zum unterirdischen ehemaligen Wasserspeicher der **Yerebatan Sarnıçı** (Yerebatan-Zisterne). Klassische Musik und eine effektvolle Beleuchtung machen den Besuch der 140 x 65 Meter messenden und einst 80.000 Kubikmeter fassenden Anlage bei Touristen sehr beliebt. 336 dorisch-korinthische Säulen bilden einen unterirdischen Wald, den übrigens auch James Bond in seinen „Liebesgrüßen aus Moskau" durchpaddeln musste, um die gute westliche Welt vor den bösen sowjetischen Machenschaften zu schützen. Eintritt 5 €, 9–18 Uhr.

Yerebatan-Zisterne

At Meydanı

Hippodrom

Westlich der Sultan Ahmet- bzw. Blauen Moschee liegt der **At Meydanı**, ein ca. 400 m langer, ovaler Platz, der in byzantinischen Zeiten das **Hippodrom** bezeichnete, wo die berühmten Wagenrennen stattfanden.

Ägyptischer Obelisk

Heute trifft der Besucher hier – von Nordosten nach Südwesten gehend – zunächst auf den oktogonalen, mit schwarzen Säulen versehenen **Alman Çeşmesi** (Deutscher Brunnen), ein Geschenk Kaiser Wilhelms II., der hier bei einem Besuch 1898 die Allianz mit dem Osmanischen Reich vertiefte. Ein paar Schritte weiter folgt der fast 20 Meter hohe und aus dem ägyptischen Theben stammende **Dikilitaş** (Ägyptischer Obeslisk), der unter Kaiser Theodosius (379–92) auf dem Hippodrom aufgestellt worden war. Sein Marmorsockel zeigt den Kaiser und seine Familienangehörigen in der damaligen Kaiserloge des Hippodroms. Wieder ein paar Schritte weiter folgt der **Burma Sütun** (auch als Yılantaş – „Schlangensäule" bekannt). Die einst 8 Meter hohe Bronzesäule (heute abgebrochen, nur noch 6 Meter hoch) stellte ursprünglich ein Dankgeschenk von 31 Griechenstädten an den Apollon-Tempel in Delphi dar, um dem Gott für den Sieg gegen die Perser bei Plataiai (479 v. Chr.) zu danken. Die Griechen sollen für die gewundene Säule die erbeuteten Bronzewaffen der Feinde eingeschmolzen haben. Konstantin der Große ließ sie dann 324 hier aufstellen.

Ganz im Südwesten des Platzes ragt der 32 Meter hohe **Örmetaş** (Gemauerter Obeslisk) auf, der einst vom byzantinischen Kaiser Konstantin VII. (913–59) mit vergoldeten Bronzeplatten geschmückt wurde. Die 1204 die Stadt plündernden Venezianer rissen sie ab und schmolzen sie ein.

Am westlichen Rand des Hippodrom-Platzes liegt der nach einem Großwesir Sultan Süleymans benannte **Ibrahim Paşa Sarayı,** der das sehenswerte **Türk ve Islam Eserleri Müzesi** (Museum der türkischen und islamischen Kunst) beherbergt. Seine über 40.000 Expoante reichen von der präislamischen Zeit des Vorderen Orients bis zu den islamischen Hochkulturen Anatoliens, Persiens und Zentralasiens.

Eintritt 4,50 €, November bis März 9–17, April bis Oktober 9–19 Uhr (Mo geschlossen).

1

Konstantinssäule

Über die Straße **Divan Yolu,** die alte byzantinische *Meze,* die als Hauptstraße vom Hippodrom nach Westen führte, geht es vorbei an Einkaufsläden und Restaurants zur 35 Meter hohen **Çemberlitaş-** oder **Konstantinssäule,** die in oströmischer Zeit ein Teil des grandiosen Konstantinsforum war. Einst stand auf der ursprünglich 50 Meter hohen Säule, die Unwetter und Erdbeben verkürzten, die Statue Kaiser Konstantins. Unweit der Säule steht die zwischen 1748–56 im Auftrag von Sultan Mahmut I. (1748–55) erbaute **Nuruosmaniye Camii,** die die erste Barockmoschee Istanbuls darstellt.

Shoppingerlebnis im Großen Bazar

Der Große Bazar
(Kapalı Çarşı)

Ungefähr 350 Meter nordwestlich der Säule erstreckt sich der berühmte **Kapalı Çarşı** (Große Bazar), der seit Sultan Mehmet Fatih die Herzen aller Kauflustigen höher schlagen lässt. In dem Labyrinth des von vielen *Hans* (Handelsherbergen) geprägten überdachten prachtvollen Bazars warten fast 4000 (!) Geschäfte auf Kunden. Der zentral gelegene und noch einmal extra abschließbare **Eski Bedesten** (Alte Markthalle) bietet mit seinen Antiquitäten, Gold- und Juweliergeschäften dabei die renommiertesten Geschäfte. Geöffnet 8.30–19 Uhr, So geschl.

Westlich des Großen Bazars

Westlich des Bazars stehen die **Sultansmoschee von Bayezıt II.** (1481–1512) und das schöne **Eingangsportal zur Universität.**

Wer hier den Straßenbahnschienen weiter nach Westen folgt, erreicht das lebendige Marktviertel von **Aksaray,** wo in den letzten Jahren vor allem Osteuropäer – Russisch ist hier Zweitsprache – einen florierenden Textilgroßhandel aufgebaut haben. Nördlich der barocken **Laleli Camii** (1763) liegt der Sarachane-Park mit der prachtvollen **Şehzade Camii** (Prinzenmoschee), das 1543–48 errichtete „Lehrlingswerk" Sinans, welches die Türben mehrerer osmanischer Prinzen birgt.

Auf dem mehrspurigen Atatürk Bulvarı kreuzt man den **Valens-Äquadukt** (Bozdoğan Kemerlerli), eine zweigeschossige Wasserleitung, die unter Kaiser Valens (364–78) erbaut die Wasserversorgung der Stadt sicherstellte.

Ungefähr 300 Meter nördlich des Äquadukts steht links hoch über dem Atatürk Bulvarı die Ruine der **Zeyrek Molla Camii,** zu byzantinischen Zeiten als *Pantokrator-Kirche* (12. Jh.) und wichtige Grablegestätte der Komnenen- und Palaiologendynastie bekannt.

In den Gassen westlich davon liegen die konservativen Wohnbereiche des Stadtteils **Fatih,** eine traditionelle Welt, in denen kopftuchtragende Frauen und männerbeherrschte Teehäuser die Regel sind. Im Gewirr der Gassen verlieren Ortsfremde hier schon mal leicht die Orientierung. Der jeden Mittwoch stattfindende Wochenmarkt rund um die riesige Moschee **Fatih Cami** (1470, nach einem Erdbeben 1774 renoviert) gehört zu den farbigsten und interessantesten von Istanbul.

Süleymaniye-Moschee

Nördlich der Universität liegt die schönste und bedeutendste Moschee Istanbuls, **Süleymaniye Camii.** Zwischen 1550 und 1557 errichtete der größte Baumeister der Osmanen, Koca Mimar Sinan, mit einem Heer von 3500 Arbeitern und einem stolzen Budget von 700.000 Golddukaten für Sultan Süleyman (der Prächtige) sein „Gesellenstück" – wie Sinan es nannte. Eine wahrhaft bescheidene Selbstqualifizierung dieses Meisterwerks, das auch dem größten aller Osmanensultane zur Ehre gereicht. Süleyman und seine Lieblingsfrau Haseki Hürrem (bei den Europäern Roxelane genannt) ruhen auf dem südöstlich der Moschee befindlichen Friedhof in oktogonalen und mit prachtvollen Fliesen geschmückten Türben.

Die Süleymaniye-Moschee besitzt vier Minarette, deren beiden kleinere jeweils zwei Galerieumgänge (also insgesamt vier) haben, während die beiden größeren derer drei aufweisen (also insgesamt zehn). Dies ist kein Zufall, denn Süleyman war der 10. Sultan der Osmanen überhaupt sowie der vierte, der in Istanbul seine Residenz hatte.

Der Moscheeinnenraum ist ein Meisterwerk der Proportionen. Über einem fast quadratischen Grundriss von etwa 60 Meter Seitenlänge (Fläche über 3400 qm) wölbt sich in 53 Meter Höhe die majestätische Zentralkuppel, die einen Durchmesser von 27 Meter hat. Die 138 teilweise prachtvoll bemalten Fenster verstärken noch den überwältigenden Raumeindruck, dessen harmonische Maße wunderbar mit der stilistischen Klarheit der Raumaufteilung harmonieren. Diese Verbindung von Maß und Eleganz, Größe und räumlicher Transzendenz setzen sich in der schlichten Fassung von Mihrab und Mimbar – gleichwohl aus kostbarstem Marmor – fort. Zwar erreicht die Süleymaniye rein quantitativ nicht ganz das Volumen ihres Vorbilds – der Hagia Sophia, die Sinan erst mit seinem „Meisterwerk", der in Edirne stehenden *Selimiye* übertraf –, nichtsdestotrotz gebührt in puncto

Die schönste Moschee Istanbuls – die Süleymaniye

räumlicher Eleganz und stilreiner Durchführung der Moschee der ästhetische Vorzug. Hätte der bescheidene Baumeister (1491–1588), dessen einfaches Grab übrigens außerhalb der Moschee an der nördlichen Spitze des Hofrechtecks liegt, das Bonmot des Hagia-Sophia-Erbauers aufnehmen wollen, er hätte zu Recht sagen können: „Justinian, ich habe dich übertroffen." Türben geöffnet 9.30–16.30 Uhr

Rüstem Paşa Camii

Prachtvoller Fliesenschmuck in der Rüstem Paşa Camii

Von der Süleymaniye-Moschee kann man bergab gehend schnell das lebendige Marktviertel von Tahtakale und die dort etwas versteckt liegende **Rüstem Paşa Camii** erreichen.

Die relativ kleine, 1561 von dem berühmten Großwesir Süleymans errichtete Kuppelmoschee besticht durch ihre großartigen blau-grünen Iznik-Fayencen und die bemalten Holzdächer der Emporen.

Ägyptischer Bazar (Mısır Çarşı)

Weiter östlich liegt der zweite berühmte Bazar der Stadt, der **Mısır Çarşı** (Ägyptischer Bazar), der zwischen 1597 und 1664 erbaut wurde, um die ein paar Schritte weiter östlich gelegene große Moschee **Yeni Valide** zu finanzieren.

Der in einem überdachten, T-förmigen Ziegelsteintrakt angelegte Bazar ist auch als bunter Gewürzmarkt bekannt. Um ihn herum breitet sich in Gassen und Nischen ein wahres Einkaufseldorado aus.

Hier kaufen nicht nur Touristen, sondern auch die Einheimischen selbst. Auch der große, von legalen wie illegalen Straßenhändlern und Fischerbooten gesäumte Vorplatz an der über das Goldene Horn führenden **Galata-Brücke** (Galata-Köprüsü) ist ein Einkaufsparadies für Schnäppchenjäger.

Eminönü-Fähranlegestellen

Östlich der mächtigen **Yeni Valide Camii,** 1664 unter der Valide (Sultansmutter) Turhan fertiggestellt, liegen die Fähranlegestellen von Eminönü. Von hier pendeln die Boote zu den asiatischen Stadtteilen Üsküdar und Kadıköy hinüber und hier liegt auch der Anleger für das reguläre Bosporusschiff (s.u.).

Sirkeci-Bahnhof

Wenige Schritte weiter östlich erreicht man den im orientalischen Stil erbauten **Sirkeci-Bahnhof,** seit 1889 der östliche Endpunkt des legendären Orient-Expresses. Auf asiatischer Seite können Eisenbahnfreunde vom 1903 in wilhelminisch-neoklassizistischen Stil errichteten Bahnhof von **Haydarpaşa** auf den Spuren der Bagdadbahn weiter nach Osten fahren.

Schiffsfahrt auf dem Goldenen Horn

Von Eminönü lässt sich auch eine Schifffahrt über das **Goldene Horn** nach **Eyüp** machen (Achtung, der Schiffsanleger nach Eyüp befindet sich westlich der Galata-Brücke hinter dem Busterminal). Dabei sieht man linker Hand die alten Stadtteile von **Fener** und **Balat.** In den verwinkelten Gassen des Stadtteils Fener liegt das **Orthodoxe Patriarchat** sowie oben am Hang das sehenswerte **Fethiye-Müzesi,** die alte byzantinische Pammakaristos-Kirche. Balat war früher die Fluchtstätte der Juden, die vor der Inquisition im christlichen Spanien hier Asyl suchten.

Das Fethiye Müzesi – die alte Pammakaristos-Kirche

Eyüp

Das außerhalb der antiken theodosianischen Stadtmauern gelegene **Eyüp** und seine **Eyüp Sultan Camii** ist einer der heiligsten Orte des Islams. Erzählt man sich doch, dass hier bei der ersten Belagerung Konstantinopels durch die Araber 674/78 der berühmte Bannerträger des Propheten, Abu Ayub Al-Ansari, im Kampf gefallen sei.

Sultan Mehmet Fatih belebte diesen Glauben nach der Eroberung der Stadt durch den Bau einer Türbe und Moschee, die schnell zum heiligen Wallfahrtsort des Islams wurden. Ein schöner Spaziergang führt durch den riesigen Friedhof – alle Muslime wollen möglichst nahe dem heiligen Ort begraben sein – hinauf zum **Pierre Loti Café,** von wo sich ein herrlicher Blick über das Goldene Horn auftut (alternativ kann man auch eine Seilbahn hinauf benutzen). Das Café, das in vortouristischen Zeiten nur eine einfache Bretterbude war (heute großer touristischer Andrang), trägt den Namen des turkophilen französischen Offiziers Pierre Loti (1850–1923), der als Schriftsteller in Istanbul lebte und diesen Ort als Treffpunkt mit seiner Geliebten Aziyadeh romantisch verklärte.

Eminönü-Fähranlegestellen

Ayvansaray, Theodosianische Stadtmauer und Chora-Kloster

Die Fähre entlang des Goldenen Horns stoppt vor Eyüp auch in **Ayvansaray.** Vom Schiffsanleger sind es nur wenige Schritte zur berühmten **Theodosianischen Stadtmauer,** die das alte Konstantinopel seit den Zeiten Theodosius II. (408–50) im Westen schützte. Die fast 6 km lange Mauer ist gut erhalten und vor allem im südlichen Bereich teilweise auch restauriert.

Im nördlichen Abschnitt liegen die Reste des byzantinischen Blachernen- und Porphyrogennetos-Palastes **(Tekfur Sarayı).**

Wenige Schritte weiter folgt stadteinwärts das äußerst sehenswerte **Kariye-Müzesi,** zu byzantinischen Zeiten als **Chora-Kloster** bekannt.

Die gegenwärtige Kirche stammt aus dem 13. Jahrhundert und birgt herrliche Fresken und Mosaiken, die als Meisterwerke der palaiologischen Malerei (die Palaiologen waren die letzte byzantinische Herrscherdynastie) auch die Renaissance in Italien beeinflusst haben dürften. Ein Besuch der Kirche ist aber nicht nur für Kunstliebhaber und -historiker ein absolutes Muss, strahlen die Bilder doch eine Kraft und Frische aus, die für das spätmittelalterliche Byzanz beispiellos sind. Eintritt 7 € (Online-Ticket: www.muze.gov.tr), 9–18 Uhr (Mi geschl.; z.Zt. Restaurierungsarbeiten).

Weiter südwestlich ragt das schlanke Minarett der 1565 von Sinan erbauten **Mihrimah-Camii** in die Höhe. Die mächtige Kuppelmoschee, die nach der Tochter Sultan Süleymans benannt ist, wird wegen ihrer reichen Fensterausstattung auch gern als „Moschee der 1000 Fenster" bezeichnet. Ganz im Süden, am Marmara Meer, endet die Theodosianische Mauer bei der Festung **Yedikule** („Festung der sieben Türme"), in deren Verliesen unter anderem die Botschafter derjenigen Länder interniert wurden, gegen die das Osmanische Reich gerade Krieg führte.

Eintritt 4 €, 9–18.30 Uhr (Mi geschlossen).

Karaköy und Galata-Turm

Von Eminönü aus kann man jenseits der stark frequentierten Galata-Brücke durch die Gassen des heutigen Karaköy, die alte genuesische Niederlassung **Pera,** zu einem weiteren spektakulären Wahrzeichen der Stadt, dem **Galata-Kulesi (Galata-Turm)** hinaufsteigen.

Theodosianische Stadtmauer

Der nachts wie eine Christbaumkugel leuchtende Turm war Teil der genuesischen Stadtbefestigung des 14. Jahrhunderrts. Heute genießt man von seiner Plattform einen weiten Blick über die Stadt. Das hier liegende Restaurant verwandelt sich abends in eine Nobel-Bühne für türkische Bauchtanz-Künste.

Eintritt 5,50 €, 9–19.30 Uhr; (Restaurant mit Bauchtanz-Show bis nach Mitternacht ca. 80 €).

Galata-Turm

Stadtteil Beyoğlu

Noch weiter oben, und mit der im Jahre 1875 in Betrieb genommenen **Tünel-Standseilbahn** leicht erreichbar, beginnt die wohl berühmteste Straße Istanbuls, die **Istiklal Caddesi.** Eine nostalgische Straßenbahn verkehrt zwischen dem Tünel-Viertel und dem am nördlichen Ende der Istiklal gelegenen **Taksim-Platz.** Spannender ist aber Gehen, denn die Straße ist eine ununterbrochene Abfolge von teilweise gut erhaltenen Jugendstilhäusern, in denen sich Geschäfte, Restaurants und Bars auf gleich mehreren Etagen niedergelassen haben.

Die Straße ist das Zentrum des bekannten Stadtteils **Beyoğlu** – oft dient auch der nördliche Platz Taksim als Synonym für das Viertel –, der bereits zu spätosmanischen Zeiten als Standort der ausländischen Gesandtschaften und Finanziers eine kosmopolitische Adresse darstelte – eine Belle Epoque des mondänen Istanbuls. Insofern stellte Beyoğlu schon seit dem 19. Jahrhundert einen „modernen", nach Westen orientierten Stadtteil dar, der heute als feste und renommierte Größe des Istanbuler Nightlife brilliert. Die Istiklal selbst ist eine breite, den Fußgängern und Flanierenden vorbehaltene Shopping-Meile, auf der sich alte mondäne Botschaften und versteckte christliche Kirchen entdecken lassen. Die Zahl der Bars, Musikkneipen, Restaurants und Cafés in den hohen, dunklen Nebengassen der Istıklal ist schier unüberschaubar, und selbst derjenige, der sich hier drei Wochen auf Nightlife spezialisiert die Nacht um die Ohren schlägt, wird nur einen Bruchteil des Angebots erforschen können.

Berühmte Restaurantgasse in Beyoğlu – die Çiçek Pasajı

Noch moderner, ja geradezu yuppiehaft, zeigt sich die Moderne im gleich nördlich des Taksim-Platzes gelegenen Viertel **Nişantaşı** mit internationalen Mode- und Markengeschäften, die denen von Paris und Rom kaum nachstehen. Welten trennen diesen höchst weltlichen Teil der Stadt von den traditionellen Vierteln Fener, Balat und Fatih.

Vom Taksim-Platz führt eine zweite und moderne unterirdische Standseilbahn zum südlich gelegenen Straßenbahn- und Fährhafenendpunkt **Kabataş.**

Dolmabahçe Palast

Nordöstlich von Karaköy liegt nahe dem Bosporusufer die barocke **Dolmabahçe Camii** von 1853, hinter der man mit dem 1894 unter Sultan Abdülhamid II. (1876–1909) erbauten 30 Meter hohen **Saat Kulesi** (Uhrturm) den Eingang zum **Dolmabahçe Sarayı** erreicht (Dolmabahçe bedeutet „aufgeschütteter Garten"). Dieser im Vergleich zum Topkapı-Palast geradezu dekadent überladene Sultanspalast wurde 1855 unter Sultan Abdülmecit die Heimstatt der Sultansfamilie. Die französische Architekturelemente aufnehmenden Baumeister Karabet und Nikoğos Balyan schufen einen 600 Meter langen Repräsentativbau, dessen Design und lüsterorientierter Luxus kaum mehr an die asiatische Herkunft der Türken erinnert; längst waren die oberen Schichten des Reiches zu Bewunderern der europäischen Kultur geworden.

Eingang zum Dolmabahçe Sarayı

So vereinigt der Prunkbau barocke wie Rokoko-Elemente mit einem französisch bestimmten Empire-Neoklassizismus zu einem alles vermengenden Allerlei, das dem geschichtsbewussten Betrachter unter all dem Luxus nicht verbergen kann, dass das Osmanische Reich in seiner kulturellen Kraft längst zu einem abkupfernden Appendix der europäischen Kultur geworden war.

Die auffälligsten Räume sind sicherlich die prachtvolle Treppenhalle im Eingangsbereich, das **„Rote Zimmer",** welches als Audienzzimmer des Sultans diente, der **Thronsaal,** von dessen 36 Meter hohen Kuppel ein 4,5 Tonnen schwerer und über 700 Kerzen tragender Kristalllüster herabhängt. Der zweite Teil der Führung erschließt den **Harem,** unter dessen Räumen vor allem der **„Blaue Saal"** hervorragt.

Eintritt 14 € für Palast und Harem; Kameragebrauch 10 €, Videokamera 10 €, Blitzlichtverbot. Geöffnet 9–16 Uhr (Mo/Do geschl.). Führungen ca. alle 2 Stunden.

Beşiktaş und Ortaköy

Gleich nördlich von Dolmabahçe Sarayı beginnt der Stadtteil **Beşiktaş,** wo zwei weitere moderne Sultanspaläste liegen: Der **Yıldız Sarayı** (19. Jh., heute Museum) und am Bosporusufer der 1874 fertiggestellte **Çırağan Sarayı,** heute als Kempinski-Hotel eine der luxuriösten Unterkünfte der Welt.

Knapp drei Kilometer nordöstlich vom Dolmabahçe Sarayı liegt zu Füßen der 1973 erbauten und imponierend hohen Interkontinentalbrücke **Boğazıçı-Köprüsü** der mondäne Bosporusort **Ortaköy.** Ortaköys direkt am Bosporus stehende, zwischen 1853–55 erbaute barocke **Büyük Mecidiye Camii** – allgemein als **Ortaköy Camii** bekannt – ist eine der meistfotgrafierten Idyllen der Stadt.

Am nahe der Moschee gelegenen Dorfplatz stehen bekannte Fischrestaurants, die am Wochenende restlos belegt sind. Berühmt sind auch die Kumpir-Stände, wo man sich riesige Kartoffeln aushöhlen und mit allerlei Inhalten füllen lassen kann.

Weitere Besichtigungen und Ausflüge

Damit kommen wir zum Schluss dieses kleinen und notwendigerweise lückenhaften Istanbul-Besuchs. Drei Schiffsausflüge seien dem Besucher abschließend besonders ans Herz gelegt: Da ist zum einen die fast obligatorische Fahrt entlang des **Bosporus** *(Boğaz Hattı),* jenes 32 Kilometer langen und zwischen 660 Meter bis 3,2 Kilometer breiten Meereskanals, der das Marmara Meer mit dem Schwarzen Meer verbindet und Europa von Asien trennt.

Mit seinen pinienbestandenen Hainen und kleinen Orten, die heute vor allem am europäischen Ufer, z.B. **Bebek** und **Arnavutköy,** zu Domizilen der Gutbetuchten avanciert sind, stellt der Bosporus eine idyllische Ausflugslandschaft dar, die zudem mehrere Sehenswürdigkeiten bietet.

Das Schiff passiert bei Ortaköy die uns schon bekannte erste transkontinentale Brücke zwischen den Kontinenten, führt an alten weißen Holzvillen *(yalı)* vorbei nach **Rumeli Hisarı,** der 1452 errichteten Osmanen-Festung, die mit ihrem asiatischen Pendant, **Anadolu Hisarı,** hier die Schiffspassagen kontrollierte. Hinter der zweiten, 1988 fertiggestellten Transkontinentalbrücke, der 1500 Meter langen **Fatih Sultan Mehmet Köprüsü,** passiert man am europäischen Ufer **Emirgan,** wo das **Sakip Sabancı Müzesi** mit seinen modernen Ausstellungen und prachtvollen alten Korankalligraphien den Besuch lohnt (mit Bus von Kabataş zu erreichen). Die Schiffsfahrt endet in **Anadolu Kavaı,** kurz vor dem Schwarzen Meer, wo Fischrestaurants den Besucher erwarten.

Anfahrt

Die reguläre Bosporusfähre startet im Sommer morgens um 10.30 bzw. 13.30 Uhr von Eminönü (im Winter nur ein Boot); unterwegs hält das Boot in Beşiktaş, Kanlıca (asiatisches Ufer), Sariyer, Rumeli Kavağı und Anadolu Kavağı (asiatisches Ufer). Die Rückfahrt am Nachmittag (1. Schiff um 15 Uhr von Anadolu Kavağı, sowie 2. Schiff 17 Uhr, Sa/So 18 Uhr) verläuft in umgekehrter Reihenfolge. Dauer einer Passage 1,5 bis 2 Stunden, einfache Strecke 7 €.

Busse verkehren am europäischen Ufer von Kabataş (Linie 25E) oder Taksim (Bus 40) über Emirgan usw. nach Sarıyer; am asiatischen Ufer von Üsküdar (Bus 15)

Blick zur Bosporusbrücke

Die Prinzeninseln im Marmara-Meer

Üsküdar und Kadıköy

Sehr zu empfehlen ist auch der Ausflug zu den asiatischen Stadtteilen **Üsküdar** und **Kadıköy**. Ersterer ist ein eher islamisch-traditioneller Stadtteil, der einige interessante Moscheen besitzt, letzterer wird vom modernen studentischen Leben der nahegelegenen Marmara-Universität und einem farbigen Markt- und Einkaufsviertel geprägt. Die Fahrt mit den regulären Linienschiffen geht jeweils von Eminönü aus und dauert zwischen 15 und 20 Minuten. Bei der Rückfahrt sollte man die Zeit kurz vor Sonnenuntergang wählen, denn dann erstrahlen die Kuppeln des näher rückenden Sultanahmet in jenem märchenhaften Abendlicht, das die Silhouette der Stadt so berühmt gemacht hat.

Prinzeninseln (Kızıl Adalar)

Wer etwas länger in der hektischen Stadt weilt, wird auf den **Prinzeninseln (Kızıl Adalar)** die autofreie, von Pferdedroschken bestimmte dörfliche Atmosphäre genießen. Der Name resultiert daher, dass hier zu byzantinischen Zeiten ungeliebte Familienmitglieder des Kaiserhauses kaserniert wurden. Die Prinzeninseln – **Büyük Ada** ist die größte unter den fünf zu besuchenden Inseln – laden mit ihren Pinienwäldern nicht nur zu Spaziergängen und Klosterbesichtigungen ein (**Aya Yorgi Manastırı** auf Büyük Ada), sie sind auch der beste Ort weit und breit, um im Meer zu schwimmen.

Anfahrt

Schiffe fahren mehrmals am Tag von Kabataş, 2 € pro Strecke, Fahrtdauer bis Büyük Ada ca. anderthalb Stunden.

Praktische Infos Istanbul

Touristeninfo (Turizm Danışma)

In Sultanahmet in einem Pavillon nahe der Hagia Sophia, Divan Yolu 3, Tel. 5188754, 9–17 Uhr. Außerdem an beiden internationalen Flughäfen (s.u.) sowie im Sirkeci-Bahnhof. **Sehr hilfreich ist auch ein Besuch der Website www.istanbul-tourist-information.com (deutschsprachig)**

Telefonvorwahl/Post
Für die europäische Seite 0212, für die asiatische 0216 (gilt auch für Anrufe innerhalb der beiden Stadtbereiche). – **Hauptpost** (Büyük Postane) an der Büyük Postane Caddesi in Sirkeci.

Wechselstuben (Döviz)
An allen touristisch relevanten Orten (Divan Yolu und Istiklal Caddesi); günstige Kurse z.B. am Eingang zum Kapalı Çarşı (Großer Bazar).

Flughafen
Istanbul besitzt zwei internationale Flughäfen: auf europäischer Seite den ca. 20 km westlich des Zentrums gelegenen **Atatürk-Havalimanı,** den die meisten Liniengesellschaften anfliegen; ins Zentrum nach Sultanahmet kommt man am preiswertesten mit der Metro bis Aksaray (6–23 Uhr), dort umsteigen auf die Tramvay (Straßenbahn, 6–23 Uhr), die nach Sultanahmet fährt (jeweils ein Jeton zu ca. 1,20 €). Zusätzlich verkehren Havaş-Busse (Airport-Shuttle-Busse) stündlich zum Taksim-Platz (ca. 7 €, Haltestelle dort: Cumhuriyet Caddesi nördlich des Platzes).

Der **Sabiha Gökçen Flughafen,** der u.a. von den Billigfliegern Germanwings, Sun Express und Easy Jet angeflogen wird, liegt ca. 30 km östlich des Zentrums auf asiatischer Seite beim Stadtteil Kurtköy. Germanwings und andere Billigflieger kommen vorwiegend nachts an (und fliegen auch dann wieder ab). Anbindung mit Bussen, die entweder nach *Taksim* (6 €, Haltestelle dort Cumhuriyet Cd. nördlich des Taksimplatzes) oder *Kadıköy* fahren (regulärer Iett-Bus – öffentlicher Stadt-Bus – 2 €). Wer nachts in Kadköy ankommt, sollte entweder hier ein Hotel suchen, um am nächsten Morgen mit der Fähre nach Eminönü überzusetzen, oder ein Dolmuş zum Taksim-Platz nehmen, die die ganze Nacht verkehren.

Busterminal (Otogar)
Es gibt deren zwei: **Esenler,** ca. 9 km westlich des Zentrums und am besten mit Tramvay – bis Aksaray – und Metro (Richtung Flughafen) zu erreichen; Verbindungen in alle Landesteile, besonders geeignet für Edirne. Der asiatische Otogar liegt direkt am Fähranleger von **Harem** (von Eminönü mit der Auto-/Passagierfähre leicht zu erreichen). Auch hier Verbindungen in alle Landesteile, besonders natürlich Richtung Osten und Süden.

Zug
Wer mit dem Zug aus Europa kommt (Griechenland/Bulgarien), steigt am **Sirkeci-Bahnhof** im Zentrum aus; wer aus Kleinasien kommt, wird im asiatischen Kopfbahnhof **Haydarpaşa** nahe Kadıköy ankommen.

Verkehrsmittel innerhalb der Stadt

Tramvay
Touristisch ist die **Tramvay** (Straßenbahn) von großer Bedeutung. Die Linie verbindet, von Bağcılar kommend, über Aksaray, Beyazit (Großer Bazar), Sultanahmet, Sirkeci, Galata-Brücke bis zur östlichen Endhaltestelle Kabataş touristisch wichtige Punkte (Jetonpreis für jede Fahrt 1,20 €, Tickets werden am Fahrkartenautomaten – Jetonmatik – gekauft. Wie im Text erwähnt, kann man von Kabataş die unterirdische Standseilbahn zum Taksim-Platz nehmen.

Stadtbusse
Mit **Stadtbussen** kommt man überall hin, allerdings ist das System für Ortsunkundige oft nicht so leicht durchschaubar; man achte auf die am Bus angeschlagenen Stadtteilziele. Ein touristischer Doppeldeckerbus (Hop-On/Hop-Off) mit offenem Panoramadach macht eine City-Sightseeing-Tour für 20 €, Kinder 5–12 Jahre 10 € (Abfahrt z.B. vor Hagia Sophia, im Sommer stündlich).

Fähren
Das vor allem bei Hitze und Verkehrsstaus mit Abstand angenehmste Verkehrsmittel sind die **Fähren:** sie pendeln in dichtem Takt zwischen **Eminönü** und **Kadıköy/Üsküdar** sowie zwischen **Beşiktaş** und **Üsküdar.** Außerdem gibt es viele Privat- und Nebenlinien sowie die im Text erwähnte Linie über das Goldene Horn nach **Eyüp** (ca. stündlich). Ein Fahrplan ist an den großen Fähranlegestellen zu bekommen.

Das **tägliche Bosporusschiff** legt im Sommer zweimal von Eminönü ab (erstes Schiff ratsam, um 10.30 Uhr), im Winter nur einmal (10 Uhr). Die **Prinzeninseln** erreicht man von Kabataş im 2-Stunden-Takt. Achtung! Die meisten Fährlinien verkehren nicht zwischen 22 und 6 Uhr, einige stoppen ihren Pendelverkehr sogar früher. Der Jetonpreis ist außen am Schalter angeschlagen. Mit dem Jeton, den man in einen Schlitz wirft, kommt man durch die Sperre.

Wer länger in Istanbul bleibt und oft mit Fähren, Vorortzügen, Straßenbahn und Bussen unterwegs ist, tut gut daran, sich eine **Istanbulkart** zuzulegen. Es handelt sich um eine kreditkartengroße Karte, die an allen großen Haltestellen, Fähranlegern und auch Flughäfen erworben werden kann (2,50 €). Die Karte kann nun an über 2000 Automaten (Jetonmatik) der verschiedenen Haltestellen mit beliebigen Geldbeträgen aufgeladen werden. Statt des Einzeljetonpreises von 3 TL (= momentan ca. 1,20 €) wird dann beim Scannen der Karte vor einem Lesegerät nur 1,95 TL (ca. 80 Cent) abgebucht, eine Ersparnis von über 30% pro Fahrt. Zudem verbilligt sich bei einem evtl. Umsteigen nochmals die Gebühr für die zweite Fahrt drastisch, während man beim Einzelfahrschein wieder voll bezahlen muss (Infos: www.istanbul-tourist-information.com). Die Karte ist zwei Jahre gültig.

Unterkunft

Internet-Portale wie z.B. www.venere.com, www.istanbulhotels.com oder www.expedia.de bieten ein breites Angebot für die Online-Buchung. Generell richten sich die Preise stark an der aktuellen Nachfrage und der Dauer des Aufenthaltes aus, wobei grundsätzlich zwischen Sommer- und Winterpreisen unterschieden wird; vor allem bei letzteren kann mit starken Ermäßigungen gerechnet werden.

Die meisten Touristen nächtigen, wegen der Nähe zu den Hauptsehenswürdigkeiten, in Sultanahmet. Nachtschwärmer werden dagegen Beyoğlu vorziehen.

In Sultanahmet

- **Saba Hotel,** Şehit Mehmet Paşa Yokuşu 8, Tel. 4580262, www.saba.com.tr. Am südlichen Ende des Hippodroms liegendes Mittelklassehotel mit herrlicher Frühstücksterrasse (Blick auf Aya Sofya und Sultan Ahmet Moschee); gediegene rustikale Einrichtung, die beiden Suiten haben Balkon. Freundlicher, unaufdringlicher Service, Sauna und Jacuzzi. DZ/F ab 120 € (Winter 95 €).
- **Ottoman Hotel,** Saferiye Sok. 6 (unmittelbar neben der Aya Sofya in einer ruhigen Gasse), Tel. 5136150, www.ottomanhotelimperial.com. Gediegenes Holz-Interieur im ottomanischen Stil, Garten und Terrasse, Türkisches Bad, Restaurant und Bar. DZ/F ab 149 € (Winter 119 €).
- **Hotel Alzer,** At Meydanı 72, Tel. 5166262, www.alzerhotel.com. Altstadthaus mit 21 Zimmern direkt am Hippodrom, von der Dachterrasse schöner Blick auf Sultanahmet-Moschee und Aya Sofya. Im antikisierenden Stil eingerichtete Zimmer mit Holzdecken. DZ/F 129 € (Winter 119 €).
- **Stone Hotel,** Mehmet Paşa Yokuşu 34, Tel. 6381554, www.stonehotelistanbul.com. Das schöne kleine Hotel liegt direkt vor der Mehmet Sokullu Paşa Moschee, ein altes osmanisches Haus mit steinmauernumfasstem Frühstücksinnenhof, Zimmer teilweise mit Whirlpool, Dachterrasse mit Blick über das Marmara Meer. DZ mit Frühstück 109 € (Winter 99 €).

In Beyoğlu

- **Triada Residence Apart Hotel,** Meşelik Sok. 10 (Seitengasse der Istiklal nahe Taksim-Platz), Tel. 2510101, www.triada.com.tr. Das von einem griechischen Architekten vor rund 100 Jahren erbaute schöne Haus wurde 2000 liebevoll restauriert und renoviert. Es liegt unmittelbar gegenüber der namensgebenden Kirche Agia Triada. Geschmackvoll und modern eingerichtete, 50 qm große Apartments, Sauna und hübsche Dachterrasse, Internet-Anschluss. Suite ab 110 € pro Tag.
- **Hotel Silviya,** Asmali Mescit Sok. 54, Tel. 2927749, www.otelsilviyaistanbul.com . Relativ große, saubere Zimmer mit TV, Telefon und Bad. DZ/F ab 60 €; zu diesem Preis empfehlenswert.

In Kadıköy

- **Kent Hotel,** Serasker Cad. 8, Tel. 3362453, www.mykenthotel.com.tr . Mitten im malerischen Marktviertel von Kadıköy, gemütliche Inneneinrichtung und geräumige Zimmer mit allerdings recht kleiner Dusche, AC und TV. DZ/F ab 75 €.

Camping

Für ein altstadtzentrales Camping empfiehlt sich das **Sportzentrum** an der Kennedy Caddesi in Kumkapı (N 41.00205 E 28.97673); Tel. 0539-2556386, Toiletten, Duschen, kein Wifi; 20 € Caravan u. Wohnmobil; die Anfahrt muss auf der Kennedy Cd. von

Westen erfolgen, der Zugang zum Sportplatz führt am Fischmarkt vorbei. Das große Plus: man ist 500 m von der Altstadt entfernt und blickt abends aufs Marmara Meer.

Essen und Trinken

In Sultanahmet

- **Sarnıç,** Soğukçeşme Sokak (hinter der Aya Sofya in einer Fußgängergasse), Tel. 5124291. Die aus byzantinischen Zeiten datierende Zisterne wurde stilvoll zu einem Restaurant restauriert, wo man vor einem Kamin zwischen alten Säulen bei klassischer Musik speist. Wer türkische und französische Küche bevorzugt, wird hier auf seine Kosten kommen. Apropos Kosten: zu zweit sollte man mit mindestens 60–70 € rechnen, 19.30–24 Uhr.
- **Seven Hills Restaurant,** Tevkifhane Sokak 8, Tel. 5169497. Dachterrassen-Restaurant im gleichnamigen Hotel, traumhafte Aussicht auf Sultanahmet. Der richtige Tipp für eine laue, romantische Sommernacht mit Kerzenschein und einem umwerfenden Panorama, türkische und internationale Küche.
- **Tarihi Sultan Ahmet Köfteçisi,** Divan Yolu 12. Auf dem Divan Yolu die große Ausnahme zwischen all dem touristischen Durchschnitt. In über 100 Jahren hat sich dieses einfache, aber hervorragende Köfte-Restaurant seinen exzellenten Ruf bewahren können. Ausgezeichnete Hackbällchen, und dazu noch recht preiswert; auch türkische Gäste wissen diese Qualität hier zu schätzen.

1

In Beyoğlu

- **Kave,** Tünel Geçidi 10. Das bekannte Café/Restaurant liegt in einem schön begrünten Innenhof gegenüber dem Ausgang der Tünel-Standseilbahn. Internationale Gerichte und leicht gehobene Preise.
- **Rejans,** Olivia Han Geçidi 15, Seitengasse der Istiklal Caddesi, Tel. 0212-2433882, geöffnet 11-22 Uhr. In dem Edelrestaurant, das seit 1932 besteht, speiste schon Atatürk. Hier gibt es feine russisch-französische Küche, die natürlich ihren Preis hat. Neben dem Restaurant Rejans liegen die dicken, recht urigen Mauern eines alten Gefängnisses, in denen heute das Restaurant **Zindan** türkische Küche und Live-Musik bietet.
- **Nuteras/Lokanta,** Meşrutiyet Caddesi 67 (im Karyatidenhaus neben dem Pera-Müzesi). Das Restaurant auf der Dachterrasse ist im Sommer eine der beliebtesten (und teuersten) Adressen. Herrlicher Blick über das Goldene Horn. Ab 19 Uhr, nur im Sommer geöffnet.

In Kadıköy

- **Çiya Sofrası,** Güneşlibahçe Sok. 43. Hervorragendes und unter Einheimischen bekanntes türkisches Restaurant im Marktviertel von Kadıköy. In puncto Ambiente einfach, doch sind die Gerichte so gut, dass man abends schon mal warten muss, um einen Platz zu bekommen. Für die Qualität preiswert.

Nightlife

Ein Zug durch die **Gassen von Beyoğlu** bringt selbst Lebensmüde wieder auf die Beine.

- Die berühmteste Musikbühne der Stadt (und eine der bekanntesten der Welt) ist sicher das **Babylon,** Şehbender Sok. 3 (in einer Seitengasse der Istiklal nahe Tünel), www.babylon-ist.com. Von Groove über Jazz bis zu moderner Ethno-Musik und Avantgarde. In der Woche Eintritt relativ preiswert, am Wochenende bis zu 25 € für das Ticket (unbedingt rechtzeitig besorgen, z.B. über www.biletix.com). Es gibt nur wenig Sitze, so dass die meisten Besucher sowohl auf der Galerie wie vor der Bühne stehen und mitswingen. Lockere, freundliche Atmosphäre, intellektuell orientiertes Publikum.
- **Nardis,** Galata Kulesi Sok. 14 (unterhalb des Galata-Turms in einer etwas dunklen Gasse, die auch *Kuledibi Sokak* genannt wird), Mo–Sa 19–1.30 Uhr, www.nardisjazz.com. Distinguierter Jazz-Club, der zu den besten der Stadt gehört. In einem alten Gemäuer, kleine Bühne und für türkische Verhältnisse nicht gerade billig.
- **5. Kat (Beşinci Kat),** Soğancı Sok. 7. Wie der Name schon sagt: im 5. Stock gelegener Club, durch dessen große Glaswände bzw. Terrasse man einen herrlichen Blick über den Bosporus und das Lichtermeer der Stadt hat. Hier trifft sich alles, was nach 2 Uhr nicht schlafen kann. Von 10–2 Uhr auch gute Küche, mittlere Preislage.

Ansonsten bieten die **Gassen rund um die Istiklal** für jeden etwas. Die ruhigeren und charmanteren Lokalitäten befinden sich rund um **Tünel;** je weiter man Richtung **Taksim** kommt, desto hektischer, lauter und abgedrehter wird das Nachtleben. Die berühmtesten **Discos** befinden sich in **Ortaköy** direkt am Bosporus: das **Laila** und das **Reina** (beide Muallim Nacı Caddesi, hinter der Bosporus-Brücke) sind die berühmtesten. Hier finden Sie alles, was en-vogue Szene-Discos bieten können, einschließlich eines Privatstegs für betuchte Yachtbesitzer. Dickes Portemonnaie oder gut gedeckte Kredikarten mitbringen.

Auch **Kadıköy** kann mit einem ansprechenden, insgesamt aber ruhigeren und eher studentischen Nachtleben punkten. In der **Kadife Sokak** (bekannt als Barlar Sokak) gibt es mehrere nette Cafés und Musikkneipen.

Hamam

Die drei renommiertesten – definitiv aber nicht die billigsten – historischen Hamams sind das **Ayasofya Hürrem Sultan Hamamı,** Babı Hümayun Cad. 1 (gegenüber der Hagia Sofya), Tel. 5173535, www.ayasofyahurremsultanhamami.com, tägl. 8–22 Uhr, verschiedene Massage- und Therapieangebote ab 40 €. Das 1556 von Sinan im Auftrag von Süleymans Ehefrau Roxelane (Sultan Hürrem) erbaute Hamam ist nach einer Renovierung 2011 wieder als Bad geöffnet und damit wohl das historisch berühmteste Badehaus Istanbuls; das **Çemberlitaş Hamamı,** Vezirhan Cad. 8 (gegenüber der gleichnamigen Konstantinsäule nahe Divan Yolu), 6–24 Uhr, ab 25 €, sowie das prachtvolle, von 1741 stammende **Çağaloğlu Hamamı,** Prof. Kazım Ismail Gürkan Cad. 34, Frauen 8–20, Männer 7–22 Uhr, ab 25 €. Billiger und ebenso historisch wie gut ist das von 1475 stammende **Gedikpaşa Hamamı,** Hamam Cad. 67, Männer 6–24, Frauen 9–22 Uhr, 20 €, alles inklusive.

Einkaufen

Istanbul ist ein einziges Paradies des Überflusses! Im **Großen Bazar** sollte man nur Souvenirs oder besonders kostbare Andenken (Schmuck, Gold, besonders wertvolle Stoffe etc.) kaufen, denn Textilien kauft man besser im Straßenmarkt rund um den **Ägyptischen Bazar** oder auf den „Russenmärkten" von **Aksaray** bzw. Laleli. Wer stil- und markenorientiert shoppen will, findet auf der **Istiklal Caddesi** und besonders in **Nişantaşı** (Abdi Ipekçi Caddesi und umliegende Straßen) reichlich Anregung. Antiquitäten und Souvenirs gehobenerer Art können ebenfalls in den Seitengassen der Istiklal oder im **Marktviertel von Kadıköy** gefunden werden.

Festivals/Veranstaltungen

Abgesehen davon, dass Istanbul ein einziges Ganzjahresfestival ist, gibt es jede Menge spezielle Veranstaltungen, darunter das *Internationale Istanbuler Filmfestival* (zweiwöchige Präsentation von Filmen), das *Internationale Theaterfestival* (findet im Wechsel mit der Kunstbiennale nur alle zwei Jahre statt), das *Istanbuler Jazzfestival* (das auf mehreren Bühnen nicht unbedingt nur Jazz bietet), und das *Akbank Jazzfestival,* das wiederum entschieden dem Jazz verpflichtet ist und u.a. im Babylon (s.o, „Nightlife") seine Aufführungen präsentiert.

Des weiteren sei hier auf das *Internationale Istanbuler Musikfestival* hingewiesen, dessen Aufführungsplätze oft historische Orte, wie z.B. die Kirche Aya Irini nahe dem Topkapı Sarayı sind. Die **Rumeli Hisarı Konzerte** im Sommer finden in der namengebenden alten Bosporusfestung mit traumhafter Kulisse statt, und die **Kunstbiennale,** ein in ungeraden Jahren ablaufendes Kunsthappening der besonderen, avantgardistischen Art auf den Gebieten der Fotografie oder Bildenden Kunst, nutzt gerne so berühmte Orte wie **Tophane** (die alte osmanische Kanonengießerei in Karaköy) oder das **Istanbul Modern Müzesi** (Meclisi Mebusan Caddesi, nahe Tophane direkt am Bosporus), dessen moderne Ausstellungen übrigens auch ohne Biennale entschieden einen Besuch wert sind!

Wer sich für Tickets und Infos interessiert, kann auf www.istfest.org Erkundigungen und auf www.biletix.com einzelne Tickets buchen.

2

Rund ums Marmara Meer

Wer vom Bosporus zur Ägäis nach Çanakkale will, kann zwischen einer nördlichen (europäischen) und südlichen (asiatischen) Variante wählen. So er denn ein wenig Zeit übrig hat, bieten sich auf beiden Routen sehenswerte Unterbrechungen bzw. Abstecher an, die vor allem historisch Interessierte ansprechen dürften. Im Nordwestzipfel nahe der griechischen Grenze, in der zweiten Sultansstadt **Edirne,** wartet die schönste Moschee Sinans, ja vielleicht der ganzen Welt; auf der Weiterfahrt gen Süden überraschen im späten Frühjahr oder Sommer die endlosen Sonnenblumenfelder der thrakischen Hügellandschaft, die den Reisenden bis weit auf die **Gelibolu-Halbinsel** begleiten. Aber auch auf der Direktstrecke von Istanbul nach Süden warten große Sehenswürdigkeiten: in der ersten Stadt der Sultane, **Bursa,** überzeugen die lebendige Altstadt und der Ausflugsberg des Uludağ, und bei genügend Zeit lohnt auch der Abstecher an den See Iznik Gölü, benannt nach jener uralten Stadt am Ostufer, die in der Antike römische Konzile und unter den Osmanen die berühmteste Fliesenmanufaktur des Orients beherbergte.

Die nachfolgend beschriebenen Orte liegen für Küstentouristen etwas im Abseits, aber neben ihren historischen Sehenswürdigkeiten erlauben sie auch einen guten Einblick in das städtisch-regionale Alltagsleben der Türkei.

Edirne

Mit rund 150.000 Einwohnern ist Edirne nach Istanbul heute die zweitgrößte Stadt der europäischen Türkei. Die 220 Kilometer Anfahrt lassen sich über die mautpflichtige Autobahn locker in knapp drei Stunden bewältigen.

Geschichte

Im Jahre 125 ließ Kaiser Hadrian die thrakische Vorgängerstadt Odrysia neu bauen, so dass der fortan wichtige Handels- und Militärposten am Zusammenfluss von Tunca und Meriç einen neuen Namen bekam – Hadrianopolis. Unter den Byzantinern fungierte der Ort denn auch als Vorposten gegen die Balkanvölker – allen voran ab dem 7. Jahrhundert die Bulgaren –, wobei die Stadt mehrmals die Herrschaft und auch ihren Namen wechselte (Adrianopel). Im Jahre 1361 kamen die Osmanen, die Edirne – nach Bursa – zu ihrer zweiten Hauptstadt machten (1368–1453).

Auch nach der Erhebung Istanbuls zur Hauptstadt blieb Edirne für die Osmanen von Bedeutung; hier sammelten sich alljährlich die Heeresteile, die dann nach Westen oder Norden ihre Eroberungszüge führten. Ab dem 19. Jahrhundert geriet die Stadt immer mehr zur Grenzfestung, und erst 1923 konnte die Türkei im Friedensvertrag von Lausanne Edirne endgültig gegen bulgarische und griechische Ansprüche sichern.

Sehenswürdigkeiten

Selimiye-Moschee

Die größte Sehenswürdigkeit der Stadt kündigt sich mit ihren pfeilschlanken Minaretten schon von weitem an: die zwischen 1568 und 1574, also rund 120 Jahre nach der Eroberung Konstantinopels, von Sinan erbaute **Selimiye Camii.**

Der größte Architekt der Osmanen bezeichnete sie selbst als sein Meisterwerk, und in der Tat ist Sinan mit dieser Komposition nicht nur die Überwindung der Aya Sofya in Istanbul, sondern auch der ästhetische Höhepunkt seines an Werken nicht armen Künstlerlebens gelungen. Die Moschee ist ein Raumkunstwerk von perfekten Proportionen, eine religöse Hommage aus Stein. Seinen Namen leitet das im Zentrum der Stadt aufragende Meisterwerk von Sultan Selim II. (1566–1574) ab, der das Bauwerk in Auftrag gab.

Von außen fallen zunächst die vier sehr schlanken Minarette auf, mit 71 Metern Höhe die höchsten aller osmanischen Sultansmoscheen. Alle vier Minarette besitzen drei Außenumgänge bzw. Balkone. Die beiden vorderen Minarette verfügen je über eine Treppe zu allen Balkonen, während bei den beiden hinteren jeweils drei separate Wendeltreppen auf die einzelnen Balkone führen.

Die auf acht massiven Pfeilern ruhende **Zentralkuppel** hat einen Durchmesser von 32 Meter und eine Höhe von 43 Meter; die rot-weiß gestreiften Bögen zwischen den Pfeilern spannen sich 6 Meter weit. Da Sinan hier – anders als wie z.B. bei der Süleymaniye-Moschee in Istanbul – die Halbkuppeln als stützendes Element der Zentralkuppel weggelassen hat, scheint die Zentralkuppel quasi losgelöst über der Erde zu schweben.

Zu dieser auf den Beschauer überwältigend wirkenden transzendenten Schwerelosigkeit tragen auch die zahlreichen Fenster bei, deren Anzahl in der Höhe zunimmt und in der Kuppel einen dichtgedrängten Kranz formen, der den emporschauenden Blick in eine völlige astrale Abgehobenheit entführt. Von außergewöhnlicher Erlesenheit sind auch die filigrane Marmorkanzel

Im Inneren der Selimiye Moschee

(Mimbar), der Mihrab und die zentral platzierte hölzerne Tribüne des Predigers. Die der Iznik-Manufaktur entstammenden Fayencen der Moschee sind weltberühmt – kein Wunder, dass die Russen 1878 während der kurzzeitigen Besetzung Edirnes einige Fliesen nach Russland transportierten.

Zu der insgesamt 2500 qm umfassenden Anlage (Külliye) gehören noch der weite Vorhof und eine Medrese (Koranschule) sowie das moderne *Selimiye Vakif Müzesi,* das verschiedene theologische Artefakte wie Korankalligraphien, Waffen und Glasarbeiten präsentiert (9–17 Uhr). Unter der Terrasse der Moschee liegt der ebenfalls von Sinan und seinem Schüler Davut Ağa konzipierte Arasta-Bazar, dessen Einkünfte die Baukosten amortisieren sollten.

Alte Moschee

Unterhalb der Selimiye steht die zwischen 1403–14 unter Sultan Mehmet I. erbaute **Eski Camii** („Alte Moschee"), deren Baumeister der aus Konya stammende Hacı Alaeddin war. Dies erklärt auch den weitgehend seldschukischen Baucharakter dieser Moschee im Stil der Pfeilerhallen, wobei allerdings die hölzerne Flachdecke durch neun steinerne Kuppeln ersetzt wurde. Die Wände und massiven Pfeiler der Moschee sind von großen Koraninschriften geschmückt.

Bazar

Neben der Moschee liegt der überdachte Bazar *(Bedesten)* von 1418, der ebenfalls von Sultan Mehmet I. errichtet wurde. Die von 14 Kuppeln überspannte und restaurierte Bazarhalle soll nach den Worten des berühmten Reiseschriftstellers Evliya Çelebi einst Schmuck und Juwelen feilgeboten haben, deren Wert „alle Schätze Ägyptens" um ein Vielfaches überragt und den nächtlichen Schutz von 60 Wachleuten erforderlich gemacht haben soll.

„Moschee der drei Balkone"

Auf der nördlichen Straßenseite erhebt sich die zwischen 1438–47 unter Sultan Murad II. (1421–51) erbaute **Üç Şerefeli Camii** („Moschee der drei Balkone"). Der Name verweist auf die drei Umgänge des im roten Zick-Zack-Muster gehaltenen 68 Meter hohen Minaretts, dessen Höhe erst durch Sinan übertrumpft werden sollte. Die im Durchmesser 24 Meter große und schön bemalte Zentralkuppel, die auf den Wänden und zwei mächtigen Elefantenfüßen ruht, war für die damaligen osmanischen Verhältnisse ebenfalls eine Pionierleistung.

Unweit der Moschee erhebt sich neben einem archäologischen Ausgrabungsgelände der ebenfalls rot-weiß gestreifte **Makedonya Saat Kulesi,** der ursprünglich als Rest der antiken Stadtmauer in byzantinischer Zeit unter Kaiser Johannes III. Dukas 1123 erneuert wurde.

Weitere Sehenswürdigkeiten

An der nach Süden führenden Einkaufsstraße *Saraçlar Caddesi* erstreckt sich rechter Hand der über 200 Meter lange **Ali Paşa Kapalı Çarşısı.** Diese überdachte Bazarstraße, die sechs Eingangstore und fast 130 Läden beherbergt, wurde 1569 auf Geheiß von Semiz Ali Paşa, einem Großwesir von Sultan Süleyman, durch Sinan erbaut. An ihrem südlichen Ende schließt sich ein kleiner Fischmarkt *(Balık Pazarı)* an.

Östlich davon liegt ein weiteres historisches Handelsgebäude der Stadt, die **Rüstem Paşa Kervansarayı** (Karawanserei), benannt nach einem der erfolgreichsten Großwesire Sultan Süleymans. Auch hier zeichnet sich Sinan als Architekt aus. Der 1561 erbaute *Han* (Karawanenherberge), der vor allem für seine Seidenprodukte bekannt war, besitzt einen zweistöckigen, überkuppelten Umlauf, dessen über 100 Zimmer um einen zentralen Hof gruppiert sind. Nach seiner Restaurierung 1972 wurde das Gebäude zu einem repräsentativen Hotel umfunktioniert.

Auf der westlichen Seite der Einkaufsstraße Saraçlar Caddesi erstreckt sich das Altstadtviertel **Kaleiçi,** in dem man noch einige hübsche alte Holzhäuser entdecken kann. Folgt man von der Selimiye-Moschee der Straße Mimar Sinan Caddesi bergan, erreicht man hinter dem Friedhof der Moschee das **Archäologische Museum** mit byzantinischen Grabstelen, Torsi, Statuetten und Büsten sowie der üblichen ethnographischen Ausstellung (Eintritt 1,20 €, 9–17 Uhr, Mo geschlossen).

Links der Straße in Höhe der Selimiye liegt der **Hafizağa Konak,** ein schönes Beispiel einer restaurierten zweistöckigen Holzvilla des späten 19. Jahrhunderts. Ungefähr 400 m weiter entlang der Mimar Sinan Caddesi sieht man auf der Spitze des Hügels die **Muradiye Camii,** die 1436 unter der Herrschaft von Murat II. (1421–51) erbaut wurde; bemerkenswert sind vor allem die Koraninschriften, der Holzmimbar und die prachtvollen Fliesen des reich geschmückten Mihrab.

Steigt man von hier den dörflich wirkenden Saray Yolu ins Tal des Flusses Tunca hinab, kommt man zur ersten der sehenswerten osmanischen Steinbrücken, der 60 Meter langen **Saray Köprüsü,** die 1560 von Sinan erbaut und der Anbindung der in der Tunca liegenden Saray-Insel mit dem Sultanspalast dienen sollte. Von letzterem ist bis auf kümmerlichste Reste heute nichts mehr zu sehen; das ehemalige Palastgelände dient heute als grüne Picknickoase und nur der 1561 von Sinan erbaute **Adalet Kasrı,** ein vierstöckiger Diwan- und Gerichtshof, erinnert noch an die Regierungszeiten der osmanischen Sultane. Nahebei und ganz im Grünen liegt übrigens das große Stadion, in dem alljährlich die in der ganzen Türkei bekannten Ölringkämpfe *(Kırkpınar)* ausgetragen werden.

Verlässt man die Insel Sarayiçi (Serail-Insel) im Norden, überquert man die 35 Meter lange **Fatih Köprüsü,** eine dreibogige Steinbrücke, die auf Sultan Fatih (1451–80) zurückgeht.

Links über einen Damm den Wiesen der Tunca folgend, erblickt man die **Saraçhane Köprüsü**; die 120 Meter lange, 5 Meter breite und 12 Bögen zählende Steinbrücke wurde 1451 unter Sultan Murat II. erbaut.

Danach erreicht man die mächtige **Bayezid II. Külliyesi,** ein zwischen 1484–88 unter Sultan Bayezid II. (1481–1512) errichteter Stiftungskomplex, der aus Moschee, Imaret (Armenküche), Hamam, Ärzteschule und einem Krankenhaus bestand. Fast 100 Kuppeln schmücken den Komplex, der nun nach seiner Restaurierung als Sağlık Müzesi (Kurmuseum) daran erinnert, dass Sultan Bayezit hier einst eine berühmte Ärzteschule unterhielt (9–19 Uhr, 3,50 €). Der bereits oben erwähnte Schriftsteller Evliya Çelebi schildert eindrucksvoll die Heilung der hiesigen Kranken durch eine die Psyche wohltuend beeinflussende Musik- und Wassertherapie.

Auf dem Weg zurück in die Innenstadt überquert man mit der **Bayezid Köprüsü** (1488) und der folgenden **Yalnızgöz Köprüsü** (1570 durch Sinan) zwei weitere osmanische Brücken. Keinesfalls versäumen sollte man – so das Wetter es empfiehlt – den Ausflug in die Wiesen und Auen der **Meriç**

(Maritza). Man folgt einfach der zentralen Einkaufsstraße Saraçlar Caddesi nach Süden, überquert auf der **Ahmet Paşa Köprüsü** (1618) zunächst die Tunca, um dann mit der **Mecidiye Köprüsü** (1847) die Meriç zu erreichen. Am Südufer des Flusses liegen schattige Cafés und Restaurants, die im Sommer allwöchentlich das beliebte Erholungsziel der Stadtbewohner sind.

Praktische Infos Edirne

Touristeninfo (Turizm Danışma) Hürriyet Meydanı 17, Tel. 2212173, 9–17 Uhr. **Vorwahl:** 0284. **Post:** Auf der Saraçlar Caddesi nahe Bedesten.

Busterminal (Otogar) Etwa 10 km südöstlich an der Ausfallstraße Richtung Istanbul, Busanbindung von der Innenstadt (Dolmuş Nr. 1 vor der Tourist Info, 0,80 €); stündliche Verbindungen nach Istanbul (2,5 Std., ca. 10 €), auch nach Gelibolu (11 €)/Çanakkale (13 €).

Zug Verbindung nach Sofia (Bulgarien) und Istanbul, nicht zu empfehlen (dauert mindestens doppelt so lang wie der Bus)

Unterkunft

- **Kervansaray Hotel,** Iki Kapılı Han Cad. 57, Tel. 2126119, www.edirnekervansaray-hotel.com. 76 Zimmer mit TV und Minibar in einem von Sinan erbauten Han. DZ/F ab 60 €.
- **Mihran Hanım Konağı,** Gazipaşa Cad. 30, Tel. 2256409, www.mihranhanim.com; im April 2013 eröffnetes Butik-Hotel in Kaleiçi im Zentrum; 10 geschmackvoll und gediegen eingerichtete Zimmer in einem komplett renovierten Holzhaus der Altstadt, schönes Bad, z.Zt. wohl die originellste Unterkunft der Stadt. DZ/F 150 €.
- **Kent Hotel,** Saraçlar Cad. 184, Tel. 2251070. Kleines, freundliches Stadthotel im Zentrum, Zimmer teilweise mit AC. DZ 30 €.

Camping **Ömür Camping,** ca. 6 km südöstlich von Edirne nahe der alten Landstraße 100 nach Istanbul (N 41.620620 E 26.639500), Tel. 0284-2260037, 1.4.–31.10., Toiletten, Waschmaschine, Pool (nur Jun–Aug), WLAN, 20 €; ebenes Wiesengelände.

Essen und Trinken

- **Zindanaltı,** Saraçlar Cad. 113, Meyhane/Restaurant in einem hübschen alten türkischen Haus (Fr/Sa oft Live-Musik).
- **Omür Lokantası,** Cadde 63, beliebte und preiswerte Lokanta mit Suppen- und Hähnchengerichten, besonders Hähnchenleber ist in Edirne eine Spezialität.
- Im Süden nahe Tunca und Meriç liegen u.a. das **Hanedan** (Fisch- und Grillspezialitäten), an der Meriç der schön gelegene Teegarten **Belediye Edirne** sowie das **Lalezar** (türkische Folklore-Musik live).

Hamam **Sokullu Hamamı,** von Sinan erbautes traditionelles Hamam unmittelbar neben der Üç Şerefeli Camii, 7–23 Uhr, 15 € alles inkl., getrennter Eingang für Männer u. Frauen sowie das **Saray Hamamı,** Selimiye Camii Arkası 1 (zwischen Selimiye und Archäologischem Museum), 7–21 Uhr 20 € (alles inkl., getrennter Frauen u. Männereingang).

Veranstaltungen Ende Juni/Anf. Juli finden für eine Woche die berühmten **Ölringkämpfe** *(Kırkpınar)* statt, um den *başpehlivan,* den absoluten Ringkampfmeister zu ermitteln; volksfestartiges Spektakel mit Konzerten und Buden auf den Wiesen von Sarayiçi (Serail-Insel), für diese Woche Hotelreservierung unerlässlich!

Alte osmanische Brücke an der Meriç bei Edirne

Gelibolu

Rund 170 Kilometer südlich von Edirne liegt an der Grenze zwischen Marmara Meer und dem nördlichen Ausgang der Dardanellen das 30.000 Einwohner zählende Fischerstädtchen **Gelibolu.** Der kleine Ort, der auch als Fährhafen nach Lapseki (das antike Lampsakos) dient, hieß zu antiken Zeiten *Kallipolis,* woraus unschwer der noch heute gebräuchliche Name der Halbinsel – *Gallipoli* (Gelibolu) – abgeleitet werden kann.

Ein gemütlicher Spaziergang um den malerischen **Hafen,** auf dessen Fischmarkt vor allem Sardinen und *hamsi* (Schwarzmeerfisch, Sardellen) verkauft werden, lohnt sich.

Nicht zu übersehen ist der alte, ursprünglich byzantinische **Festungsturm,** der heute ein kleines **Piri-Reis-Museum** beherbergt. Piri Reis war der berühmte osmanische *Kapudan Paşa* (Admiral), der als oberster Befehlshaber der osmanischen Flotte im Indischen Ozean zwischen 1547 und 1555 die Portugiesen vom Persischen Golf vertrieb. Noch berühmter wurde er durch seine bereits 1513 erstellte **Seekarte,** auf der 21 Jahre nach seiner Entdeckung schon Amerika verzeichnet war! Das nutzte ihm allerdings alles nichts, als er 1555 von Sultan Suleyman wegen fehlender Unterstützung eines osmanischen Feldzugs kurzerhand enthauptet wurde. Seine lebensgroße Statue kann man westlich des Hafens nahe den Teegärten sehen (Eintritt Piri-Reis-Museum frei, 9–12 u. 13–17 Uhr).

Bei entsprechendem Wetter lässt sich der Spaziergang entlang der Küstenpromenade nach Norden verlängern. Dort befindet sich ca. 1,5 km vom Zentrum entfernt auf einem Felsvorsprung der **Azebeler Namazgah,** ein 1407 errichteter offener Betplatz mit Mihrab und Mimbar aus Marmor, der zudem einen weiten Blick über die Küste und das asiatische Ufer ermöglicht.

Praktische Infos Gelibolu

Touristeninfo (Turizm Danışma) Zübeyde Hanım Caddesi 11, Tel. 5660046 (in einem Holzbungalow am Hafen, direkt beim städtischen Teegarten). **Vorwahl:** 0286

Busterminal (Otogar) Etwa 1 km westlich des Zentrums an der Hauptstraße; Busse nach Edirne u. Istanbul; Dolmuş nach Eceabat (Çanakkale), Fahrt 3 €.

Unterkunft

- **Butik Hotel Gelibolu,** Kore Kahramanlar Cad. 8 (nahe Hafen), Tel. 5666600, www.butikhotelgelibolu.com. Das erst 2012 eröffnete Butik-Hotel ist die beste Adresse der Stadt, hübsche Einrichtung mit nettem Café. DZ/F ab 90 €.
- **Oya Hotel,** Miralay Şefik Aker Caddesi 7, Tel. 5660392, DZ/F 50 €. Gutes Mittelklasse-Hotel mit annehmbaren sauberen Zimmern und Frühstücksservice, TV und AC, zentrale Lage.
- **Istanbul Hotel 2,** direkt am Hafen, Tel. 5660779, www.istanbulhotel2.com. Gerade renovierte, aber doch einfache Unterkunft. DZ/F 35 €.

Essen und Trinken Das **Gelibolu Balık,** direkt am Hafen, ist ein großes Fischrestaurant mit Terrasse direkt am Meer. Im ruhigen Gelibolu gibt es um den Hafen einige Pubs, so das Şapka, das am Wochenende oft Live-Musik bietet.

Schwimmen Hinter dem Namazgah-Felsen ist ein kleiner Kiesstrand mit Sonnenliegen und Sonnenschirmen.

Die Dardanellen zwischen Mythos und Gegenwart

In nüchternen Zahlen betrachtet sind die Dardanellen nicht mehr als eine über 60 Kilometer lange und zwischen 6 und 1,3 Kilometer breite Meerenge, die Ägäis und Marmara Meer miteinander verbindet und Europa von Asien trennt.

Zu antiken Zeiten war sie unter dem Namen *Hellespont* („Meer der Helle") bekannt, so genannt nach Helle, Schwester des Phryxos, die zusammen mit ihrem Bruder vor den Nachstellungen der bösen Stiefmutter Ino flieht. Ihre wahre Mutter – Nephele – schickt ihnen für die Flucht einen goldenen Widder, der fliegen kann, unter der Auflage, dass sie nicht hinuntersehen dürfen. Just dieses kann Helle sich bei Überfliegen der Meerenge nicht verkneifen, so dass sie in das Meer stürzt, das seitdem ihren Namen trägt.

Auch der heutige Name – Dardanellen – weist weit zurück, leitet er sich doch von *Dardanos,* dem göttlichen Ahnherr der Troianer ab; noch heute heißt eine kleine Ortschaft südlich von Çanakkale nach ihm. Dort, am südlichen Eingang in die Meerenge, lagen sich einst die Städte *Sestos* (auf europäischer Seite) und *Abydos* (auf asiatischer) gegenüber. In Sestos tat die berühmte Aphroditepriesterin Hero ihren Dienst, in Abydos wohnte der in sie verliebte Leander, dessen Eltern von einer Liaison mit der Priesterin nichts wissen wollten. So schwamm denn Leander nachts nach Europa, wobei Hero ihm zur Orientierung eine Kerze anzündete, die aber eines Nachts vom Wind (in der deutschen Fassung der „Zwei Königskinder" von einer Hexe) gelöscht wurde. Leander ertrank, und Hero stürzte sich von ihrem Turm.

Weniger mythisch und leicht verständlich ist die wirtschaftliche und politische Bedeutung dieses maritimen Flaschenhalses, war doch schon für die antiken Griechen der Handelsweg ins Schwarze Meer wegen der Getreidezufuhr von elementarer Bedeutung. Hier, nahe Gallipoli bei dem antiken Aigospotamoi, verlor denn auch Athen im Jahre 405 v. Chr. für immer seine Hegemonie, als es im Peloponnesischen Krieg eine Seeschlacht und schließlich den ganzen Krieg gegen die Spartaner verlor. Letztere sperrten Athen einfach von der Getreidezufuhr ab und hungerten es aus.

Auch strategisch war die Meerenge von herausragender Bedeutung, stellte sie doch mit nur gut einem Distanzkilometer die beste Gelegenheit dar, von Asien nach Europa zu kommen – oder umgekehrt. Ersteres machte denn auch *Xerxes,* persischer Großkönig, als er 480 v. Chr. nach Griechenland zog, nur um dort von den Griechen besiegt zu werden. Umgekehrt und mit mehr Glück nutzte *Alexander der Große* 334 v. Chr. die Meerenge, um in einer „Retourkutsche" das persische Asien zu überrennen.

Auch die anfangs seeunkundigen Osmanen suchten sich 1354 eine schmale Stelle, um auf Flößen (!) als erste europäische Stadt Gallipoli zu besetzen. Gegen die lange Zeit weiter frech durch die Meerenge fahrenden Venezianer und Genuesen konnten die flottenschwachen Türken trotzdem nicht vorgehen. Erst Sultan Mehmet Fatih änderte das, nachdem er 1453 glorreich Konstantinopel erobert hatte; sofort danach ließ er am südlichen Eingang der Dardanellen zwei Forts bauen, *Kilitbahir* auf europäischer und *Çimenlik* auf asiatischer Seite (s. Çanakkale). Nun war Schluss mit dem zollfreien Schiffsverkehr, drohten die beiden Festungen mit modernen Kanonen doch nun jeden Schwarzfahrer zu den Fischen zu schicken.

Wer nun nach Konstantinopel vorrücken wollte, musste an den Landbatterien vorbei. Und genau dies versuchten im 1. Weltkrieg die Aliierten, als sie 1915 die mörderische *Schlacht um die Dardanellen* begannen (s. Exkurs „Ich befehle euch zu sterben – Die Schlacht um Gallipoli", s.S. 110).

Heute gilt für den so heiß begehrten Seekorridor das 1936 abgeschlossene Meerabkommen von Montreux: die Souveränität und Kontrolle liegt bei der Türkei, allerdings gilt in Friedenszeiten die Passage als internationales Gewässer, das von allen Handelsschiffen frei genutzt werden darf – gegen Entrichtung einer Gebühr, versteht sich.

Iznik

Die beschauliche, kaum 25.000 Einwohner zählende Kleinstadt liegt im südöstlichen Bereich des Marmara-Gebiets am östlichen Rand des *Iznik Gölü,* des mit 300 qkm fünftgrößten Sees der Türkei.

So provinziell das Städtchen heute daherkommt, so bemerkenswert ist seine Historie: Ausgangs des 4. Jahrhunderts v. Chr. vom Diadochenherrscher Antigonos I. Monophtalmos (Herrscher von 323–301 v. Chr.) als *Antigoneia* gegründet, benannte sein Nachfolger und Rivale Lysimachos die Stadt seit 301 v. Chr. nach seiner Frau, *Nikaia* („Sieg", Nicaea). In römischer Zeit wurde die Stadt als Hauptstadt der Provinz Bithynia mit einem starken Mauerring umgeben, und hier fand im Jahre 325 das berühmte **1. Ökumenische Konzil** unter Kaiser Konstantin statt, das mit dem *Nicaenischen Glaubensbekenntnis* endete, wonach Gott-Vater und Gott-Sohn wesensgleich seien; der Gegner, Arius, hatte Gott-Sohn nur eine Ähnlichkeit – und damit keine Wesenseinheit – zugestehen wollen.

Schon im Jahre 1077 eroberten islamische Seldschuken die für die Byzantiner so wichtige Stadt, die die Byzantiner aber mit Hilfe eines Kreuzfahrerheeres 1097 zurückerobern konnten. Als die Venezianer im 4. Kreuzzug (1202/04) Konstantinopel eroberten und in der Stadt das Lateinische Kaiserreich errichteten, zog der byzantinische Hof unter Kaiser Laskaris nach Nicaea, das nun bis 1261 Hauptstadt war. Im Jahre 1331 rückten die Osmanen unter Sultan Orhan nach langer Belagerung in die Stadt ein. Auch im türkischen Reich sollte das kleine Iznik Ruhm erlangen, denn Sultan Selim I. brachte aus den eroberten Gebieten Persiens iranische Handwerker mit, die er in Iznik ansiedeln ließ und die zukünftig jene berühmte osmanischen Fliesenmanufakturen betrieben, deren Fayencen-Produkte noch heute in vielen berühmten Sultansmoscheen zu bewundern sind. Die Fayencen-Künstler – insgesamt sollen hier über 600 Familien in 300 Manufakturen gearbeitet haben – hüteten ihre Farbgeheimnisse gut und gaben sie nur an ihre Nachfolger weiter. Da aber die Bezahlung durch die Sultane im Laufe der Jahrhunderte immer schlechter wurde, wanderten die Meister wieder ab – wobei sie ihre Geheimnisse mit sich nahmen.

Warten auf Tee und Kundschaft – Männercafé in Iznik

Sehenswertes
1 Festungsmauer
2 Levke Kapısı (östliche Stadttor)
3 Hagia Sophia
4 Mahmut Celebi Camii
5 Theater
6 Hacı Özbek Camii
7 Süleyman Paşa Medresesi/ Iznik ÇiniÇiler Çarşısı
8 Murat Hamam
9 Çini firinları
10 Yeşil Cami
11 Nilüfer Hatun Imaret / Iznik Museum

Unterkünfte
1 Iznik Vakfı Konuk Evi
2 Çamlık Motel
3 Hotel Aydın

Essen und Trinken
1 Göl Sahil Yolu
2 Ceyhan Izgara

Sonstiges
1 Nilüfer Hatun Çini Çrşısı

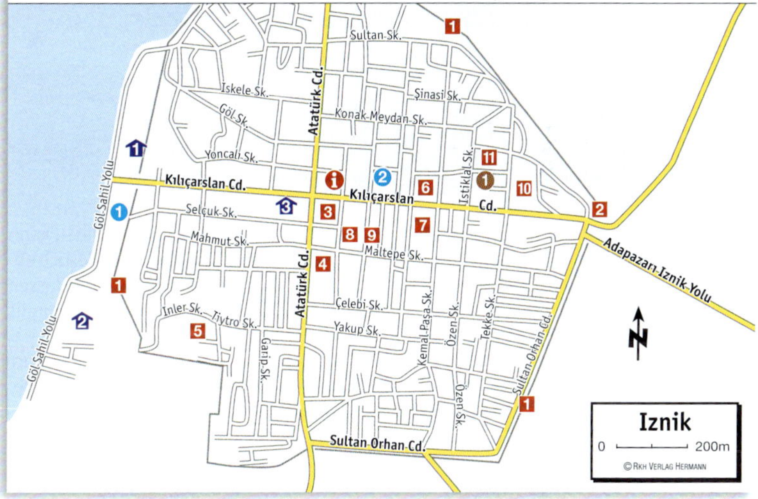

Sehenswertes

Unter den Sehenswürdigkeiten ragt buchstäblich die immer noch mächtige, aus zwei Ringen bestehende **Festungsmauer** hervor, die großenteils auf Römer und Byzantiner zurückgeht und von den Osmanen ergänzt bzw. repariert wurden. Von den vier Stadttoren – eines für jede Himmelsrichtung – sind besonders das nördliche *Istanbul Kapısı,* dessen Inschriften die römischen Kaiser Vespasian und Titus nennen, und das östliche *Levke Kapısı* erwähnenswert.

Im Schnittpunkt der axial von den Stadttoren verlaufenden Straßen, also im Stadtzentrum, steht die von einer schönen Parkanlage umgebene **Aya Sofya** (Hagia Sophia), einst die Hauptkirche des byzantinischen Nicaeas.

Nur einige Reste der Ausstattung des 6. Jahrhunderts – wie z.B. Reste eines Mosaikbodens – sind noch vorhanden, der größte Teil der ehemaligen Kirche trägt die Handschrift (Mihrab und Mimbar) der osmanischen Veränderungen nach der Eroberung, als die Kirche in eine Moschee verwandelt und später von Sinan restauriert wurde. Heute ist sie ein Museum (Eintritt 2 €, 9–17 Uhr, Mo geschl.).

Folgt man hier für ein paar Schritte der Atatürk Caddesi nach Süden, kommt man zur **Mahmut Çelebi Camii,** die 1442 von dem gleichnamigen Großwesir Sultan Murats II. gestiftet wurde.

Levke Kapısı – eines der Stadttore Izniks

Wer noch weiter südlich nach rechts die Atatürk Caddesi verlässt, kann dem in einem Wohngebiet liegendem römischen **Theater** einen Besuch abstatten. Das Bauwerk, dessen Zuschauerränge gut 15.000 Menschen fassen konnten, stammt aus den Jahren 111/112, als unter Kaiser Trajan Plinius der Jüngere Statthalter der Provinz Bithynien war.

Über die zweite Hauptstraße, die *Kılıç Aslan Caddesi* nach Osten gehend, passiert man die von 1333 stammende **Hacı Özbek Camii.** Auf der anderen Straßenseite, etwas von der Kılıçaslan zurückversetzt, liegt die restaurierte **Süleyman Paşa Medresesi,** eine Koranschule, die von Orhans Sohn Süleyman 1332 gegründet wurde. Im offenen Innenhof der von 19 Kuppeln überdachten Medrese ist heute der **Iznik ÇiniÇiler Çarşısı** (Keramikmarkt) untergebracht; in neun Zellen können Besucher die Kunstarbeiten der Fayencenkünstler beobachten und natürlich auch kaufen. Zwischen der Medrese und dem weiter westlich liegenden historischen **Murat Hamamı** liegt übrigens das Ausgrabungsgelände der Keramiköfen *(Çini firinları),* in denen die berühmten **Iznik-Fliesen** hergestellt wurden.

Links der Kılıçaslan kommt man dann zur berühmtesten Moschee Izniks, der **Yeşil Cami** („Grüne Moschee").

Ein Blick auf das mit prachtvollen grünen Kacheln verblendete Minarett erklärt den Namen der im 14. Jahrhundert errichteten Moschee, in deren Innenraum der reichverzierte Marmor-Mihrab bemerkenswert ist. Fast gegenüber liegt die ehemalige Armenküche **Nilüfer Hatun Imaret,** die Sultan Murat I. 1388 zum Andenken an seine Mutter erbauen ließ. Heute ist hier das sehenswerte **Iznik-Museum** untergebracht, das römische wie byzantinische Funde der Umgebung präsentiert

(Eintritt 1,50 €, 9–12 u. 13.30–17 Uhr (Mo geschl.)

Antiker Sarkophag vor dem Iznik Müzesi

Praktische Infos Iznik

Touristeninfo (Turizm Danışma) Atatürk Caddesi (Holzkiosk neben Aya Sofya), Tel. 7577242, 8–12 u. 13–17 Uhr, Mo/Di geschlossen.

Vorwahl: 0224. **Post:** Kılıçaslan Caddesi (schräg gegenüber Aya Sofya).

Busterminal (Otogar) Am Sıgır Meydanı (im Südosten der Altstadt); gute Verbindungen nach Bursa, von da nach Istanbul.

Unterkunft **Iznik Vakfı Konuk Evi,** Sahil Yolu Vakıf S 13 (nicht weit vom Iznik-See und dem antiken Theater), Tel. 7576025. Gästehaus einer Künstlervereinigung, die sich um die Wiederbelebung der Fayencen-Kunst der Osmanen bemüht; solide Ausstattung und zentrale Lage.

Çamlık Motel, Göl Sahil Yolu (an der Seestraße im Süden), Tel. 7571631, www.iznik-camlikmotel.com (nur türk.). Direkt am See, saubere Zimmer und gutes Restaurant. DZ/F 45 €.

Hotel Aydın, Kılıçaslan Cad. 64, Tel. 7577650, www.iznikhotelaydin.com. Einfache Pension im Zentrum, saubere angenehme Zimmer, Balkon, AC. DZ/F 40 €.

Essen und Trinken Schöne Teegärten und Restaurants an der Seestraße **(Göl Sahil Yolu).** Außerdem: **Ceyhan Izgara,** Kılıçaslan Cad. 69, preiswerte türkische Küche

Hamam Vakıflar Hamamı, Mahmutpaşa Caddesi (südlich der Aya Sofya), auch als Murat Hamaı bekannt, Tel. 7571459, 6–24 Uhr (Mo/Do Frauentag), ca. 12 € (Massage inkl.).

Einkaufen Wer sich für Fayencen interessiert, kann entweder in der **Süleyman Paşa Medresesi** (s.o.) oder im **Nilüfer Hatun Çlni Çarşısı,** Kılıçaslan Caddesi (nahe Yeşil Cami), stöbern. Der Nilüfer Hatun „Fliesenmarkt" ist ein kleiner Markt, der aus einem halben Dutzend Kunsthandwerksstätten besteht.

Bursa

Die heute fast 1,5 Mio. Einwohner umfassende Stadt am Nordhang des 2543 Meter hohen Uludağ (zu antiken Zeiten als „bithynischer Olymp" verehrt) ist topografisch wie historisch eine der interessantesten Städte der Türkei. In gewisser Weise ist die viertgrößte Stadt des Landes – obgleich seit 650 Jahren nicht mehr die Hauptstadt – das historische Herz der osmanischen und damit türkischen Kultur geblieben, mit einer sehenswerten Altstadt, aber auch einem vibrierenden modernen Elan, der in den letzten Jahren an Lebendigkeit und wirtschaftlicher Kraft ständig zugenommen hat. *Yeşil Bursa* – „Grünes Bursa" – boomt wirtschaftlich längst nicht mehr nur wegen seiner Thermalquellen und des *Uludağ Milli Parkı* (Nationalpark), es ist auch Standort einer wichtigen Textil- wie Automobilindustrie, in der Firmen wie Fiat (türkische Lizenz: Tofaş), Renault und Citroen ihre Autos produzieren. Dass aber Bursa auch weiterhin sein Epitheton „grün" – trotz des wachsenden modernen Häusermeers an der nördlichen Peripherie – zu Recht führen darf, beweisen nicht nur die vielen großzügigen Parks des Zentrums oder das herrliche Wandergebiet des Uludağ-Nationalparks, sondern auch die Tatsache, dass es immer noch ein Zentrum des Obstanbaus ist.

Geschichte

Die Gründung wie auch der Name der Stadt geht auf den bithynischen König *Prusias I.* (228–182 v. Chr.) zurück, dessen Nachfolger noch bis 74 v. Chr. das kleine hellenistische Königreich im Nordwesten Kleinasiens be-

2

herrschten, bevor der letzte König – Nikomedes IV. – es testamentarisch den Römern überließ. Deren Statthalter, Plinius der Jüngere, errichtete 111/112 berühmte Badeanlagen in der Stadt, die wegen ihrer Thermalquellen – im heutigen Ortsteil Çekirge – schnell Berühmtheit erlangte. Auch die Byzantiner wollten darauf nicht verzichten, so dass seit Justinian und Theodora (6. Jh.) byzantinische Kaiserhöfe hier ihre Sommerresidenzen einrichteten. Im Jahre 1326 eroberten die Truppen Orhans den Ort, der somit die erste osmanische Stadteroberung überhaupt darstellte. Seinem im Zelt liegenden kranken Vater, dem Dynastiebegründer Osman, musste Orhan versprechen, ihn nach der Eroberung der Stadt dort zu begraben, was der Sohn versprach und auch hielt. Bursa wurde so nicht nur für vier Jahrzehnte die erste osmanische Hauptstadt, es wurde auch die erste große Grablegungsstätte der osmanischen Herrscher.

Sehenswürdigkeiten

Große Moschee

Das Zentrum der weitläufigen Stadt befindet sich rund um die Atatürk Caddesi, wo zunächst die 1399 begonnene und 1421 fertiggestellte **Ulu Cami** ins Auge fällt. Sultan Beyazit I. (1389–1402) sagt man nach, dass er vor der Schlacht bei Nikopolis (1396) im Falle eines Sieges den Bau von 20 Moscheen gelobt habe. Als er den glänzenden Sieg über das europäische Kreuzfahrerheer tatsächlich erlangte, soll ihm bei einem Blick in die Staatsschatulle klar geworden sein, dass 20 Moscheen nicht zu bezahlen waren.

Also ließ er stattdessen eine „Große Moschee" mit 20 Kuppeln und 12 großen Pfeilern errichten, deren großer Betraum in seiner Bauweise noch sehr an die seldschukischen Hallenpfeilermoscheen erinnert. Auch die Fayencen der Mihrab-Nische, die von einer Wölbung im Mukarnas-Stil geschmückt ist, orientieren sich an der von grünen Fliesen bestimmten Keramikkunst der Seldschuken, der erst viel später die von aufwendigen floralen Mustern geprägte eigene osmanische Fayencentechnik von Iznik und Kütayha folgen sollte.

Der aus Zedernholz kunstvoll geschnitzte und mit astralen Mustern versehene Mimbar ist ebenso bemerkenswert wie der von einem Glasdach überwölbte *şadırvan* (Gebetsbrunnen). Die Moschee wurde übrigens erst unter Mehmet I. vollendet. Sultan Bayezit, wegen seiner schnellen Entscheidungen als *Yıldırım* („Blitz") berühmt, wurde 1402 in der Schlacht bei Ankara von dem Mongolenerober *Timur Lenk* besiegt und starb in Gefangenschaft – für Jahrhunderte die einzige Niederlage der sieggewohnten Osmanen.

Bazarviertel

Folgt man nun der Atatürk Caddesi nach Osten, erreicht man die kleine Sultansmoschee **Orhan Ghazi Camii,** die 1340 errichtet, aber nach ihrer Zerstörung im Zuge des Mongoleneinbruchs von Timur 1417 unter Mehmet I. neu errichtet wurde. Direkt daneben steht das von 1880 stammende, ziegelsteinrote Rathaus (Belediye).

Nördlich der beiden Moscheen erstreckt sich das lebendige, große **Bazarviertel** der Stadt – ein brodelnder Einkaufskessel, dessen pulsierendes Leben und Warenvielfalt für westliche Besucher weit mehr als nur ein Shopping-Erlebnis darstellen. Der Bazar brannte 1957 fast ganz nieder, aber einige ältere Teile konnten schön restauriert werden, darunter als einer der malerischsten Plätze der nahe der Ulu Cami liegende **Emirhan** (1339) sowie das etwas weiter östlich liegende Gebäude des **Koza Hanı** von 1491, der „Seidenbazar". Im letzteren werden alljährlich im Frühjahr die großen Seidenauktionen abgehalten, weil Bursa Standort einer alten Seidenindustrie ist, die noch heute im Norden der Stadt in Maulbeerplantagen ihre Seidenraupen züchtet.

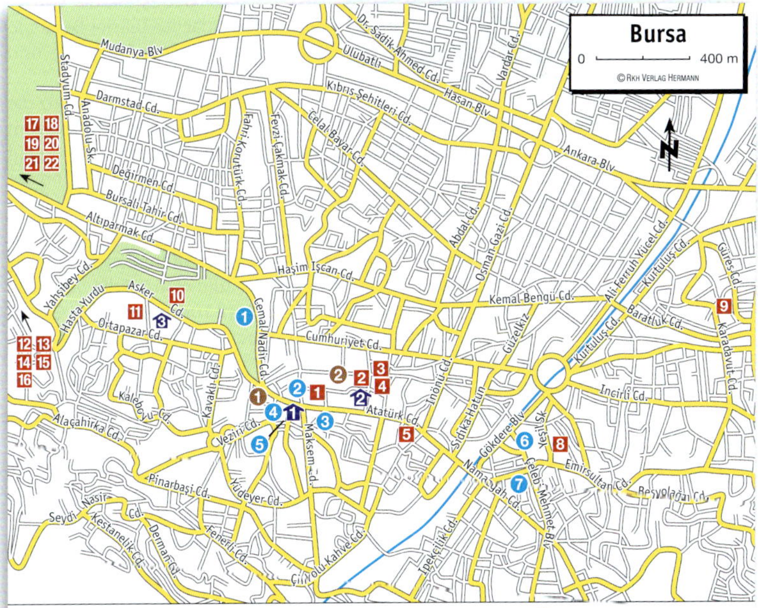

Sehenswertes

1 Ulu Cami
2 Orhan Ghazi Camii
3 Bazarviertel / Emirhan
4 Koza Hanı / Bedesten
5 Bursa Kent Müzesi
6 Yeşil Türbesi
7 Yeşil Cami
8 Yeşil Medrese / Türk ve Islam Eseleri Müzesi
9 Yıldırım Bayezit Külliyesi
10 Zitadellenhügel
11 Osman Türbesi Orhan Türbesi
12 Muradiye Külliyesi
13 Murat II. Türbesi
14 Cem Sultan Türbesi
15 Osmanli Evi Müzesi
16 Uluumay
17 Archäologische Museum / Yeni Kaplıça
18 Atatürk Müzesi
19 Karagöz und Hacıvat Museum
20 Eski Kaplıca (Çekirge)
21 Hüdavendigar-Külliyesi (Çekirge)
22 Uludağ Milli Parkı

Essen und Trinken

1 Romans Café
2 Ömür Köfteçisi
3 Café MT
4 Yeni Aşıklar Café
5 Tahtakale Et Lokantası
6 Yüce Hünkar
7 Café Demlik

Unterkunft

1 Hotel Güneş
2 Kent Hotel
3 Safran Hotel

Sonstiges

1 Çakır Hamamı
2 Karagöz Antique Shop

Innenhof des „Seidenbazars"

Im arkadenumspannten Innenhof des Koza Han laden schattige Teegärten zu einer Pause ein, eine kleine Mescit (Moschee) steht neben dem zentral platzierten Reinigungsbrunnen. Hinter dem Han verläuft die Uzun Çarşı („Lange Bazarstraße"), wo Shoppingverliebte schon mal die Zeit vergessen können. Weiter südlich liegt mitten im Getümmel der **Bedesten,** der von 14 Kuppeln überdachte Teil des Bazars, in dem heute vor allem Schmuck- und Goldläden ansässig sind.

Wechselt man am Rathausplatz die Straßenseite, kommt man hinter der Atatürk Statue am Heykel-Platz zum **Bursa Kent Müzesi.** Das moderne Stadtmuseum informiert vielfältig auf zwei Stockwerken über die kulturelle und wirtschaftliche Entwicklung der Stadt (schöne alte Fotografien, Eintritt 1 €, 9.30–17.30 Uhr, Mo geschl.).

Külliye-Komplex

Die Atatürk Caddesi überquert nun auf einer Brücke die tiefe Schlucht des kleinen Flusses Gök Dere, um schließlich zum Külliye-Komplex des Sultans Çelebi Mehmet I. (1413–21) zu führen. Zunächst trifft man auf die wegen ihrer grünen Kacheln so benannte oktogonale **Yeşil Türbesi** („Grünes Grab"), ein 1421 für Sultan Mehmed I. und seine Söhne errichteter und von prachtvollen Kalligraphien geschmückter 27 Meter hoher Grabbau. Die Gebetsnische gegenüber dem Eingang zeigt eine herrliche Fayencen-Arbeit, die auch am Sarg des Sultans selbst und dem unteren Teil der Wand zu bewundern ist.

Unweit der Türbe steht die weiße **Yeşil Cami,** eine der schönsten osmanischen Moscheen überhaupt. Errichtet wurde sie vom Architekten Hacı Ivaz zwischen 1412–1419, wobei der Bau wahrscheinlich nicht vollendet wurde, da die sonst typische Vorhalle (Narthex) gänzlich fehlt. Die Moschee lässt den für Bursa typischen T-Stil erkennen: auf einer Längsbasis folgen zwei Haupträume, die auf der Längsbasis wie der Strich auf einem umgestülpten T stehen. Durch das oben erwähnte Fehlen der Vorhalle wirkt das prachtvolle, im Mukarnas-Stil gehaltene Portal umso stärker auf den Besucher, der durch kleinere Vorräume gehend den ersten der zwei quadratischen und jeweils von einer zentralen Kuppel überwölbten Haupträume betritt.

Das Mukarnas-Portal

Hier sind der marmorne *şadırvan* sowie – an den Seitenwänden – kleine Räume zu sehen, die vielleicht Derwischen (islamischen Mönchen) einst als Unterkunft dienten. Drei Stufen führen in den oberen eigentlichen Gebetsraum, wo sofort der vergoldete Mihrab und die herrlichen Fenster ins Auge fallen. Der untere Teil der Wand ist mit wunderschönen, blau-grünen Sechseckfliesen dekoriert – gleiches gilt für die Nebenräume. Über dem Eingang liegt, dem Mihrab direkt gegenüber, die ebenfalls von astralen Fayencen überreich geschmückte **Sultansloge** – wahrhaftig ein künstlerischer Vorgeschmack auf die himmlischen Zustände des zu erwartenden Paradieses … Die Meister, die diesen an seldschukisch-persische Vorbilder orientierten Fayencenschmuck schufen, waren die gleichen Künstler, die auch die oben genannte Türbe schmückten; man nimmt an, dass sie aus Täbriz (Iran) stammten.

Ebenfalls zum Stiftungskomplex Sultan Mehmets gehört die benachbarte **Yeşil Medrese** („Grüne Koranschule"), in der heute das **Türk ve Islam Eserleri Müzesi** (Museum für türkisch-islamische Kunst) untergebracht ist. Über einen großen, von Arkaden umspannten Innenhof geht man zum leicht erhöht stehenden und überkuppelten Lehrgebäude, dessen Exponate von der Seidentuchindustrie Bursas bis zu Waffen, Teppichen und Teegeschirr reichen. Zudem sind einige schöne alte Korankalligraphien sowie Glas- und Porzellanarbeiten zu bewundern.

Eintritt 1,50 €, 8.30–12.30 u. 13.30–17.30 Uhr (Mo geschl.).

Yıldırım Bayezit Külliyesi

Folgt man dem Lauf des Gök Dere nach Norden, gelangt man zur östlich des Flusses auf einer Anhöhe stehenden **Yıldırım Bayezit Külliyesi,** ein aus Moschee, Türbe und Medrese bestehender Stiftungskomplex, der zwischen 1390–95 errichtet wurde und damit die erste osmanische Stiftung Bursas überhaupt war. In der verhältnismäßig schmucklosen Türbe unterhalb der Moschee ruht jener uns schon bekannte Sultan Beyazit I., der 1396 das Kreuzfahrerheer schlug, aber 1402 als Gefangener Timurs in einem Käfig durch die Stadt getragen wurde. Der Mongolenherrscher soll angeblich jeden Tag den Käfig zum Besteigen seines Pferdes genutzt haben. Bayezit starb kurz darauf – ob aus Gram und Verzweiflung oder durch Selbstmord – und Timur überließ die Leiche seinen Söhnen zur Bestattung.

Die Moschee selbst besitzt eine mächtige Kuppelvorhalle, der der *şadırvan* (Reinigungsbrunnen) vorgelagert ist, sowie einen sehenswerten Mihrab. In der zur Stiftung gehörenden Medrese ist heute ein Café untergebracht.

Zitadellenhügel

Wendet man sich auf der Atatürk Caddesi nach Westen, erblickt man kurze Zeit später links den **Zitadellenhügel,** dessen Fragmente noch eine Ahnung von der ehemaligen Befestigung der Altstadt vermitteln. Die Zitadelle, die von Prusias gegründete Akropolis, stellte auch in römisch-byzantinischer Zeit das Zentrum der Stadt dar. Nach der osmanischen Eroberung wurde sie das Wohngebiet der Türken – Christen mussten an den Fuß des Burghügels ziehen – und stellt heute einen Teil der oben genannten Altstadt dar.

Ein paar Meter weiter kommt man in einem kleinen, auf einem Felsen hoch über der Stadt gelegenen Park zu den oktogonalen **Grabstätten** der osmanischen Staatsgründer **Osman** (1288–1326) und seinem Sohn **Orhan** (1326–59). Da die Türben – wie auch weite Teile der Stadt – durch ein Erdbeben 1855 schwer zerstört worden waren, wurden sie unter Sultan Abdülaziz (1861–76) neu aufgebaut. Beide Türben, vor allem natürlich der perlmuttverzierte Sarkophag des Dynastiegründers Osman, stellen auch heute noch das Ziel nationalbewusster Pilger dar. Die Türben stehen auf den

Grundfesten eines byzantinischen Kirche, von der aber nur noch schwache Reste eines Fußbodenmosaiks zu sehen sind.

Öffnungszeiten Türben 8.30–12.30 u. 13.30–17.30 Uhr.

Grab des Staatsgründers der Osmanen

In dem kleinen Park zieht zudem der 33 Meter hohe **Saat Kulesi** (Uhrturm) den Blick auf sich, der 1905 von Sultan Abdülhamit errichtet wurde. Vom Rand des Felsens hat man eine herrliche Aussicht auf die Unterstadt, zu der man hier übrigens über Treppen hinabsteigen kann. Am unteren Ende des Zitadellenhügels, flankiert von modernen Kaufhäusern und Einkaufsstraßen, befindet sich ein schöner Park mit etlichen Teegärten, der am Wochenende viele Stadtbewohner anzieht.

Muradiye Külliyesi

Wer oben geblieben ist, kann am Rande des Hügels weiter westlich zur **Muradiye Külliyesi** gehen, dem dritten Stiftungskomplex Bursas. Die in einem von Zypressen bestandenen Hain liegende und 1430 fertiggestellte Anlage besteht aus einer T-förmigen Moschee, dem Hamam und einer Medrese. Neben letzterer stehen in einem Park rechts die unbedingt zu besichtigenden **Türben von Murat II.** (1421–51, Vater von Sultan Mehmet Fatih) und die mehrerer osmanischer Prinzen. Die quadratische und von einer Galerie umgebene Türbe Murats besitzt eine offene Kuppelstruktur, da der Sultan unbedingt unter freiem Himmel bestattet sein wollte.

Die bei weitem am prachtvollsten ausgeschmückte Türbe ist aber die des Prinzen **Cem** (1459–95), der vor seinem Bruder Bayezit II. mit Hilfe der Johanniter nach Europa floh, wo er teilweise in französischem und päpstlichem Gewahrsam als Faustpfand gegen seinen mächtigen Bruder instrumentalisert werden sollte.

Bayezit II. schrieb einen Brief an den Papst, in dem er dem katholischen Oberhaupt die Ermordung seines Bruders mit Geld und den Worten schmackhaft machen wollte, dass „dieser doch sterblich sei". Aber erst 1495 endete die Odyssee des Prinzen mit seinem Tod in Neapel. Bayezit hatte alljährlich für seinen Bruder die Betreuungskosten gezahlt, jetzt endlich durfte er ihm das großzügige Staatsbegräbnis ausrichten, das allen Prinzen und Prinzessinnen zustand. Viele Brüder wurden durch den amtierenden Sultan bei Machtantritt sofort getötet, da es ein Staatsprinzip war, dass es neben dem Sultan keinen männlichen Konkurrenten geben dürfe. Man kann sich kaum vorstellen, wie erleichtert Bayezit über den Tod seines Bruders gewesen sein muss, der ihm nun endlich nach Jahren der Erpressbarkeit die sichere Alleinherrschaft garantierte.

Direkt neben der Medrese liegt das **Osmanli Evi Müzesi,** ein altes osmanisches Haus des 17. Jahrhunderts, dessen zweistöckige Villenkonstruktion einen Einblick in die geräumigen Wohnverhältnisse damaliger reicher Würdenträger gibt (Eintritt frei, 8.30–12.30 u. 13.30–17.30 Uhr, Mo geschl.).

Weitere ethnographische Einblicke vermittelt das benachbarte **Uluumay,** ein unter privater Leitung stehendes Museum, das in den Klosterzellen der Ahmed-Paşa-Medrese (15. Jh.) zu finden ist. Es bietet eine sehenswerte Sammlung historischer türkischer Trachten aus unterschiedlichen Landesteilen sowie eine Kollektion von verschiedenen Schmuckarbeiten (Eintritt 2,50 €, 9–18 Uhr, Mo geschl.).

Weitere Sehenswürdigkeiten

Noch weiter westlich liegt im Tal der große moderne *Kültür Parkı,* der das sehenswerte **Archäologische Musem** der Stadt beherbergt. Die Ausstellungsstücke – Münzen, Statuen, Keramik, Lekyten, Inschriften – spannen sich von der Bronzezeit über hellenistische und römische Exponate bis zu den Byzantinern (Eintritt 2,50 €, 8.30–12.30 u. 13.30–17.30 Uhr, Mo geschl.).

Direkt an der Çekirge Caddesi, am südlichen Rand des Parks, steht die weiße, 1895 erbaute Villa, in der Atatürk bei seinen insgesamt 18 Aufenthalten in Bursa zu nächtigen pflegte. Allemal Grund genug für die Stadtverwaltung, hier das **Atatürk Müzesi** unterzubringen, das einen Einblick in die schöne Inneneinrichtung des herrschaftlichen Hauses mit Informationen und Erinnerungsstücken an den großen Staatsgründer verbindet (Eintritt frei, 8.30–12.30 u. 13.30–17.30 Uhr, Mo geschl.).

An der weiter nach Westen verlaufenden Çekirge Caddesi passiert man das **Karagöz und Hacıvat Museum,** das viele Puppen des einst so renommierten Schattenspieltheaters präsentiert. Karagöz und sein kongenialer Gegenspieler, die lange Zeit die künstlerische Alltagsunterhaltung im Osmanischen Reich beherrschten, lebten – so will es die Legende – zu Zeiten Orhans in Bursa.

Schattenspiel

Als sie vom Sultan zum Bau einer Moschee abberufen wurden, hatten die beiden nur ihre Späße und Kabbeleien im Kopf, so dass der Sultan ihnen eben diesen abschlagen ließ. Nach der Hinrichtung soll Orhan die beiden Witzbolde dann doch vermisst haben, so dass sein Berater Şeyh Küşteri auf die Idee kam, die beiden künstlerisch im Schattentheater als Kamelpuppen weiterleben zu lassen. Wahrscheinlicher als diese Anekdote ist die Vermutung, dass das Schattenspiel aus dem Vorderen Orient oder gar Indien stammt, und die Diskussionen und Streitereien zwischen dem gelehrten Hacıvat (der das „Establishment" in gewählter „Hochsprache" vertrat) und dem schlauen, aber ungebildeten Karagöz (mit dessen derber „Volkssprache" sich das einfache Volk johlend identifizierte) als satirisches Ventil für eine komödiantische Bewältigung der sozialen Probleme der damaligen Gesellschaft Anklang fanden. Eintritt frei, 9–17 Uhr (Mo geschl.)

Karagöz und Hacivat

Uralt ist das einst so berühmte türkische Schattentheater, bei dem farbige Kamellederpuppen zwischen Leinwand und Lichtquelle (früher eine Kerze) von einem Spieler bewegt wurden, so dass der Zuschauer nur die Schatten der Puppen sah. In lockerer Dialogform entwickelt sich der lustige Streit zwischen Karagöz („Schwarzauge") und seinem Gegenspieler Hacivat. Ersterer symbolisiert eine Figur aus dem einfachen Volk, ist gewitzt und clever – und er bringt den gebildeten, deshalb gestelzt sprechenden Hacivat stets auf die Palme. Meist geht es um ein soziales oder religiöses Thema, das in verschiedenen Episoden immer wieder aufgenommen und durchgekaut wird. Am Schluss setzt es nicht selten Schläge, denn die beiden formalkonstanten Hauptfiguren können sich nie einigen – präsentiert der eine doch das Volk, und der andere die abgehobene Intelligenz (oder Regierung).

Über sechs Jahrhunderte amüsierten Karagöz und Hacivat das anatolische Volk mit diesen lehrhaften Satiren, in denen viele eine witzige Form gesellschaftlicher Kritk und ihre eigenen alltäglichen Probleme erkannten. Dann kam das Fernsehen und „erschlug" die beiden. Schade, denn was Karagöz und Hacivat verbal leisteten, übertrifft das Niveau so mancher Fernsehproduktion.

Aber mindestens einmal im Jahr kehren die beiden zurück auf die Bühne: während des internationalen Istanbuler Puppenfestivals präsentiert das Kenter Theater die beiden Helden, die trotz ihres ewigen Streits immer zusammengehören werden.].

Thermalbäder

Ganz im Westen von Bursa liegt der wegen seiner **Thermalbäder** seit alters her berühmte Vorort Çekirge. In den **Eski Kaplıca** („Alte Bäder") lassen sich Badefreuden und Kunstgenuss miteinander verbinden, stammt das prachtvoll überkuppelte Bad doch aus den Zeiten Murats I. (1359–81) bzw. Sultan Bayezits II. (1481–1512). Die mit 42 Grad wohlig angenehme Wassertemperatur sowie die Künste der Masseure setzen die thermale Ausnahmestellung der seit den Römern genutzten Heilquellen lückenlos fort, was zum Bau einer großen Hotelanlage geführt hat.

Das nahe dem Kültür Parkı liegende **Yeni Kaplıca** („Neues Bad") ist kaum weniger imposant. Es wurde von Sultan Süleymans Großwesir, Rüstem Paşa, 1555 erbaut und stellt ebenfalls ein Musterbeispiel osmanischer Badehauskultur dar. Auch ist ein Hotel dem Bad angeschlossen (Eintritt Eski und Yeni Kaplıca 10 €, 5–24 Uhr).

Mihrab und Mimbar der Hüdavendigar Cami

Hüdavendigar-Külliyesi

Ebenfalls in Çekirge liegt der Külliye-Komplex des 3. Sultans der Osmanen, die **Hüdavendigar-Külliyesi.** Murat I. ließ die eigenwillig konstruierte Moschee 1366 erbauen, wobei vor allem die zweistöckige Arkadenvorhalle und das Fehlen eines typischen Moschee-Portals eher an eine byzantinisch-italienische Loggia als an ein osmanisches Bethaus erinnern. Medrese und Moschee – letztere mit Zentralkuppel und einem schönem Mihrab – sind hier in einer Konstruktion zusammengefasst. In der imposanten Türbe des in der Kosovo-Schlacht von einem serbischen Attentäter getöteten Sultans haben auch sein Sohn und seine Enkel ihren letzten Platz gefunden. Das Grabmal war durch das große Erdbeben 1855 zerstört worden, so dass Sultan Abdülaziz es 1863 wiedererrichten ließ.

Hausberg Uludağ

Die Fortsetzung der Çekirge Caddesi führt auf den Uludağ, den südlich gelegenen „Hausberg" Bursas. Spannender ist aber die Eroberung durch die *Teleferik,* eine fast 5 km lange Seilbahn, die – mit einer Zwischenstation – den Weg zum Gipfel übernimmt (2,50 €). (Dolmuş zur Talstation fährt in der Tiefgarage hinter dem Kent Müzesi ab). Die Griechen, die jeden halbwegs majestätischen Berg als Sitz der Götter ansahen, bezeichneten den Berg als „Bithynischen Olymp". Von der oberen Seilbahnstation – Sarğalan, auf 1634 Meter Höhe – sind es noch 8 km zu den weiter oben liegenden *Oteller,* wie der Ort wegen seiner Hotels einfach genannt wird.

Der 110 qkm große **Uludağ Milli Parkı** ist im Sommer ein beliebtes Wander- und Picknickgebiet, mit Walnussbäumen, Kiefern- und Eichenwäldern, in denen Wildziegen und -schweine, ja sogar Adler, Bären und Wölfe ihr Refugium haben. Eine Wanderkarte gibt es leider bis heute nicht, so dass das Auffinden der Bergseen Buzlu Göl und Kara Göl ein etwas längeres Unterfangen darstellt, das vor Ort zu organisieren ist. Die meisten Besucher bleiben denn auch in Sarıalan, das über Picknickplätze, Teegärten,

Uludağ (2543 m) – Hotels in der beliebten Freizeitregion

Restaurants und auch Unterkünfte verfügt. Im Winter dagegen ist der Uludağ ein beliebtes Skigebiet, dessen Lifte und Slalompisten von Dezember bis März gut besucht sind. Dann sind die Hotels in Oteller, von wo die Pisten zu erreichen sind, gut ausgebucht.

Praktische Infos Bursa

Touristeninfo (Turizm Danışma) Ulu Cami Parkı Orhangazi Altgeçidi 1 (an der Unterführung der Atatürk Caddesi auf Seite der Orhangazi Moschee), Tel. 2201848, Mo–Fr 9–17 Uhr.

Vorwahl: 0224. **Post:** Atatürk Caddesi, gegenüber Ulu Cami.

Busterminal (Otogar) Im Norden der Stadt, ca. 3 km, Stadtbus 38 pendelt zwischen Otogar und Atatürk Caddesi. Verbindungen in alle Landesteile.

Unterkunft In den Altstadtgassen südlich der Atatürk Caddesi viele kleine Pensionen, die sehr billig und dementsprechend einfach sind, z.B.

- **Hotel Güneş,** Inebey Cad. 75 (etwa in Höhe der Post/Ulu Cami von der Atatürk Cad. in die Altstadt abbiegen, nach nur 30 Metern), Tel. 2221404. Sehr einfache Zimmer in einem dreistöckigen Altstadthaus. DZ ab 25 €.
- Besser ist da schon das **Kent Hotel,** Atatürk Caddesi 69 (nahe Post), Tel. 2235420, www.kentotel.com.tr. Das beste Hotel im unmittelbaren Zentrum, Büfett. DZ/F 90 €.
- **Safran Hotel,** Ortapazar Cad. Arta Sokak 4 (an der Zitadelle gegenüber den Osman/Orhan Türben), Tel. 2247216. Schönes kleines Haus im Bursa-Altstadtstil, 9 freundliche Zimmer, AC, Minibar, gutes Restaurant mit gelegentlicher Live-Musik am Wochenende. DZ/F 80 €.

Essen und Trinken Wiederum ist es die Altstadt, die viele günstige Lokantas bietet – was natürlich auch für den Bazar gilt. Bursa-Spezialitäten sind übrigens *Iskender Kebap* (Variante des Döner, mit Tomatensauce, Joghurt und Paprika auf Fladenbrot, erfunden in Bursa von einem gewissen Iskender) sowie *Kestane Şekeri* (kandierte Maronen).

- **Ömür Köfteçisi,** Ulucami Cad. 7 (neben Ulu Cami); schönes Köfte-Restaurant in einem alten, überkuppelten Han.
- **Yüce Hünkar,** neben der Yeşil Cami; Kebap und Pizza , mit einem Teegarten mit schönem Ausblick über Bursa.
- **Tahtakale Et Lokantası,** Veziri Cad. 18 (im Tahtakale Bereich des Bazars); gute Lokanta mit türkischen Fleischgerichten.
- **Café Demlik,** Yeşil Cad. 25 (kurz vor der Yeşil Cami); wer gerne *Gözleme* mag, kann es mit diesem alten Holzhaus und seiner Diwan-Ausstattung versuchen.

Unterhaltung Bursas Nachtleben ist natürlich nicht mit Istanbul vergleichbar, aber es gibt im Zentrum einige Cafés, in denen abends türkische Folklore-Musik oder zumindest eine nette entspannte Atmosphäre geboten werden.

- Das **Yeni Aşıklar Café,** Tahtakale Haliçi 35 (etwas versteckt nahe der Atatürk Cad. in der Altstadt, durchfragen) ist ein sehr einfaches und fast nur von Einheimischen besuchtes Teehaus, in dem abends auf traditionellen türkischen Instrumenten in bester Laune musiziert und gesungen wird, einfach schön.
- **Café MT,** Şekerhoca Cad. 10/B (hinter Atatürk Caddesi nahe Post), ebenfalls nettes Café mit *Canlı Müzik* (türkische Volksmusik) im 3. Stock; wer Hunger bekommt, kann hier noch spät ein *Inegöl Köfte* (ebenfalls Bursa-Spezialität, Lammfrikadellen) bestellen.
- **Romans Café,** Cemal Nadır Caddesi (an der unteren Festungsmauer); schönes Gartencafé mit kleinem künstlichen Wasserfall, eines von mehreren Cafés am Zitadellenhügel.

Hamam **Çakır Hamamı,** Atatürk Cad. 101 (westlich der Post Richtung Zitadelle), mit 1,3 Meter dicken Mauern eines der ältesten Hamams der Stadt, 1484 gegründet und 2001 gründlich restauriert, 6–24 Uhr, 10 €.

Einkaufen

Natürlich im Bazar! Wer sich in der Stadt von Karagöz und Hacıvat für Puppen oder andere Schattentheater-Souvenirs interessiert, kann im Bazar unter folgender Adresse fündig werden: *Karagöz Antique Shop,* Eski Aynalı Çarşı Içi 12, Tel. 2218727, www.karagoztavel.com; der kleine Shop unterhält auch ein ebenso kleines, fast privates Theater, wo man ggf. außerhalb des Festivals den beiden Helden beim Streiten zusehen kann.

Festival

Im Juni/Juli Kunst und Kulturfestival, bei dem auch Karagöz und Hacıvat in Schattenspielen zu Ehren kommen

Weiterfahrt

Von Bursa nach Çanakkale sind es rund 250 km. Wer genügend Zeit hat und in der Marmara-Region länger verweilen will, sollte dem Dorf **Cumalıkızık,** 9 km östlich von Bursa, einen Besuch abstatten; die alten Häuser des von Himbeerplantagen und Kastanienbäumen umgebenen Dorfes stehen unter Denkmalschutz.

Wer zum Meer will, findet in **Mudanya,** 30 km nördlich von Bursa, eine lebendige und sympathische Hafenstadt.

Südlich von **Bandırma** (93 km westlich von Bursa, Fähren nach Istanbul) liegt rund um den **Kuş Gölü** („Vogelsee") der *Kuşcenneti Milli Parkı,* ein nicht nur unter Ornithologen hochgeschätztes Vogelschutzgebiet, in dem (vor allem) im Frühjahr große Reiher-, Kormoran- und Pelikankolonien beobachtet werden können.

Ein ebenfalls lohnender Abstecher führt nach **Erdek** auf die Kapıdağı-Halbinsel; von dem kleinen Hafenort lassen sich die vorgelagerten Marmara-Inseln erreichen.

3 Die nördliche Ägäis

Mit der Stadt Çanakkale beginnt der eigentliche Küstenabschnitt der türkischen Ägäis, das Ziel von Millionen türkischen wie ausländischen Bade- und Kulturtouristen. Die gängige Unterteilung, nach der die Nordägäis (bis Izmir) hauptsächlich den türkischen Tourismus, der südliche Teil (ab Izmir) dagegen das internationale Publikum anziehe, gilt grundsätzlich auch heute noch, obschon zunehmend auch ausländische Gäste die kulturellen und landschaftlichen Höhepunkte zwischen Troia und Foca schätzen lernen. Ein für Individualtouristen sicher zu Buche schlagendes Plus der Nordküste ist, dass dieses Gebiet authentischer als die Touristenhochburgen des Südens erscheint. Die Landwirtschaft, vor allem der Olivenanbau, ist hier noch von Bedeutung, und der Tourismus ist meistens (noch) nicht der alles bestimmende Arbeitgeber. Das verleiht dem nördlichen Ambiente eine Prise mehr „Erdigkeit" in puncto Ausstrahlung, weniger touristische Kommerzialität, aber natürlich auch ein etwas bescheideneres, eben lokaleres touristisches Gepräge.

Rund um Çanakkale und die Troas

„Ich befehle euch zu sterben" – Die Schlacht um Gallipoli

Am 18. März 1915 um 10 Uhr morgens schob sich ein britisch-französischer Flottenverband von Süden in die Dardanellen hinein. Nach mehreren Vorgefechten war man auf alliierter Seite nun entschlossen, die Landbatterien der türkischen Dardanellenverteidigung zu zerstören und die Durchfahrt durch die Meerenge zu erzwingen. Politisches Ziel war der Vorstoß nach Konstantinopel und die damit verbundene Kontrolle des Wasserwegs in das Schwarze Meer, über den der schwache russische Bündnispartner mit Hilfslieferungen hätte versorgt werden können. Zudem erhoffte man sich, durch einen solchen Erfolg Bulgarien und vielleicht sogar die Türkei selbst auf die Seite der Alliierten ziehen zu können, was den Ersten Weltkrieg wohl zeitlich um einiges verkürzt hätte.

Was die britisch-französische Flotte nicht wusste: der in Deutschland gebaute und der türkischen Marine übergebene Minenleger Nusret hatte in den Tagen vorher eine Kette von Seeminen gelegt, die den Angriff aus alliierter Sicht zu einem Fiasko werden lassen sollte. Von den 18 Schiffen sanken drei, und drei weitere wurden schwer beschädigt.

Damit war ein Durchbruch auf dem Seeweg für die geschockte alliierte Admiralität vom Tisch – eine voreilige Entscheidung, wie sich später herausstellen sollte, denn in dem siebenstündigen, heftigen Feuergefecht hatten die türkischen Batterien fast ihre ganze Munition verschossen. Ein erneuter Angriff wäre kaum wieder zu parieren gewesen, nun aber hatten die Türken Zeit, Verstärkungen und Munition heranzuführen.

Die Aliierten – neben Briten und Franzosen auch das 30.000 Mann starke *Australian and New Zealand Army Corps* (ANZAC) – versuchten es jetzt mit Landeoperationen. Am frühen Morgen des 25. April begann die Invasion, die wegen der heftigen Gegenwehr der Türken bald in einen Stellungskrieg mündete. Eine der blutigsten Schlachten des

1. Weltkriegs nahm ihren Lauf: Beide Seiten kämpften verbissen, gestorben wurde um wenige hundert Meter Geländegewinn oder um einen kleinen Hügel; was man am Morgen gewann, musste man abends oft wieder hergeben.

Die türkischen Truppen standen unter dem formellen Oberbefehl des Kriegsministers Enver Paşa, die militärische Oberleitung hatte der deutsche General Otto Liman von Sanders und die 19. türkische Division führte ein gewisser Mustafa Kemal Paşa. Letzterer hatte sich schon im Libyenfeldzug (1911) hervorgetan, in der Schlacht um Gelibolu bzw. **Gallipoli** (die von den Türken übrigens als „Schlacht von Çanakkale" bezeichnet wird) sollte er noch größere Lorbeeren erlangen. Blutige Lorbeeren, denn von den insgesamt eine Million beteiligten Soldaten wurde die Hälfte (!) verwundet oder getötet. Wie verzweifelt die Situation auf der technisch zunächst unterlegenen türkischen Seite gewesen sein muss, zeigt jener vielzitierte Befehl von Mustafa Kemal, den er seinen Soldaten gab, als diese wegen der fast vollständig verschossenen Munition zurückweichen wollten: „Ich befehle euch nicht anzugreifen! Ich befehle euch zu sterben! In der Zeit, die wir brauchen, um zu sterben, können Reserven herangeführt werden und andere Truppen und Kommandanten unsere Plätze einnehmen."

Als die demoralisierten alliierten Truppen – auch sie hatten einen Blutzoll von mindestens 45.000 Toten und 200.000 Verletzten zu beklagen – am 9. Januar 1916 nach neun Monaten Kampf unter dem Feuer der Türken Gallipoli fluchtartig verließen, war die Schlacht um die Dardanellen entschieden. Die Türken feierten einen Sieg, der den Krieg verlängerte, an seinem Ausgang aber nichts änderte. Als die osmanische Armee am 31. Oktober 1918 kapitulierte, zogen britische Besatzer als Sieger in Konstantinopel ein.

Dass trotzdem die Schlacht um Gallipoli zum Startpunkt eines neuen türkischen Nationalbewusstseins wurde, lag vor allem an der weiteren Siegerstraße Mustafa Kemal Atatürks. Sein an den Dardanellen erworbenes unbestrittenes Ansehen war einer der Gründe, dass er später von Anatolien aus die Besatzer ein weiteres Mal erfolgreich bekämpfen und die Kolonialisierung der Türkei abwenden konnte.

Noch heute überziehen Museen, Reihengräber und Schanzen das einst so geschundene Gebiet, und die ehemaligen Kriegsgegner gedenken alljährlich ihrer Toten: am 25. April, dem „ANZAC-Day", dem wichtigsten nationalen Feiertag Neuseelands und Australiens, strömen Massen an Down-Under-Enkeln auf die vielen verstreuten Friedhöfe der Halbinsel, wo Großvater oder Urgroßvater zurückblieben. Auch die Türken feiern, aber am 18. März: unübersehbar prangt das riesige Datum an den Hängen der Dardanellen. Sie feiern ihre toten und oft namenlosen Soldaten, sie feiern natürlich auch besonders **Atatürk,** aber am meisten feiern sie ihr wiedergewonnenes Selbstbewusstsein als stolze Nation.

Gräber mit jeweils eigenem Namen, Museen und Gedenkstätten gibt es zuhauf, als monumentalste Stätte gilt das **Şehitler Abidesi** an der Spitze der Halbinsel, ein über 40 Meter hohes Steinmonument, unübersehbar für jedes in die Dardanellen einfahrende Schiff. Für einen Überblick über alle Kriegsstätten empfiehlt sich der Besuch des neueröffneten **Kilye Tanıtım Merkezi** (Informationszentrum, 9–18 Uhr) oder der Besuch des **Kabatepe Museum & Information Center** (Eintritt 1,20 €, 9–13 u. 14–18 Uhr). Beide sind mit dem gleichen Dolmuş erreichbar: von Çanakkale mit der Fähre nach Eceabat übersetzen, dort direkt am Hafen in den Dolmuş nach Kabatepe einsteigen; Fahrer Bescheid sagen.

Çanakkale

Nur 1,3 Kilometer trennen Europa und Asien an der schmalsten Stelle der Dardanellen, an deren südlicher, also asiatischer Seite, die ca. 80.000 Einwohner zählende Provinzhauptstadt Çanakkale liegt. Der geschäftige Charakter der Stadt erklärt sich vor allem aus dem Non-stop-Verkehr der Fährschiffe, die hier rund um die Uhr den Waren- und Personenverkehr zwischen den Erdteilen bewältigen. Çanakkale ist aber auch ein gutes Standbein für die Besichtigung der umliegenden Sehenswürdigkeiten, sei es Troia im Süden oder die Spitze der Gallipoli-Halbinsel im Norden.

Der Ort selbst besitzt nicht allzu viele Sehenswürdigkeiten, auch wenn der abendliche Gang entlang der von Bars und Teegärten besetzten Hafenpromenade und das Beobachten des Schiffsverkehrs wenig Anlass zu Langeweile geben dürfte.

Neben der Promenade stellen die Gassen rund um den vierstöckigen **Saat Kulesi** (Uhrturm, 100 m südlich des Fähranlegers) noch das älteste und attraktivste Viertel dar; einige der alten Häuser hier sind heute zu Hotels oder freundlichen Cafés umfunktioniert worden. Zentrum dieses Viertels ist die Fetvane Sokak, wo inmitten von Hotels und Bars ein alter osmanischer Friedhof und am südlichen Ende das *Kent Müzesi* (Stadtmuseum, Fetvane Sok. 31, geöffnet 9–17, Mo geschl., Eintritt frei) zu finden sind.

Südwestlich dieses Viertels liegt das **Çimenlik Kalesi** („Wiesenfestung"), eine unter Mehmet Fatih 1454 erbaute Zitadelle. Der seltsame Name erklärt sich aus dem zur Seeseite mit Rasen bedeckten Wall, der die Festung gegen aufkommende Schiffe gut verbarg. Zusammen mit der am gegenüberliegenden Dardanellenufer liegenden Festung *Kilitbahir* war so eine effektive Kontrolle der Meerengeneinfahrt gewährleistet. Heute bergen die meterdicken Mauern des Forts das **Deniz Müzesi** (Marinemuseum, Eintritt 2 €, 9–12 u. 13.30–17 Uhr, Mo/Do geschl.), dessen viele Kriegsmemorabilien natürlich an den Kampf um die Dardanellen im 1. Weltkrieg erinnern. Zu den Objekten im Park der Festung gehört neben verschiedenen Geschützen auch ein Nachbau des berühmten Minenlegers *Nusrat,* der den Angriffsplan der britischen Flotte gründlich torpedierte.

Archäologisch Interessierte dürften in der nur wenige Schritte entfernten, am Rande der Altstadt gelegenen **Korfmann Kütüphanesi** (Korfmann Bibliothek, Tıvlı Sokak 16, Di–Sa 10–18 Uhr) auf ihre Kosten kommen: der bekannte deutsche Archäologe *Manfred Osman Korfmann* (1942–2005), der von 1988 bis 2005 die Leitung über die archäologischen Grabungen in Troia innehatte. Korfmann, der 2003 türkischer Wahlbürger geworden war und dabei den Namen „Osman" angenommen hatte, war Ehrenbürger und Professor der Universität Çanakkale, der er seine umfangreiche Privatbibliothek von über 5000 Bänden vermachte. Sie ist in einem schönen Altbau untergebracht und allen Interessierten zugänglich (www.troiavakfi.com)

3

Gut 2 km südlich des Hafens nahe der Ausfallstraße nach Troia/Güzelyalı liegt mitten im Neubaugebiet (100. Yil Caddesi) das **Archäologische Museum** der Stadt. Neben einigen sehenswerten Sarkophagen (Polychena-Sarkophag, 6. Jh. v. Chr.) sowie Funden aus Troia, Tenedos (Bozcaada) und Assos stellen die Exponate des unversehrt aufgefundenen *Dardanos-Tumulus* (darunter der Goldschmuck) die Höhepunkte des wenig besuchten Museums dar (Eintritt 1 €, 8–11 u. 13–17 Uhr). Der Dardanos-Grabhügel, 11 km südlich von Çanakkale, trägt den Namen des legendären Ahnherrs der trojanischen Dynastie, nach dem auch die Meerenge – Dardanellen – benannt ist.

Auf der anderen Seite der Meerenge lohnt der Besuch der oben erwähnten Festung **Kilitbahir,** die ebenfalls von Sultan Mehmet Fatih 1462 errichtet wurde. Die Außenmauern des mächtigen Forts bestehen aus drei ineinander übergehenden Halbkreisen, so dass die Anlage fast einem dreiblättrigen Kleeblatt gleicht. Das an der Festung anschließende gleichnamige Dorf besitzt noch einige sehenswerte Häuserzeilen, und wenige hundert Meter südlich der Festung ist in Bastionen des 1. Weltkriegs ein Museum eröffnet worden, das über die Schlacht um Gallipoli informiert (wird z. Zt. restauriert). Wenige Meter südlich des Forts kann man Bastionen und Bunker des 1. Weltkriegs besichtigen.

Praktische Infos Çanakkale

Touristeninfo (Turizm Danışma) Iskele Meydanı 27 (am Fährhafen), Tel. 2171187, 9–20 Uhr. **Vorwahl:** 0286. **Post:** Inönü Caddesi

Busterminal (Otogar) Der neue Otogar liegt ca. 6 km östlich des Zentrums an den Ausfallstraßen nach Balikesir und Bursa, Verbindungen in alle Richtungen. Bequemer ist es, das gewünschte Ticket bei einer der Busagenturen (z.B. Metro, Truva) direkt am Fährhafen im Zentrum zu kaufen, die dann einen kostenlosen Transfer (Servis) zum Otogar leisten. Der Dolmuş nach Troia (Tevfikiye) startet von der Atatürk Caddesi im Zentrum, unter der Brücke am Fluss (2 €, von 7–19 Uhr stündl.); der Dolmuş nach Geyikli (Bozcaada) fährt dagegen vom Otogar ab (3 €).

Fähren Es gibt zwei Fähren von Çanakkale: die Hauptlinie läuft zum europäischen Hafen von Eceabat, 24-h-Verkehr, tagsüber in der Hauptsaison (Juli/August) alle 15–30 Minuten, sonst ca. stündlich, nachts seltener, Person pro Fahrt 1 €, Auto 5 €, Dauer pro Fahrt 25 Min. Die zweite Fähre, ca. 100 m weiter südlich, fährt nach Kilitbahir, tagsüber ca. stündlich, 0,80 €, Dauer 20 Min. Wer nach Gökçeada will s.S. 116.

Fähren Wer sich alle (!) Kriegsmonumente und -museen der Halbinsel Gallipoli auf eigene Faust ansehen will, benötigt entweder einen Wagen, mietbar z.B. bei *Gezgin Oto,* Cumhuriyet Meydanı, Tekke Sk. 2, Tel. 2128392, oder *As Rent a Car,* Cumhuriyet Meydanı, Dibek Sok. 2K, Tel. 0533-5637198, oder sollte sich einer organsierten Tour anschließen (s.u. und sowie Infos im Kasten „Die Schlacht um Gallipoli").

Unterkunft

- **Hotel des Etrangers,** Yalı Cad. 25/27, Tel. 2142424, www.yabancilaroteli.com. Das älteste Hotel der Stadt wurde zunächst von einem Franzosen betrieben – deshalb der französische Name – und verfügt über 8 schön eingerichtete gediegene historische Zimmer mit Balkon. DZ/F 100 €.
- **Kervansaray Hotel,** Fetvane Sok. 13 (nahe Uhrturm), Tel. 2178192, www.otelkervansaray.com. Komplett restauriertes, historisches Boutique-Hotel, in dem einst die Familie des hiesigen osmanischen Kadi (Richter) residierte. Schöner Innenhof, WLAN, 20 gemütliche Zimmer mit jeweils Minibar. DZ/F 45 €.
- **Efes Hotel,** Şair Orhan Talat Şalçioğlu Sok. 13/1 (am Kervansaray Hotel vorbei links), Tel. 2173256, www.efeshotelcanakkale.com. Freundliches Billig-Hotel mit einfachen, aber sauberen Zimmern; rund um den australischen Anzac-Day (25.4.) ist reservieren ratsam, da das Hotel bei Australiern sehr beliebt ist. DZ/F 30 €.
- **TJs-Hotel,** Cumhuriyet Cad. 5/A (direkt am Platz beim Fähranleger in Eceabat auf der europäischen Seite), Tel. 8143121. Sowohl Hostel- als auch Hotelbetrieb, die 14 Zimmer sind funktional und einfach eingerichtet. Die Hotelleitung organisiert auch Tagestouren über die Gallipoli-Halbinsel und nach Troia (jeweils 30 € inkl. Eintrittspreise zu Museen, Lunch-Box u. englischsprachige Führung). DZ/F 60 €, Bett im Mehrbettzimmer (dormitory) 15 €.

Die Festung Kilitbahir bei Çanakkale

Essen und Trinken

In der Matbaa Sokak (kleine Gasse zwischen Fetvane und Yalı Caddesi) viele Bars und Lokale.

- **Yalı Hanı,** Fetvane Sok. 28 (Altstadt); in dem 1889 erbauten zweistöckigen Han liegen heute mehrere hübsche Nargile-Teegärten, Restaurants und Bookshops, netter Innenhof mit alten Bäumen, auch abends ein beliebter, zwangloser Treffpunkt, Alternativ- und Studentenszene.
- **Ömür Köfte Salonu,** Yalı Cad.24, spezialisiert auf Köfte und Suppen, recht gutes Angebot und preiswert.
- **Cevahir,** Fetvane Sok. 15/A, sehr beliebtes Döner- und Köfterestaurant, preisgünstig
- **Kale,** Çarşı Caddesi 8, ebenfalls eine kleine, gut geführte Lokanta mit hausgemachten Suppen *(çorbalar)* und Köfte-Gerichten.
- **Kahveci,** Çarşı Caddesi 14; das seit 1928 bestehende Café gehört mit seiner urigen Inneneinrichtung zu den spektakulärsten Kaffeehäusern der Stadt
- **Baro Lokal/Restaurant,** Gümrük Sok. 1 (nahe Çimenlik am Meer), 2. Stock, jeden Abend geöffnet, sehr schöner Blick über die Dardanellen, Fisch- und Fleischgerichte.
- **In Kilitbahir: Sur Café/Restaurant,** innerhalb der Festung direkt am Meer gelegenes einfaches Restaurant mit Teegarten in Kilitbahir**.**
- **In Eceabat: Murat Ulaş,** Iskele Meydanı 47 (am Fährhafen); große Lokanta, preiswert und lecker.

Nightlife

Bei schönem Wetter ist die **Promenade** nördlich des Fährhafens mit ihren modernen Cafés und Restaurants der abendliche Treffpunkt für Alt und Jung, sonst geht man am besten in den **Yalı Hanı** (s.o. bei „Essen u. Trinken"). Es gibt auch einige Bars mit Live-Musik, so z.B. das Öküz Kültür Café/Bar, Fetvane Sok. 17.

Touren/ Ausflüge

Einige Agenturen bieten Tagesausflüge nach Troia bzw. Gallipoli u.a. Ziele; z.B. *Wilusa Travel Agency,* Yalı Cad. 4/A, Tel. 2124433, www.wilusa.net (u.a. Ganztagesausflüge über die Gallipoli-Halbinsel und nach Troia für ca. 30 €.).

Hamam

Yalı Hamamı, Çarşı Caddesi 46, 15 €, 7–22 Uhr; altes türkisches Bad von 1620.

Einkaufen

Am besten in den Shops der Yalı Caddesi sowie der anschließenden Çarşı Caddesi. Von letzterer zweigt der **Aynalı Çarşı** ab, ein überdachter und restaurierter moderner Bazar, der – so die Planung – in Zukunft auch viele Accessoires-Läden beinhalten soll, so z.B. *Izzet Tunç,* Nr. 18, Keramik und originelle Töpfersouvenirs. *Sibel Kireç,* Çarşı Caddesi 20, ebenfalls originelle Keramik-Waren; die Ladenbesitzerin setzt sogar auf Wunsch individuelle Designs um.

Festival/ Gedenktage

Mitte August findet das **Troia Festival** mit Tanz- und Kulturveranstaltungen statt. Zum **Anzac Day** am 25. April kommen Massen von Australiern und Neuseeländern in die Stadt; die Hoteliers freut's, den Reisenden nicht, denn selbstverständlich ist dann alles doppelt so teuer.

Gökçeada

Die mit rund 286 qkm größte Insel der Türkei hat einen entschieden eigenwilligen, soll heißen schwer zugänglichen Charakter. Dies durchaus im wörtlichen Sinne: Die Anreise mit dem Schiff ist für türkische Verhältnisse recht langwierig, die Fortbewegung auf der von Berghügeln und Tälern, Pinien- und Olivenhainen geprägten Insel stellt Nichtmotorisierte zudem vor ein Problem, da es derzeit nur wenige Dolmuş-Verbindungen gibt. Somit stellt die gut 30 km lange und 13 km breite Insel ein ansprechendes Terrain für Wanderer dar. Dieser auf den ersten Blick ungeschminkt spröde Charme kann umgekehrt für Reiseindividualisten als dicker Pluspunkt verbucht werden. Der Tourismus entwickelt sich nur langsam und stellt neben Landwirtschaft und Fischfang einen durchaus noch ausbaubaren Einnahmesektor dar. Dies hat den für Individualtouristen charmanten Effekt, dass das Eiland momentan keine Besucherinvasionen erleben dürfte.

Die Sehenswürdigkeiten der Insel bestehen zum einen in den schönen und leeren **Stränden** der Südküste – darunter *Aydıncık, Lazkoyu* und *Uğurlu* als die bekanntesten – sowie den alten griechischen Bergdörfern *Tepeköy, Zeytinli* und *Dereköy*. In ihnen wohnen kaum noch Griechen, so dass die Flecken fast verlassen und wie steinerne Zeugen einer untergegangenen Zeit wirken. Erst in den letzten Jahren gibt es Bemühungen, das dort schlummernde attraktive Potenzial wieder zum Leben zu erwecken.

Die Türkei hatte im Vertrag von Lausanne 1923 die ägäische Insel unter dem Vorbehalt zugesprochen bekommen, dass die griechische Bevölkerung vom ansonsten rigoros praktizierten Bevölkerungsaustausch ausgenommen sei. Zu diesem Zeitpunkt lebten immerhin noch einige tausende Griechen auf Imbros – so ihr griechische Name. Fast alle, bis auf wenige hunderte, verließen in den nächsten Jahrzehnten ihre Heimat, und Gökçeada hat heute insgesamt eine Einwohnerzahl von rund 8000 Seelen, darunter die meisten natürlich zugewanderte Türken.

Als weitere Relikte der griechischen Vergangenheit sind die über 50 christlichen Kirchen und kleinen weißen Kapellen zu erwähnen, die über die Hügel der ganzen Insel verteilt sind. Wer es übrigens nach Tepeköy hinaufschafft, sollte nicht den Besuch der nahegelegenen Aussichtsterrasse **Pinarbaşı** (auch **Çınaraltı** genannt) versäumen! Eine 650 (!) Jahre alte prachtvolle Platane und der weite Ausblick lohnen den Besuch des beliebten Picknickplatzes.

Wem es in den wehmütig verträumten Bergdörfern denn doch zu einsam ist, kann in **Kaleköy** nächtigen, ein Dörfchen an der Nordküste, das über einen Strand, eine alte verfallene Burg sowie einige Hotels und Pensionen verfügt. Es liegt ungefähr 4 km vom Hauptort der Insel – offiziell Gökçeada, aber von den Einheimischen kurz **Merkez** (Marktzentrum) genannt – entfernt, und die „Hauptstädter" kommen gerne des abends, um hier am Meer ein wenig zu flanieren, zu speisen und die Aussicht auf die griechische Nachbarinsel Samothraki und den Sonnenuntergang zu genießen. An Hektik kann man aber auch hier wahrlich nicht sterben.

Praktische Infos Gökçeada

Touristeninfo (Turizm Danışma)

Die **Turizm Danıma** ist im Hauptort Gökçeada (Merkez) neben dem Taylan-Hotel an der zentralen Straßenkreuzung in einem Holzbungalow untergebracht (9–14 u. 15–20 Uhr geöffnet, Tel. 8873005). Am Tourist-Office hängt auch der Busfahrplan für alle Orte der Insel aus. **Vorwahl:** 0286. **Post und Bank** in Merkez.

Anfahrt

Von Çanakkale mit der Fähre nach Eceabat übersetzen (1 €), dort in den Dolmuş nach Kabatepe steigen (direkt am Fährhafen) und bis zur Endstation Iskele fahren (1,40 €); von Kabatepe verkehrt 3–5 Mal täglich eine Fähre nach Gökçeada (1 €, Auto 11 €). Achtung: sich in Çanakkale beim Tourist-Büro wegen der Abfahrtszeiten vergewissern; es kommt immer wieder vor, dass eine Fähre ausfällt, da sowohl das Passagier- wie auch Frachtaufkommen wenig rentabel sind. (Die drei z. Zt. der Drucklegung geltenden Abfahrtszeiten von Kabatepe sind: 10, 15, 19 Uhr; von Gökçeada: 7, 13 u. 17 Uhr).

Auf Gökçeada kommt man nach ca. 1,5 Stunden in **Kuzu Limanı** an; von dort regelmäßiger Dolmuş nach **Merkez** (ca. 6 km, 1 €); von Merkez ebenfalls häufige Dolmuş-Verbindung nach **Kaleköy.** Dolmuş-Verbindungen in die griechischen Bergdörfer von Merkez max. 1x täglich.

Außerdem gibt es einen kleinen Flughafen, der allerdings nur 2x wöchentlich von Istanbul aus angeflogen wird und dessen Betrieb sich auf die Hauptsaison (Jul/Aug) und Feiertage beschränkt.

Unterkunft

- **In Kaleköy: Anemos Hotel,** Yukarı Kaleköy (im oberen Teil von Kaleköy), Tel. 8873729, www.anemos.com.tr. Sehr schönes neues Butik-Hotel im griechischen Naturstein-Stil, schöne Terrasse um den Swimmingpool, wohl gegenwärtig die stilvollste Adresse der Insel. DZ/F ab 85 €.
- **Yakamoz Motel,** im oberen Teil von Kaleköy, Tel. 8872057, www.gokceadayakamoz.com. Schönes altes Steinhaus mit 18 Zimmern, herrliche Panorama-Frühstücksterrasse, Fahrradvermietung, DZ/F 40 €. Viele weitere preiswerte Pensionen wie z.B. **Kale Motel,** Tel. 8874404, direkt am kleinen Hafen. Schönes altes Haus mit beliebtem Restaurant. DZ/F 35 €. Im Nachbarort Yeni Bademli entstehen immer mehr preiswerte Pensionen, darunter z.B die Adayıldızı Pansiyon, Tel. 8872035, pro Wohneinheit (Kü, Schlafzimmer, Terrasse) 2 Pers. 45 € (Juli/Aug), in der Nebensaison 30 €.

Einfache Übernachtungsmöglichkeiten gibt es auch in Dereköy, Zeytinli, Tepeköy und Aydıncık.

Camping Mehrere Campingmöglichkeiten am Strand von Aydıncık, darunter **Şen Camping,** Tel. 8981020, Caravan 2 Pers. 22 €; direkt am Strand, Restaurant, kleine Bungalows.

Essen und Trinken Nahezu alle Hotels unterhalten eine Küche, in Kaleköy ist besonders das **Kale-Restaurant** (s.o.) beliebt. Ein Muss ist der Sonnenuntergang von der Plattform des Poseidon-Cafés neben der genuesischen Burgruine im oberen Teil von Kaleköy (Kaleköy Yukarı)!

Autoverleih Die Insel verfügt endlich über mehrere Rent-a-Car Firmen, alle in Gökçeada (Merkez), darunter Gökçeadam, Atatürk Cd. 55/9, Tel. 8873185, 1 Tag ca. 40 €.

Windsurfen Am Aydıncık-Strand Tel. 8981060, www.gökceadawindsurfclub.com

Einkaufen In dem hochgelegenen, malerischen **Tepeköy** verkauft *Baba Yorgu,* ein inselweit bekannter alter „Bilderbuchgrieche", in seiner Taverne seinen Inselwein; zusätzlich führt er eine kleine Pension.

Troia

Ungefähr 25 km südlich von Çanakkale befindet sich in einer von sanften Hügeln geprägten Landschaft mit **Truva (Troia)** die sicherlich berühmteste archäologische Ausgrabungsstätte der Türkei.

Die Ilias von Homer, jenes vor fast 3000 Jahren verfasste griechische Urepos des Kampfes zwischen Griechen und Troianern, ist ein fester, unendlich oft benutzter Topos in Kunst, Geschichte und Bildung der westlichen Welt, ja für viele gleichsam die Geburtsstunde des abendländisch-europäischen Aufbruchs. Trotz der anhaltenden Debatten unter Historikern

und Archäologen über den historischen Wahrheitsgehalt der Ilias verfestigt sich heute die Überzeugung, dass die sich ausbreitenden mykenischen Griechen hier im 13. Jahrhundert v. Chr. einer mächtigen Stadt gegenüberstanden, die den wirtschaftlich so wichtigen Eingang zu den Dardanellen kontrollierte. Die Gründe für den zwischen dem 12. und 10. Jahrhundert v. Chr. zu lokalisierenden Troianischen Krieg dürften damit in der Eliminierung einer Handelsbarriere bzw. eines -konkurrenten und nicht in der episch so wirksamen Entführung von Helena gelegen haben. (Aber eine Ursache ist ja bekanntlich nicht immer identisch mit dem Anlass.) Jedenfalls ging die angeblich zwölfjährige Schlächterei als legendärer Sieg der Griechen in die Geschichte bzw. den Mythos ein. Auch das Römische Reich nutzte den charismatischen Heldenpool und leitete Romulus und Remus von dem letzten entflohenen Troianer, Aeneas, ab. Troia selbst und seine geografische Lage

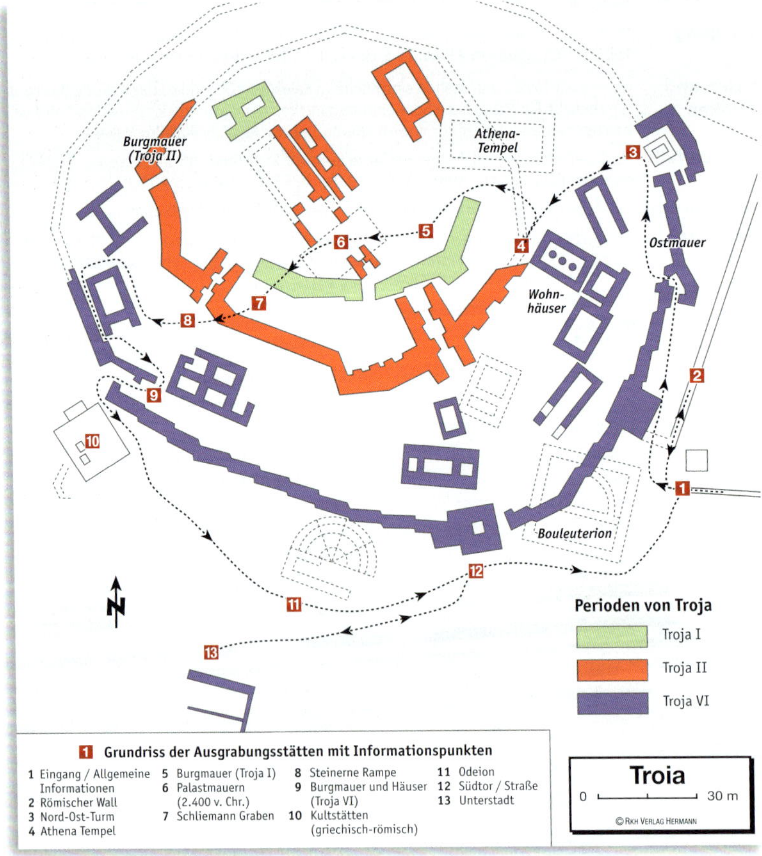

dürfte unter dem Namen *Ilion* jedem antiken Kind geläufig gewesen sein. Das änderte sich mit dem Aufkommen des mythen-, sprich heidenfeindlichen Christentums und seiner Herrschaft im Mittelalter. Ilion geriet in Vergessenheit und wurde thematisch erst wieder im 15. Jahrhundert durch Humanismus und Renaissance entdeckt, ohne dass jemand daran dachte, es geografisch irgendwo suchen zu können. Troia war nichts anderes als ein themenreicher Mythos – bis **Heinrich Schliemann** (1822–90) kam! Einen früheren Ansatz des Briten Frank Calvert aufnehmend, fing er 1870 auf dem Hügel Hisarlık an zu graben, und konnte drei Jahre später die Entdeckung Troias verkünden. Anfänglich belächelt und als Hobbyarchäologe kaum ernst genommen, löste Schliemann mit seiner Entdeckung des **Priamos-Schatzes** 1873 geradezu eine nationale Buddeleuphorie aus, durch die sich die Archäologie und Feldforschung in der Folge erst zur strengen Wissenschaft entwickelte. Schliemann fehlten diese Voraussetzungen; weder war er ein professioneller und vorsichtiger Forscher, noch war die optimistische Namensgebung des von ihm gefundenen Goldschatzes berechtigt. Die wertvollen Funde hatten nichts mit dem Ilion des Priamos, sondern mit einer gut tausend Jahre älteren Vorgängerstadt zu tun. Schliemann hatte sich einfach durch alle Stadtschichten durchgebuddelt und die jeweiligen Funde seinem Traum zugeordnet. (Der Priamosschatz ist nach dem Zweiten Weltkrieg übrigens als Beutekunst ins Moskauer Puschkin-Museum gewandert; Ansprüche stellen sowohl die Türkei wie Deutschland).

Stadt der Schichten

Die archäologischen Grabungen, die bis heute nicht abgeschlossen sind, haben also mehrere unterschiedliche Stadtschichten freigelegt, zuletzt seit 1988 unter der Leitung des deutschen Archäologen Manfred Korfmann († 2005, seitdem unter Leitung von Ernst Pernicka). Sie datieren – grob gesprochen – von der untersten Schicht **Troia I** (2950–2500 v. Chr.) bis zur obersten, **Troia X** (früh- und mittelbyzantinische Zeit). Als das homerische Ilion wird entweder Troia VI oder Troia VII angenommen, so man überhaupt jemals beweisen kann, dass es die Stadt des Priamos wirklich gab.

Sei dem wie es sei: Vor dem episch und rezeptionsgeschichtlich so monumentalen Gebirge nehmen sich der heutige Grabungshügel (türk. Hisarlık) und die dort zu sehenden Relikte – zumindest für den Laien – geradezu enttäuschend, ja mickrig aus. Nichts ist zu sehen vom Skäischen Tor, wo Achill dem Pfeil des Paris erliegt, nichts zu sehen vom Palast des greisen Priamos, der so groß und mächtig war, dass Amazonen und Nubier ihm zu Hilfe eilten, nichts zu sehen von den starken Stadtmauern, die 12 Jahre von Hektor, Aeneas und Paris verteidigt werden konnten. Und das hölzerne Pferd, dem sich der Besucher am Eingang etwas peinlich berührt gegenübersieht, kann vielleicht ein Kinderherz beeindrucken, entspricht aber nicht einmal einem wenigstens hollywoodhaften Darstellungsniveau, geschweige denn der großartigen Kriegslist des findigen Odysseus.

Rundgang Dem heutigen Laienbesucher präsentiert sich so die lange und vielfältige Siedlungsgeschichte der Stadt eher bescheiden als ein verwirrender und keinesfalls monumentaler „Trümmerhaufen“, zudem die Überreste der einzelnen

Rundgang Troia [gegen Uhrzeigersinn]

1. Eingang und allgemeine Informationen. Bei den Siedlungsbauten wurden in den verschiedenen Phasen luftgetrocknete Lehmziegel verwendet. Da dieses Baumaterial nicht für Neubauten wieder verwertet werden kann, wurden zerstörte Altbauten eingeebnet und die Schuttschicht mit neuen Gebäuden überbaut.
2. Zu diesem Informationspunkt geht man rechts auf einen Wall, der aus Überresten der römischen Siedlungsperiode (Troia IX) stammt. Von oben hat man einen Überblick über die Gesamtanlage und eine Sicht bis zu den Dardanellen. Man blickt auf die Ostmauer mit dem ehemals mächtigen Ostturm. Direkt vor sich erkennt der Betrachter die Grundrisse und Mauerreste von mehreren Hausbauten aus der Zeit von Troja VI.
3. Hier steht der Besucher in der Nähe des Nordostturms, der in mykenischer Zeit (Troja VI) die Grenze der Stadtbefestigung darstellte. Hinter dem Turm erkennt man die halbkreisförmigen Grundrisse des Theaters aus griechisch-römischer Zeit (ab 400 v. Chr.).
4. Dies ist der Bereich des ehemaligen Athena-Tempels (erbaut um 300 v. Chr., nach Zerstörung in römischer Zeit wieder aufgebaut).
5. Hier sieht der Besucher Überreste aus der ersten Siedlungsperiode (etwa 2900 v. Chr., Reste der Burgmauer und des Südostturms).
6. Hier finden sich Reste der Burganlage von Troja II, wo ehemals Paläste und Kultbauten gestanden haben. Die gefundenen Schätze deuten auf eine sehr reiche Siedlunsgperiode.
7. Man sieht auf den sogenannten „Schliemann-Graben", eine 40 Meter breite und 17 Meter tiefe Grube, die Schliemann in die Siedlungsschichten hineingraben ließ, was wohl zahlreiche Gebäudereste späterer Perioden zerstört hat. An der Grabenbasis finden sich Mauern aus der frühen Bronzezeit (Troja I).
8. Die mit Steinen gepflasterte Rampe führt zu einem Tor, beides Teile der Befestigungsanlagen von Troja II. Links vom Tor fand Schliemann in Mauernischen den legendären „Schatz des Priamos".
9. Der Besucher befindet sich am südlichen Rand der Burganlage von Troja VI und erkennt Überreste der Befestigungsmauern sowie die Grundrisse eines vermutlich zweistöckigen Hauses, das Teil der Palastanlagen war.
10. Hier befanden sich – außerhalb der Burgmauern – in griechisch-römischer Zeit Kultstätten mit Altären, Opfergruben und Brunnen.
11. Das recht gut restaurierte, halbkreisförmige *Odeion* stammt aus römischer Zeit und diente Theater- und Musikaufführungen. In unmittelbarer Nachbarschaft befindet sich das griechisch-römische „Bouleuterion", das als Versammlungshaus diente. Zwischen beiden Gebäuden lag die *Agora,* der Marktplatz.
12. An dieser Stelle befand sich das Südtor der Burganlage von Troja VI, zu dem ein noch heute erkennbarer, mit Steinen gepflasterter Weg führte, durch dessen Mitte ein Kanal verläuft, der dem Abfluss des Regenwassers diente.
13. Dieser erst seit dem Jahr 2001 dem Publikum zugängliche Bereich außerhalb der Burgmauern weist Bausubstanzen aus, die auf eine sogenannte „Unterstadt" schließen lassen. Hierzu gehören Hausreste aus der Zeit von Troja VI, ein künstliches Kanalsystem sowie weitere Verteidigungsanlagen. Erst im Zusammenhang mit diesen Funden wird die tatsächliche Größe der ehemals blühenden Stadt deutlich werden.

Phasen für Uneingeweihte schwer zu würdigen sind. Nach dem Motto „man sieht nur, was man weiß", empfiehlt es sich, den Besuch der Ausgrabungsstätten im Zusammenhang einer fachkundigen Führung zu vertiefen. Der Rundgang selbst – entgegen dem Uhrzeigersinn – führt über dreizehn Informationspunkte:

Eintritt Troia 6 € plus 2 € Parkplatzgebühr, 8.30–19 Uhr (im Winter bis 17 Uhr).

Anfahrt Troia liegt beim Dorf Tevfikiye, das per Dolmuş von Çanakkale erreichbar ist (von 9–18 Uhr stündlich werktags, am Wochenende seltener); einfacher ist aber die Buchung eines Troia-Ausflugs bei einer Agentur in Çanakkale. Übernachtung und Camping: **Troia Pension,** nur 600 m vom Park entfernt (ausgeschildert), N 39.57221, E 26.15011, Tel. 0286-2830571, 4 einfache Zimmer u. 15 Stellplätze (Du/Waschmaschine/Küche/Wifi/Café), ganzjährig geöffnet, 15 €.

Bozcaada

Gepflegter Inselurlaub mit hübschem Hafenstädtchen, malerischen griechischen Steinhäusern und individuellen Badealternativen? Nicht zu groß und nicht zu klein, soll heißen, alles in Fuß- oder Fahrradreichweite? Dann sind Sie hier richtig! Rund 20 km südlich des Dardanelleneingangs liegt das ca. 38 qkm große Inselchen Bozcaada (griechisch: *Tenedos*) mit seinen rund 2500 Einwohnern, die sich in den letzten Jahren zunehmend dem Tourismus verschrieben haben. Der gleichnamige Hafenort ist hübsch und wird von einer nachts angestrahlten zinnenbewehrten Festung bewacht.

Ihre genuesische oder vielleicht auch byzantinische Herkunft ist nicht mehr so genau identifizierbar, denn der jetzige Bau resultiert aus einer osmanischen Restaurierung des 18./19. Jahrhunderts. Mit einem Gang durch die Festung (Eintritt 2 €, geöffnet 10–13 u. 14–19 Uhr) hat man der einzigen historischen Sehenswürdigkeit der Insel Genüge getan und kann sich ganz der Erkundung der Inselstrände widmen. Der schönste ist der flache *Ayazma*-Sandstrand mit Restaurants und Liegen, der regelmäßig von Kleinbussen angefahren wird.

Neben dem Tourismus spielen auch Fischerei und vor allem Weinanbau eine Rolle; letzterer ein traditionelles Überbleibsel der jahrhundertelangen griechischen Kultur, die bis in die 1950er Jahre noch bevölkerungsmäßig stark präsent war. Danach verließen die meisten Griechen die Insel. Viele

Das halbkreisförmige *Odeion* in Troia

Hafen von Bozcaada mit Festung im Hintergrund

reisen einmal jährlich, am 26. Juli, anlässlich eines Weinfestes, nochmals an. Außerdem hat sich am Westende der Insel der mit 17 Windmühlen drittgrößte Windpark der Türkei etabliert.

Der griechische Charakter des Hafenortes mit seinen blumengeschmückten Laubengängen, weißen Steinhäusern und Pflastergassen ist in den letzten Jahren das angesagte Ziel von Urlaubern und betuchten Residenten (vor allem aus Istanbul) geworden, die Bozcaada – ganz anders als die oben beschriebene Insel Gökçeada – immer mehr zu einem pittoresk herausgeputztem Flair verhelfen. Aber keine Angst: champagnerschlürfenden Snobismus mit abgestelltem kleinen Finger brauchen Sie hier nicht zu fürchten. Auf Bozcaada geht es, vor allem außerhalb der sommerlichen Hochsaison, ruhig zu. Gelassen und freundlich trinkt man seinen Çay, schaut auf den Hafen und das Meer, unterhält sich mit dem Nachbarn, um Gleiches am nächsten Tag zu wiederholen …

Praktische Infos Bozcaada

Vorwahl: 0286.

Wechselstuben (Döviz) im Hauptort am Hafen gibt es neben der Post eine Bank.

Anfahrt Die Fähren pendeln zwischen Yükyeri (Geyikli Iskele) und Bozcaada 4–5 Mal täglich (in der HS bis zu sieben Mal), Retourticket 2,50 €, Auto Retour 19 € (man bezahlt direkt das Retour-Ticket bei der Hinfahrt). Von Çanakkale nimmt man ein Dolmuş nach Geyikli und steigt dort auf ein Dolmuş nach Geyikli Iskele/Bozcaada um. Auf Bozcaada: Dolmuş zum Ayazma-Strand Abfahrt bei der Polizei am Hafen.

Mietwagen/ Scooter/ Fahrad Im Hauptort vermietet *Efe Tekin,* Çınar Çarşı Cad. 70 (Hauptstraße im Ort links), Tel. 2181729, Autos (45 €), Scooters (25 €) und Fahrräder (8 €, jeweils 1 Tag).

Unterkunft Pensionen und Hotels gibt es genug; trotzdem empfiehlt sich im Juli/August eine Reservierung.

- **Hotel Kaikias,** Cumhuriyet Mahallesi, Kale Arkası Mevkii (hinter der Festung), Tel. 6970250, www.kaikias.com. Das im griechisch-postneoklassizistischen Stadthaus-Stil erbaute Kaikias hat 11 AC-Zimmer und 5 Suiten; es gibt sich kultiviert, man ist zuvorkommend höflich und gewohnt, die Ansprüche einer gehobenen Klientel zu erfüllen. Die Wände verschönern Gemälde mit Szenen der griechischen Mythologie. Als Besonderheit wird selbstgekelterter Wein ausgeschenkt. DZ/F ab 120 €.

- **Hotel Katina,** Eylül Caddesi 20 (nahe Zentrum), Tel. 6970242, www.katinaas.com. Ein schönes efeu- und blumenumranktes altes griechisches Haus in der gehobenen Kategorie der Boutique-Hotels, rustikal und jeweils individuell eingerichtete Zimmer mit Holzfußboden und modernem Bad, Frühstücksbüfett, freundlicher Service, empfehlenswert. DZ/F 120 € Hauptsaison Jul/Aug, sonst 100 €.

Die beiden folgenden Hotels liegen außerhalb des Hafenortes:

- **Ada Bacchus,** ca. 3 km südöstlich des Hauptortes Richtung Ayazma-Strand, Tel. 6978530, www.adabacchus.com. Das weinumrankte alte Landhaus liegt am Hang über der Südküste (weite Aussicht); schöner Garten mit Pool, stilvolle Einrichtung, 8 freundliche Zimmer, WLAN. Zur Südküste ca. 1 km. DZ/F 100 €.
- **Yasemin Bağ Evi Pansiyon,** ca. 3,5 km westlich des Hafenortes, fast in der Mitte der Insel, Tel. 0544-2313423, www.yaseminbagevi.com. Wer Ruhe pur will, kann sich in dieser alleinstehenden Familienpension erholen. Kleines, neueres Haus mit 4 einfachen, funktionalen Zimmern. Drumherum nur Felder, bis zum Meer ca. 1,5 km. DZ/F 25 €.

Essen und Trinken

- **Şehir Restaurant,** Kurtuluş Caddesi (direkt am kleinen Yacht- bzw. Fischereihafen); kleines, gemütliches Fischrestaurant mit schöner Terrasse zum Hafen, auch Fleischgerichte, preiswert.
- **Mavi Beyaz,** Kurtuluş Caddesi 7, direkt am Hafen, Restaurant mit Terrasse, spezialisert auf Fischgerichte
- **Şükrü Usta,** Çınarçarşı Cad. (im Zentrum bei der großen Platane nahe Hafen); leckere und billige Lokanta, u.a. Mantı-Gerichte.
- **Ada Café,** Cınar Çeşme Sok. 4, am Hauptplatz nahe Hafen linker Hand, gemütlicher Außenbereich, kleine türkische Gerichte.
- **Oda Café,** Kurtuluş Caddesi 3 (hinter Yachthafen), gute Adresse für den Abend (18–2 Uhr), wie der Name schon sagt nur ein Raum, lockere Bar-Atmosphäre mit moderner Musik, geführt von einer Istanbulerin.

Einkaufen

Im Ort gibt es mehrere Vinotheken, die den Wein der einzelnen Winzereien – *Talay, Çamlıbağ* und *Ataol* – zum Verkauf anbieten.

Festival

Zum jährlichen Ayazma-Fest am 26. Juli reisen viele emigrierte Griechen an, um ihre alten Beziehungen zu Tenedos lebendig zu halten. Zudem findet Ende August ein Weinlesefest statt.

Landschaft Troas

Der direkte Weg von Çanakkale nach Assos führt über die Schnellstraße N550 nach Ayvacık, wo man in den Dolmuş nach Behramkale umsteigt. Wer von Bozcaada kommt, genügend Zeit und einen fahrbaren Untersatz besitzt, kann alternativ auf der kleinen schmalen Küstenstraße nach Süden fahren. Die *Troas,* so der alte Name dieses Gebiets, ist hügelig und dünn besiedelt, hat steinige Felder, wilde Wiesen und einsame, kaum bekannte Buchten – und einen Tourismus im Anfangsstadium.

Von *Yükyeri Iskele,* dem Fährhafen nach Bozcaada, geht es entlang des Meeres über Dalyan zu den Ruinen von **Alexandria Troas,** eine Gründung des Diadochen *Antigonos Monophtalmos* (310 v. Chr.), die später ehrenhalber den Namen Alexanders des Großen bekam. Die antike Stadt erlebte im Hellenismus und zur Zeit der Römer ihre Blüte, um dann nach einem Erdbeben in der byzantinischen Epoche immer mehr zu verfallen. Viel zu sehen gibt es in der Einsamkeit nicht: Teile der Stadtmauer, des Theaters sowie einige hübsche Rundbögen der ehemaligen Herodes-Atticus-Thermen (2. Jh.), die in der Antike zu den größten Badeanlagen Kleinasiens zählten.

Nach 35 weiteren einsamen Kilometern erreicht man das Dorf *Gülpınar,* das in der Antike unter dem Namen *Chryse* für den Kult des Apollon bekannt war. Dem Chryses, einem Priester des Apollons, wurde vom Anführer der Griechen, Agamemnon, die Tochter Chryseis entführt; daraufhin schickte Apollon den Griechen die Pest, so dass Odysseus die Tochter dem Vater zurückbrachte. Die Reste des *Apollon-Smintheius-Tempels* können im Ort besichtigt werden (Eintritt 2 €, 9–12 u. 13–17 Uhr).

Von Gülpınar führt eine kaum befahrene Straße durch eine geradezu idyllisch-arkadische Hügellandschaft über Bademli nach Assos.

Assos/Behramkale

Eine mächtige Akropolis, ein uriges türkisches Dorf und ein idyllischer Badeplatz machen das antike Assos zu einem der attraktivsten Touristenziele der Nordägäis. Gegründet wurde die antike Stadt zu Anfang des 1. Jahrtausends v. Chr., als griechische Siedler von Lesbos den 230 Meter hohen Trachytfelsen in Besitz nahmen. Ohne durch epochale Ereignisse groß aufzufallen, teilte die Stadt die Herrschaftsperioden von Persern, Attaliden, Römern und Byzantinern, wobei die Blütezeit im 4./3. Jahrhundert v. Chr. gewesen sein dürfte, als der Tyrann Hermias den Philosophen Aristoteles für drei Jahre nach Assos lud, um dort eine Philosophenschule aufzubauen. Die Bedeutung der Stadt begann aber bereits unter der Herrschaft von Pergamon abzunehmen, ein Prozess, der sich in den folgenden Jahrhunderten fortsetzte. Schon vor der Ablösung der Byzantiner durch die Osmanen (frühes 14. Jahrhundert) war der Ort dann nichts anderes mehr als ein kleines, hochgelegenes Dorf, welches die neuen türkischen Herren *Behramkale* nannten. In den 1880er Jahren rückten dann amerikanische Archäologen an, was erklärt, dass Assos-Exponate auch den Weg in das Museum von Boston gefunden haben. Ausgrabungen und Forschungen werden auch heute noch betrieben, nun allerdings unter türkischer Leitung. Die Besichtigung ist denkbar einfach: man steigt, begleitet von vielen Souvenirshops (kleine Pretiosen und Stickereien) über Pflastergestein durch die hübschen Altstadtgassen des türkischen Dorfes immer bergan.

Neben dem Eingang zur Akropolis (Eintritt 3 €, 9–19 Uhr) sieht man die frühosmanische *Hüdavendigar*-Moschee aus den Zeiten Murats I. (1359–89). Bei ihrem Bau wurden antike und byzantinische Torsi mitverwendet.

Auf der Spitze der antiken **Akropolis** angekommen, öffnet sich dem Besucher ein grandioses Panorama über Hügel und Ägäisküste. Passend zum unvergesslichen Urlaubsfoto ragen die fünf wiedererrichteten dorischen Säulen des **Athena-Tempels** (6. Jh. v. Chr.) in den Himmel, einst der antike Haupttempel und heute ein touristisches Wahrzeichen.

Nachdem man sich in luftiger Höhe sattgesehen hat, kann man beim Abstieg die spärlichen antiken Reste der unteren Stadtterrassen erkunden, so – von oben nach unten – die Badeanlagen des ehemaligen Gymnasions, die östlich davon liegende *Agora,* das *Bouleuterion* und das Theater. Zudem sind einige Abschnitte der mächtigen, bis zu 19 Meter hohen Stadtmauer gut erhalten.

Ungefähr 1 km nördlich des Burgbergs liegt an der Straße nach Ayvacık eine schöne osmanische Spitzbogenbrücke aus dem 14. Jahrhundert. Von dem hoch gelegenen Behramkale führt eine steile und gut einen Kilometer lange Pflasterstraße – herrlicher Blick über die griechische Insel Lesbos! – hinab nach **Iskele** (Hafen), ein aus nur zwei hübschen alten Häuserzeilen bestehender Urlaubsort, der heute ganz im Dienste des Tourismus steht. Der Strand ist zwar klein, aber viele Cafés haben Stege gebaut, um das Sonnen und Schwimmen zu erleichtern.

Praktische Infos Assos/Behramkale

Vorwahl: 0286.

Wechselstuben (Döviz)

Nicht vorhanden!
Einzige Möglichkeit zum Wechseln (schlechter Kurs!) im Grand Assos Hotel in Iskele.

An- und Weiterfahrt

An- und Weiterfahrt
Busse nach Ayvacık, von dort nach Çanakkale bzw. nach Süden. Ein paar tägliche Verbindungen nach Küçükkuyu; zudem Busverkehr zwischen Behramkale und Iskele.

Unterkunft

Allgemein befinden sich die billigeren Pensionen im oberen Dorf Behramkale, während es in Iskele nicht nur etwas mondäner, sondern vor allem touristischer zugeht.

In Behramkale:

- **Assos Sunset Butik Hotel,** unterhalb der Akropolis, Tel. 0532-5139742 (wer nicht über ein Internet-Portal bucht, muss vorher anrufen, da das Hotel keine präsente Rezeption unterhält), www.assossunsethotel.com. Gediegene Zimmer, herrliche Sonnenterrasse mit schöner Aussicht. DZ/F ab 100 €.
- **Assos Nar Konak,** ebenfalls im oberen Ortsteil, Tel. 7217081, www.assosnarkonak.com. Kleines stilvolles Hotel mit 5 individuell ausgestatten Zimmern, hübscher Innenhof, die familiengeführte Steinvilla ist erst 2013 eröffnet worden und glänzt mit durchweg positiven Kritiken seitens seiner Gäste. DZ/F ab 90 €.
- **Tekin Pansiyon,** unterhalb des Dorfzentrums an der Straße, Tel. 7217099. Einfache, aber sehr saubere Pension im Veranda-Motel-Stil, 8 Zimmer. DZ/F 30 €, gutes Preis-Leistungs-Verhältnis.

In Iskele:

- **Kervansaray Hotel,** direkt am Hafen, Tel. 7217093, www.assoskervansaray.com. Gediegenes, komfortables Haus mit 42 Zimmern, Pool, Billard, Sauna, Bar und Restaurant. DZ/F ab 110 €.
- **Yelken Camp,** ein paar Schritte über die Stege östlich des Hafens, Tel. 7217433, www.yelkencamp.com. Lockeres Strandhotel, saubere, aber recht kleine Zimmer mit AC, Restaurant. Das Meer direkt vor der Tür. DZ inkl. HP 50 €.

Athena-Tempel

Camping **Assos Club Beyaz,** Kadırga Bay 13; ca. 2,5 km östlich von Assos direkt am Meer, N 39.496093, E 26.376114, Tel. 0286-7217391; geöffnet 15.5.–31.12., einfache Einrichtung, Café, Waschmaschine, WLAN.

Essen und Trinken Oben in Behramkale ist **Assos Köyüm** ein Restaurant-Tipp, oder das **Panorama** (schöne Terrasse für den Sonnenuntergang!). Beide bieten türkische Küche – Mantı, Börek, Kebap, und dies preiswerter als in Iskele, wo die Restaurants immer zu den Hotels gehören. Auch das **Nar Café** mit seinem hübschen Garten und Innenhof ist einen Besuch wert. Für den Sonnenuntergang empfiehlt sich u.a. die Terrasse des Taşlı Köşk unterhalb der Akropolis, grandioser Ausblick!

Ein herrlicher Platz ist auch der zentral gelegene **Dorfteegarten,** dessen von alten Bäumen bestandene Terrasse ebenfalls einen herrlichen Ausblick bietet; natürlich auch der Treffpunkt der Einheimischen. Daneben steht das ebenfalls preiswerte **Öğretminin Yeri Restaurant**.

Schwimmen Iskele hat wie gesagt nur einen kleinen Kiesstrand oder Hotelstege; wer einen Sandstrand sucht, kann zu der ca. 5 km östlich gelegenen Bucht **Kadırga** fahren, wo sich ein breiter und langer Sandstrand erstreckt. Die Bucht ist voll von Bungalow-Hotels, darunter auch preisgünstige.

Von Assos nach Ayvalık – Der Golf von Edremit

Der Golf von Edremit ist eine tief eingeschnittene nordägäische Bucht. Ihre nördliche Küstenlinie läuft von Küçükkuyu konstant nach Westen bis Akçay und knickt dann scharf nach Südwesten Richtung Ayvalık ab. Das Küstenland mit der vorgelagerten griechischen Insel Lesbos *(Lésvos)* wird wegen der Millionen Olivenbäume gerne als „Olivenriviera" bezeichnet, wobei der zweite Teil des Wortes schon verrät, dass mittlerweile der Tourismus – meist handelt es sich um türkische Besucher aus Izmir oder Istanbul – längst zum zweiten wrtschaftlichen Standbein der Region avanciert ist, in durchaus unterschiedlichen Nuancen. Während vor allem die Küstenorte der Nordseite als abschreckendes Beispiel einer völlig unsensiblen Betonorgie erscheinen, ist das nördlich davon gelegene Gebirge *Kaz Dağı* zunehmend das Ziel eines grünen wie auch kulturell anspruchsvollen Tourismus geworden.

Küçükkuyu

Von Assos führt eine schmale idyllische Küstenstraße, die immer wieder zu Abstechern an schönen, olivenbestandenen Badebuchten einlädt, nach Westen. Nach ca. 30 Kilometern erreicht man in Küçükkuyu wieder die stark befahrene N550. Der kleine Küstenort ist unter den nördlichen Badeorten des Edremit-Golfs noch der attraktivste, ungeachtet der Tatsache, dass sich links und rechts des Ortskerns auch hier die renditeorientierte Bauwut einer einfältigen Kastenästhetik reichlich ausgetobt hat. Küçükkuyus Kern besteht aus kaum mehr als einem kleinen, aber durchaus sympathischen **Fischerhafen,** an dessen Promenade Teegärten und Hotels zum Verweilen einladen. Erwähnenswert ist auch das **Olivenmuseum Adatepe Zeytinyağı Müzesi** am westlichen Ende der Durchgangsstraße (Eintritt frei, 9–18 Uhr), wo man auf zwei Etagen nicht nur allerlei landwirtschaftliche Geräte der Olivenproduktion (Pressen, Amphoren, Trichter etc.), sondern auch deren Produkte (Seife, Öl) besichtigen und erstehen kann.

Edremit – İzmir
0
20 km
© RKH VERLAG HERMANN
nach Tavşanlı
nach Uşak
nach Bandırma
nach Çanakkale
Dursunbey
Boyalıca
Osmaniye
Çamlık
2089
Aksaz
1696
Simav Ovası
Simav Dağla
Dervişler
1692
Düvertepe
Yukarıçamlı
1796
Yusufçamı
Sındırgı
Durabeyler
Kavacık
Sağırlar
Mezitler
İskele
Nusret
Bigadiç
Güvemçetmi
Gölcük
Paşaköy
Balıkesir
Soğucak
Savaştepe
Büyükyenice
İvrindi
Osmanlar
Söğütalan
Gölcük Dağları
Gelenbe
Kurtulmuş
Kepez Dağı
1383
Kıhra
Güneşli
Demirci
Demirci Dağı
Mahmutlar
Yarbasan
1526
Köylüce
1511
Cortak
Selendi
İçikler
Hamidiye
Gördes
Çomaklı
Kayakalan
Akhisar
1295
Akhisar Ovası
Kırkağaç
Soma
Zeytinliova
Gökçe
Büyükkışıklar
Göçbeyli
Pireveliler
Küçükkılıca
Karadere
Kınık
Yunt Dağı
Pergamon
Bergama
Kozak
Bağyüzü
Yeni köy
Yuntdağ
1084
Gökbel
668
Saruhanlı
Nuriye
Halitpaşa
Hacıveliler
Gölmarmara
Hacıhıdır
Kemerdamları
Köprübaşı
Arpacı
Borlu
Hacıköseli
Gökçeören
Kula
Tepeköy
Alaşehir
Kıranköy
1555
Yeşilyurt
Yeleğen
Bahadırlar
Karaköy
Sarıgöl
1890
Kiraz
Çatak
2137
Salihli
Allahdiyen
Sartmustafa
Sardes
Ödemiş
1192
Bozdağları
Dağyeniköy
1040
Turgutlu
Bayındır
Çırpı
Kemalpaşa
Karaoğlanlı
Sipil Dağı Milli Parkı
Manisa
Muradiye
Osmançalı
1098
Menemen
İzmir
1510
Dağkızılca
Osmaniye
Menderes
Seferihisar
Edremit
Burhaniye
Ören
Pelitköy
Armutova
Ayvalık
Altınova
Dikili
Bademli
Çandarlı
Çandarlı Körfezi
Aliağa
Foça
Yenifoça
Seyrek
Çanaltı İskelesi
İzmir Körfezi
Güzelbahçe
Bademler
Urla
Gülbahçe Körfezi
Sığacık
Sığacık Körfezi
Küçükkuyu
Edremit Körfezi
Doğaköy
Sarımsaklı Plajı
Mitilíni
Ayvacık
Assos/Behramkale
Tuzla
Balabanlı
Babakale
Skála Sikaminéas
N. Kidoniés
Pigí
Míthimna
Kallóni
Kólpos Kallonís
986
Apothíkes
Skalochóri
Lésvos
Skála Eresoú
Ege Denizi
Karaburun
1212
Mordoğan
490
Uzunkuyu
Erythrai
Ildır
Küçükbahçe
Ilıca
Alaçatı
Altınkum
Çeşme
Chíos
Néa Moní
Kámbia
Pitioús
Vessá
Armólia
Órmos Kalamotís
230
565
555
240
250
300
585
E 96
E 87
550
36
75

Zwei Ausflugsziele in die Bergwelt seien zudem empfohlen: knapp 4 km nordwestlich des Ortes erreicht man das an der N550 ausgeschilderte Bergdorf **Yeşilyurt.** Der Spaziergang durch die idyllischen Pflastersteingassen führt an gepflegten Natursteinhäusern vorbei, von denen einige in Hotels oder Restaurants umgewandelt wurden. Ähnlich malerisch ist die Lage des ca. 4 km nördlich von Küçükkuyu gelegenen Bilderbuchdorfs **Adatepe.** Auch hier wurden die alten griechischen Steinhäuser restauriert, meist ebenfalls von finanziell liquiden Großstädtern, die in der guten Luft hier ihr sommerliches Feriendomizil unterhalten. Eine Galerie mit Olivenprodukten und lokalen Souvenirs sowie geschmackvolle Unterkünfte sind vorhanden.

Am Ortseingang weist rechts ein Schild zum **Zeus-Altar,** ein kleines präpariertes Felsplateau, dessen genauer Zweck bis heute umstritten ist. Hoteliers kolportieren gerne, dass sich genau hier der Göttersitz befand, von dem Zeus sich das Schlachtengetümmel in Troia ansah. Wichtiger als das Ziel ist aber hier der ca. dreißigminütige Fußweg durch lichten Pinienwald sowie der abschließende schöne Ausblick über den Golf.

Praktische Infos Küçükkuyu

Touristeninfo (Turizm Danışma) Kleiner Kiosk an der Hafenpromenade nahe Hera Hotel, Tel. 7521292; in der Saison unregelmäßig besetzt, sonst im Hera-Hotel fragen. **Vorwahl:** 0286

An- und Weiterfahrt Busse von der Durchgangsstraße nach Çanakkale, Edremit und Assos; gelegentliche Dolmuş-Verbindung nach Adatepe, nach Yeşilyurt einen Bus nach Ayvacık nehmen, an der Ausschilderung aussteigen und zu Fuß den Berg hinauf (ca. 1,5 km).

Unterkunft **in Küçükkuyu:**

- **Hera Butikhotel,** Liman Içi (direkt am Hafen), Tel. 7522636. 10 freundliche Zimmer mit AC u. TV, schön gelegenes Restaurant direkt an der Promenade, deutschsprachige Leitung, die auch bei der Organisierung von Ausflügen hilft. DZ/F ab 40 €.
- **Ali Baba Hotel,** sauberes einfaches Stadthotel in der zweiten Reihe, also in der Parallelstraße zur Promenade, Tel. 7526277. DZ 30 €.

In Adatepe:

- **Hünnap Han,** Tel. 7526581, www.hunnaphan.com. Prachtvolles altes Steinhaus mit viel gediegenem Holz und schönem, natursteinummauerten Garten und Innenhof, komplett renoviert, liebe- und stilvoll eingerichtet, eine historische und kulturelle Idylle, Leitung behilflich bei Touren u. Ausflügen. DZ inkl. HP ab 130 €.

In Yeşilyurt:

- **Öngen Country Club,** Tel. 7522434, www.ongencountry.com. Trotz des Anglizismus im Namen eine historische Adresse, prachtvolle Hanglage am oberen Ende des Dorfes mit weiter Aussicht, traditionell und mit viel Geschmack eingerichtete Zimmer, Bar, Pool, Restaurant, Garten. DZ inkl. HP ab 120 €.
- **Taş Teras Butik Hotel,** Tel. 7526666, www.tasteras.com (nur türkisch). Schönes Natursteinhaus mit Garten und Terrasse, rustikalen Zimmern, Kaminraum usw. DZ/F ab 65 €.

Essen und Trinken **Alp Balık Evi,** Restaurant an der Promenade in Küçükkuyu, spezialisiert, wie der Name schon sagt, auf Fisch; wer im frühstücksfreien Ali Baba Hotel nächtigt, kann am besten im zentralen „Dorfcafé", dem platanenbestandenen Teegarten beim Brunnen am Hafen, frühstücken. Aufgetischt wird ein gutes Bauernfrühstück für wenig Geld.

Kaz Dağı – Von frischer Luft und verschiedenen Gänsen

Parallel zur Nordküste des Golfs von Edremit erstreckt sich ein 70 km langer, waldreicher Höhenzug, der in antiken Zeiten als *Ida-Gebirge* bekannt war und von den Türken heute als *Kaz Dağı* („Gänseberg") bezeichnet wird. Die beiden höchsten Gipfel, der 1774 Meter hohe Sarıkız Tepesi („Berg des blonden Mädchens") wie der nur wenig kleinere *Babadağ Tepesi* („Vaterberg", 1765 Meter), weisen noch heute auf die Protagonisten der turkmenischen Legende hin, nach der das Gebirge benannt ist: Ein Mann, der sich auf eine lange *hadsch* (Pilgerfahrt) begeben hatte, kehrte nach geraumer Zeit in sein Dorf zurück und hörte, dass seine blonde Tochter ungehörig mit der männlichen Dorfjugend flirte. Der entrüstete Vater schleppte seine Tochter ins einsame Gebirge, wo sie zeitlebens die Gänse hütete und magische Fähigkeiten erlangte. Die Geschichte hat mehrere Varianten und ist auch in Persien und im Vorderen Orient präsent.

Geläufiger als die Blondinen-Variante dürfte jener antike Topos sein, der als Archetyp jeder Misswahl noch heute bekanntlich höchste Einschaltquoten erzielt: Paris, der in seinen jungen Tagen als unbedarfter Hirtenjunge glücklich die Schafen und Ziegen auf dem Ida bewachte, wird unfreiwillig zum Schiedsrichter zwischen drei urplötzlich herbeischwebenden göttlichen Zicken. Sie reichen ihm süßholzraspelnd einen goldenen Apfel, den *Eris*, die Göttin der Zwietracht, mit der Aufschrift „der Schönsten" unter die eifernden Damen geworfen hatte. Und der Schönsten unter ihnen solle er ihn nun zurückreichen. Hera, Gemahlin des Zeus und Schutzmatrone des Herds, verspricht dem verdatterten Jungen dafür die Herrschaft über das größte Reich; Athena, die Göttin der Weisheit und Tapferkeit, bietet ihm höchste Klugheit und Kriegsruhm; die dritte Gans, Aphrodite, bezaubernde Göttin des Eros und der Liebe, beklimpert ihn mit dem Versprechen, ihm die schönste Frau der Welt zuzuführen. Unser armer sterblicher Hirtenjunge reagiert, wie auch heute noch die meisten Männer reagieren dürften – er wählt, was er zu sehen vermeint. So verspielt er sich alle Sympathien mit Herrschaft und Klugheit, um Jahre später in einem Anfall von *amour fou* das tückische Geschenk der Aphrodite – Helena – nach Troja zu bringen. Die fatalen Konsequenzen dieser Wahl sind bekannt (s. o.). Als Womanizer und Frauenräuber von Hera, Athena und der ganzen Geschichte geschmäht und verspottet, geht er mit Troia unter. Zeus hat übrigens von den Höhen des Ida – einer seiner Lieblingssitze – genüsslich das zwölfjährige Gemetzel verfolgt und je nach Laune das Todeslos gezogen.

Heute sind die Gänseberge ganz unmythologisch als 21.463 ha großer Nationalpark **Kaz Dağı Milli Parkı** ein Urlaubsgebiet erster Güte.

Dies ganz wörtlich mit Bezug auf den guten Sauerstoffgehalt der Luft, der nirgendwo sonst in der Türkei erreicht wird. Wie drückte es ein begeisterter Hotelier aus: „Die Gänseberge sind nicht nur unser Urlaubskapital, sie schützen auch die Nordägäis vor der unerträglichen Sommerhitze des Südens, da sie wie eine Barriere wirken. Und wussten Sie, dass der Gänseberg von der Unesco 1992 zum „Weltberg" gewählt wurde?"

Noch eine Wahl – hoffentlich mit guten Konsequenzen, denn die einmalige Flora und Fauna des von kühlen Schluchten und trinkwassersauberen Bergflüssen durchzogenen Gebietes verdient wahrlich etwas anderes als Troia. Die Hoteliers wie die Parkverwaltung scheinen hier einsichtig an einem Strang zu ziehen, denn ein unregulierter Zugang von Massen soll durch kontrollierte Zugänge und Genehmigungen vermieden werden. Damit es den Gänsebergen nicht so ergeht wie der Küste davor ... (Infos s. Akçay).

Edremit/Akçay

Von Küçükkuyu läuft die N550 am Nordrand des Edremit Körfezi nach Westen. Der von standardisierten Betonreihen geprägte Badeort *Altınoluk* (12 km) versprüht ebenso wie das nachfolgende *Akçay* (29 km) den zweifelhaften Charme von industriellen Urlaubsgettos: die Strände im Ortskern sind zur Saison überfüllt, dahinter befinden sich einförmige Laden- und Restaurantgassen sowie mehr oder weniger uniforme Urlaubskästen, die vielleicht der türkischen Bauindustrie, nicht aber dem Besucherauge Begeisterung entlocken. Am Barbaros Meydanı in Akçay, nahe der Anlegestelle, lässt sich wenigstens eine Statue der legendären Gänsemagd bestaunen, die dem nördlich liegenden Bergzug ihren Namen gab (s.o.). Außerdem kann man von Akçay gut die Gänseberge erkunden, wo der Wasserfall *Sütüven Şelalesi* (8 km nördlich von Akşay) und das Dorf *Çamlibel* (6 km nordwestlich von Akçay) zu Wanderungen einladen.

Am Sütüven-Wasserfall in den Kaz Dağları

Der sehr schöne Weg zum Sütüven-Wasserfall führt vom Parkplatz durch dichten, kühlen Wald zum kleinen See *Hasan Boğuldu.* In den vom Flüsschen gebildeten Tümpeln kann sommers auch gebadet werden. Nahe Çamlibel präsentiert das kleine Museum der **Tahtakuşlar Galerisi** (von der Straße ausgeschildert, Eintritt 1 €, geöffnet bis Sonnenuntergang) verschiedene landwirtschaftliche Geräte, ein türkisches Zelt sowie andere Kuriositäten; zu letzteren gehört die angeblich größte jemals ausgestopfte Schildkröte, knapp zwei Meter lang und 360 kg schwer. Na ja ...

Da wo die Nationalstraße nach Süden abknickt, liegt in einer Ebene und 10 km vom Meer entfernt der Hauptort der Region, **Edremit.** Die ca. 50.000 Einwohner zählende Stadt lebt ganz von der Landwirtschaft (Feigen und Oliven) und stellt mittwochs mit ihrem lebendigen und großflächigen Wochenmarkt auch ein beliebtes Ausflugsziel für Strandurlauber dar. Der Name des Ortes, in der Antike *Andramytteion,* geht auf den Bruder des sagenhaft reichen lydischen Königs Krösus, Adramys, zurück, was Edremit immerhin ein stattliches Alter von 2600 Jahren attestiert. Zu sehen ist davon allerdings nichts: neben den geschäftigen Einkaufsgassen rund um die seldschukische *Kurşunlu Cami* (14. Jh.) erfreut noch der schöne Stadtpark *Paruk Serpil,* an dessem Rand das zweistöckige *Etnografya Müzesi* liebevoll die traditionellen Lebensumstände der Landbevölkerung nachstellt (Eintritt 0,70 €, 9–12 u. 13–17 Uhr, Mo geschl.)

Praktische Infos

Touristeninfo (Turizm Danışma) Akçay, Barbaros Meydanı, Tel. 3841113, Mo–Fr 8–12 u. 13–17 Uhr. **Vorwahl:** 0266

An- und Weiterfahrt Von Edremit Verbindungen in alle Richtungen, u.a. von/nach Küçükkuyu, Ayvalık, Çanakkale usw. Dolmuş-Verbindungen nach Akçay und Burhaniye. Von Akçay Verbindungen nach Küçükkuyu und Zeytinli (Sütüven-Wasserfall).

Unterkunft

In Akçay:

- **Sahra Motel,** Leman Akpınar Caddesi (mitten im Zentrum und direkt am Strand), Tel. 3847815, www.sahramotel.com. 35 sehr einfache Zimmer mit AC und TV mitten im Urlaubsgewühl, Korbstuhlrestaurant am Strand mit Sonnenschirm und Liegen. DZ/F 40 €.
- **Denizer Pansiyon,** ein paar Schritte weiter, Tel. 3841011. Etwas gemütlicher und ruhiger, Zimmer mit AC, Küchenbenutzung. DZ 35 €.

In Çamlibel:

- **Idaköy Çiftlik Evi,** Tel. 3873402, www.idakoy.com. Der Kontrast zum Küstenrummel: schönes Landhaus in absoluter Ruhe am Dorfrand mit 5 freundlichen Zimmern und einem Cottage. Die Besitzer, Iskender Bey und Sema Hanım, beraten und begleiten gerne Ausflugs- bzw. Wandertouren. Iskender Bey, ehemaliger Rechtsanwalt und Philosophielehrer, hat Bücher über die Gänseberge geschrieben und ist ein Kenner der hiesigen Flora u. Fauna. Vorzeitige Reservierung ratsam. DZ/F u. Abendessen 70 €.

Ausflüge/ Wanderungen Viele Agenturen bieten u.a. folgende Ausflüge an: Bozcaada (ca. 18 €), Sütüven-Wasserfall und Adatepe (17 €), Ausflug zu den Gipfeln der Gänseberge (18 €). Z.B. bei *Kazdağı Turizm,* Cumhuriyet Cad. Ertem Pasaje 2, Akçay, Tel. 3845333, www.kazdagtur.com; oder bei *Demre Tour,* Memiş Kaptan Meydanı 2, Akçay, Tel. 3848586, www.demretour.com. Wanderungen auf eigene Faust, also ohne Führer, bedürfen zumindest in einigen Teilen der Gänseberge der Erlaubnis der Nationalparkverwaltung (Tel. 3731480, Fax 3739984).

Ören/Burhaniye

Der schönste und familienfreundlichste Badeort am Golf von Edremit ist das ca. 14 km südlich gelegene Ören. Ein prachtvoller, breiter Sandstrand am Fuß eines pinien- und eichenbestandenen Hangs, großzügige Grünanlagen und schattige Teegärten mit Bilderbuchblicken aufs Meer, eine gute touristische Infrastruktur – Urlauberherz, was willst du mehr!

Nur eines darf man nicht erwarten: eine authentische Altstadt mit anatolischem Flair. Ören ist ein reiner Urlaubsort, dessen Anlage hier und da einen zwar gepflegten, nichtsdestotrotz retortenhaften Charakter annimmt. Größere Betonsünden wurden – Allah sei Dank – verhindert, gleichwohl die Masse an Bungalows und Ferienhäusern ungeachtet der liebevollen Begrünung dem Bild des Urlaubstereotyps kaum entgehen kann. Wer also

Badestrand von Ören am Golf von Edremit

eine gewisse anatolische „Erdigkeit" vermisst, sollte entweder Edremit oder die 5 km landeinwärts liegende Kreisstadt *Burhaniye* besuchen; hier lebt man noch mehr oder weniger von der Landwirtschaft, und dreimal im Jahr ist der Ort Schauplatz von volksfestartigen Kamelringkämpfen.

Praktische Infos

Touristeninfo (Turizm Danışma) Meço Caddesi 25 (im Zentrum von Ören), Tel. 4163500, 8–12 u. 13–17 Uhr. **Vorwahl:** 0266

Anfahrt Dolmuş-Verbindung zwischen Burhaniye und Ören; vom Otogar in Burhaniye Verbindungen nach Edremit, Ayvalık usw.

Unterkunft Der ganze Ort steht im Dienste des Touristen, dementsprechend ist das Angebot von Hotels und Pensionen. Grundsätzlich gilt: je näher am Meer, desto teurer.

Club Orient Holiday Resort, direkt am Strand, Tel. 4163445, www.club-orient.de (deutsche Website mit viel Infos). Sehr freundliche Bungalow-Anlage mit schönem Garten und ansprechenden Zimmern, Pool, Sportmöglichkeiten (Tennis, Surfen, Fahrradverleih), nette Atmosphäre. DZ/F je nach Saison und Zimmertyp ab 70 € (Kinder ermäßigt).

Camping **Altın Camp Park Hotel,** am nördlichen Rand des Ortes (ausgeschildert), 1.4.–31.10. geöffnet, Tel. 4163732, schöne parkähnliche Anlage am Meer mit eigenem Strand, Restaurant, saubere sanitäre Anlagen. Caravan (2 Pers.) 18 € (Jul/Aug), ca. 15 € in Nebensaison.

Essen und Trinken **Set Şelale,** Kordon Boyu 23 (in Hanglage über dem Strand); herrlich gelegenes Restaurant mit Teegarten unter Bäumen mit Blick aufs Meer. Pide, Lahmacun, Kebap usw.

Ayvalık

Etwa 33 km südlich von Edremit erreicht man mit Ayvalık nicht nur einen der populärsten Urlaubsorte der türkischen Nordägäis, sondern auch das größte Olivenanbaugebiet der Türkei – ein Grund, der die Benennung der Region als „Olivenriviera" rechtfertigt. Der rund 40.000 Einwohner zählende Ort zieht mit seiner attraktiven Altstadt und der malerisch vorgelagerten Inselwelt zunehmend auch ausländische Touristen an, ohne aber – wie so mancher großer Urlaubskonkurrent an der Südküste – seinen lokalen Charme ganz dem Tourismus geopfert zu haben. Das liegt zum einen daran, dass das Gros der Besucher immer noch türkische Urlauber aus Istanbul oder Izmir sind – viele von ihnen haben auf den Inseln ein festes Feriendomizil oder sind Stammgäste –, zum anderen daran, dass sowohl die Fischerei und natürlich auch die Olivenproduktion nach wie vor präsente Erwerbsquellen darstellen. Zudem verfügt Ayvalık selbst über keinen direkten Sandstrand, so dass reine Strandurlauber auf die südlichen Vororte **Çamlık** (schöne Buchten) bzw. **Sarımsaklı** (breiter Sandstrand, aber viele Hotelklötze) oder aber auf die ehemalige **Insel Cunda** verwiesen werden. Die nahegelegene griechische Urlaubsinsel Lesbos verschafft übrigens dem Ort auch viele Tagestouristen, die hier ein bisschen „Orient" schnuppern oder ganz einfach billig shoppen wollen, was vor allem für den Donnerstag, dem wöchentlichen Markttag, zutrifft.

Geschichte Die Geschichte des von Griechen gegründeten Ortes kann ein Kuriosum aufweisen. Nachdem die Stadt unter dem Namen *Kydonia* für Jahrhunderte ohne großes Aufsehen durch die Historie gedümpelt war, brachte die

Hafen von Ayvalık

Schlacht von Çeşme im Jahre 1770 einen historischen Einschnitt: ein griechischer Priester aus Ayvalık rettete und beherbergte den vor der siegreichen russischen Flotte geflüchteten Kapudan-Pascha (Admiral der türkischen Flotte), *Ghazi Hasan Paşa* (1713–90). Da Hasan wenigstens einen kleinen Teil der türkischen Flotte gerettet hatte, avancierte er nach seiner Rückkehr nach Konstantinopel zum Großwesir, und nicht zuletzt seinem Einfluss war es zuzuschreiben, dass Ayvalık zum Dank für seine Hilfe ein autonomer Status im Osmanischen Reich zugesprochen wurde. Der Sultan erließ 1773 einen *ferman* (Erlass), nach dem die Stadt von Steuern befreit und – abgesehen von wenigen Staatsvertretern – für muslimische Bürger quasi gesperrt wurde. Innerhalb der nächsten Jahrzehnte erlebte die privilegierte Stadt durch den Zuzug weiterer Griechen – über 30.000 soll die Einwohnerzahl betragen haben – einen enormen Aufstieg. Als sich allerdings im griechischen Befreiungskampf 1821–27 Ayvalık auf die Seite der aufständischen Griechen schlug, wurde die Stadt von osmanischen Truppen zerstört und ihre Bewohner mussten ins anatolische Hochland umziehen. Zwar durften die Griechen nach Kriegsende wieder zurückkehren, aber mit der exponierten Stellung der Stadt war es vorbei. Das Ende des westanatolischen Griechentums kam dann ein Jahrhundert später, als im Rahmen des Bevölkerungsaustausches 1923 die Griechen ausgewiesen wurden. Türkische Immigranten übernahmen die griechischen Häuser. Letztere verleihen auch heute noch den Gassen der sehenswerten **Altstadt** ihren malerischen Charme.

Alt und neu Kaum ein anderer Ort der türkischen Ägäis kann Besucher mit seiner frappierenden Ungleichzeitigkeit dermaßen verblüffen: im Hafen- und Küstenbereich mit seinen Cafés, Hotels und Diskotheken erfährt der Reisende die allerorten sich entwickelnde Urlaubsatmosphäre der Moderne, wohingegen zumindest Teile der Altstadt mit ihrem Kopfsteinpflaster, Eselskarren und laubenüberdachten Männercafés Bilder aus einer vergangenen Zeit lebendig machen. Längst hat die Stadtverwaltung die Anziehungskraft der alten griechischen Häuser erkannt und sie teilweise restauriert. Hier und da eröffnen in ihnen traditionsorientierte Cafés eine stimmungsvolle Alternative zu den stereotypen Lokalitäten der Urlaubsküste, und ein Spaziergang führt an historischen Sehenswürdigkeiten wie der **Çınarlı Camii** (ehemalige griechische Agios Yorgis-Kirche im 19. Jh., nach 1923 Moschee) und der **Saatlı Camii** („Uhrenmoschee", Kirche im 19. Jh., 1928 in eine Moschee verwandelt) vorbei.

Der nahe der Çınarlı Camii gelegene **Meydan** (Platz) stellt mit seinen Pferdedroschken und Teehäusern einen der pittoreskesten und malerischsten Winkel der Altstadt dar. Die **Taxyarhis-Kirche** wurde 1873 erbaut und enthält neben einigen Deckenbildern auch Porträts auf Fischhäuten; leider ist die Kirche wegen Baufälligkeit derzeit nur von außen zu begutachten, eine Restaurierung ist allerdings in Planung.

Gasse an der Kirche

Cunda

Altstadtflair und Kopfsteingassen bietet auch der Hauptort **Alibey** der ehemaligen Insel **Cunda** (deshalb auch *Alibey Adası* genannt). Ein befahrbarer Damm hat das lupenreine Inseldasein beendet, so dass man sowohl per Dolmuş wie auch per Boot (jede Stunde vom Hafen in Ayvalık) Alibey erreichen kann. Der Ort wie auch Cunda insgesamt ist das noble Ziel der Gutbetuchten, die in den vielen lückenlos aufgereihten Fischrestaurants am Hafen dinieren und oft feste Feriensitze erworben haben. Aus Griechenzeiten stammt die Ruine der orthodoxen **Taksiyarhis-Kirche** (auch Nikolauskirche genannt), die ebenfalls einer dringenden Restaurierung harrt.

Wanderungen auf Cunda führen u.a. zu der hochgelegenen *Sevim ve Necdet Kent Kitaplığı*, ein von der bekannten Koç-Stiftung restaurierter spätbyzantinischer Gebäudekomplex, der aus einer Kapelle wie ehemaligen Windmühle besteht. Neben einem Terrassencafé (schöner Blick über die Inselwelt bis Lesbos) ist hier eine Bibliothek eingerichtet worden. Der Norden der Insel besitzt noch hübsche und einsame Buchten und – nahe dem Ort Patrica – das verfallende griechische Mönchskloster **Ayişiği.**

Südlich des schon erwähnten Villen- und Badevororts **Camlık** liegt das Felsplateau *Şeytan Sofrası* („Teufelstisch" oder „-tafel"), wo mehrere schön gelegene Cafés bzw. Restaurants den Blick über die Küste und den Sonnenuntergang das Essen optisch ergänzen. Wer mephistophelischer Natur ist, kann eine Münze in einen dafür vorgesehenen Felsspalt (am gleichnamigen Café Şeytan Sofrası) werfen und sich etwas wünschen – der Teufel oder wer auch immer soll dem Wünschenden dann unter die Arme greifen …

Praktische Infos Ayvalık

Touristeninfo (Turizm Danışma) Informationskiosk am Hafen (nahe Fischmarkt), in der Saison 9–12 u. 13–17 Uhr geöffnet, Tel. 3122122.

Vorwahl: 0266. **Post:** Inönü Caddesi (ca. 300 m nördlich des Hafens an der Hauptstraße).

Busterminal (Otogar) Etwa 1,7 km nördlich des Zentrums an der Hauptstraße (Verlängerung der Inönü Caddesi). Busse nach Edremit, Çanakkale und Bergama und Dolmuşverbindung ins Zentrum; von dort bestehen Dolmuş- bzw. Kleinbusverbindungen nach Alibey Adası, Camlık und Sarımsaklı.

Mietwagen Einige Anbieter in der Talatpaşa Caddesi nördlich vom Hafen, z.B. *Light,* Talatpaşa Cad. 52/B oder *Avis,* Talatpaşa Cad. 61/B

Unterkunft

- **Yalı Pansiyon,** PTT Arkası 25 (hinter der Post zum Meer), Tel. 3122423, www.yali-pansiyon.com. Ein schönes, über 200 Jahre altes Haus mit reicher Innendekoration (Deckenmalereien) und einem prachtvollen Garten direkt am Meer, wo man unter Eukalyptusbäumen frühstücken und aufs Blaue schauen kann. Acht hohe, einfach eingerichtete Zimmer, Bad auf dem Flur, im Winter geschl. DZ/F 20 €.
- **Pension Seco,** Gümrük Caddesi 2 Sok. 37 (direkt vor Yalı Pension nahe Post), Tel. 3123630. Zwar nicht direkt am Meer, dafür aber schöner Frühstücksbalkon mit Blick auf dasselbe, saubere einfache Zimmer, Bad auf dem Flur. DZ/F 25 €.
- **Bonjour Pansiyon,** Çeşme Sokak 5, Tel. 3128085, www.bonjourpansiyon.com. Ebenfalls ein prächtiges, 300 Jahre altes Haus in der Altstadt mit schönem Innenhof, alter Holztreppe und Fußboden wie auch auffälliger Deckendekoration. Neun Zimmer, Bad auf dem Flur. DZ/F 30 €.
- **Taksiyarhis Pansiyon,** Maraşal Çakmak Cad. 71 (direkt oberhalb der Taksiyarhis-Kirche), Tel. 3121494, www.taksiyarhispension.com. Liebevoll eingerichtete, verwinkelte Familienpension in einem schönen Altstadthaus mit Terrasse und traditionellem Interieur, kleinem Garten, Internet. 14 € pro Person. Wer lieber im Hotel nächtigt:
- **Ayvalık Palas,** Gümrük Meydanı 1, Tel. 3121064, www.hotelayvalikpalas.com. Großes Haus von 1940 mit 37 modern-funktional eingerichteten großen Zimmern (teilweise Meerblick) im Zentrum, bestes Hotel der Stadt. DZ/F ab 50 €.
- **Kaptan Hotel,** Balıkhane Sok. 7, Tel. 3128834, www.kaptanotelayvalik.com. Großes Haus mit hellen, freundlichen Zimmern, AC, teilweise Meerblick. Günstiges Preis-Leistungs-Verhältnis, DZ/F ab 25 € (mit Bad 30 €).

Wer lieber auf **Cunda** bleiben will:

- **Zehra Teyze'nin Evi** (auch **Cunda Evi** genannt), direkt an der weißen Taksiyarhis (Nikolaus)-Kirche in Alibey Adası, Tel. 3272285, www.cundaevi.com. Schönes 130 Jahre altes Haus, liebevoll gepflegt, mit einem gepflegten Garten, Internet. DZ/F ab 65 €.
- **Günay Motel,** Alibey, Sahil Boyu 4, Tel. 3271048, www.cundagunay.com, DZ/F 45 €. Oder: **Atün Pansiyon,** Alibey Zentrum, Tel. 3271554; einfach eingerichtete Zimmer. DZ/F 35 €.

Sonnenuntergang am „Teufelstisch", *Şeytan Sofrası*

Camping

Camlık Camping, ca. 4 km südlich direkt am Meer, Tel. 3122286, schattiger Platz unter Pinien am Meer, Restaurant, naher Supermarkt.

Essen und Trinken

An erster Stelle stehen hier die schon genannten Fischrestaurants in **Alibey,** darunter z.B. als weithin bekanntes das **Papalina** (Tel. 3271041, südlich des Fähranlegers direkt am Meer). In unmittelbarer Nähe, Belediye Sok. 16, verlockt in einem schönen alten Steinhaus mit ansprechender Inneneinrichtung das **Delikedi,** eine Café-Bar, die gelegentlich auch Live-Musik (türkische Canlı-Müzik-Volksmusik) anbietet. Etwas weiter ab vom Meer, (Selamet Caddesi 7, liegt **Hayat Bahçesi,** ein netter Teegarten, Fr/Sa gelegentlich Jazzdarbietungen.

- Das **Han Café** mit seiner terrassenförmigen Rasenanlage unter Pinien verdient unter den oben genannten Cafés der Şeytan Sofrası eine besondere Erwähnung.
- In **Ayvalık** selbst bieten das **Aranan Köfteçi** (im Gemüsemarkt nahe Talatpaşa Caddesi) oder das **Kardeşler Kebap Sarayı** (Inönü Cad. 10, am Hafen) preiswerte türkische Küche an. Nicht verpassen sollte man auch den weithin bekannten **Ayvalık-Toast,** der in jedem Café als Snack erhältlich ist: praktisch ein großer und gut belegter Brocken, dessen Belag am besten gemischt *(karışık)* zu würdigen ist.

Nightlife

Rund um den Hafen von Ayvalık gibt es zur Saison einige Café-Bars, aber im Großen und Ganzen geht es hier weit ruhiger zu als in den großen Touristenorten weiter südlich.

Bootstouren, Ausflüge, Tauchen

Jale Lines, Gümrük Caddesi 24, Tel. 3122740, bieten tägliche Transfers zur griechischen Insel **Lesbos,** 40 € (Retour 50 €); die Rückfahrt erfolgt erst am nächsten Tag, so dass eine Zwischenübernachtung auf Lesbos erforderlich ist.

Der Pendelverkehr nach **Cunda** erfolgt vom Hafen (am Touristenkiosk) im Stundenrhythmus; von dort auch verschiedene Tour-Angebote in die **Inselwelt** mit Badestopps u. Verpflegung, z.B. *Veysel Kaptan Tour,* tägl. 11–19 Uhr, ca. 10 €, www.veyselkaptan.net. **Tauchtouren** bietet *Körfez Diving Centre* an, Tel. 3124996, www.korfezdiving.com.

Schwimmen

Am besten nach Cunda fahren oder die südlichen Strandorte Camlık bzw. Sarımsaklı besuchen.

Einkaufen

Die beliebteste Bazar-Straße ist die *Talatpaşa Caddesi* mit dem angrenzenden Gemüsemarkt. Hier kann man z.B. die berühmten Olivenprodukte (Öl oder auch Seife) wie auch Souvenirs erstehen. In einem alten griechischen Haus von 1907 ist neben einem kleinen Café die *Art Gallery,* Talatpaşa Cad. 21 (Mo geschl.), untergebracht, wo man auch nach handgearbeiteten Souvenirs Ausschau halten kann – Tee und Kaffee sind gratis. Der schon erwähnte *Wochenmarkt* findet jeden Donnerstag nahe der Çınarlı Camii statt.

Bergama

Abseits der Küste erreicht man 55 km südlich von Ayvalık mit Bergama die ehemalige Hauptstadt der *Attaliden* und damit einen der antiken Höhepunkte der türkischen Ägäis. Die heute rund 60.000 Einwohner zählende Provinzstadt sollte zu hellenistischen Zeiten auf architektonischem wie künstlerischem Gebiet so etwas wie ein zweites Athen werden, so jedenfalls in den Augen jener Königsdynastie, die mit *Philetairos* (343–263 v. Chr) um 300 v. Chr. den Burgfelsen in Besitz nahm.

Geschichte

Geschickt zwischen den postalexandrinischen Großmächten lavierend erschien **Pergamon,** so der berühmte antike Name, machtpolitisch kaum mehr als ein Stadtzwerg zu sein, so dass schon die Herrschaft des Philetairos (sein Vater hieß Attalos, der damit der ganzen Dynastie den Namen gab) gewisse Prestige-, wenn nicht gar Minderwertigkeitskomplexe barg. Im Kampf der Diadochen wurde Philetairos die Obhut über einen großen Silberschatz anvertraut, so dass er zwar viel Geld, aber relativ wenig Macht besaß. Diesen

Mangel an politischem Prestige versuchten die Attaliden in der Folge dadurch auszugleichen, dass man den Schatz für repräsentative Bauten und generöse Stiftungen an wichtige griechische Kultstätten (Delphi, Delos) einsetzte, um so zumindest durch Mäzenatentum und künstlerischer Hegemonie im Hellenismus zu glänzen.

Vor allem unter den Nachfolgern, *Eumenes* II. (197–159 v. Chr.) und Attalos II. (159–138 v. Chr.), stieg **Pergamon zur prachtvollsten griechischen Metropole Kleinasiens** auf. Wie Athen besaß Pergamon einen Burgberg (Akropolis), und wie in Athen galt auch hier die griechische Göttin Athene als Schutzmacht der Stadt. Neben ihrem **Tempel auf der Akropolis,** der bereits im 3. vorchristlichen Jahrhundert erbaut worden war, entstanden nun jene Prachtbauten, die Pergamon zu einer der bekanntesten Städte der Antike werden lassen sollten. Politisch kam das Attalidenreich aber nie über den Status einer Mittelmacht hinaus, auch wenn die Herrscher ab 278 v. Chr. den Königstitel annahmen und einige militärische Erfolge über benachbarte Konkurrenten, wie z.B. die Galater und Seleukiden, erringen konnten. So blieben finanzielle Wohltätigkeit und durchdachtes politisches Jonglieren auch weiterhin die dominanten Aushängeschilder der kunstfreudigen Dynastie, die ihre Machtbasis durch einen frühzeitigen Bund mit Rom bis 133 v. Chr. erhalten konnte. In diesem Jahr starb der letzte der pergamenischen Könige, *Attalos III.* (171–133 v. Chr.). Staat und Schatzkammer hatte er in nüchterner Einschätzung der realen Machtverhältnisse den Römern vererbt, die Pergamon zu ihrer ersten östlichen **Provinz „Asia"** machten.

Im römischen Kaiserreich setzte sich die Blüte der immer weiter wachsenden Stadt fort. Längst war der Burgberg für die vielen Tausend Einwohner zu eng geworden, so dass Pergamon sich in die Ebene auszudehnen begann. Ab dem 3. Jahrhundert n. Chr., als mit den Goteneinfällen die politischen Verhältnisse unsicherer und die Einkünfte geringer wurden, gingen Bedeutung und Einwohnerzahl zurück.

Die Arabereinfälle im 7./8. Jahrhundert zwangen die Bewohner wieder auf den Burgberg, und erst mit der *Pax Turquia* der Osmanen im 14. Jahrhundert siedelten die neuen Bewohner ausschließlich am Fuße der Akropolis, wo nun die sympathische, aber wenig bedeutende Provinzstadt **Bergama** entstand.

In dieser tauchten ab 1865 deutsche Ingenieure (Carl Humann) und etwas später Archäologen (u.a. Alexander Conze) auf, die ab 1878 systematisch den Burgberg erforschten und berühmte Fundstücke wie den **Fries des Zeustempels** – heute eher als **Pergamonaltar** bekannt – nach **Berlin** brachten. Dies geschah mit ausdrücklicher Zustimmung der osmanischen Regierung, die sich damals wohl kaum der kunsthistorischen Dimension der so entführten Artefakte bewusst war. Mittlerweilen aber weiß die Türkei sehr wohl, welche pergamenischen Schätze damals so leichtfertig hergegeben worden sind; mehrmalige jüngste Forderungen, die Artefakte zurückzugeben, sind von deutscher Seite – wen wundert's – abschlägig beschieden worden. Der weltberühmte Pergamonaltar brilliert also in den Staatlichen Museen Berlin und ist heute der wohl größte Besuchermagnet der an antiken Exponaten so reichen Berliner Museumsinsel. Die

Ausgrabungen vor Ort dauern übrigens bis heute an, wobei das DAI (Deutsches Archäologisches Institut) die Leitung innehat.

Sehenswertes

Von derartigen kunsthistorischen Dimensionen ist die heutige osmanische **Altstadt** am Fuße der Akropolis weit entfernt, obwohl das türkische Bergama mit den seldschukischen Moscheen und Minaretten (*Ulu Cami,* um 1400, sowie *Şadırvanlı Cami,* 1550), seinen alten osmanischen Häusern, dem Bazar und den gemütlich-schattigen Teegärten beträchtlichen Charme besitzt. Die meisten Besucher, die in einem Tagesausflug über die antiken Stätten hetzen, haben weder Auge noch Zeit für diese „historisch-zweitrangige" Beschaulichkeit, denn die **Akropolis,** der Burgberg, will erkundet sein, bevor man nachmittags wieder in die Badeorte zurückfährt.

Auch den Individualreisenden, die sich zwei oder drei Tage Zeit nehmen, sei die Eroberung des 333 Meter hohen Burgbergs „von oben" empfohlen (seit 2011 bequeme Kabinenseilbahn – Akropolis Teleferik Bergama - von der Unterstadt zum oberen Eingang, 8.30–19 Uhr, hin und zurück 3,50 €), um dann abwärts zu laufen. Wer umgekehrt von unten der sechs Kilometer langen Serpentinenstraße nach oben folgen will, braucht im Sommer neben einer guten Kondition viel Wasser und eine Kopfbedeckung, denn allzu viel Schatten gibt es unterwegs nicht.

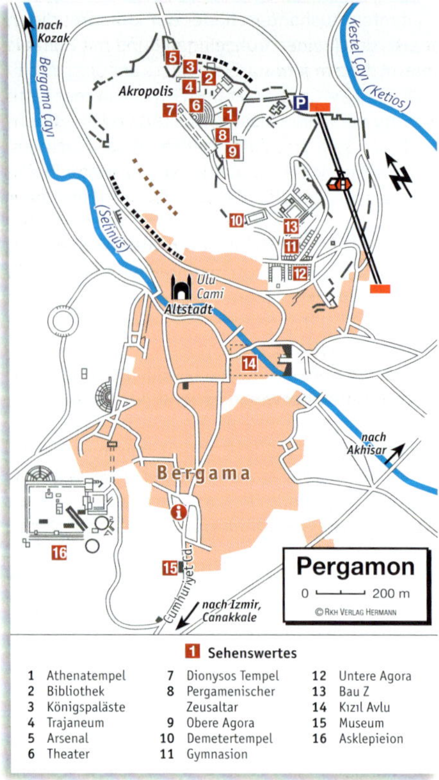

Akropolis

Hinter dem Parkplatz bzw. Kassenhäuschen (Eintritt 8 €, 8.30–18.30 Uhr) gelangt man an den Resten des Heroons vorbei zum Burgtor, hinter dem man den oberen Bereich der Akropolis betritt. Linker Hand sieht man die Fundamente des bereits erwähnten **Athene-Tempels** (4. Jh. v. Chr.), der einst von Säulen umstanden auch die berühmte Statue des sterbenden Galliers zeigte (als römische Kopie heute in den Kapitolinischen Museen Roms), eine Verherrlichung des pergamenischen Sieges über die Galater (Gallier). Danach folgen die Ruinen der berühmten **Bibliothek** (2. Jh. v. Chr.), in der einst über 200.000 Werke lagerten, so dass Pergamon – neben

Alexandria – über die größte Büchersammlung der Antike verfügte. Die ägyptische Diadochendynastie der Ptolemäer soll daraufhin den Export von Papyrus blockiert haben, um der eigenen Bibliothek in Alexandria das Primat zu sichern. In Reaktion darauf soll Pergamon auch der (unfreiwillige) Erfinder des *Pergaments* (nomen est omen) gewesen sein, jenes Schreibmaterial, das den Papyrus durch feine Tierhäute zu ersetzen suchte.

Rechter Hand die spärlichen Reste der **Königspaläste** passierend, gelangt man bergan zum **Trajaneum** (2. Jahrhundert), einst ein römischer Staatstempel, welcher der Verehrung des römischen Kaisers Trajan (98–117) diente und dessen heutige Ansicht durch mehrere wiederaufgerichtete korinthische Säulen besticht. Von hier wie auch dem nördlich davon liegendem Arsenalbereich bietet sich ein weiter, imposanter Blick über die Tiefebene.

An der Nordwestseite liegt – neben dem Trajaneum – der zweite spektakuläre Blickfang des antiken Pergamon: das 80 Sitzreihen umfassende **Theater.** Die Lage am nordwestlichen Steilhang ist grandios, und einst fanden auf seinen Stufen über 10.000 Zuschauer Platz, die nicht nur den Blick auf die Ebene, sondern auch auf den benachbarten kleinen **Dionysostempel** (2. Jh. v. Chr.) genießen konnten. Am Fuße des Theaters verlief zu antiken Zeiten die Hauptgeschäftsstraße und Flaniermeile der Stadt, an die sich südlich die sogenannte **Obere Agora** (Marktplatz) anschloss.

Über der Agora und östlich vom Theater sieht man einen Platz mit drei Pinien: hier stand der von König *Eumenes II.* zwischen 180 und 160 v. Chr. erbaute **Zeustempel,** eines der **Weltwunder der Antike,** und – zusammen mit der Bibliothek – der Garant des pergamenischen Ruhms. Seine Basis umfasste 36 x 34 Meter. Ein 120 Meter langer und 2,3 Meter hoher Figurenfries, darunter die berühmte **Gigantomachie** (Darstellung des mythischen Kampfes der Götter gegen die Giganten), umlief die Anlage, deren einzelne Platten dann von Carl Humann zwischen 1878–86 nach Berlin geschafft wurden und dort als **Pergamonaltar** Weltruhm erlangten (das Grab Humanns liegt übrigens östlich der Agora).

Von der Oberen Agora führt ein Weg hinab in die Unterstadt, wobei man die Ruinen des **Demeter-Heiligtums** (3. Jh. v. Chr.) und das sich über mehrere Terrassen erstreckende **Gymnasion** passiert, bevor man die **Untere Agora** erreicht. In diesem Bereich finden auch heute noch Ausgrabungen und Freilegungen statt, so z.B. im **Bau Z** (auf halbem Wege zwischen Ober- und Unterstadt) , ein großes Peristylhaus, das drei gut erhaltene Mosaiken beherbergt.

Unterstadt Auch die Unterstadt besitzt antike Sehenswürdigkeiten, so die **Kızıl Avlu** („Rote Halle"), die im 2. Jahrhundert von den Römern als *Isis- und Serapistempel* erbaut und unter den Byzantinern als christliche Basilika genutzt wurde. Ihre einstige Marmorverkleidung ist längst dahin, so dass der türkische Name recht treffend den übriggebliebenen Ziegelsteinbau bezeichnet (Eintritt 2,30 €, 8.30–18.30 Uhr).

Südwestl. Stadtrand Folgt man hier der Bankalar Caddesi (später Cumhuriyet Caddesi) nach Süden, erreicht man das **Archäologische Museum** (2,3 €, 8.30–18.30 Uhr, Mo geschl.), das einige sehenswerte Funde der Umgebung (Bodenmosaike, römische Statuen) präsentiert.

Ein paar Schritte weiter geht es vom Hauptplatz links zum berühmten pergamenischen **Asklepieion,** eine der geachtetsten medizinischen Heilanstalten der Antike (Eintritt 7 €, 8.30–18.30 Uhr). Hier versuchten illustre Koryphäen wie der Arzt *Galenus* (129–216) zu römischen Glanzzeiten Prominente und Athleten zu kurieren, wobei unter den Athleten in antiker Zeit auch Gladiatoren zu den Kunden gehörten. Das Asklepieion (Asklepios war der griechische Gott der Heilkunst) ähnelte allgemein einer großen Kuranlage, auf dem sowohl Behandlungsräume, Bade- wie auch Tempelanlagen zu finden waren. Ein Theater und eine Bibliothek, die wohl die psychische Genesung befördern sollten, waren gleichfalls vorhanden. Von all der hippokratischen Herrlichkeit sind heute nur noch spärliche Reste zu sehen.

Praktische Infos Bergama

Touristeninfo (Turizm Danışma) Cumhuriyet Caddesi Hükümet Konağı (an der Hauptstraße noch vor der Altstadt), Tel. 6312851, 8.30–12 Uhr und 13–17.30 Uhr, Di geschlossen. **Vorwahl:** 0232

Busterminal (Otogar) Ca. 6 km südwestlich an der Straße nach Izmir (Kleinbusse zur Innenstadt, die alle über die Cumhuriyet Cd. zum Zentrum fahren), u.a. nach Istanbul, Manisa, Ayvalık und Izmir.

Unterkunft

- **Berksoy Hotel,** Izmir Yolu 19 (ca. 3 km südlich vom Zentrum), Tel. 6332595, www.berksoyhotel.com. Dreistöckiges 3-Sterne-Hotel mit Pool, DZ/F 75 €.
- Atmosphärisch besser sind da schon die vielen preiswerten Pensionen nahe des Zentrums, z.B. **Pension Athena,** Lokcuimam Çıkmazı 9 (nicht weit von der Kızıl Avlu), Tel. 6333420, ein bei Reisenden beliebtes altes Haus mit hübschem Garten und Terrasse in der Altstadt. DZ/F ab 40 €.
- **Pension Gobi,** Atatürk Bulvarı 18 (südl. Verlängerung der Cumhuriyet Cd., bis zur Altstadt ca. 1,5 km), Tel. 6332518, www.gobipension@hotmail.com. Freundliche Leitung, Frühstück im Garten. DZ/F ab 27 €.

Camping **Caravan Camping Bergama,** Izmir Yolu Ilica Girişi (ca. 4 km südwestl. an der Straße 240 nach Izmir/nahe Kreuzung Izmir/Çanakkale), Tel. 6333902, ebener Wiesenstandplatz mit jungen Olivenbäumen (also wenig Schatten!), 50 Standplätze, 17 Bungalows, ganzjährig geöffnet, Restaurant, Duschen, Waschmaschinen, WLAN, deutschsprachig.

Essen und Trinken **Meydan Restaurant,** Cumhuriyet Cad. 13 (nahe Kızıl Avlu), internationale u. türkische Küche, preiswert.

Hamam Hacı Hekim Hamamı, Bankalar Caddesi 42, 7–21 Uhr, ca. 15 € (inkl. Massage); historisches Kuppelbad von 1513.

Festival Jährliches Kulturfestival (Bergama-Festival) mit vielen Folkloreaufführungen Anfang Juni.

Das Asklepieion – die berühmte Heilanstalt im früheren Pergamon

Zwischen Bergama und Izmir

An der Bucht von Çandarlı vorbei erreicht die N550 knapp 50 km südlich von Bergama die wenig ansehnliche Raffinerie- und Industriestadt *Aliağa.* Selbstfahrer, die einen Besuch der Foça-Halbinsel auf dem Programm haben, können südlich des Ortes rechts nach *Yenifoça* abbiegen, also die Halbinsel vom Norden aus durchfahren. Wer dagegen mit dem Bus anreist, muss im 25 km weiter südlich gelegenen Städtchen *Menemen* umsteigen, um von dort dann direkt nach *Foça* zu gelangen.

Foça

Der rund 15.000 Einwohner zählende Bade- und Urlaubsort war in den Anfangszeiten der Antike eine der wichtigsten Mutterstädte der griechischen Kolonisation. *Phokaia* war jene im 9. oder 8. Jahrhundert v. Chr. gegründete Griechenstadt, die ab dem 7. Jahrhundert im Mittelmeer mehrere „Ableger pflanzte", darunter als berühmtester das weit entfernte *Massilia,* welches heute als Marseille bekanntlich zu einer Millionenstadt „gediehen" ist. Wie die anderen ionischen Städte kam Phokaia im 6. Jahrhundert unter die Herrschaft der Perser, um dann nach dem Alexanderzug zunächst dem Seleukidenreich anzugehören. Mit diesem stellte es sich im Syrisch-Römischen Krieg (192–188 v. Chr.) gegen Rom und Pergamon, was seine prompte Zerstörung durch römische Truppen zur Folge hatte. Das was übrig blieb, dümpelte jahrhundertelang durch die Weltgeschichte, bis die Genuesen es im Mittelalter als Handelskolonie wiederbelebten. Sie waren es auch, die das ca. 18 km nördlich gelegene *Yenifoça* („Neues Foça") gründeten.

Im 15. Jahrhundert rückten dann die Osmanen ein, und beide Orte versanken in einen zweiten Dornröschenschlaf, der 1923 mit der Katastrophe des Bevölkerungsaustausches und dem Abzug der Griechen endete.

3

Sehenswertes

Foça ist heute ein hübsches Städtchen, in dem die Stadtbevölkerung von Izmir gerne den Wochenendurlaub verbringt. Eine Landzunge bildet zwei formschöne Buchten, *Küçük Deniz* („Kleines Meer") bzw. *Büyük Deniz* („Großes Meer") genannt; erstere liegt nördlich der Landzunge und ist touristisch gesehen die größere, sprich schönere, denn hier befindet sich nicht nur hinter einer weitgeschwungenen Promenade der Fischer- und Ausflugshafen, sondern auch der sympathische **Altstadtkern** des Ortes. Die Landzunge selbst dürfte als kleiner Burgberg wohl einst das antike Zentrum dargestellt haben. Hier liegen heute noch neben der **Fatih-Moschee** (15. Jh., im 16. Jh. erneuert) die Reste eines **Tempels,** der allgemein der *Kybele* (kleinasiatische Muttergottheit) zugeschrieben wird und am besten von der die Landzunge umrundenden Meerespromenade aus zu erkennen ist. Reste der mittelalterlichen **Stadtmauer** sind am besten nahe dem Busterminal zu studieren, ansonsten stellen die **Promenade** des Küçük Deniz sowie die benachbarten Altstadtgassen die Highlights eines Spaziergangs dar.

Der beschauliche Hafen von Foça, eingerahmt von Restaurants.

Südlich von Büyükdeniz ragt auf einer weiteren vorspringenden Landzunge die einstige genuesische Festung **Dişkale** auf, deren heutiges Aussehen nach osmanischen Veränderungen auf das 17. Jahrhundert zurückgeht (Militärgelände, nicht zugänglich).

An der Straße nach Izmir passiert man die spärlichen Überreste eines antiken **Theaters** sowie, ca. 7 km von Foça entfernt, das in einer karstigen Landschaft liegende **Pers Mezar Anıtı,** auch Taş Ev genannt. Dabei handelt es sich um ein aus dem 4. Jahrhundert stammendes Grabmonument, das lydische wie persische Elemente aufweist.

Vor Foça liegen die berühmten **Sirenenfelsen,** die mit ihrem legendärem Gesangszauber bekanntlich schon Odysseus das Leben schwer gemacht haben. Verkappt erscheinen die ominösen Heuler heute nur noch in Gestalt der letzten Mönchsrobben; ihr bedrohter Bestand – es sollen nur noch wenige Hunderte sein – ist einer der Hauptgründe dafür, dass die Küste vor Foça zum Naturschutzgebiet erklärt wurde.

Praktische Informationen Foça

Touristeninfo (Turizm Danışma) Atatürk Cad. 1 (gegenüber Busterminal, am südlichen Eingang zur Altstadt), Tel. 8121222, Mo–Fr 8.30–12 u.13–17.30 Uhr.

Vorwahl: 0232. **Post:** Atatürk Caddesi, nahe Tourist-Büro.

Busterminal (Otogar) Am Platz beim Tourist-Büro; regelmäßige Verbindungen nach Izmir und Yenifoça; wer nach Norden – Ayvalık oder Bergama, aber auch Manisa – will, muss auf dem Weg nach Izmir in Menemen umsteigen.

Mietwagen z.B. bei *Ampuria Tour,* Atatürk Mahallesi 123 Sok. 9A, Tel. 8125042, www.ampuria tour.com

Unterkunft

- **Foçaantique Boutique Hotel,** Küçükdeniz Sahil Caddesi 154 (im nördlichen Teil der Küçükdeniz-Bucht), Tel. 8124313, www.focaantiquehotel.com. Bestes und schönstes Hotel des Ortes in einem restaurierten alten Natursteinhaus mit 12 traditionell eingerichteten und dekorierten Zimmern, AC. Schönes Bad und eigener Hamam. DZ/F ab 80 € aufwärts.
- **Iyon Pansiyon,** Ismetpaşa Mah. 198 Sok. 8 (ebenfalls Küçükdeniz, aber etwas landeinwärts), Tel. 8121415. Lockere Backpacker-Pension mit 8 einfachen Zimmern, aber einem schönen Frühstücksgarten, WLAN, Windsurfing-Anleitung, freundliche und hilfsbereite Leitung. DZ/F 26 €.

Camping **Acar Camping,** Mersinaki Caddesi (GPS N38.73029 E26.74425, ca. 11 km nördlich von Foca nahe Strand, ca. in der Mitte zwischen Foca und Yenifoca), Tel. 8122852, geöffnet 1.4.–30.10., Toilette/nahegelenes Restaurant.

Essen und Trinken Rund um den kleinen Hafen der Küçükdeniz-Bucht liegen etliche Restaurants, die alle mehr oder weniger auf Fisch spezialisiert sind.

- Nicht am Hafen liegt eines der besten unter ihnen, das **Fokai Fish Restaurant,** Atatürk Mah. 121 Sok. 8 (am nördlichen Rand der Büyükdeniz-Bucht in erhöhter Lage auf der Landzunge), Tel. 8122186; ein hübscher Garten und für das Gebotene vernünftige Preise rechtfertigen die Empfehlung.

- **Foça Restaurant,** Sahil Cad. 56 (Küçükdeniz-Bucht), Fischrestaurant, Terrasse am Meer.
- **Café Foça Karasu,** 187 Sok. 7 (Küçükdeniz-Marktviertel, nicht direkt am Meer), eine Mischung zwischen Meyhane und Café, hübsche Einrichtung.

Nightlife Rund um den Hafen oder ins **Crocodile** (vormals Reborn) gehen, Büyükdeniz Sahil Cad. 27 (ein paar Schritte südlich vom Otogar), beste Diskothek des Ortes. Im **Efendy Café,** direkt neben der Tourist-Info, gibt es gelegentliche Live-Auftritte.

Ausflüge, Bootstouren Für organisierte Ausflüge s.o. unter „Mietwagen". *Turyol* unterhält einen Fährservice zur griechischen Insel **Lesbos** (Stadt Mitilini), Retour 25 €, www.turyol.com, Abfahrtszeiten bei den Agenturen erfragen. **Bootsausflüge** vom Küçükdeniz-Hafen gehen zu den Sirenen-Inseln (inkl. Schwimmpause und Essen, je nach Dauer 12–15 €).

Schwimmen Der beliebteste, aber entgeltpflichtige Kiesstrand ist der **Hanedan-Beach,** der ca. 3,5 km nördlich Richtung Yenifoça liegt; Eintritt 3 € am Wochenende (in der Woche billiger). Dafür Liegen und Sonnenschirme und natürlich Duschen, mit Dolmuş erreichbar. Man kann sich natürlich auch seine eigene kleine Bucht suchen, aber der Gelegenheiten sind nicht allzu viele, da viele Strände von Beach-Clubs oder Campinganlagen in Beschlag genommen werden.

Yenifoça

Das „neue" Foça 18 km nördlich verfügt ebenfalls über einen beschaulichen Fischerhafen sowie einen malerischen Altstadtkern. Zudem besitzt es einen „hauseigenen" (im Sommer notorisch überfüllten) Strand, der dazu geführt hat, dass westlich des alten Kerns immer mehr Ferienhäuser und Strandcafés entstanden sind, was der einst so idyllischen Fischerdorfpastorale entschieden abträglich war.

Im Sommer tummeln sich hier all diejenigen türkischen Touristen, denen das „alte" Foça zu möndän und teuer ist. Ein Tagesausflug reicht für die Erkundung plus anschließendes Planschen allemal. Wer dennoch bleiben will:

- **Selena Butik Hotel,** Aliyeğen Sok. 6 (im Altstadtzentrum), Tel. 8149191. Hübsches altes Haus mit Garten, recht einfache Zimmer. DZ/F 35 €.
- **Eray Balık Restaurant,** Kordon Cad. 29; eines von mehreren aneinander aufgereihten Hafenrestaurants, die natürlich alle auf Fisch spezialisiert sind.

Manisa

Rund 75 km östlich von Foca liegt am Fuße des *Sipil Dağı* (1513 m) in einer weiten Ebene die ehemalige osmanische Prinzenstadt *Manisa* (knapp 300.000 Einw.). Der lebhafte, in seiner modernen wie auch historischen Substanz rein türkisch geprägte Ort ist heute Hauptstadt der gleichnamigen Provinz.

Das alte, von Griechen gegründete *Magnesia* am Berg Sipylos wurde nach Jahrhunderten der römischen bzw. byzantinischen Herrschaft und einem kurzen seldschukischen Intermezzo bereits 1390 durch osmanische Truppen eingenommen und in der Folge eine jener Provinzstädte, in denen die jungen osmanischen Prinzen auf die Verwaltung des Reiches vorbereitet wurden. So sind denn die Sehenswürdigkeiten der Stadt auch ausschließlich osmanischer Provenienz.

Vom Prinz zum Sultan – oder in den Tod

Prinz Mehmet, der 1543 an den Pocken erkrankte, war eines natürlichen Todes gestorben – ein im Osmanischen Reich durchaus nicht selbstverständliches Privileg.

Denn seit den Tagen Sultan Mehmet Fatihs galt es als erste staatspolitisch sinnvolle Tat eines jeden neuen Sultans, alle Brüder sofort umzubringen, um die Einheit des Reichs zu sichern und Thronfolgekämpfe zu vermeiden. Mehmet ging selbst mit gutem Beispiel voran und ließ sofort nach Regierungsantritt seinen erst acht Monate alten Bruder im Bad umbringen.

Ob allerdings die Tötungsregel aus Staatsraison ihren Zweck erreichte – Vermeidung von Machtkämpfen –, darf mit Fug und Recht bezweifelt, ja sogar das Gegenteil behauptet werden. Denn zunächst einmal waren alle Prinzen gleichberechtigt. Sie wurden zunächst im Palast erzogen, um dann zur Vorbereitung auf die Herrschaft in eine wichtige Provinzstadt geschickt zu werden, wo sie Verwaltungs- und Regierungsaufgaben „üben" und erlernen konnten. Starb der Sultan, war es für den Nachfolger wichtig, sich zunächst der Hauptstadt und ihrer Truppen zu vergewissern, also möglichst schnell den Bosporus zu erreichen. Gewisse „Prinzenstädte", wie Amasya oder auch Manisa, waren wegen ihrer relativen Nähe zur Hauptstadt beliebt, fernere galten als Zeichen, dass der hier untergebrachte Sohn nicht zu den Nachfolgelieblingen des Vaters zählte.

Aber die geografische Nähe war nicht alles. Als Mehmet Fatih 1481 starb, schien sein Sohn Dschem im relativ nahen Konya die besseren Karten zu haben, denn sein Bruder Beyazıt weilte in einer weit entfernten anatolischen Provinz. Die Nachricht des Großwesirs vom Ableben des Sultans wurde aber von Beyazıts Vertrauten abgefangen, so dass dieser als erster die Hauptstadt erreichte. Mit einem sehr generösen Thronbesteigungsgeschenk an die Elitetruppe der Janitscharen sicherte sich Beyazıt deren Loyalität, und der heraneilende Dschem unterlag in der Schlacht. Er floh nach Ägypten, dann nach Frankreich, um schließlich als Gefangener des Papstes zum Verhandlungsobjekt zu werden. Beyazıt bot dem Papst viel Geld, wenn dieser seinen Bruder umbringen oder ausliefern würde. Über 13 Jahre dauerte das Geschachere, bevor Dschem 1494 einer Vergiftung erlag und seine Odysee beendet war.

Wichtiger als die pure Entfernung von der Hauptstadt war also das eigene „Informationssystem" bei Hofe, wo vor allem die Mutter, aber auch der Kızlar Ağası (Schwarzer Obereunuch) – beide im Harem viel näher am Herrscher als der Prinz selbst – künftig eine entscheidende Rolle spielen sollten.

Es hat übrigens sogar Fälle gegeben, wo man mit der Bekanntgabe des Sultanstodes solange wartete, bis der erwünschte Nachfolger die Hauptstadt erreichte. Den Truppen, die jeden Tag ihren „Vater" und Herrscher sehen wollten, präsentierte man solange den toten Sultan hinter einer Scheibe, wo ein eingeweihter Bediensteter unsichtbar Arm und Kopf des Toten bewegen musste, damit er gelegentliche Lebenszeichen von sich gab.

Sultan Selim „Yavuz" (der Gestrenge, 1512–20) hatte schon zu seinen Lebzeiten dafür gesorgt, dass sein Sohn Süleyman sein einziger männlicher Nachkomme sein würde, hatte er doch alle männlichen Verwandten, einschließlich seiner vier anderen Söhne, selbst umbringen lassen. Süleyman der Prächtige (1520–66) kam also ohne Brudermord an die Macht, sollte aber selbst Opfer einer für die Zukunft typischen Intrige werden.

Süleymans ältester Sohn, *Prinz Mustafa,* soll ein beliebter und fähiger Führer gewesen sein, der das Vertrauen und die Sympathie der Janitscharen genoß. Er war der Sohn von

Gülbahar, der ersten Kadın (Hauptfrau) des Sultans. Als Süleyman sich sterblich in die russische Sklavin und spätere zweite Kadın *Roxelane* (bei den Türken *Hürrem* genannt) verliebte – übrigens ein Geschenk seines Großwesirs Ibrahim Paşa – und sie allen anderen Frauen vorzog, begann ein intrigenreiches Machtspiel. Denn Roxelane gebar dem Sultan selbst fünf Kinder, vier Söhne (Mehmet, Cihangir, Selim und Beyazıt) sowie die Tochter Mihrimah.

Ihr ältester Sohn, Mehmet, war bald der Lieblingssohn des Sultans, und Roxelane konnte hoffen, das Rennen um die Sultanskarriere ihres Sohnes zu gewinnen. Als aber eben jener Mehmet 1543 an den Pocken starb, sanken ihre Chancen beträchtlich.

Die Mutter, kein Typ von fataler Ergebenheit, reagierte planmäßig: Schon vorher hatte sie dafür gesorgt, dass eben jener mächtige Großwesir Ibrahim, der ihr selbst den Zugang zum Sultan verschafft hatte, von der Bildfläche verschwand. Süleyman ließ seinen jahrelangen Freund – wahrscheinlich aufgrund von Denunziationen – 1536 hinrichten. Dann verheiratete sie 1539 ihre Tochter Mihrimah mit Rüstem Paşa, der nicht zuletzt auf ihr Betreiben 1544 – ein Jahr nach Mehmets Tod! –zum neuen Großwesir ernannt wurde. Es galt nun Mustafa, den ältesten Sohn des Sultans, zu beseitigen. Die beiden Verbündeten, Roxelane und Rüstem Paşa, spielten dem Sultan in einer facettenreichen Intrige Briefe zu, nach denen Mustafa an Aufruhr und Revolte gegen seinen Vater dachte. Nichts davon stimmte, aber Süleyman fiel prompt auf den Komplott herein. Er bestellte seinen nichtsahnenden Sohn Mustafa 1553 zu sich, um ihn von den stummen Eunuchen in seiner Anwesenheit erdrosseln zu lassen; auch Mustafas elfjähriger Sohn wurde vom Großvater getötet.

Die Russin, von vielen Geschichtsschreibern als „Hexe" bezeichnet, hatte es geschafft: einer ihrer Söhne würde Sultan werden. Da ihr kränkelnder Sohn Cihangir 1553 verstorben war, blieben Selim und Beyazıt übrig. Die Mutter quälte sich nun am nächsten Alptraum ab, nämlich der Tatsache, dass einer der beiden Brüder den anderen bei der Thronbesteigung umbringen würde. Dieses Problem brauchte und konnte Roxelana nicht mehr lösen, denn sie starb 1558, lange bevor ihr Gemahl Süleyman 1566 starb. So musste sie nicht mehr mit ansehen, wie Selim dafür sorgte, dass sein Bruder Beyazıt und dessen vier Söhne umgebracht wurden. Man kann sich leicht vorstellen, was in den nächsten Jahren im Harem los war. Der krasseste Fall von Brudermord fand anlässlich der Thronbesteigung von Sultan Mehmet III. 1595 statt: 19 Brüder und sieben noch von seinem Vater Sultan Murad III. geschwängerte Frauen ließ der neue Sultan töten, als er sich nach alter Krönungssitte in der Moschee von Eyüp das Schwert Osmans umbinden ließ. Schlecht soll sich der neue Sultan dabei gefühlt haben.

Unter Sultan Ahmet I. (1603–17) hörte das Brudermorden dann auf. Die Prinzen wurden nicht mehr in die Provinzen geschickt, sondern im Serail erzogen. Das Seniorats-Prinzip wurde eingeführt (der älteste Sohn wurde Sultan), während die jüngeren Brüder in den „Goldenen Käfig" des Palasts wanderten. Dort wurden sie vor allem von der Sultansmutter gut vor ihrem älteren Bruder geschützt, mit Sklavinnen versehen, verhätschelt und verzogen. Autistische, kranke, psychopathische Persönlichkeiten tauchten aus diesen isolierten Käfigen auf. Von nun an hieß es für lange Zeit: vom Prinz zum Sultan – oder in den Käfig des Schwachsinns. Aber das ist ein anderes, kaum appetitlicheres Kapitel, das wir Ihnen hier ersparen wollen …

3

Sehenswertes

Am südlichen Ende des Ibrahim Gökçen Bulvarı liegt der *Külliye-Komplex* der **Sultan Camii,** dessen Stifterin *Ayşe Hafsa* war, die Mutter des größten der osmanischen Herrscher, Sultan Süleyman I. (1520–66), dem als Prinz in Manisa die Provinzverwaltung oblag. Neben der 1522 errichteten Zentralkuppelmoschee gehören auch ein Hamam, eine Medrese sowie ein Krankenhaus zur Külliye.

Schräg gegenüber ragen die schlanken Minarette der **Muradiye Camii** in den Himmel. Unter Sultan Murad III. (1574–95) erbaute Sinan hier zwischen 1583–85 eine der schönsten Moscheen Manisas, wobei besonders der Narthex (Vorhalle), eine prächtige Holztür sowie die reichen Intarsien-, Mosaik- und Fensterdekorationen hervorzuheben sind. Die 99 Fenster der Moschee wurden in Analogie zu den 99 Namen Allahs konzipiert, und der *Mihrab* (Gebetsnische in Richtung Mekka) ist mit den berühmten blauen Kacheln der Iznik-Manufaktur geschmückt.

Zwischen diesen beiden Moscheen, deren Muezzins (Gebetsrufer) in herrlich abgestuften Gesängen miteinander harmonieren, liegt die **Saruhan Bey Türbesi**; in der kleinen Grabstätte ruht der Seldschuken-Emir *Saruhan Bey,* der erstmals 1313 für den Islam die Stadt von den Byzantinern eroberte.

Nicht weit von der Muradiye können im **Archäologischen Museum** (Eintritt 2,20 €, 9–12.30 u. 13.30–17 Uhr, Mo geschl.) antike Schätze bewundert werden, darunter mehrere Sarkophage, lydische Statuen der Muttergottheit Kybele, eine Marsysas-Statue, ein wunderschöner Aphrodite-Torso, eine Stele vom Tempel der Artemis aus Sardes sowie farbige Bodenmosaike.

Südlich der Muradiye erreicht man über steile Treppen die hoch über der Stadt stehende **Ulu Cami** („Große Moschee"), die zwischen 1366–68 für den Enkel Saruhan Beys, *Ishak Çelebi,* anstelle einer hier stehenden alten byzantinischen Kirche erbaut wurde. Dabei wurden mehrere Kirchensäulen vom Baumeister in den Moscheebau integriert. Vom teegartengesäumten Vorplatz der Ulu Cami genießt man einen prachtvollen Ausblick über die Stadt.

Im Osten des Stadtzentrums, hinter dem **Bazarviertel,** liegt die von einem weißen Minarett geschmückte **Hatuniye Camii.** Die nach der Frau Sultan Beyazits II. (1389–1402) benannte Moschee besticht vor allem durch ihre schön verzierte Gebetskanzel (Mimbar).

Nur wenige Schritte weiter westlich liegt an der Dr. Sadık Ahmet Caddesi der **Yeni Han,** in dessen Innenhof sich mehrere gemütliche Cafés, Restaurants und Kleinkunstläden befinden.

Sardes

Rund 70 km weiter östlich liegen beim Dorf Sartmustafa die Reste der alten lydischen Hauptstadt **Sardes.** Hier regierten die sagenhaften Könige *Midas, Gyges* und – als letzter lydischer König – der sprichwörtlich reiche *Kroisos* (Krösus, 560–546 v. Chr.). Letzterem bescherte das Orakel von Delphi auf seine machtlüsterne Anfrage eine seiner berühmten Sentenzen: So er den Fluss *Halys* (der heutige *Kızılirmak*, damals die Grenze zwischen Lydien und Persien) überschreite, würde er ein großes Reich zerstören. Krösus konnte sich darunter nur das Perserreich vorstellen, so dass er siegesgewiss angriff – und nach der verlorenen Schlacht sein Reich, Leben und Königtum verlor. Sardes wurde die Hauptstadt eines persischen Statthalters (Satrapen), bevor Alexander der Große 333 die Perser unterwarf.

Die größte Sehenswürdigkeit stellt sicherlich die abseits der Hauptstraße in einer schönen Hügellandschaft ruhende Ruine des **Artemis-Tempels** dar. Ursprünglich von Krösus errichtet, wurde er nach seiner Zerstörung von Alexander neu aufgebaut und in römischer Zeit grundlegend erneuert. Die ehemalige Monumentalität der Anlage (etwa 100 x 50 m, 20 Säulen an der Längs- und 8 Säulen an der Schmalseite) lässt sich aus den beiden ganzteilig verbliebenen schwarzen Säulen (17 Meter Höhe) erschließen. Direkt an der Hauptstraße sind die zwischen 1965–73 rekonstruierten Anlagen des römischen Gymnasiums (3. Jh., mit Kaiserhalle, Thermen und Fries) und der Synagoge (1. Jh., schöne Bodenmosaiken im quadratischen Innenhof) zu besuchen.

Eintritt Artemis-Tempel, Synagoge 2,20 €, 9–18 Uhr.

Praktische Infos Manisa

Touristeninfo (Turizm Danışma) 2108 Sok. 7/A (direkt im Zentrum nahe 8 Eylül Cd.), Tel. 2315568, www.maniskulturturizm.gov.tr, Mo–Fr 8–12 Uhr und 14–16.30 Uhr
Vorwahl: 0236

Busterminal (Otogar) Etwa 1 km nordwestlich des Zentrums, Verbindungen in alle Richtungen. Bus nach Salihli (Sart) halbstündl. 4 € (Busfahrer Bescheid sagen, von der Haltestelle dann rechts abbiegend noch 500 m bis zur Synagoge u. ca. 1 km bis zum Athena-Tempel laufen).

Zug Der Istasyon (Bahnhof) ist ca. 1,5 km nördlich des Zentrums; nach Izmir, Sartmustafa (Sardes) und Konya. Wer mit dem Zug nach Sardes will, muss vom Bahnhof Sartmustafa noch 1 km weit laufen.

Unterkunft **Arma Hotel,** 8 Eylül Caddesi 14 (westliche Verlängerung von Mustafa Kemal Paşa Cad.), Tel. 2311980. Zentral gelegenes Stadthotel mit 53 sauberen Standardzimmern (TV, Minibar u. AC), beste Adresse in der Innenstadt. DZ/F 50 €.

Restaurants Neben dem auf S. 146 erwahnten **Yeni Han,** Dr. Sadık Ahmet Caddesi 123, empfiehlt sich das **Lezzita,** Ibrahim Gökçen Bulvarı 28 – leckere Pasta!

4

Izmir

An der tiefeingeschnittenen Bucht des *Izmir Körfezi* (Golf von Izmir) stellt die mit über 3 Mio. Einwohnern drittgrößte Stadt der Türkei für den Anreisenden einen durchaus anspruchsvollen Urlaubsstart dar. Izmir, das für Jahrhunderte nur unter dem griechischen Namen *Smyrna* bekannt war, gilt unter Türken als „westlichste", sprich modernste Stadt der Türkei. Izmir ist auch zweitgrößte türkische Hafenstadt, ihr Handelsvolumen wird nur noch von Istanbul übertroffen, und den modernen Vierteln und Boulevards der Stadt sieht nicht nur ein Türkeikenner sofort den relativen Wohlstand an. Vier renommierte Universitäten und ein Institut für Spitzentechnologie unterstreichen nicht nur den wissenschaftlichen Ehrgeiz dieser Stadt, sie sorgen auch für ein junges und aufgeschlossenes Studentenleben, das sich vorwiegend an westlichen Lebensstandards orientiert. Die hiesigen Einwohner – zumindest diejenigen, die zur Mittel- oder gar Oberschicht gehören – erfüllen folglich im Allgemeinen am ehesten das Atatürk-Wunschbild einer säkular aufgeklärten Zivilgesellschaft, in der zum Beispiel die Frage, ob und wie weit man sich am Ramadan beteiligt, ganz in den Bereich der persönlich freien Entscheidung fällt. Gleiches gilt für die in der Türkei jahrelang aufs heftigste geführte Kopftuch-Debatte, die in Izmir ganz bestimmt keine Mehrheit für den Chic des *türbans* finden würde. *Gavur Izmir* („Ungläubiges Izmir") – so nannten schon die Osmanen die von Griechen, Armeniern und Levantinern multikulturell geprägte Stadt, deren Ruf unter religiösen Schichten immer zweifelhaft war. Nach Westen war man hier schon immer orientiert.

Geschichte

Die Geschichte der Stadt als moderne türkische Metropole ist eigentlich erst wenige Jahrzehnte alt. Als *äolische* und (etwas später) *ionische* Griechen im 9. Jahrhundert v. Chr. die Besiedlung der Bucht übernahmen, hatten schon *Luwier* und *Phryger* hier ihre Spuren hinterlassen. Mit der Ankunft der Griechen aber begann der Aufstieg zu einer blühenden Handelsstadt, die später Smyrna den Ruf einer „Perle der Ägäis" einbrachte. Dazu passt der nicht unbescheidene Anspruch, Geburtsort von Homer, dem ersten „abendländischen" Epiker, zu sein, welcher hier um 800 v. Chr. mit seinen unsterblichen Ilias-Versen die griechische Dichtkunst begründet haben soll. Im 6. Jahrhundert v. Chr. zerstörten die konkurrierenden *Lyder* unter ihrem König Alyattes die Stadt, die danach als unbedeutender Flecken vor sich hin dümpelte. Eine erneute Blüte begann nach 320 v. Chr. mit der Neugründung durch den Diadochen *Antigonos I.*, der auf dem Stadtberg *Pagos* (türk. „Kadifekale") eine Burg errichtete. So war erneut für Jahrhunderte der griechische Charakter der Stadt gesichert, auch wenn punktuelle Rückschläge (Eroberung 43 v. Chr. durch ein römisches Heer, Erdbeben im 2. Jh., arabische Angriffe im 7. Jh.) nicht ausblieben.

Im Mittelalter zwischen Byzanz, Kreuzrittern und Türken umkämpft, kam **1415** mit den **Osmanen** eine fast 600 Jahre währende Friedenszeit unter dem Banner des Islams. Der Westorientierung wie auch dem Gedeihen der

Sehenswertes
1 Konak Meydanı
2 Saat Kulesi
Yalı Camii
3 Hisar Camii
Kizlarağası Han
4 Agora
5 Izmir Tarih ve
Sanat Müzesi
6 Resim ve Heykel
Müzesi
7 Archäologisches
Museum / Ethno-
graphisches Museum
8 Kadifekale

Unterkünfte
1 Antik Han
2 Vera

Essen und Trinken
1 Hanende
2 Sardunya
3 Mavi
4 Deniz
5 Kaos Café und Bar

Sonstiges
1 Hamam

Metro-Stationen

mehrheitlich griechischen Bevölkerung tat das keinen Abbruch, nutzte der Sultan doch gerne selbst die ausgezeichneten Handelsbeziehungen der ägäischen Handelsstadt, die noch um 1900 eine griechische Einwohnerzahl von 120.000 aufwies.

Das Gift des Nationalismus

Die Katastrophe kam 1922. In der hasserfüllten Phase des Nationalismus hatten zunächst die Griechen 1919 in den Nachwehen des **1. Weltkriegs** versucht, auf kleinasiatischem Boden ein „großes Hellas" zu errichten und die „Asiaten" zu vertreiben. Massaker an der türkischen Bevölkerung kündigten ein jahrhundertelanges, mehr oder weniger friedliches Zusammenleben auf. Die türkische Armee unter Mustafa Kemal **Atatürk** konterte den Angriff und drängte nun ihrerseits die Griechen zurück, die eiligst auf britischen Schiffen aus Kleinasien evakuiert wurden. Am 9. September 1922 drangen die siegreichen türkischen Truppen in die Stadt ein. Nun war es an den Griechen zu leiden. Die Stadt brannte, und im Zuge der Kämpfe wurden um die 25.000 Griechen und Armenier getötet. Zigtausende wurden vertrieben und von der teilweise überforderten britischen Flotte an Bord genommen. Dem bekanntesten Augenzeugen dieser Katastrophe, dem jungen amerikanischen Dichter und Kriegsreporter Ernest Hemingway (1899–1961), gingen die endlosen Züge der griechischen Flüchtlinge nicht mehr aus dem Kopf. Eine seiner späteren Erzählungen sollte „Auf dem Quai in Smyrna" heißen. Andere Zeugen berichteten von der grausamen Hinrichtung des orthodoxen Erzbischofs *Kalafatis* (1867–1922), dem man vor einem Friseurladen Bart und Haare scherte, bevor man ihn niederstach. Was nationalistischer Hass bedeutet, konnte man daran ersehen, dass noch der Leiche die Nase abgeschnitten und die Augen ausgestochen wurden; anschließend ließen sie den Körper auf der Straße liegen, um ihn den Hunden zu überlassen.

Mit dem 1922/23 durchgeführten Bevölkerungsaustausch (Türken verließen Griechenland, Griechen die Türkei) und nachfolgenden Massenvertreibungen ging das kleinasiatische Griechentum nach fast 3000 Jahren unter. Die Türken bauten die niedergebrannte Stadt neu auf und machten Izmir nun erst zu ihrer, nämlich einer türkischen Metropole. Für Jahrzehnte war die Atmosphäre zwischen beiden Völkern vergiftet, und an der thrakischen und zyprischen Grenze bestand mehr als einmal akute Kriegsgefahr.

Erst in den letzten Jahren gibt es zunehmende Anzeichen der Entspannung, ja einer zaghaft wachsenden Freundschaft. Griechische Musik und Kultur sind bei der jungen türkischen Stadtbevölkerung „in", und griechische Besucher erscheinen zunehmend als Touristen an der Küste und in Istanbul (auch wenn sie die Stadt immer noch halsstarrig Konstantinopel nennen). Um die Last der Vergangenheit hinter sich zu lassen und ein neues, zukunftsgerichtetes Bewusstsein zu entwickeln – erfreuliche Anzeichen gibt es in der letzten Zeit mehrere –, werden beide noch etwas Zeit benötigen.

Sehenswertes

Den Stadtrundgang beginnt man am besten am **Konak Meydanı**, ein nahe der breiten Uferstraße gelegener weitläufiger Platz, dessen Grünanlagen und Springbrunnen beliebte Pausenorte sind. Neben mehreren monumentalen Repräsentativbauten wie dem Rathaus, der Staatsoper und dem

Gouverneurssitz *(Valılık)* sieht man hier auch das Wahrzeichen der Stadt, den 1901 für Sultan Abdülhamid II. (1876–1909) im spätosmanischen Stil erbauten **Saat Kulesi** (Uhrturm), Izmirs Wahrzeichen. Ein paar Schritte weiter steht an der Nordseite des Platzes die kleine **Yalı Camii** von 1755 (auch *Konak Camii* genannt), deren Tür- und Fensterrahmen durch den prächtigen, türkisfarbenen Fayencenschmuck aus Kütayha auffallen. Auf der anderen Seite der breiten Uferstraße *Atatürk Caddesi,* auch **Kordon** genannt, liegt die *Konak Iskelesi* (Fähranleger), von der die Fähren zum nördlich gelegenen *Karşıyaka* abfahren – eine gute Gelegenheit, bei heißem Wetter die Stadt von der See zu sehen.

Südlich des Konak Meydanı empfiehlt sich im **Turgut Reis Park** der Besuch des **Archäologischen Museums,** dessen berühmteste Exponate allerdings in die Skulpturenhalle des Museums *Izmir Tarih ve Sanat* verlagert worden sind (s. „Kültür Parkı", unten).

Gegenüber ist im auffälligen Gebäude des ehemaligen osmanischen Hospitals das **Ethnographische Museum** zuhause (Teppiche, Trachten, Waffen usw.). Eintritt beide Museen zusammen 3,50 €, 9–17 Uhr, Mo geschl.

Freunde der Malerei können südlich des Konak-Platzes in der Mithatpaşa Caddesi 94 das **Resim ve Heykel Müzesi** (Museum für Malerei und Skulpturen) mit seinen modernen türkischen Gemälden besichtigen (Eintritt frei, 9–17 Uhr, Mo geschl.).

Noch weiter südlich liegt an der Mithatpaşa Caddesi im Stadtteil Karataş die berühmte Gasse **Dario Moreno,** eine Hommage an den Sänger und das einstige jüdische Viertel hier. Am Ende der Gasse kann man mit dem 1907 von einem jüdischen Bankier finanzierten **Asansör** (frz. Ascenceur – Aufzug) bequem den hier 50 m steilen Abhang zwischen Küste und Hügel überwinden. Das oben liegende Restaurant gehört übrigens zu den berühmtesten ganz Izmirs und bietet eine schöne Aussicht.

Östlich des Konak Meydanı – zwischen Fevzi Paşa Caddesi und Anafartalar Caddesi – liegt das geschäftige **Bazarviertel (Kemeraltı),** die wohl atmosphärisch faszinierendste Sehenswürdigkeit der Stadt. Der Gang durch die engen und dichtbepackten Gassen vermittelt noch heute viel orientalisches Flair, was den Bazar des sonst so modernen Izmir zu einem der schillerndsten und schönsten der Türkei macht. Der stimmungsvollste Teil des Bazars liegt um den Blumenmarkt nahe der 1597 erbauten **Hisar Camii.** Wer hier zufällig zur Gebetszeit in einem der preiswerten Bazarrestaurants eine Pause im Gewimmel einlegt, kann das eindrucksvolle Schauspiel beobachten, wie sich Reihen an Betenden auf der engen Bazarstraße niederlassen, weil der Innenraum der altehrwürdigen Moschee völlig überfüllt ist.

Ganz anders ist die Atmosphäre im benachbarten **Kızlarağası Han,** eine aus dem 18. Jahrhundert stammende Karawanserei, in deren schönem Innenhof ein oft von Studenten besuchtes Café sowie mehrere Kunst- und Antiquitätenläden untergebracht sind.

Nahe der Anafartalar Caddesi befinden sich die Ruinen der **Agora.** Von dem einstigen antiken Markt- und Versammlungszentrum sind lediglich die Fundamente einer Basilika sowie einige korinthische Säulen übrig geblieben. Sie stammen aus der Zeit des römischen Kaisers *Mark Aurel* (161–

80), der hier nach einem Erdbeben neue Repräsentativbauten errichten ließ (Eintritt 1,50 €, 9–17 Uhr, Mo geschlossen; der Eingang zum Gelände befindet sich an der Südseite der Agora, in der 816. Sokak).

Folgt man der Anafartalar Caddesi nach Osten, kommt man durch das malerische, von kleinen Teehäusern, Geschäften und Billighotels geprägte **Basmane-Viertel,** dessen leicht heruntergekommener Charme eher an ein Dorf denn eine Großstadt erinnert. Hat man den gleichnamigen Bahnhof erreicht, wechselt das Bild wieder, und es geht über einen breiten Boulevard nach Norden zum über 40 ha großen **Kültür Parkı,** sozusagen die grüne Lunge der Stadt, wo gepflegte Grünflächen, Cafés, künstliche Seen und Teiche sowie ein Vergnügungspark mit Kirmes und Sportanlagen Familien Erholung bieten (Parkeintritt 1 €, 7–24 Uhr).

Einen künstlerischen Höhepunkt stellt dort das 2004 eröffnete und auf drei Hallen verteilte **Izmir Tarih ve Sanat Müzesi** (Museum der Geschichte und Kunst, Eintritt 1,50 €, 9–16.30 Uhr, Mo geschl.) dar, dessen hervorragende Sammlung neben antiken Keramikexponaten und Schmuckstücken in der sogenannten Skulpturenhalle die berühmte Demeter-Poseidon-Skulptur (2. Jh., von der hiesigen Agora) präsentiert.

Das ganze weite Parkgebiet, das auch die großen Messehallen beherbergt, wurde übrigens 1922 auf den Trümmern des abgebrannten Griechenstadtteils errichtet (s. Exkurs).

Verlässt man den Park über den Nevresbey Bulvarı nach Westen, erreicht man den von modernen Geschäften, Reiseagenturen und Hotels umstandenen **Cumhuriyet Meydanı** (Platz der Republik), auf dem sich das Reiterstandbild Atatürks befindet.

Einem Hauch von levantinischem Kosmopolitismus und bohemehaften Klein-Paris kann man im sich nördlich davon erstreckenden Stadtviertel **Alsancak** nachspüren. In den wenigen noch erhaltenen griechischen Stadtvillen dieses Viertels, die großenteils zu coolen und schicken Clubs und Bars umfunktioniert wurden, sammelt sich allabendlich ein intellektuell-künstlerisches Elite-Publikum, so dass Alsancak schon lange zu einem allseits gelobten Nightlife-Zentrum avanciert ist.

Stadtberg Kadifekale

Einen weiteren buchstäblichen Höhepunkt stellt der Besuch des vom Konak Meydanı ca. 2 km südöstlich gelegenen **Pagus** dar (türk. **Kadifekale**, mit Taxi oder Bus 33 vom Konak zu erreichen). Der 160 Meter hohe Stadtberg bietet einen fantastischen Ausblick über das Häusermeer. Auf der Spitze liegen die spärlichen Reste der Festung *Kadifekale* („Samtburg"), deren erste Anlage auf Lysimachos, einen Feldherrn Alexanders des Großen, zurückgeht. Am nördlichen Abhang des Pagus liegen übrigens die Geçekondu-Viertel der ärmeren Bevölkerungsschichten; wer auf die Idee kommt, hier – tagsüber! – zu Fuß zur Stadt hinabzulaufen, sollte sich erstens auf ein anderes, fast ländliches Izmir mit lauter Kinderbegleitung und zweitens auf kleine, verwirrende Wege und Treppen einstellen.

Praktische Infos Izmir

Touristeninfo (Turizm Danışma) Akdeniz Mah. 1344 Sok 2 (nahe der Promenade bzw. Atatürk Caddesi, etwas südlich des Gazi Bulv.), Tel. 4457390, 9–7 Uhr (So geschl.). Ein weiteres kleines Büro befindet sich am Flughafen Adnan Menderes. **Vorwahl:** 0232. **Post:** Cumhuriyet Meydanı

Flughafen Der internationale Flughafen Adnan Menderes liegt ca. 20 km südlich der Stadt und wird von internationalen Linien, aber auch Billigfliegern wie German Wings, bedient.

Der Flughafen ist günstig entweder mit den **Havaş-Bussen** (Airport-Shuttle-Busse, 4 € pro Fahrt, Abfahrt in der Stadt beim Hotel Büyük Efes auf dem Gazi Osman Paşa Bulvarı, stündlich, ca. 30 Min. Fahrzeit) oder per Zug (Bahnhof Basmane, 1,30 €) zu erreichen. Eine weitere schnelle und preiswerte Möglichkeit ist die **S-Bahn IZBAN,** die den Flughafen mit dem Zentrum verbindet (in 10–15 min. Takt). Es gibt auch einen direkten Shuttle-Bus nach Çeşme (Simay Bus Company), von 7–13 Uhr und 16–24 Uhr alle zwei Stunden, 20 €.

Wer mit der **S-Bahn** in die Stadt fährt, hat am Umsteigebahnhof Halkapınar die Möglichkeit, in die bisher einzige Metrolinie zu wechseln (weitere sollen folgen), die u.a. auch nach Basmane u. Konak fährt (siehe Plan, Betriebszeit 6–0.15 Uhr, Einzelticket ca. 0,80 €).

Busterminal (Otogar) Der große Busterminal *Yeni Otogar* liegt ca. 12 km nördlich. Von dort Verbindungen nach Norden sowie in alle größeren Städte und Badeorte des Südens (Kuşadası, Bodrum usw.). Busse nach Çeşme und Karaburun fahren vom 4 km südwestlich gelegenen *Altay Meydanı* ab (Stadtbus 169 von Konak); am besten geht man zu den städtischen Busbüros rund um den Eylül Meydanı (südlicher Eingang Kültür Parkı), kauft sein Ticket dort und fragt nach einem „Servis", d.h. kostenlosen Transfer zum Busterminal.

Zug Von Basmane, u.a. nach Selçuk

Mietwagen Mehrere Büros, wie z.B. Avis und Europcar, nahe Cumhuriyet Meydanı

Unterkunft

- **Antik Han,** Anafartalar Caddesi 600, Tel. 4892750, www.otelantikhan.com. Hübsches älteres Haus inmitten des stimmungsvollen und beschaulichen Marktviertels; 30 renovierte Zimmer mit AC, Restaurant. In der Nähe liegen viele sehr einfache Billighotels. DZ/F ca. 80 €.
- **Vera Hotel,** 1488 Sok. 7 (im Süden von Alsancak, nahe Ali Çetinkaya Bulvarı), Tel. 4211287. Komplett renoviertes, relativ günstiges zwei-Sterne-Hotel im noblen und Nightlife-orientierten Alsancak-Bezirk, schöne Zimmer mit AC, Minibar und Balkon, Wellness-Bereich (Sauna), WLAN. DZ/F ab 75 €.

Blick auf Izmir

Essen und Trinken

Im Bazar:

- **Nostalji Café/Restaurant,** 900 Sok. 20 (mitten im Bazarviertel nahe der Hisar Camii), Nudel-Gerichte und natürlich türkische Küche, lecker und preiswert.

In Alsancak:

- **Kaos Café und Bar,** 1482 Muzaffer Izgü Sok. 20, Tel. 4646389; gemütliche Kneipe in einem alten griechischen Haus.
- **Sardunya,** 1453 Gazi Kadınlar Sok. 12, Tel. 4653276, www.sardunyabar.com; lockere Bar/Brasserie in einem 1824 erbauten schönen griechischen Haus mit viel Atmosphäre, gelegentlich Live-Musik.

Nahe Zentrum:

Es empfehlen sich die Restaurants an der Marina (Atatürk Caddesi, auch Kordon genannt), darunter z.B. das **Deniz,** Atatürk Cad. 188/B, Tel. 4644499; berühmt und allgemein als bestes Fischrestaurant der Stadt betitelt. Wer nicht aufs Meer, sondern auf die Stadt hinabschauen will, sollte das **Asansör** besuchen: am Ende der Dario Moreno Sokağı den berühmten historischen Aufzug (s. Text) nach oben nehmen, von der Restaurant-Terrasse traumhafter Blick; u.a. Fisch- und Grillspezialitäten, Tel. 2612626.

Unterhaltung/ Nightlife

Hier ist **Alsancak** die unumstritten erste Adresse. In den Gassen zwischen Talat Paşa und Cumhuriyet Bulvarı verstecken sich die jeweiligen Szene-Treffs, darunter u.a. das **Kybele,** 1453 Gazi Kadınlar Sok. 28, Tel. 4636871, eine beliebte Rock- und Jazzbar. Oder das **Mavi,** Cumhuriyet Bulv. 206, Tel. 4630194; urige Disco-Bar, kommt wie viele andere hier erst spät auf Touren, Fr/Sa 21–3 Uhr.

Hamam

u.a. Basmane Hamamı, Anafartalar Caddesi (kurz vor dem Bahnhof), 15 € mit Massage

Einkaufen

Natürlich im Bazar! Fürs Shopping inklusive Verlaufen kann hier schon mal ein halber Tag draufgehen. In Alsancak dagegen kaufen die Modebewussten ein; viele teure Boutiquen auf der Kıbrıs Şehitleri Caddesi.

Festival

Im Juni/Juli findet in und um Izmir das *Internationale Izmir Festival* statt; viele nationale wie internationale Aufführungen zwischen Jazz und Klassik, Infos bei der Touristeninformation oder direkt bei Izmir Kültür Sanat ve Eğitim Vakfı (Izmir Kunst-Stifung), Şair Eşref Bulv. 58/4, Alsancak, Tel. 4630300, www.izmirfestival.org.

5 Die südliche Ägäis – Von Izmir nach Kaş

Willkommen im Urlaubsparadies! Schöne Buchten und Pinienwälder, sandige Strände am türkisblauen Meer, antike Stätten und malerische türkische Küstenorte … – all das verbinden Urlauber mit jenem Küstenabschnitt, der zusammen mit der türkischen Riviera zwischen Antalya und Alanya, in den letzten 50 Jahren eine beispiellose Entwicklung zur Touristenküste der Türkei durchgemacht hat.

Die obigen Stereotype sind durchaus nicht unberechtigt: in der Tat stellt die buchten- und windungsreiche Küste zwischen Çeşme und Kaş den landschaftlich schönsten Küstenabschnitt der Türkei dar, und in der Tat warten zahlreiche antike Stätten im reizvollen Hinterland auf ihre Entdeckung, an der Spitze der klassische Megahit des obligatorischen **Ephesus.**

Und natürlich gibt es auch sympathische Küstenstädtchen, die den Traum vom Urlaub in perfektem Ambiente nahezu wunschlos Wirklichkeit werden lassen. Ob allerdings die vormaligen Galionsstädte **Bodrum** und **Marmaris** – heute touristische Superlative – noch der Pastorale einer idyllischen Ägäiswelt entsprechen, sei dahingestellt. Zu groß, zu organisiert ist das Geschäft mit dem Urlaub geworden, und wer in diesem Küstenbereich auf der Suche nach geheimen Perlen ist, hat es wahrlich schwer, noch jungfräuliche Entdeckungen zu machen.

Die Schattenseiten mit dem Produkt „Urlaubssehnsucht" schlagen sich in wuchernden, nur noch der touristischen Unterhaltung und Versorgung verpflichteten Service-Stationen nieder, in denen sicherlich eher ein kosmopolitischer Tourismus als türkische Urigkeit beheimatet sind. Natürlich muss man das verstehen, denn halb Europa scheint hier die schönsten Wochen des Jahres zu verbringen. Dass man dabei in der Türkei ist, einem Land mit anderer Kultur und anderem Uhrschlag, dürfte nicht allen hier unbedingt bewusst werden, zumal dann, wenn der Bewegungsradius weitgehend der Distanz zwischen Hotel und Strandmatte entspricht. So sei denn der Ausflug ins Hinterland dem Urlauber hier dringend empfohlen, denn nur für Whirlpool, Sauna und Stranddisco ist die Türkei zu schade – und die märchenhafte und mythenreiche Küste viel zu schön!

Die Çeşme-Halbinsel

Knapp 100 km schiebt sich das asiatische Festland westlich von Izmir in die Ägäis hinein, und an der Spitze der Çeşme-Halbinsel sind es gerade mal zehn Kilometer, die Asien und die griechische Insel *Chios* voneinander trennen. Durch die hügelige, verkarstete und weitgehend von fußhohem Macchia-Gesträuch bewachsene Landschaft führt heute eine Autobahn, auf der die wohlhabenden Städter von Izmir zu ihren Ferienhäusern am Meer eilen können. War das große Gebiet noch vor wenigen Jahren nur von wenigen tausenden Fischern und Bauern bevölkert, sind seit den 1970er Jahren zunehmend Ferien- und Hotelsiedlungen entstanden, die die Einwohnerzahl im Sommer leicht auf das Zehnfache der Winterbevölkerung katapultiert. Trotzdem kann man – von den touristischen Hotelzentren um Çeşme abgesehen – die Halbinsel auch heute kaum als überlaufen hinstellen.

Der beste Beweis dafür ist **Karaburun,** die nur dünn besiedelte „Halbinsel auf der Halbinsel", die man nach ca. 40 km östlich von Izmir hinter **Urla** erreicht. Je weiter man die sich rund 50 km nach Norden vorschiebende „Schwarze Landzunge" erschließt, desto einsamer und abgelegener mag sie dem an optischer Reizvielfalt gewöhnten Urlaubs- oder Stadttouristen erscheinen. Die teilweise verlassenen oder nur schwach bewohnten Dörfer – einst von Griechen besiedelt – mögen diesen Eindruck noch verstärken. Der herbe Charme dieser einsamen, nur von wenigen Küstenorten unterbrochenen Landschaft bietet Individualisten dagegen unbevölkerte Buchten und stille Plätze allerorten.

Umrundet man die Halbinsel von Osten, also von Urla kommend, erreicht man über *Mordoğan,* ein etwas landeinwärts liegendes großes Dorf, nach ca. 45 km den kleinen Fischerhafen von **Kaynarpınar** (Kösedere), dessen kleine Cafés und Lokale eine Pause lohnen.

Rund 14 km weiter nördlich liegt **Karaburun,** der größte und namensgleiche Ort der Halbinsel. Die 3000 Einwohner leben weitgehend immer noch von der Landwirtschaft, auch wenn an den etwas abseits des Zentrums gelegenen Buchten immer mehr touristische Strukturen und Bauten entstehen.

Noch einsamer und wilder entwickelt sich die Weiterfahrt um die Nordspitze *Kömür Burnu.* Die verkehrsarme Straße ist an der Westseite eng und in einem durchaus verbesserungswürdigen Zustand, und erst beim Dorf **Ildır** (ca. 55 km ab Karaburun) scheint verkehrstechnisch wieder die Zivilisation zu beginnen.

Im Nordwesten des Dorfes liegt oberhalb eines Hanges übrigens die „größte" offizielle Sehenswürdigkeit der Halbinsel, das Ruinenfeld der antiken Stadt **Erythrai.** „Feld" ist hier wörtlich zu nehmen, denn die Agora ist von Gemüsegärten überwuchert, und nur einige Reste des Theaters sowie des Athene-Tempels haben die ersten Ausgrabungsbemühungen zu Tage fördern können (frei zugänglich). Die Ausgrabungen, aufgrund finanzieller Engpässe oft unterbrochen, sind noch im Gange. Vielleicht würde es sich lohnen, denn die Stadt gehörte im 7./6. Jahrhundert zum Ionischen Bund und soll zu ihrer Blütezeit 30.000 Einwohner gehabt haben. Noch zu römischen Zeiten wird Erythrai als „wohlhabende Stadt erwähnt".

Anfahrt und Unterkunft

Die Umrundung der Halbinsel ist mit Dolmuş schwer zu bewältigen; es gibt Verbindungen von Çeşme nach Ildır, sowie von Izmir/Urla nach Mordoğan und Karaburun. Selbstfahrer sollten bei der Planung die Distanz angesichts kurvenreicher und enger Straßen nicht unterschätzen. In den genannten Orten gibt es einfache Pensionen. In **Urla** empfiehlt sich die stilvolle **Yorgo Seferis Residence,** Yalı Cad. 47 (nahe Hafen), Tel. 7520414, www.yorgoseferis.com; es handelt sich um das Elternhaus des berühmten griechischen Schriftstellers *Yorgo Seferis* (1900–71), das von einem türkischen Fotograf liebevoll restauriert wurde und 6 freundliche Zimmer im rustikalen Stil bietet. DZ/F 75 €.

İzmır – Aydin
0 20 km
©RKH VERLAG HERMANN
nach Uşak
nach Uşak
nach Denizli
nach Muğla
nach Milas
nach Ayvalık
Simav Ovası
Simav Dağla
Demirci Dağı
Çomaklı Dağı
Kepez Dağı
Akhisar Ovası
Yunt Dağı
Boz dağları
Aydın Dağları
Aksaz
Yarbasan
Cortak
Selendi
Kiranköy
Yeleğen
Karaköy
Bahadırlar
Buldan
Sarayköy
Babadağ
Mahmutlar
Demirci
Köylüce
İçikler
Hamidiye
Kula
Tepeköy
Alaşehir
Yeşilyurt
Sarıgöl
Sarıcaova
Tahtacı
Karacaören
Aphrodisias
Güneşli
Borlu
Hacıköseli
Gökçeören
Aşağıakacık
Kuyucak
Yenice
Karacasu
Yazıkent
Kıhra
Gördes
Köprübası
Arpacı
Hacinidir
Kemerdamları
Salihli
Kiraz
Çatak
Beydağ
Nazilli
Büyük Menderes
Gelenbe
Kutulmuş
Akhisar
Kayakalan
Gölmarmara
Hacıveliler
Ahmetli
Allahdiyen
Ödemiş
Bademli
Sultanhisar
Yenipazar
Dalama
Hallaçlar
Soma
Kırkağaç
Zeytinliova
Nuriye
Halitpaşa
Turgutlu
Dağyeniköy
Bayındır
Mahmutlar
Tire
Gökçen
Somak
Aydın
Koçarlı
Gökçe
Saruhanlı
Kemalpaşa
Çırpı
Atalan
Dampınar
Germencik
Bağarası
Kınık
Gökbel
Manisa
Karaoğlanlı
Sipil Dağı Milli Parkı
Osmaniye
Belevi
Ortaklar
Söke
Pergamon
Bergama
Yuntdağ
Muradiye
İzmır
Dağkızılca
Selçuk
Ephesus
Yamaç
Yen köy
Osmançalı
Menemen
Değirmendere
Fumucak
Kuşadası
Güzelçamlı
Priene
Dikili
Bademli
Çandarlı
Aliağa
Seyrek
Güzelbahçe
Menderes
Gümüldür
Kadınlar Plajı
Samos
Dilek Milli Parkı
Potokáki
Çandarlı Körfezi
Yenifoça
Foça
Çamaltı
İskelesi
İzmır Körfezi
Bademler
Seferihisar
Doğanbey
Sığacık
Sığacık Körfezi
Kuşadası Körfezi
Sámos
Mitilíni
Mordoğan
Gülbahçe Körfezi
Urla
Uzunkuyu
Karaburun
Karaburun Yarımadası
Erythrai
Ildır
Ilıca
Alaçatı
Altınkum
Drakei
K. Marathokámbou
Küçükbahçe
Çeşme
Ege Denizi
Apothikes
Néa Moní
Chios
Kámbia
Pitioús
Véssa
Armólia
Órmos Kalamotís
Thérma
Ikaría
Ege Denizi
E 87
E 96
240
250
300
555
585
75
1696
1511
1555
1444
1526
1353
1890
1545
2137
1383
1295
1192
1040
1084
668
1510
1098
770
1237
1153
1212
490
986

5

Von Urla empfiehlt sich auch ein Ausflug zu der ca. 25 km südlich gelegenen antiken Stadt **Teos** (8 km von Seferihisar am Meer). Die Stadt beherbergte einst den größten Dionysostempel der antiken Welt, erbaut von Hermogenes von Priene (Eintritt frei, immer zugänglich).

Çeşme

Von Erythrai sind es nur noch 21 km bis nach **Çeşme,** dem ersten großen Touristenort der „Urlaubsküste". Das im Winter gerade mal 18.000 Einwohner zählende Hafenstädtchen war seit alters her ein begehrter Brückenkopf im Handelsverkehr der Ägäis. Zunächst diente die exponierte Lage an der Westspitze der Halbinsel der ionischen Stadt Erythrai (s.o.) als Ausfuhrhafen, bevor sich in den nächsten Jahrhunderten Lyder, Perser und die Diadochenstaaten als Oberherren etablieren konnten. Nach der pergamenischen Zeit (2. Jh. v. Chr.) übernahmen die Römer und anschließend die Byzantiner die Herrschaft. Im Mittelalter war die Küste zwischen Genuesen und Türken umkämpft; erstere errichteten hier eine Burg, die ab 1422 von den Osmanen übernommen und ausgebaut wurde.

Das punktuell hervorstechendste historische Ereignis fand zwischen dem 5. und 7. Juli 1770 statt, als die osmanische Flotte vor der Küste von den Russen zusammengeschossen und versenkt wurde. So vermutet man denn auch, noch einige historische Schätze in den Gewässern vor der Küste finden zu können. Ambitionierte Hobbytaucher seien aber daran erinnert, dass es streng verboten ist, dem Meeresgrund historische Souvenirs zu entnehmen.

Der Ort selbst, der bis zum Bevölkerungsaustausch 1922 griechisch geprägt war, macht dank einiger hübscher alter Griechenhäuser und einer gepflegten Promenade einen überaus sympathischen Eindruck. Çeşme heißt „Brunnen", und aufmerksame Spaziergänger werden den Grund dafür schnell bemerken, denn die Stadt kann gleich mehrere unspektakuläre, aber immerhin historische Wasserspender aufweisen. Beim Gang über die Hauptstraße, *Inkılap Caddesi,* passiert man die ehemalige griechische Kirche **Ayios Haralambos** (19. Jh.). Der nackte Innenraum der jahrelang dem Verfall preisgegebenen Kirche wird heute gern für kulturelle Veranstaltungen oder von Kunsthandwerkern als Präsentations- und Verkaufsraum genutzt.

Yachthafen von Dalyanköy, bei Çeşme

Hafen, Festung, Altstadt

Die von Geschäften, Restaurants und einigen schönen alten Häusern gesäumte Hauptstraße endet am Hafen, wo die spektakulärste Sehenswürdigkeit, nämlich die gut erhaltene **Festung,** die Szenerie beherrscht. Ihre Anfänge erlebte sie unter den Genuesen im 14. Jahrhundert, erweitert wurde sie unter Sultan Bayezid II. (1481–1512). Von den gut erhaltenen Wällen bietet sich ein schöner Blick über den Hafen und ein kleines **Museum** informiert über kleinere archäologische Funde aus Erythrai (Eintritt 1,20 €, 9–17 Uhr, Mo geschlossen).

Nahebei liegt die aus dem Jahre 1528 unter Sultan Süleyman erbaute **Karawanserei,** deren schöner Innenhof nach mehreren Restaurationen als Hotellobby fungiert.

Noch ein paar Schritte weiter wirbt die moderne Marina mit vielen schicken Shops und Cafés um gutbetuchte Spaziergänger und Yachtbesitzer.

Die Tatsache, dass Çeşme trotz der Entwicklung des Tourismus sein malerisches, weitgehend homogenes Altstadt-Flair erhalten konnte, liegt – durchaus nicht grotesk – an der Tatsache, dass der Ort zwar eine hübsche Marina, aber keinen Strand besitzt. So sind die unausbleiblichen Bausünden denn in die Buchten herum verlagert worden, wo das Gros der Touristen nächtigt; in Çeşme trifft man sich zum abendlichen Promenieren, Shoppen oder zum gepflegten Dinner.

Strände und Thermalquellen

Zum Schwimmen bietet sich der 8 km südwestlich gelegene **Altınkum-Strand** an (Dolmuş von der Festung). Der Name – „Goldsand" – ist Programm, handelt es sich doch um einen der schönsten Strände der türkischen Küste: kilometerlang erstreckt sich der feine Sandstrand, dessen glasklares Wasser immer mehr Clubs anzieht.

Ansonsten sind in den letzten Jahren um Çeşme immer mehr moderne Hotelsiedlungen entstanden, die alle mehr oder weniger gleich aussehen. Unter den diversen Betonsiedlungen dürfte dabei das ca. 3 km östlich liegende **Ilıca** erwähnenswert sein. Als Attraktion erweist sich nicht nur der breite, gut besuchte Sandstrand, sondern vor allem die an der Innenseite der Hafenmole sprudelnden **Thermalquellen,** die schon zu antiken Zeiten genutzt wurden. Die frei zugänglichen, in drei kleinen Becken unterirdisch arbeitenden natürlichen Wärmequellen erhitzen das Meerwasser auf angenehme 30–40 Grad. Als weiterer Thermalort bietet sich das 6 km entfernte **Şifne** an, dessen Thermalhotel und ein Kurbad Linderung bei Rheuma- und Nierenbeschwerden versprechen.

Städtchen Alaçatı

Bei all dem modernen Urlaubstrubel rund um Çeşme überrascht das 7 km südöstlich gelegene **Alaçatı,** ein ehemaliges griechisches Städtchen, dessen stilvoll restaurierter Ortskern Beschaulichkeit, aber auch bewussten Chique ausstrahlt. Das malerische Zentrum rund um die Moschee besticht durch einige schöne alte Gassen und Teegärten, in denen sich immer mehr auf eine anspruchsvolle Klientel ausgerichtete Hotels und Läden eingerichtet haben. Zum Gemeindegebiet gehört auch der 3 km südlich gelegene, wenig ansehnliche Strand, der aber als weithin bekanntes Paradies für Wellenreiter sein einschlägiges Publikum findet

Praktische Informationen Çeşme

Touristeninfo (Turizm Danışma) Iskele Meydanı 4 (Hafenpavillon gegenüber der Festung), Tel. 7126653, Mo–Fr 8.30–12 u. 13–17.30 Uhr. **Vorwahl:** 0232. **Post:** im nördlichen Teil der Uferpromenade.

Busterminal (Otogar) Etwa 800 m südlich des Zentrums am Turgut Özal Bulvarı; nach Izmir und Urla; Dolmuş nach Ilica; Altınkum-Strand und Alaçatı von der Festung. Die Simay Turizm Bus Company unterhält einen Shuttle-Service zum internationalen Flughafen Adnan Menderes in Izmir (20 € p.P., von 5–11 u. 14–24 Uhr alle zwei Stunden eine Abfahrt, nahe Touristeninfo).

Fährverbindungen Nach **Chios** (Griechenland): Im Sommer einmal tägl., Retour 40 €, Tickets und Infos über Fahrzeiten bei *Ertürk* (gegenüber Tourist Info), Beyazit Cd. 6/7, Tel. 7126768, www.erturk.com.tr.

Mietwagen Mehrere, u.a. *Sultan,* Uzull Turizm, 3010 Sok. 3/B, Tel. 7120928

Unterkunft Das gegenüber der Promenade liegende, schon erwähnte **Kervansaray-Hotel** bietet historisches Ambiente wie auch gediegene Zimmer, Tel. 7120630, www.cesmekervansaray.com.tr, DZ/F 70 € (Nebensaison Okt–Apr 60 €).

Einen hübschen Anblick bietet auch das Antik Ridvan Hotel, 1015 Sok. 14 (nahe Marina), Tel. 7129772, www.antikridvanotel.com; saubere Zimmer mit Wifi. DZ/F ab 35 €.

Sesli Hotel, Eski Dalyan Cad. 39, Tel. 7128845. Nettes Familienhotel in einer ruhigen Altstadtgasse, 20 freundlich eingerichtete Zimmer mit Balkon, Restaurant, Bar, Pool. DZ/F 70 €.

In Alaçatı: Taş Otel, Kemalpaşa Caddesi 132 Yeni Mecidiye Mahallesi, Tel. 7167772, www.tasotel.com. Ein älteres griechisches Haus im neoklassizistischen Stil des 19. Jahrhunderts, renoviert von Frau Zeynep Öziş mit viel Enthusiasmus und Liebe fürs Detail für heutige Komfortansprüche. 8 Zimmer mit AC und ein Apartment. Bildschön sind die offene Küche, die Ausstattung des Lesezimmers und der Pool in dem gepflegten Garten. Hervorragende Küche. DZ/F ab 150 €.

Essen und Trinken Viele Angebote zwischen einfacher Snackbude und gepflegtem Restaurant, u.a.

- **Çapa Restaurant,** Yalı Cd./3053 Sok. 10 (direkt an der Promenade), Tel. 6475635; Fisch- und Fleischgerichte bei einem schönen Blick aufs Meer, Preise folglich auch etwas teurer.
- **Hanimeli,** 3001 Sok. 7/A, Tel. 7122200, gutes, preiswertes Essen, bei dem auch Vegetarier ihre Auswahl finden dürften, kleiner Garten.
- **Sefkat Café,** direkt an der Promenade in Höhe der Post, günstiges Frühstück für ca. 4 € mit Blick aufs Meer.
- **Verano Café,** 1016 Sok. 2/5/G, eines jener schicken und modernen Cafés, die sich rund um die neue Yacht-Marina gruppiert haben.

Nightlife Anders als die Nightlife-Metropolen Bodrum und Marmaris besitzt Çeşme kein ausgewiesenes Bar-Viertel; das eingeweihte Publikum, das oft aus Izmir stammt, verteilt sich auf verschiedene Bars und Clubs der Umgebung, deren Rang auf der Hitliste sich erstens schnell ändern und zweitens wechseln oder verschwinden kann. Zu den etwas konstanteren Adressen gehören der **Caliente Toro Beach Club** und das **Shayna.**

Ausflüge, Bootstouren Agenturen vor Ort bieten Ausflüge nach *Pamukkale, Priene/Milet/Didyma* sowie *Selçuk/Ephesus* an. Ausflugsschiffe am Hafen schippern zur „Eselsinsel", zur „Blauen Bucht", „Winter Bucht" sowie nach Ilıca, Abfahrt morgens 10 Uhr, ca. 15 € inkl. Essen.

Sport, Kuren **Surfen:** in Alaçatı, Surf & Action, am Alaçatı-Strand, Tel. 7230918; wer sich über Boards und Riggs schon in Deutschland informieren möchte: www.surf-action.com

Kurbad: Doğal Şifa Merkezi, in Şifne (direkt bei der Brücke an der Hauptstraße), Tel. 7172424; Kurprogramm mit Schlammbad und Massage ca. 20 €.

Selçuk und Ephesus

Rund 80 km südlich von Izmir steht mit **Ephesus** (Efes), der wohl berühmtesten, ganz sicherlich aber am meisten besuchten Ruinenstadt der Türkei, ein unbestreitbarer Reisehöhepunkt auf dem Programm. Dieses Urteil bezieht sich ausdrücklich auf die archäologisch herausragende Bedeutung der wohl einzigartig gut erhaltenen antiken Stadt, nicht aber auf die Atmosphäre der Besichtigung selbst, denn da gibt es gewiss stimmmungsvollere Erlebnisse. Wer sich inmitten ganzer Busladungen durch das Ausgrabungsgelände quält, mag den Eindruck gewinnen, dass die einstige antike Weltstadt wieder als Touristenbühne auferstehen will.

Der still-nachdenkliche Genuss steinerner Vergänglichkeit – sonst der Zauber so mancher türkischen Ruinenstätte – wird hier kaum jemanden anwehen, denn Tausende absolvieren pro Tag den Parcours der Marmorstraße. So mag denn manchen, der die Ruinen von Termessos, Alahan Manastırı oder Arykanda besucht hat, das unbefriedigende Gefühl beschleichen, dass einem zwischen Kommerz und Marketing das Wichtigste irgendwie vorenthalten wurde.

Geschichte

Bereits im 2. Jahrtausend v. Chr. siedelten im Mündungsbereich des *Küçükmenderes,* eines aus dem Hochland kommenden Flusses, Angehörige der *Karer,* die dort, wo heute der Ort *Selçuk* steht, der uralten anatolischen Muttergottheit der **Kybele** huldigten. Zu jener Zeit lag diese später als *Ephesus* in die Weltgeschichte eingehende Siedlung noch direkt am Meer. Griechische Ionier siedelten im 11./12. Jahrhundert v. Chr. dann an dieser Stätte und errichteten in Übereinstimmung zum Mutterkult der Karer einen Tempel zu Ehren ihrer Göttin *Artemis,* so dass in der Folge beide Göttinen zur *Artemis von Ephesus* verschmolzen. Durch die günstige Lage am Meer und die wirtschaftlichen Beziehungen zu den vorgelagerten, ebenfalls inzwischen von Griechen besiedelten Inseln, wuchs die Stadt schnell und gehörte schon im 6. Jahrhundert zu einer der wohlhabendsten Städte dieses Küstenabschnittes. Reichtum verpflichtet, so dass die Ephesier ihrer berühmten Gottheit einen Tempel errichteten, der in den folgenden Jahrhunderten immer weiter ausgebaut und große Berühmtheit erlangen sollte.

Um etwa 550 v. Chr. kam die Stadt unter die Herrschaft des legendären und sprichwörtlich reichen Lyderkönigs *Krösus,* der zum Ruhme seines Namens den Artemis-Tempel weiter ausbaute, nur um ihn und die Stadt kurze Zeit später den Persern überlassen zu müssen. Der Wirtschaftskraft der Stadt tat all das keinen Abbruch, nahm sie doch auch im Reich des persischen Großkönigs eine führende Rolle im Mittelmeerhandel ein. Ihren prachtvollen *Artemis-Tempel* hatte die Stadt inzwischen nach mehr als zwei Jahrhunderten repräsentativ fertiggestellt. Einen gewissen *Herostratos,* angeblich ein einfacher Hirte, plagte angesichts dieses Wunderwerks die eigene Unscheinbarkeit dermaßen, dass er 356 v. Chr. zwecks Erlangung der Unsterblichkeit den Tempel kurzerhand anzündete. Der marterreich hingerichtete Wirrkopf erreichte sein Ziel, denn *Herostraten,* also Menschen, die Berühmtheit durch ungeheuerliche Taten erstreben, gibt es bis heute …

Unter dem Diadochen *Lysimachos* wurde das Stadtzentrum an die heutige Stelle, also weiter nach Westen verlegt, so dass der wiederaufgerichtete Tempel nicht mehr im Zentrum lag. Unter der Herrschaft von Pergamon prosperierte die Stadt weiterhin, und 133 v. Chr. übernahmen die Römer die Herrschaft über die Stadt, die nun die Hauptstadt der Provinz Asia Minor und mit über 200.000 Einwohnern eine der reichsten Städte des Imperium Romanum wurde.

Früh wurde die antike Weltstadt auch ein Zentrum der Christianisierung. Der **Apostel Paulus** wirkte drei Jahre in Ephesus (55–58) und auch der Evangelist Johannes soll hier gewirkt haben. Einer Legende nach soll sogar Maria, Mutter von Jesus, ihre letzten Lebensjahre in Ephesus mit Johannes verbracht haben.

In den folgenden Jahrhunderten sank der Stern der Stadt langsam, aber stetig. Da war zum einen die Verlandung des Hafens, zum anderen die wachsende Bedeutung des „Neuen Roms" – Konstantinopel –, das seit 330 Hauptstadt war. Zwar wurde Ephesus 431 noch einmal mit dem hier stattfindenden **3. Ökumenischen Konzil** geehrt und berühmt, aber die steigende Bedrohung durch plündernde Völker und Erdbeben (Gotenüberfall bereits 262, Araber 668 und 718) bewirkte, dass sich die Bewohner wieder auf den leichter zu verteidigenden Hügel des heutigen Selçuk zurückzogen. Als die Seldschuken 1090 die Siedlung eroberten, nannten sie sie *Ayasoluk;* am Ende des 14. Jahrhunderts fiel das Gebiet endgültig unter osmanische Herrschaft, und kein Mensch im türkischen Dorf gedachte mehr des versinkenden Trümmerhaufens vor der Haustür. Die letzendliche Umbenennung in Selçuk erfolgte unter der Ära der nationalistischen Jungtürken zu Beginn des 20. Jahrhunderts.

Schon vorher, in der Mitte des 19. Jahrhunderts, kamen, angelockt von den Lobpreisungen des Artemis-Tempels in antiken Quellen, die Archäologen. Bei ihrer Suche wurden die Überreste dieser in der Antike so bedeutsamen Stadt dann wieder entdeckt. Wurden die ersten Ausgrabungen noch vom British Museum initiiert, übernahm seit 1895 das Österreichische Archäologische Institut den Spatenstich. Ihm ist es zu verdanken, dass der heutige Besucher eine plastische Vorstellung von den architektonischen und kulturellen Schätzen des antiken Ephesus erfahren kann.

Zahlreiche Funde sind übrigens im Archäologischen Museum von **Selcuk** ausgestellt, dem man vor einem Rundgang durch die Ausgrabungsstätten selbst den Besuch abstatten sollte.

Selçuk

So ist es denn sinnvoll, vor Ephesus zunächst **Selçuk** zu erkunden, zumal sich der sympathische Ort als Standbein durchaus empfiehlt. Das 25.000 Einwohner zählende Städtchen steht heute ganz im Dienste seiner großen Vorgängerstadt, der es denn auch sein höchst sehenswertes **Archäologisches Museum** gewidmet hat. Neben einer übersichtlichen Ausstellung von Bronze- und Keramikarbeiten findet sich hier die Rekonstruktion eines Terrassenhauses, die eindrucksvoll dokumentiert, wie wohlhabend und

Isa Bey-Moschee mit der Johannesbasilika im Hintergrund

komfortabel die Bewohner von Ephesus gelebt haben müssen. Im **Artemis-Raum** des Museums sind zwei große Statuen der archaisch-antiken Göttin zu bewundern, beide römische Kopien des verlorengegangenen Originals. Die mit mythologischen Motiven reichverzierten Statuen wurden beim *Prytaneion* gefunden, andere sehenswerte Skulpturen und Friesfragmente, wie z.B. der „Liegende Krieger" oder „Odysseus" und „Polyphem", stehen ihnen an Bedeutung kaum nach. Eintritt 2,20 €, 8–18.30 Uhr (Winter 8–17)

Für den **Spaziergang** durch die alten, malerischen Gassen des Ortes sollte man sich Zeit nehmen, eröffnet sich doch manch attraktives Fotomotiv. Da wären zum einen die pittoresk aufragenden Säulen des byzantinischen **Aquadukts** im Zentrum, auf denen Störche fotogen ihre Nistplätze einzurichten pflegen. Auch die auf dem Hugel thronende byzantinische **Zitadelle** des 6. Jahrhunderts mit ihren Zinnen und 15 Türmen ist einen Schnappschuss wert – vielleicht demnächst auch von innen, denn eine Restaurierung ist geplant.

Unterhalb der Zitadelle befindet sich die Ruine der **Johannesbasilika,** (8–18.30 Uhr, Eintritt 2,20 €), die in der Spätantike als Pilgerziel hohes Ansehen genoss, da sie über dem vermeintlichen Grab des Apostels Johannes errichtet worden sein soll (Grab am Hauptaltar). Im 6. Jahrhundert unter Kaiser *Justinian* (527–65) errichtet, besaß die Kirche einst sechs Kuppeln und einen Grundriss von 110 x 140 Metern, der sie zu einer der größten Sakrabauten der damaligen Zeit werden ließ. Im 11. Jahrhundert ließen die Seldschuken die Basilika dann zu einer Moschee umbauen, die um 1370 das Opfer eines Erdbebens wurde, so dass heute nur noch Überreste zu sehen sind.

Südwestlich der Zitadelle befindet sich die festungsartig konstruierte **Isa Bey-Moschee** aus dem Jahr 1375. Ihr Erbauer, der gleichnamige Seldschukenfürst, stattete sie mit einem prächtigen Mukarnasportal und einem nach oben offenen Innenhof aus, der den Waschungen der Gläubigen diente. Das eigentliche Gebetshaus, dessen *Mimbar* (Kanzel) und *Mihrab*

(Gebetsnische) aus Marmor sind, wird von zwei fayencengeschmückten Kuppeln überdacht. Von den ehemals zwei Minaretten ist nur noch eines erhalten. In den Bau der Moschee wurden zwei antike Marmorsäulen integriert, die aus den alten Hafenanlagen von Ephesus stammen.

Vorbei an einem alten türkischen Hamam von 1372 erreicht man unterhalb der Moschee das Gelände des ehemals so berühmten und prachtvollen **Artemis-Tempels,** der zu den Sieben Weltwundern der Antike gezählt wurde. Mit einer Grundfläche von 125 x 60 Metern war er dreimal größer als der Parthenon in Athen. 130 mächtige Säulen umgaben das aus Marmor errichtete Gebäude, dessen Struktur zum Teil von Holzbalken gehalten wurde. Vandalierende Goten zerstörten den nach Herostratos' Anschlag wieder aufgerichteten Tempel im 3. Jahrhundert n. Chr., die meisten Steine wurden zum Bau anderer Häuser verwendet. Letzte Überreste wurden dann von Flussablagerungen zugedeckt, bis das Gelände im 19. Jahrhundert von einem britischen Archäologen entdeckt und freigelegt wurde. Heute existieren von dem früheren Wunderwerk nur noch einige Steinquader sowie eine einzige jämmerliche Säule. Sic transit gloria mundi.

Şirince

Interessant ist ein Besuch des rund 9 km südöstlich gelegenen Bergdorfs **Şirince,** dem gern der inoffizielle Titel des „schönsten Dorfes der Türkei" verliehen wird. Die griechische Bilderbuchpastorale und seine noch ca. 500 Menschen leben folglich ganz vom Tourismus. In den Gassen kann es tagsüber schon mal trubelig werden, denn viele kaufen hier ihren Şirince-Wein oder andere Souvenirs. Wer die abendliche Ruhe nach dem Sturm erleben will, findet mehrere Hotels und Pensionen.

Anfahrt/ Unterkunft Dolmuş von Selçuk 2,50 €; **Kilise Altı Pansiyon,** bei der Kirche am Dorfeingang, Tel. 8983128, DZ/F 50 €; ein von Mandarinenbäumen beschatteter Hof, 5 helle blumenumrankte Zimmer und das herrliche Dorfpanorama empfehlen die freundliche „kleine Pension unter der Kirche"

Schöne Aussicht – Blick über Şirince

Praktische Infos Selçuk

Touristeninfo (Turizm Danışma) Atatürk Cad. Ahmet Ferahlı Parkı (in einem Pavillon nahe dem Museum), Tel. 8926328, Mo–Fr 8.30–12 Uhr und 13–17.30 Uhr. **Vorwahl:** 0232

Busterminal (Otogar) Im Zentrum an der Atatürk Caddesi; u.a. nach Izmir, Bodrum, Denizli (Pamukkale). Dolmuş nach Kuşadası und Şirince.

Zug Im Zentrum, nach Izmir (passiert den Flughafen) und Denizli (Pamukkale)

Mietwagen Mehrere Anbieter im Zentrum

Unterkunft Große Auswahl, darunter viele Backpacker-Unterkünfte.

- **Kalehan Hotel,** Atatürk Caddesi 49, Tel. 8926154, www.kalehan.com. Sehr geschmackvoll eingerichtetes altes türkisches Haus mit großem Restaurant; 52 freundliche Zimmer, Bar, Pool. DZ/F 75 €.
- **Naz Han,** Atatürk Mahallesi 1044 Sokak No 2 , Tel. 8928731 www.nazhan.net. Sympatisches kleines Gästehaus von Gastgeber Cemil Akyurek. 5 schlichte, aber bequem eingerichtete, ruhige Zimmer (einige mit AC). Panoramablick von der Dachterrasse, gute Küche. DZ/F ca. 75 €.
- **Boomerang Guest House,** Uğur Mumcu Sevhi Yolu 1047 Sok. 10 (neben dem Museum), Tel. 8924879, www.boomerangguesthouse.com. Schönes, gepflegtes Gästehaus mit sehr ansprechenden Zimmern. DZ/F ab 40 €.

Camping **Camping Hotel Dereli,** ca. 6 km östlich von Selçuk am Strand von Pamucak, Tel. 8931205, www.dereli-ephesus.com, geöffnet von 1.4.–15.10. Große Motel-/Campinganlage mit Garten und Eukalyptus-Hain an einem schönen, weitläufigen Strand, Restaurant, Wifi, deutschsprachige Rezeption, Camping 2 Pers. 18 €.

Essen und Trinken

- **Eski Ev,** Atatürk Mah. 1005 Sok. 1 (im Stadtzentrum), Tel. 8929357; wie der Name sagt: altes türkisches Haus mit diwanartiger Einrichtung und schönem Garten, türkische Küche
- **Karameşe Anadolu Köy Sofraları** (gegenüber der Isa-Bey-Moschee); schöner schattiger Teegarten mit kleinen türkischen Gerichten.

Nightlife Im Zentrum mehrere Bierkneipen, kulturell fest in Aussie-(australischer) Hand.

Ausflüge Viele Agenturen im Stadtzentrum bieten Touren an, u.a. nach Pamukkale, Priene, Milet und Didyma.

Einkaufen Als lokales Souvenir drängt sich der Wein aus dem griechischen Dorf Şirince auf (s.u.)

Veranstaltungen, Festivals Im Januar finden die berühmten Kamelkämpfe von Selşçuk statt; im April und Mai dient das Theater von Ephesus den gleichnamigen Festspielen.

5

Antikes Ephesus

Die Ausgrabungsstätten des antiken **Ephesus** liegen 3 km westlich von Selçuk an der Straße nach Kuşadası (von Selçuk-Busterminal Kleinbus 1 €). Es gibt zwei Eingänge: der südliche liegt am **Magnesischen Tor** (hier kommen die meisten Busse an), der nördliche an der Marienkirche (hier kommt der Kleinbus – Dolmuş – aus Selçuk an). Die folgende Beschreibung geht von Süd nach Nord, so dass Anreisende hier mit dem Dolmuş aus Selçuk den Text von hinten nach vorne lesen müssen.

Man betritt die antike Stadt beim Magnesischen Tor, in dessen unmittelbarer Nachbarschaft auch das östliche Gymnasion, ein rechteckiges, öffentliches Gebäude mit mehreren Hallen und einem Warmbad, liegt.

An der sich anschließenden 58 x 160 m großen **Oberen Agora** (Marktplatz) sind u.a. das **Prytaneion** (Rathaus) sowie das im 2. Jh. n. Chr. erbaute **Odeion**, ein vermutlich ursprünglich überdachtes Theater, zu sehen. An der Westseite der Agora trifft man auf den **Domitiantempel** (1. Jh.), in dessen Keller ein Museum mit Inschriften eingerichtet wurde.

An der Nordwestecke der Agora beginnt die von Säulen und Statuen geschmückte **Kuretenstraße**, auf der man rechts zunächst das mit einem Relief des griechischen Heros geschmückte Herakles-Tor passiert. Wenige Schritte weiter trifft man auf den gut erhaltenen **Trajansbrunnen** (2. Jh.), den einst 12 Statuen und eine große Skulptur des Kaisers Trajan (98–117) schmückten. Vorbei an den **Scholastika-Thermen** aus dem 3. Jh. gelangt man zu den Überresten des **Hadriantempels**, dessen bogenförmiger Haupteingang eines der bekanntesten Motive von Ephesus darstellt. Der Tyche-Fries, der den Torbogen ziert, stellt die Legende dar, die zur Gründung von Ephesus geführt haben soll. Danach befahl ein Orakel dem griechischen Adligen Androklus, an dem Ort

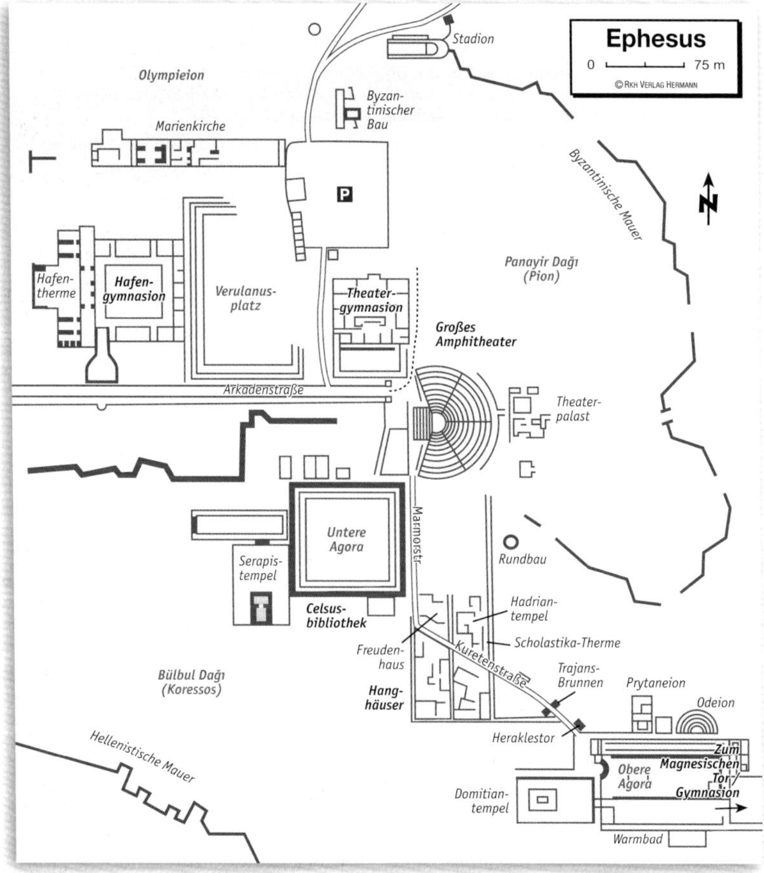

Die Celsus-bibliothek

eine Stadt zu gründen, der ihm von einem Fisch und einem Eber markiert würde. Während einer Rast briet Androklus einen Fisch, und als ein Funkenflug des Feuers einen heranschleichenden Eber in die Flucht jagte, war der Ort für die Gründung der Stadt Ephesus gefunden. Der Tempel wurde dem römischen Kaiser Hadrian geweiht, der als besonderer Förderer der Stadt galt.

Gegenüber dem Hadriantempel vermitteln die sogenannten **Hanghäuser** (auch Patrizierhäuser genannt) einen Eindruck von der Wohnkultur der Gutbetuchten, deren prächtige Wohnbauten zur Blütezeit der Stadt mit fließendem Wasser, Marmorböden, Mosaiken und Wandmalereien versehen waren (Extra-Eintritt 12 €).

Vorbei am oktogonalen **Mausoleum der Prinzessin Arsinoe** (1. Jh.) erblickt man am Ende der Kuretenstraße die **Celsus-Bibliothek**, das neben dem Theater wohl berühmteste Bauwerk von Ephesus. Sie wurde 114 n. Chr. zu Ehren des römischen Prokonsuls für Asien, *Celsus*, errichtet. In der Bibliothek sollen bis zu 12.000 Pergamentrollen aufbewahrt worden sein. 262 n. Chr. wurde das Gebäude von den Goten geplündert und zerstört. In den vier Nischen der prächtigen, säulenverzierten Fassade symbolisieren die dort aufgestellten Frauenstatuen Charakter/Tugend *(Arete)*, Weisheit *(Sophia)*, Klugheit/Urteilskraft *(Ennoia)* und Wissen/Sachverstand *(Episteme)*.

Ein unterirdischer Gang verbindet die Celsus-Bibliothek mit einem ehemals prunkvoll ausgestatteten Privathaus mit mehreren Zimmern. Eine Steinzeichnung im Zugang zu diesem Haus, die einen Fuß und einen Frauenkopf darstellt, hat die Legende befördert, dass es sich hier um ein Freudenhaus gehandelt habe.

Von der Celsus-Bibliothek führt die von Säulen gesäumte **Marmorstraße** nach Norden; vorbei an der links liegenden **Unteren Agora** erreicht man – ein Höhepunkt des Rundgangs – das **Große Theater,** mit dessen Bau bereits im 2. Jh. v. Chr. begonnen wurde, dessen beachtlicher Ausbau jedoch auf das 2. nachchristliche Jahrhundert datiert wird. Der halbrunde Zuschauerraum des Amphitheaters, in dem sich auch der Apostel Paulus den wütenden Attacken der artemistreuen Ephesier gegenübersah, wurde in den Berg gehauen und bot auf 66 Sitzreihen etwa 25.000 Menschen Platz.

Vom Theater läuft die **Arkadenstraße** wieder nach Westen; sie verband einst das Stadtzentrum mit dem heute versumpften antiken Hafen und verfügte an beiden Endpunkten über prächtige Tore. Rechts passiert man den weitläufigen **Verulanus-Platz** (2. Jh.), ein Arkadenhof mit Säulen, der in römischer Zeit als Sportplatz diente. Westlich davon befinden sich das Hafengymnasion und die Hafenthermen aus dem 2. Jh. n. Chr.

Nordwestlich des Verulanus-Platzes erblickt man die **Marienkirche** (die jedoch nicht mit dem Meryemana, dem legendären „Haus der Maria" – ihrem angeblichen Todesort – verwechselt werden darf, welches sich etwa 7 km südöstlich von Ephesus befindet, s.u.). Das Gebäude wurde im 2. Jh. n. Chr. ursprünglich als etwa 260 Meter lange Markthalle errichtet, die im 4. Jh. zu einer Säulenbasilika umgebaut wurde.

Eintritt Ephesus 8 €, 8–18.30 Uhr, Hanghäuser zusätzlich 6 €; wer früh kommt, muss die Anlage nicht mit den Busladungen aus den Küstenorten teilen.

Sieben-Schläfer-Höhle

In unmittelbarer Nähe des Efes Open-air Museums liegt die *Sieben-Schläfer-Höhle,* der eine nicht nur christliche, sondern auch in anderen Religionen beheimatete Glaubenslegende zugrunde liegt: Zur Zeit der Christenverfolgung unter dem römischen Kaiser *Decius* im Jahre 250/251 verstecken sich sieben Jünglinge in einer Höhle, wo sie gnädig in einen 200jährigen Tiefschlaf geschickt werden. Als sie wieder wach werden, geht der jüngste in die Stadt, um Brot einzukaufen. Der Bäcker wundert sich über die längst nicht mehr gültigen Münzen, und so kommt das ganze Wunder aus der Grube ans Tageslicht.

Meryemana

Ähnlich legendenhaft, aber rund 7 km entfernt, gibt sich das bereits erwähnte **Meryemana,** jenes Haus, in dem Maria, die Mutter Jesu, angeblich gestorben sein soll. Das in einem Wald gelegene Steinhaus ist ein Muss für Mariengläubige aus aller Welt, alle anderen können sich das Taxigeld sparen (Eintritt 5 €, 8–19 Uhr, keine öffentl. Verkehrsmittel).

Hadriantempel

Sensationen zweierlei Art – Aphrodisias und Pamukkale

Wer direkt von Ephesus auf kürzestem Wege nach Antalya reisen möchte, kann über die N320 (später N350) durch das Flusstal des Großen Mäander *(Büyük Menderes)* unter Auslassung der gesamten Südägäis die Strecke auf rund 350 km abkürzen. Ein absolutes Muss ist dabei der Besuch zweier Stätten, die beide in ihrer jeweiligen Art zu den größten Sehenswürdigkeiten der Welt gehören.

Über die Provinzhauptstadt *Aydın,* Zentrum eines Obstanbaugebiets, darunter vor allem Feigen, erreicht man knapp 120 km hinter Ephesus bei Kuyucak die Abzweigung nach Karacasu, auf der nach weiteren 40 Kilometern die nahe dem Dorf Geyre gelegenen Ruinen von **Aphrodisias** erreicht werden.

Die am westlichen Fuße des *Baba Dağı* (2308 m) in einer Flussniederung gegründete antike Stadt erhielt ihren vielversprechenden Namen zur Römerzeit (2. Jh. v. Chr. bis 4. Jh. n. Chr.), eingedenk ihres bedeutenden Tempels, der dem Kult der Liebesgöttin Aphrodite (röm. Venus) gewidmet war. Dank ihrer guten Beziehungen zu römischen Machthabern genoss die Stadt viele Privilegien (Unabhängigkeit gegenüber der römischen Provinzverwaltung, Steuerfreiheit), so dass sie eine der blühendsten Gemeinden Kleinasiens war.

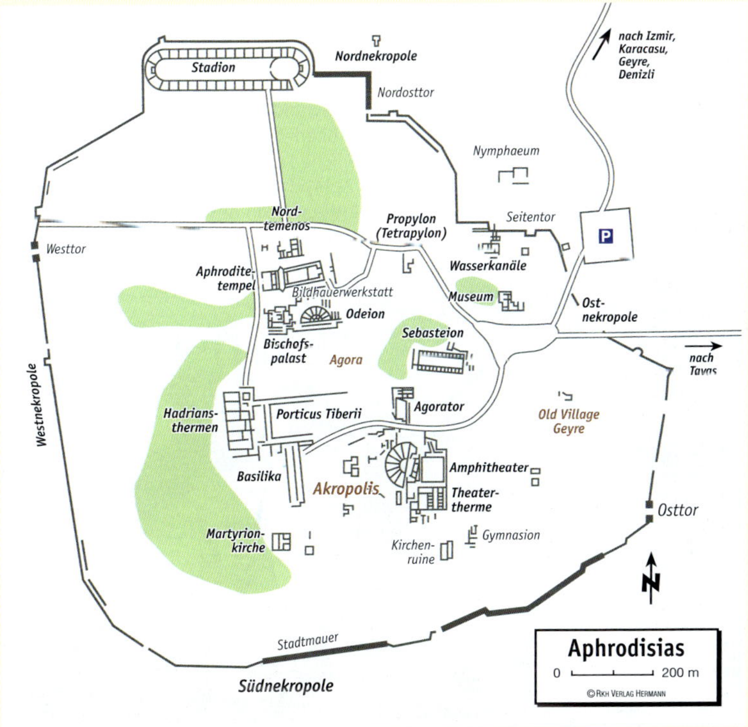

Neben dem Aphrodite-Tempel trug vor allem die in der ganzen antiken Welt bekannte Bildhauerschule von Aphrodisias zu ihrem Ruhm bei, die ihre aus einem nahegelegenen Marmorsteinbruch stammenden Skulpturen in alle Welt verkaufte. Das Ende der Prachtstadt kam mit dem Aufstieg des Christentums (Staatsreligion seit 391 unter Kaiser Theodosius), das dafür sorgte, dass mit dem schändlichen Aphrodite-Treiben Schluss gemacht wurde und die Stadt sogar ihren Namen wechseln musste: Stauropolis – „Stadt des Kreuzes" – sollte fortan anderen Gottheiten dienen. Die antike Größe war dahin, Erdbeben und Seldschukeneinfälle im Mittelalter gaben der Stadt den Rest.

Der Rundgang durch die schöne, beschauliche Anlage führt rechts hinter dem Eingang zunächst zum **Tetrapylon,** dem im 2. Jahrhundert errichteten Festtor der Stadt. Die kannelierten Säulen des Torbaus stellten wohl den Eingang zum weiter westlich liegenden Aphrodite-Tempel dar. Nach Norden gehend kommt man zum 262 Meter langen und 59 Meter breiten **Stadion,** einem der besterhaltenen antiken Stadien der Welt, wo 30.000 Zuschauer Platz fanden. Sich nach Süden wendend, erreicht man den **Aphrodite-Tempel** (1. Jh. v. Chr.), eine ursprünglich im ionischen Stil errichtete Anlage, deren Allerheiligstes (Adyton) eine 3 Meter hohe Aphrodite-Statue gwesen sein soll.

Wenige Schritte weiter steht der byzantinische **Bischofspalast,** dessen Fußboden einst mit Marmorintarsien geschmückt war. Östlich davon liegt das gut erhaltene **Odeion** (2. Jh.). An den großen **Hadrians-Thermen** (2. Jh.) und der **Agora** vorbei kann man den Hügel der Akropolis ersteigen. Von den oberen Sitzreihen des **Theaters** (1. Jh. v. Chr.) kann man einen schönen Rundblick genießen.

Den Höhepunkt des Besuchs aber stellt das am Eingang der Anlage stehende **Museum** dar (Eintritt 3,50 €, 9–18 Uhr). Die Exponate sind bewundernswert: prachtvoll verzierte römische Sarkophage, Friesstücke des Theaters, ein überlebensgroßes Kultbild der Aphrodite sowie die Achilles-Penthesilea-Gruppe. Meisterliche Porträts und Münzen belegen eindrucksvoll das hohe künstlerische Niveau der Aphrodite-Stadt. Prachtvolle Figuren vom Sebasteion, Keramiken, Goldschmuck und Idole weisen des Weiteren auf die frühe Besiedlungsphase der Akropolis zur Bronzezeit hin.

Fries aus Aphrodisias
(Athene und die Giganten)

Anfahrt: Wer nicht mit dem eigenen Wagen oder einer organisierten Tour anreist, muss zunächst mit dem Bus von Selçuk nach Nazilli und steigt dort nach Karacasu um. Diese Art der Anreise kann eine Übernachtung erforderlich machen (einfache Unterkünfte in Geyre).

„Baumwollburg" Pamukkale

Die zweite weltweit berühmte Sehenswürdigkeit liegt nördlich der lebhaften Provinstadt Denizli, die zu den größten Textilproduktions- und Textilumschlagplätzen der Welt gehört. Über dem 18 km weiter nördlich liegenden Dorf **Pamukkale** („Baumwollburg" oder „Weiße Burg") liegen die weltberühmten **Kalksinterterrassen,** eine sich über 100 Meter den Hang hinabstufende terrassierte Abfolge von Stein gewordenen Kaskaden und blau-weißen Kalkpools, die natürlich von der UNESCO zum Weltkulturerbe erhoben wurden.

Das Wunderwerk der Natur, das übrigens ein Pendant im Yellowstone Park besitzt, erklärt sich durch eine kohlendioxyd- und kalziumkarbonathaltige Quelle, die den Kalkstein Travertin ablagert. Die Pools dürfen heute nur noch barfuß auf einem genau abgegrenzten Pfad betreten werden; das frühere Baden im Wunderwerk gehört längst zur Geschichte.

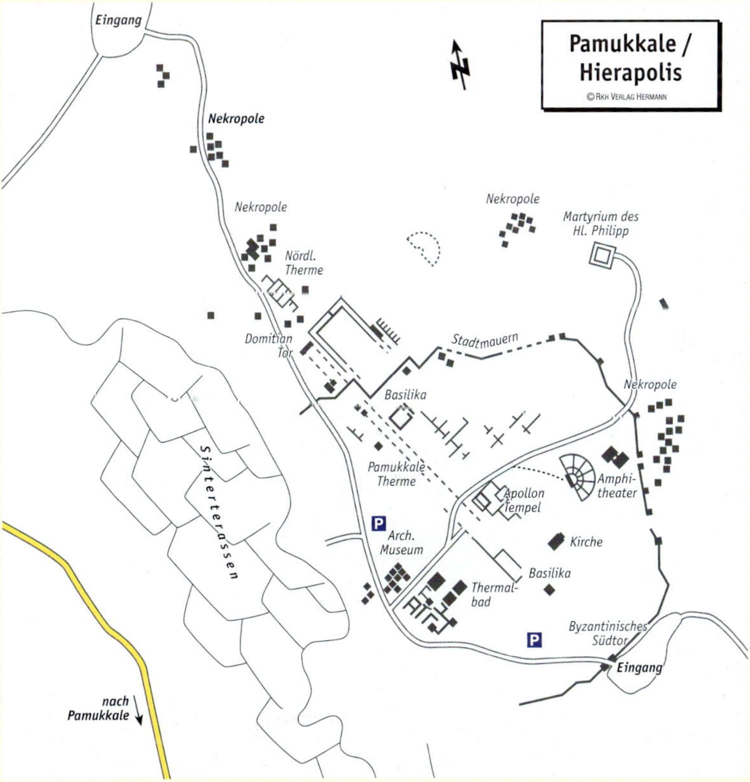

Auch die der Stätte so abträglichen Hotels am oberen Plateau des Abhangs wurden geschlossen, da ihr Wasserverbrauch die Sinterterrassen austrocknete und der Erosion preisgab. Seitdem versucht man, durch geschickte Kontrolle und Dosierung der Quelle den Terrassen ihr einstmaliges Aussehen zurückzugeben. Zum Ausgleich wird den Besuchern am oberen Rand ein schön begrüntes, antikisiertes **Thermalbad** zur Verfügung gestellt, wo man im 35 Grad warmen Wasser seine Leiden kurieren kann.

Direkt neben dem Bad liegt das **Archäologische Museum,** das über die hier gefundenen Relikte von Hierapolis informiert und herrliche Sarkophage besitzt. Die Ruinen dieser antiken Stadt, die unter der Herrschaft von Pergamon im 2. Jahrhundert v. Chr. gegründet und unter den Römern nach mehreren Erdbeben wiederaufgebaut wurde, liegen weit verstreut auf dem Plateau. Höhepunkte sind u.a. der nördlich des Museums liegende **Apollontempel,** das mehr als 10.000 Zuschauer fassende **Theater** (2. Jh.), das ehemalige **Wallfahrtsgrab des Heiligen Philipp** (5. Jh.) sowie die **Thermen** mit dem dreibogigen **Domitian-Tor** (1. Jh.).

Man kann über einen genau festgelegten Weg die Sinterterrassen durchlaufen (Schuhe sind auszuziehen); in einigen Pools rechts und links des Wegs wird das Planschen toleriert.

Eintritt Sinterterrassen und Hierapolis-Ruinen zusammen 10 €, Archäologisches Museum 1,50 € extra, immer geöffnet, Museum 9–12.30 u. 13.30–17 Uhr (Mo geschl.). Eintritt in das oben erwähnte Thermalbad 11 € (!), 8–19 Uhr (im Winter bis 17 Uhr).

An der Straße zwischen Pamukkale und Denizli findet sich eine zweite, weit weniger besuchte Ruinenstätte: **Laodicea.** Die antike Stadt – einst eine der wohlhabendsten ganz Kleinasiens – liegt auf einem weitläufigen Hügel und bietet dem Spaziergänger entlang der Kolonnadenstraße mit ihrem Caracalla-Turm hauptsächlich zwei verfallene Theater (schöner Ausblick), ein noch nicht ausgegrabenes Stadion und ansonsten viel Ruhe (Eintritt 3,50 €, 8–17 Uhr).

Turizm Danışma: am Parkplatz oben neben dem Museum, Tel. 0258-2722077, 9–20 Uhr.

Anfahrt: Busse von Pamukkale/Denizli in alle Richtungen; Dolmuş zwischen Denizli und Pamukkale.

Unterkunft: viele Pensionen im Dorf Pamukkale unterhalb der Sinterterrassen (mehrere bei www.venere.com zu erfragen und buchen), z.B. *Beyaz Kale Pansiyon,* Oğuzkaan Cad. 2, Tel. 0258-2722209. 15 einfache Zimmer, gutes Restaurant, Pool. DZ/F 24 €. Oder: Dört Mevsim Hotel, Hasan Tahsin Cd. 25, Tel. 0258-2722009, www.hoteldortmevsim.com, ebenfalls mit Pool, ruhige Lage, DZ/F 28 €.

Camping: *Tepe Camping,* Pamukkale, Tel. 0532-6621432, www.tepecamping.com, Hotel/Bungalow- und Campinganlage auf einem Hügel ca. 5km östlich von Pamukkale, Caravan (2 Pers.) 10 € (15.9.–1.6.), 13 € (1.6.–14.9.), Pool, Restaurant.

Am Fuß der Travertinterrassen erstreckt sich um einen kleinen See der bei Spaziergängern beliebte Natural Park (Eintritt frei), der sein Wasser von den Kaskaden bezieht; dort befindet sich auch ein Schwimmbad (Eintritt 4 €, Kinder 2,50 €), Tretbootverleih.

Naturwunder Pamukkale

Kuşadası

Ein nicht unerheblicher Teil der Touristen, die tagsüber die Marmorstraße von Ephesus bevölkern, kommt aus dem nur knapp 20 km entfernten, in der ganzen Türkei bekannten „Vogelnest" – so die idyllische Übersetzung jenes Ortsnamens, hinter dem sich einer der internationalsten und ältesten Urlaubsorte der Türkei verbirgt. Die bekannte Kreuzfahreradresse hat offiziell nur 50.000 Einwohner, die sich im Sommer die schönen Strände mit hunderttausenden von Touristen teilen dürfen.

Scala Nuova, so der frühere Name der Urlaubshochburg, verdankt seine Gründung der Verlandung der alten Häfen von Milet und Ephesus. Genuesische Handelsschiffe, die im späten Mittelalter nach einem geeigneten Stützpunkt im Levantehandel suchten, erhielten vom byzantinischen Kaiser die Erlaubnis, hier ihr Kontor aufzuschlagen. Von den Osmanen im 16. Jahrhundert vertrieben, kamen die Italiener 1919 nochmals kurzzeitig zurück, um dann vor Atatürk schleunigst das Feld zu räumen.

So war denn der Ort bis in die 1950er Jahre nicht mehr als ein verträumtes, geruhsames Fischerdorf, an dessen Ufern plötzlich riesige Schiffe auftauchten. Ihre Ladung bestand aus Betuchten aus allen Herren Ländern, aber vor allem aus Großbritannien. Die mutige Avantgarde war entschlossen, nicht nur die Geheimnisse von Ephesus, sondern auch den orientalischen Schleier der Türkei zu lüften und das Land gleichsam friedlich zu erobern. Das ist, zumindest im Fall des „Vogelnestes", fast vollständig gelungen …

Die Kreuzfahrtschiffe liegen heute immer noch im schmucken Hafen, aber seit den 1980er Jahren hat sich auch das sesshaftere Strandpublikum hier niedergelassen, und aus dem kleinen Fischernest von einst wurde binnen weniger Jahre ein internationaler, fließend Englisch sprechender Rummelplatz, mit dem sich an der ganzen Küste höchstens noch Bodrum und Marmaris vergleichen lassen. Es versteht sich von selbst, dass neben den Cruisern auch viele elegante Privatsegler den zweitgrößten Yachthafen der Türkei (hinter Marmaris) nutzen und zum allseits fröhlichen Urlaubsflair beitragen.

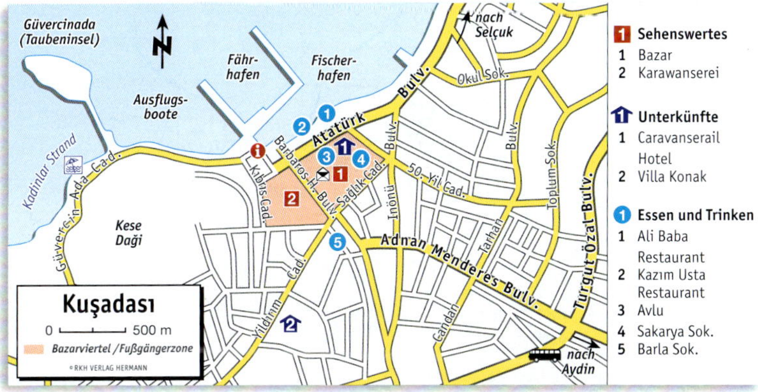

5

Sehenswertes

So ist denn auch der **Hafen** das pulsierende Zentrum des Treibens. In unmittelbarer Nähe befindet sich die sehenswerte, 1618 unter dem Großwesir Ökuz Mehmet Paşa erbaute **Karawanserei,** deren schöner, von Palmen und Bougainvilleen geschmückter Innenhof heute mehrere Teppichgeschäfte sowie ein Hotel beherbergt.

Besuchenswert ist auch das südlich vom Hafen liegende Eiland **Güvercinada** („Taubeninsel"), das durch einen Damm mit dem Festland verbunden ist. Neben dem alten genuesischen Fort aus dem 14. Jahrhundert lohnen hier vor allem die beschaulichen Teegärten in einem oleander- und palmenbestandenen Park den Besuch. Von der ehemaligen Insel kann man übrigens das südlich gelegene Yılancı-Kap sehen, auf dem man die Stätte des antiken ionischen Neapolis vermutet. Noch weiter südlich erstreckt sich der vielbesuchte *Kadınlar*-Strand, sprich *Ladies Beach.*

Von der Hafenpromenade aus erreicht man schnell das **Basarviertel,** das sich in nördlicher Richtung in zahlreiche kleine Altstadtgassen **(Kaleiçi)** verliert. In den malerischen und urig wirkenden Winkeln kann man beim Stöbern – mit etwas Glück – noch türkisches Ambiente schnuppern. Nichts Türkisches dagegen gibt es in der östlich der Karawanserei liegenden Bar-Straße **Barlar Sokak** zu entdecken. Der auch *Pub Lane* genannte, ca. 200 Meter lange Straßenzug aus Kneipen und Diskotheken ist fest in westlicher Hand und für Sensible nachts nur mit Ohrenstöpseln passierbar.

Strände

Zu den schönsten Stränden in der unmittelbaren Umgebung von Kuşadası gehören neben dem bereits erwähnten *Kadınlar*-Strand (2 km südlich, in der Saison rappelvoll!) der **Kuştur-Strand** (nach dem dortigen Hotel auch *Tusan* genannt, 5 km nördlich) sowie der relativ ruhige, wenn auch teilweise windige Strand vom **Pamucak** (15 km nördlich). Alle drei sind mit dem häufig verkehrenden Dolmuş leicht zu erreichen und bieten Cafés, Restaurants sowie zahlreiche Wassersportmöglichkeiten.

Kuşadası mit der Tauben-insel im Hintergrund

Dilek-Nationalpark

Wer mehr Ruhe sucht, kann per Dolmuş in den 20 km südlich von Kusadası liegenden Ort *Güzelçamlı* fahren, der sich als Ausgangspunkt zum Erkunden des schönen **Dilek-Nationalparks** anbietet (Eintritt 1,5 €, Pkw 4 €). Die von Pinienwäldern bestandene Dilek-Halbinsel, die nahe an die griechische Insel Samos heranreicht, bietet Wanderern und Strandfreunden gleichermaßen lohnende Ziele. In den Wäldern sind Wildschweine und viele Vogelarten zuhause, und die schönen Sand- und Kiesstrände des Parks, die meist über Snackbars, Duschen und Toiletten verfügen, sind zumindest wochentags recht leer und eine angenehme Alternative zum brodelnden Kuşadası.

Praktische Infos Kuşadası

Touristeninfo (Turizm Danışma) Mahmut Esat Bozkurt Caddesi 7 (direkt am Hafen), Tel. 6141103, 8.30–17.30 Uhr, professionelle Beratung. **Vorwahl:** 0256. **Post:** Rifat Arin Cd.

Busterminal (Otogar) Etwa 2 km außerhalb an der Straße nach Söke; Verbindungen in alle Richtungen; Dolmuş-Verbindung nach Selçuk und Güzelçamlı.

Fähre **nach Samos** (Griechenland / im Zeitraum 1.4.–15.10.): Retourticket gleicher Tag 40 € (One way 35 €), Hinfahrt 8.30 Uhr, Rückfahrt 17 Uhr, Tickets bei *Meander Travel,* Kıbrıs Cad. 1, Tel. 6143859, www.meandertravel.com.

Mietwagen *Avis* und *Europcar* am Atatürk Bulvarı, auch viele lokale Anbieter

Unterkunft Das Angebot ist riesig, s. www.kusadasihotels.com.

Club Caravanserail Hotel, Tel. 6144115. Die im ersten Stock der historischen *Kervansaray* liegenden kleinen Zimmer haben jeweils einen eigenen Namen und sind gemütlich eingerichtet. Kleine Fenster, deshalb recht dunkel. DZ/F 70 €.

Villa Konak, Yıldırım Caddesi 55 (im Ortszentrum), Tel. 6122170, www.villakonakhotel.com. Ein nettes Gästehaus im osmanischen Stil mit zwei schönen Gärten und Pool, angenehmes Flair. DZ/F 60 €, von Mitte April bis November.

Camping **Yat Camping,** Ataturk Bulv. 76 (zentral am Hafen, GPS 37 12´05´´N, 27 15´51´´ E), Tel. 6181516, 1.3.–15.11., relativ kleine Caravan- und Zeltplätze unter Bäumen, Restaurant, Pool, Waschsalon, 9 €.

Essen und Trinken **Avlu,** in Kaleiçi/Altstadt, Cephane Sok. 15 (Parallelstraße hinter der Promenadenstraße Atatürk Bulvarı), Tel. 6147995; einfache, preiswerte Lokanta mit klassischer türkischer Küche.

Ali Baba Restaurant, Belediye Turistik Çarşısı 5 (am Hafen), Tel. 6141551; direkt am Meer gelegenes bekanntes Fischrestaurant.

Kazım Usta Restaurant, Balıkçı Limanı (am Hafen), Tel. 6141226; bekanntes Restaurant direkt neben dem Fischmarkt am Hafen – womit die Spezialitäten schon genannt sind

Nightlife, Unterhaltung In der Barlar Sokak (Bar Straße) ein Laden neben dem anderen, die Namen wechseln – der Sound kaum; länger dabei sind z.B. *Kuşadasaı Disco, Authentic Bar* oder *Jimmy's*. Außerdem entpuppt sich die Sakarya Sokak als Nachtadresse; hier liegen *Tattoo Club, Yaba Bar* und das *Heaven*. Clubs, die gerade „in" sind, gilt es vor Ort zu erfragen.

Das gesetztere Publikun erfreut sich inzwischen seit Jahren an den **Folklore-Vorführungen** im schönen Innenhof der Karawanserei. Das Motto – wie könnte es anders sein – rankt sich um „Tausendundeine Nacht" (40 € p.P. inkl. Getränke u. Dinner).

Ausflüge/ Bootstouren Agenturen gibt es zuhauf, z.B. *Crossroads* (Tel. 6132900); Touren gehen nach Priene, Milet, Didyma (30 €), Ephesus (25 €), Pamukkale (30 €) usw.

Wer sich mit der kleinen Ausflugsfahrt vom Hafen (10 €) nicht zufrieden gibt und von einer **Blue Voyage** („Blaue Reise") in die Ägäis träumt, kann sich bei *Marjinal Travel,* Ulgen Sokak Park Plaza 2/3, Tel. 6147569, www.marjinaltravel.com, informieren.

Tauch-Anbieter gibt es am Kadılar-Strand (Ladies Beach).

Aydin – Marmaris
0
20 km
© RKH VERLAG HERMANN
Kuşadası
Selçuk
Ephesos
Söke
Priene
Milet
Didyma
Altınkum
Bafa Gölü
Heraklea
Milas
Euromos
Labranda
Güllük
Güllük Körfezi
Bodrum
Turgutreis
Gümüşlük
Myndos Yarımadası
Kos
Kós
Kálymnos
Léros
Lipsí
Pátmos
Sámos
Kuşadası Körfezi
Aydın
Nazilli
Kuyucak
Sultanhisar
Denizli
Pamukkale
Hierapolis
Aphrodisias
Karacasu
Bozdoğan
Çine
Yatağan
Muğla
Marmaris
Datça
Knidos
Gökova Körfezi
Köyceğiz
Dalyan
Dalaman
Fethiye
Fethiye Körfezi
Ölüdeniz
Kadyanda
Tlos
Pinara
Göcek
Ortaca
Rodos
Simi
Tilos
Nisiros
Dodekanes
Menteşe Dağları
Aydın Dağları
Büyük Menderes
Akdağ
Dilek Milli Parkı
Tavas
Kale
Acıpayam
Çameli
Gölhisar
Kemer
Bozburun
Hisarönü Körfezi
Reşadiye Yarımadası
Sedir Adası
Akyaka
Gökova
Ula
Ören
Çal
Buldan
Sarayköy
Germencik
İncirliova
Koçarlı
Yeşilova
Tefenni
Kurbağalık

Von Kuşadası nach Didyma

Der Besuch der drei antiken Stätten **Priene, Milet** und **Didyma** ist ohne eigenen fahrbaren Untersatz eine langwierige Angelegenheit; wer keinen Mietwagen nehmen will oder kann, sollte als Alternative die organisierte Tagestour der Agenturen nutzen.

Gut 20 km südlich von Kuşadası liegt am Nordrand der breiten Schwemmlandebene des Flusses *Büyük Menderes* („Großer Mäander") das sympathische Landstädtchen **Söke.** Der schon in der Antike bekannte Büyük Menderes hat es wegen seiner sprichwörtlichen Windungen nicht nur geschafft, bis in die Wörterbücher der ganzen Welt vorzudringen, er hat vor allem durch fruchtbare Sedimente seit alters her ein beliebtes Siedlungsgebiet der griechischen Kolonisation befördert, wo so berühmte Städte wie **Milet** für Jahrhunderte den Handel beherrschten.

Eine kleine Straße führt parallel zur Hügelkette des Dilek Dağı von Söke zum 18 km entfernten Dorf **Güllübahçe,** dessen sehenswerter, aber kaum besuchter alter griechischer Ortsteil – *Eski Güllübahçe* – nach dem Bevölkerungsaustausch und einem Erdbeben als Geisterstadt zurückblieb (ca. 1 km von Neu-Güllübahçe).

Priene

Berühmt dagegen sind die südlich des Dorfes liegenden Ruinen von *Priene,* die vor allem durch ihre landschaftlich überaus spektakuläre Lage bestechen. Hoch über dem Meer, an einem von Pinien dicht bewachsenen Terrassenhang liegen die Ausgrabungsstätten, von denen man einen fantastischen Blick über die Mäander-Ebene genießen kann. Anders als bei vielen anderen antiken Stätten der Türkei hat der Besucher mit Priene eine rein griechische Stadt vor sich, denn bereits zur Zeit der Römer war der Hafen der Stadt durch den Mäander verlandet und somit bedeutungslos geworden.

Von der ehemals blühenden Stadt, die unter der Führung des *Bias von Priene* (einer der Sieben Weisen, um 625–540 v. Chr.) im ionischen Zwölf-

5

Die Ruinen von Priene

städtebund eine erhebliche Rolle spielte, sind besonders die Reste des von Alexander dem Großen in Auftrag gegebenen **Athena-Tempels** hervorzuheben. Fünf seiner mächtigen ionischen Säulen wurden restauriert und bilden nun als Panorama-Terrasse eine eindrucksvolle Kulisse. Ganz in der Nähe befinden sich die aus dem 3. Jahrhundert v. Chr. stammenden Ruinen des Theaters – damit eines der ältesten in Anatolien –, dessen Besonderheit die fünf thronähnlichen Steinsitze sind, die wohl für besonders wichtige Besucher vorgesehen waren. Das **Bouleuterion** (Rathaus, 2. Jh. v. Chr.) ist

eines der besterhaltenen Gebäude der Ruinenstätte. Es bot auf seinen 13 Sitzreihen 640 Personen Platz.

Ansonsten streift der Besucher durch die nach hippodamischem (Schachbrett-)Muster angelegten **Wohnhäuser,** die heute fast ganz von dichtem Wald zurückerobert worden sind. Im Süden sind die Reste eines **Gymnasions** sowie eines **Stadions** freigelegt worden.

Eintritt 1,50 €, 9–21 Uhr, sonst frei zugänglich

Anfahrt Dolmuş von Kuşadası nach Söke, dann Dolmuş nach Güllübahçe; die Weiterfahrt nach Milet mit öffentlichen Verkehrsmitteln ist schwierig, deshalb empfiehlt sich eine Besichtigungstour.

Milet

Ungefähr 17 km weiter südlich von Priene überquert die kleine Straße den *Mäander,* an dessen südlichem Ufer die Ruinen der einstmals wichtigsten Stadt Ioniens stehen: **Milet.** Milet war die größte und mächtigste griechische Kolonie der kleinasiatischen Küste. Die Stadt verfügte über vier Häfen und gründete mehr als 80 Tochterstädte, darunter so bekannte wie *Sinop* (Schwarzes Meer), *Tanais* (Krim) und *Naukratis* (Nildelta). Noch berühmter war die Stadt als Geburtsort der griechischen Philosophie, und so manchem werden die Namen der ionischen Naturphilosophen aus alter Schulzeit in den Sinn kommen: da war der Vater der Philosophie, *Thales von Milet* (624–546 v. Chr.), der bekanntlich alles aus dem Wasser ableitete, ein auch heute keinesfalls überholtes Prinzipium. Seine fast kongenialen Disputanten, *Anaximander* und *Anaximenes,* erhoben andere Urstoffe zum Prinzip, das berühmte *Apeiron* (das Unendlich-Unbestimmte) bzw. die Luft. Alle drei stießen ein Denken über die Natur an, das vordem in mythischen Zeiten unbekannt war und somit als Geburtsstunde der Moderne begriffen werden kann.

Die große Blütezeit der Stadt begann ungefähr im 11. Jahrhundert v. Chr., als ionische Siedler eine Vorgängersiedlung von Kretern besetzten und sie schnell zum Mittelpunkt des griechischen Kleinasiens ausbauten. Die Stadt fühlte sich mächtig genug, um 500 v. Chr. die Führung des *Ionischen Aufstandes* gegen die persischen Oberherren zu übernehmen – eine Fehleinschätzung, die 494 v. Chr. mit der völligen Zerstörung Milets und der Deportation seiner Einwohner endete. Im hippodamischen Muster neu aufgebaut nahm sie ihre starke Stellung schnell wieder ein, und erst in der späten römischen Kaiserzeit setzte die vor allem durch die zunehmende Verlandung des Hafens hervorgerufene Verfallsphase ein. Als sich im 14. Jahrhundert hier die Seldschukenfürsten von Mentesche niederließen, war Milet nur noch ein Schatten seiner großen Vergangenheit. 1424 besetzten dann die Osmanen die Schwemmlandebene. Ende des 19. Jhs. begannen deutsche Archäologen mit ihren Ausgrabungen, in deren Folge das heute im Pergamonmuseum befindliche **Markttor** nach Berlin überführt und dort mehrfach restauriert wurde.

Die meisten archäologischen Funde entstammen der Römerzeit. Die imposanteste Sehenswürdigkeit vor Ort ist sicher das mächtige **Theaters** (1. Jh.), dessen 140 Meter lange und gut 30 Meter hohe Vorderfront eine

Vorstellung von der einstigen Bedeutung der Stadt vermitteln dürfte. Über 20.000 Zuschauer konnten hier auf 54 Sitzreihen ihren *Äschylos* oder *Euripides* genießen. Noch über dem Theater sind Reste der im 8. Jahrhundert von den Byzantinern angelegten **Zitadelle** zu erkennen.

Direkt hinter dem Theater verlief ursprünglich die Küstenlinie, deren Verlauf noch heute durch zwei steinerne **Löwenstatuen** nachvollziehbar ist. Unter den weiteren, recht weitläufig verteilten Ruinen ragen die **Faustina-Thermen** (2. Jh.) hervor, die von der Gemahlin des Kaisers Mark Aurel gestiftet wurden. Auch das **Nymphaeum** (1. Jh.), eine einstmals dreigeschossige Brunnenanlage, ist noch gut erkennbar.Südlich davon er-

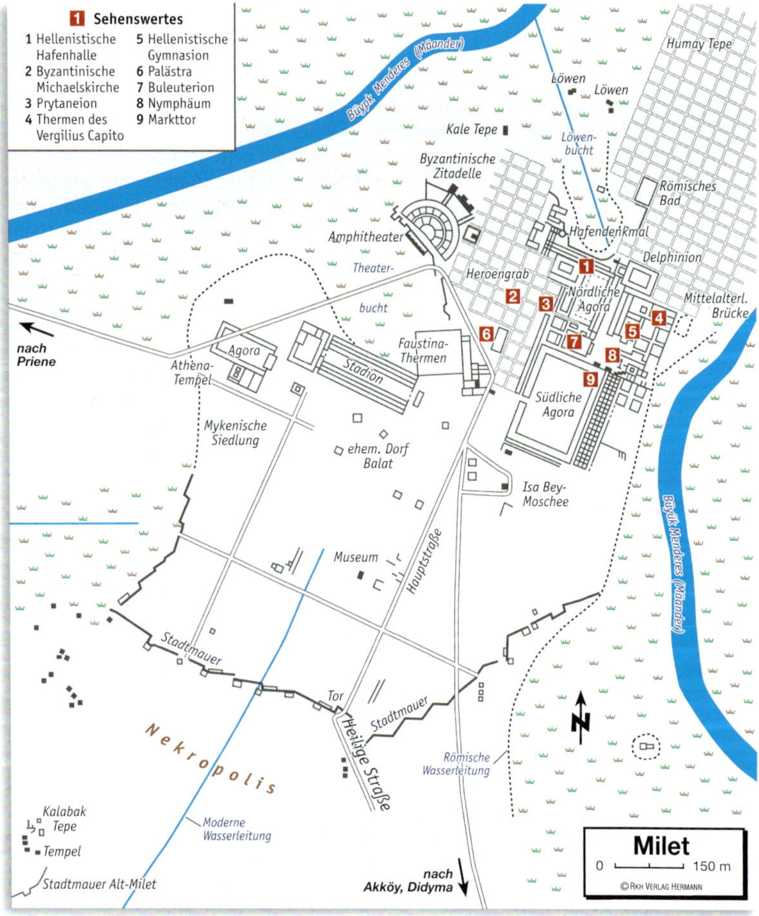

streckte sich die Südliche Agora, wo auch das oben erwähnte, im Berliner Pergamon-Museum ausgestellte **Markttor** stand; noch weiter südlich liegt die von den türkischen Mentesche-Fürsten Anfang des 15. Jahrhunderts errichtete **Isa Bey Moschee. Eintritt** 1,50 €, 8–20 Uhr

Das ca. 500 m entfernte, neuerrichtete **Museum von Milet** (8.30–16 Uhr, Eintritt 1,30 €) bietet Relikte und Torsi nicht nur aus Milet, sondern auch u.a. aus Priene vom Athenatempel und vom Apollontempel aus Didyma.

Anfahrt Der Dolmuş von Söke nach Didim passiert in einigem Abstand das Gelände.

Didyma

Am südlichen Ende der Mäander-Ebene, ca. 25 km südlich von Milet, liegen mitten im Dorf Didim die Reste der einst wichtigsten Orakelstätte Kleinasiens, **Didyma.** Es war seit dem 7. Jahrhundert v. Chr. eine Kultstätte des weissagenden **Apoll** (dem auch das berühmte Pendant in Delphi zuzuordnen ist). Im Ionischen Aufstand verschleppten 494 v. Chr. die siegreichen Perser angeblich das verehrte Kultbild des Gottes, das 200 Jahre später vom Alexandergeneral Seleukos wieder zurückgebracht worden sein soll. Die Dynastie der Seleukiden war es denn auch, die dem wiedererrichteten Heilgtum gigantische Ausmaße verschaffen wollte. Beendet wurde aber das ehrgeizige Projekt nie; nach Jahrhunderten einer sich immer wieder unterbrechenden Bautätigkeit stoppten die römischen christlichen Kaiser das nun heidnische und damit obsolete Projekt. Ein Erdbeben im 15. Jahrhundert verwandelte die Anlage in eine Trümmerlandschaft. 1834 entdeckten die Archäologen Charles Texier und Charles T. Newton, die auch an den Ausgrabungen von Halikarnassos beteiligt waren, die verlassene Tempelanlage. Theodor Wiegand führte zwischen 1904 und 1913 im Auftrag des Berliner Archäologischen Museums erste Ausgrabungen durch, die ab 1962 von Klaus Tuchold im Auftrag des Deutschen Archäologischen Instituts weitergeführt wurden.

Besichtigung

Die Apollon-Tempelanlage war im Altertum durch eine etwa 16 km lange, zum Teil noch heute erhaltene „Heilige Straße“ mit Milet verbunden. Die letzten Abschnitte der Straße wurden von Steinplastiken gesäumt, die zum Teil liegende Löwen (heute im British Museum in London ausgestellt), zum anderen Teil sitzende Figuren der Fürstenfamilie der Branchiden, die in Milet lebten und denen die Verwaltung des Heiligtums übertragen war, darstellten.

Der 24 Meter hohe Apollon-Tempel erstreckte sich über einen Grundriss von 60 x 120 Metern. Auf einer siebenstufigen Plattform standen auf den Längsseiten zwei Säulenreihen von je 21 Säulen, auf den Querseiten von je 10 Säulen, was die stattliche Gesamtsumme von über 120 Säulen ergibt. Den Zugang zum Tempel bildete eine dreizehnstufige Treppe an einer der Querseiten. Die Säulen mit verzierten Sockeln waren unterschiedlich gestaltet und bildeten die Stütze für einen Architrav mit einem Fries, der von Blätterwerk umrankte Medusenköpfe darstellte.

Das Innere des Tempels bestand aus einem Vorraum (Pronaos) mit zwölf Säulen und einer sich anschließenden Zelle mit zwei Säulen. Von hier aus hatten die Priester Zugang zum heiligen Bereich im Inneren des Tempels (Adyton), der aus einem von hohen Mauern umgebenen Innenhof bestand, in dem sich ein kleinerer viersäuliger Tempel mit dem Kultbild des Gottes verbarg. An dieser heiligen Stelle lauschte man dem schicksalsträchtigen Orakel. Die Weissagungen, die Apollon nur der in Trance versetzten Priesterin kundtat – ähnlich wie bei der Pythia in Delphi –, wurden an die Priesterschaft weitergegeben, die dann die schwierige Aufgabe hatte, das apokryphe Gestammele zu interpretieren und in klarem Griechisch an die Pilger weiterzugeben. Die göttlichen Einflüsterungen wurden auf Naturereignisse besonderer Art, aber auch auf zu einem bestimmten Zeitpunkt sich ereignende, alltägliche Begebenheiten abgefragt. Der Sage nach soll Alexander der Große in Didyma die Weissagung seines Sieges über die Perser erhalten haben.

Heute lauschen hier nur noch die Dorfkühe. Die ursprünglich so mächtige Tempelanlage ist nur noch in Form der Grundmauern erhalten, was allerdings ausreicht, um eine eindrucksvolle Vorstellung von den Dimensionen des Heiligtums zu bekommen. Drei der ehemals mehr als 120 ionischen Säulen stehen noch in Originalhöhe, etliche liegen als gigantische Stümpfe auf dem Boden, während Teile des früheren Heiligtums, in dem die Priesterinnen mit den Göttern Kontakt aufnahmen, rekonstruiert worden sind. Berühmt sind aber vor allem die Steinplastiken, die das **Haupt der Medusa** darstellen; in der griechischen Mythologie wurde das Horrorantlitz als symbolischer Talisman zur Abwehr des Bösen genutzt. Das schlangenumwallte Haupt ist heute das sicher meistfotografierte Relikt Didymas.

Eintritt 1,50 €, 8.30–18 Uhr, sonst frei zugänglich

Unterkunft/ Baden

Wer nach drei antiken Stätten nun nicht mehr weiter will, kann im nahegelegenen **Medusa House** nächtigen, Tel. 0256-8110063, www.medusahouse.com; ein herrliches Natursteinhaus mit idyllischem Garten, empfehlenswert. DZ/F 70 € (Winter 60 €).

5 km südlich liegt die moderne und mit allem Schnickschnack ausgestattete Feriensiedlung **Altınkum** („Goldstrand"), keine historische Schönheit, aber mit dem Kapital eines langen, „goldenen" Sandstrands

Anfahrt

Dolmuş-Verbindung von Söke über Didim nach Altınkum (3–4 Mal tägl.)

Das Haupt der Medusa

Heraklea – Euromos – Bodrum

Von Didyma sind es auf kleinen Straßen ca. 20 km bis zur Schnellstraße N525, die am Südrand des etwa 7000 ha großen **Bafa Gölü** (Bafasee) entlangführt. Zu antiken Zeiten war der See gar kein See, sondern Teil des latmischen Meerbusens. Erst die Sedimente des Mäanders sorgten dafür, dass die Bucht vom Meer abgeschnitten zum Binnensee mutierte. Das besonders an der Nordseite landschaftlich sehr reizvolle Gebiet ist heute das Zentrum eines streng geschützten Natur- und Vogelschutzgebietes. Das sich östlich des Sees erstreckende **Beşparmak-Massiv** („Fünf Finger", nach seinen bis 1300 Meter hohen Gipfeln, in der Antike als *Latmos-Gebirge* bekannt) bietet Wanderern nicht nur eine fast unberührte, von archaisch anmutenden Gneisblöcken geformte Natur, sondern auch interessante **Felsmalereien,** die von christlichen Mönchen der Spätantike in Bergklöstern und -höhlen zurückgelassen wurden.

Kapıkırı/Heraklea

Am Südende des Sees biegt im kleinen Dorf Çamiçi links eine Straße zum 10 km entfernten Dorf **Kapıkırı** ab. Die 300 Einwohner zählende Siedlung hat sich zwischen den Ruinen des antiken **Heraklea** eingenistet. Diese antike karische Stadt verlor ihre Bedeutung nach der Verlandung des Sees. Zu sehen sind noch die Ruinen der **Stadtmauern,** kümmerliche Reste des **Theaters** und **Athena-Tempels** sowie (am Seeufer) die **Nekropole.** Auf einem kleinen Inselchen sind noch die Gemäuer einer byzantinischen Festung des 12. Jahrhunderts auszumachen. Der zwischen Dorf und See aufragende **Felstempel des Endymion,** wo heute auch schon mal die Dorfkühe schlummern, erinnert an jenen Mythos, nach dem der schöne Jäger Endymion von der verliebten Mondgöttin Selene in ewigem Schlaf gehalten wird. Selene kommt jede Nacht – wie sich das für Verliebte gehört –, um ihren unsterblichen Schatz zu küssen und ihm schöne Träume zu wünschen. Und in jeder Vollmondnacht schenkt sie ihm – wie macht sie das nur? – 50 strahlende (Himmels)kinder.

Eintritt ins Dorf 1,50 € (einfach durchfahren, man findet Sie schon)

Unterkunft/ Wanderungen In der Dorfmitte liegt neben vielen anderen einfachen Herbergen die **Agora Pansiyon,** Tel. 0252-5435445, www.herakleia.com. Die gemütliche, sich auf ökologisch orientierten Tourismus spezialisierende Pension ist das beste, was der Ort zu bieten hat: renovierte Räume und separate Holzbungalows um einen Blumengarten, Hamam, DZ 90 € (HP). Die freundliche Leitung übernimmt Führungen ins Gebirge und – bei Anmeldung – auch den Transfer zum Dorf. Ansonsten ist Kapıkırı mit öffentlichen Verkehrsmitteln schwer zu erreichen. Wander- und Trekkingreisen in das Latmos-Gebirge organisiert in Deutschland seb-tours, Tel. 089-54290538, www.seb-tours.de.

Camping Camping ist an der Karia-Pension möglich, Tel. 0252-5435490.

Schwimmen Schwimmen ist im klaren Wasser des Sees möglich.

Essen/Trinken im *Selene Restaurant* am Seeufer; frischer Fisch und bei Vollmond kommt Selene vorbei, Tel. 5435579.

Euromos

25 km weiter südlich liegt links der Hauptstraße der **Zeus-Tempel von Euromos**. Die aus dem 2. Jahrhundert stammende Tempelanlage war in der

5

Antike eine der prächtigsten Heiligtümer Kleinasiens. Von den ursprünglich 32 korinthischen Säulen stehen noch 17. Ihre Gravuren lassen sowohl die Namen der ehemaligen Spender als auch gelegentlich die Signatur der Baumeister erkennen. Letztere waren Steinmetze aus Labranda (Labrys – „Doppelaxt"), die ihr Zeichen in den Stein schlugen.

Eintritt 3 €, 8–18 Uhr (sonst frei zugänglich); mit Dolmuş von Milas aus zu erreichen.

Labranda

Kurz vor dem 13 km weiter südlich gelegenen Milas weist links ein Schild nach **Labranda.** Auf einer kurvigen, schlecht asphaltierten Bergstraße geht es zum 14 km entfernten Haupttheiligtum des karischen Zeus hinauf. Labranda war über eine Prozessionstraße mit *Mylasa* (Milas) verbunden und eine wichtige Orakelstätte. Archäologen gehen davon aus, dass der Tempel bis ins 7. vorchristliche Jahrhundert zurückdatiert, die meisten der in einer wildromantischen Landschaft liegenden Gebäude stammen aber aus dem 5./4. Jahrhundert vor Christus.

Labranda ist terrassenförmig angelegt, so dass man vom Parkplatz zunächst den Eingangsbereich der Propyläen betritt. Eine breite Treppe führt, vorbei an weiteren zerfallenen Gebäuden, hinauf zum obersten Plateau, wo sich der eigentliche Tempel des Zeus befand. Die ganze Anlage mit ihrem archaisch daliegenden Trümmerfeld und ihren immer noch hermetisch wirkenden Einfassungsmauern, die die fortschreitende Rückeroberung durch die Natur nicht verhindern können, sowie die herrliche Aussicht über die umliegenden Berge machen den Besuch zu einem durchaus stimmungsstarken Erlebnis, das für die etwas mühselige Anfahrt mehr als entschädigt.

Eintritt 3 € (das Kassenhäuschen passieren, der Wärter kommt schon von allein), immer zugänglich.

Anfahrt keine öffentlichen Verkehrsmitteln. Autofahrer müssen auf der ansonsten einsamen Straße in den Kurven Lastwagenverkehr – wegen eines nahen Marmorbruchs – gewärtigen, also vor der Kurve hupen!

Milas

Milas ist heute eine immer noch weitgehend ländlich geprägte Provinzstadt mit etwa 40.000 Einwohnern. Zu antiken Zeiten war sie unter König *Hekatomnos* (391–376 v. Chr.) Hauptstadt der Region Karien, bis sein Sohn, König *Mausolos,* die Residenz ins ca. 50 km entfernte *Halikarnassos,* das heutige Bodrum, verlegte. Ein zweites Mal wurde Milas Hauptstadt, als die turkmenische Mentesche-Dynastie hier im 13. Jahrhundert ihren Sitz wählte. Anfang des 14. Jahrhunderts kamen dann die Osmanen, für die das Städtchen nur regionale Bedeutung hatte.

Die größten Sehenswürdigkeiten der Stadt sind der farbige **Wochenmarkt** (dienstags) und die sehenswerte **osmanische Altstadt,** die außer ihren hübschen Gassen und Häusern sowie dem Bazarviertel zwei interessante Moscheen des 14. Jahrhunderts (**Ulu Camii** und **Firuz Bey Camii**) aufzuweisen hat. Gegenüber der Ulu Cami liegt das kleine **Archäologische Museum,** dessen Exponate vorwiegend aus Labranda und Euromos stammen. Eintritt 1 €, 9–19 Uhr (Mo geschl.)

Das unweit liegende römische Tor **(Baltalı Kapı)** bezeichnet jenen Punkt, an dem die Prozessionstraße nach Labranda (s.o.) begann.

Ungefähr ein Kilometer westlich des Zentrums liegt das **Gümüşkesen,** ein zweistöckiger Grabbau aus dem 2. Jahrhundert, dessen quadratischer Grundriss an das berühmte Mausoleum in Halikarnassos erinnert (s.u. bei Bodrum).

Gut 4 km südlich der Stadt Richtung Ören erhebt sich auf einem Plateau die Burg **Beçin Kalesi,** von der man eine weite Aussicht genießt. Sie war im späten 13. Jahrhundert der luftige Sitz der Mentesche-Beys, die sich hier oben wohl vor den anrückenden Osmanen in Sicherheit bringen wollten.

Cirka 25 km westlich der Hauptstraße, die von Milas nach Norden führt, liegen auf einer Halbinsel die wenig besuchten Ruinen der griechischen Stadt Lassos (Eintritt frei).

An- und Weiterfahrt Der Otogar von Milas befindet sich ca. 600 Meter östlich des Zentrums an der Hauptstraße; Verbindungen von/nach Izmir, Söke, Bodrum.

Bodrum

Eine malerische Bucht vor türkisblauem Meer, eine Armada von Segelschiffen in einem mondänen Yachthafen, dazu eine zentral postierte mächtige Postkartenfestung und das sanfte Hügelrelief als abdunkelnde Rahmenkulisse für ein umso heller leuchtendes weißes Häusermeer: so stellt sich von der oben verlaufenden Hauptstraße der berühmteste Urlaubsort der Türkei vor. Bodrum ist – zumindest in den Augen der türkischen Ober- und Mittelschicht – das Nonplusultra der Freizeit- und Lebensträume, die quasi finale Stufe der zu erklimmenden Lifestyle-Hierarchie. Wer hier sein Ferienhaus und die dazu passende Yacht gekauft hat, wer in den Nebelschwaden des Halikarnas cocktailtrinkend in den Morgen tanzt, der weiß sich auf der Seite der Schönen, Reichen oder Mächtigen, kurz: der Privilegierten.

Geschichte Auch ein gewisser *Mausolos* mag so gedacht haben. Sein Vater Hekatomnos residierte als karischer Herrscher noch im weitab vom Meer gelegenen *Mylasa* (Milas). Er hatte es gut verstanden, als von Persien akzeptierter Regionalherrscher Einfluss und Einkünfte zu vergrößern, eine Politik, die auch sein Sohn übernahm. Geschickt zwischen den persischen Oberherren und ihren griechischen Gegnern lavierend konnte *Mausolos II.* (377–353 v. Chr.) seine relative Eigenständigkeit behaupten, ja sogar auf einige griechische Inseln ausweiten. So verlegte er denn auch seinen Regierungssitz in den griechisch-karischen Küstenort **Halikarnassos,** eine bereits um 1000 v. Chr. von dorischen Griechen gegründete Hafenstadt, in die später auch karische Handelsleute einzogen.

Mausolos bewunderte die Griechen, deren fähigste Künstler er zum Ausbau seiner neuen Hauptstadt heranzog. Unsterblich sollte ihn das eigene Grabmal, das **Mausoleum,** machen, das zu seinen Lebzeiten begonnen, aber erst von seiner Schwestergemahlin Artemisia nach seinem Tod vollendet wurde. Das 50 Meter hohe Prunkgrab zählte zu den Sieben Welt-

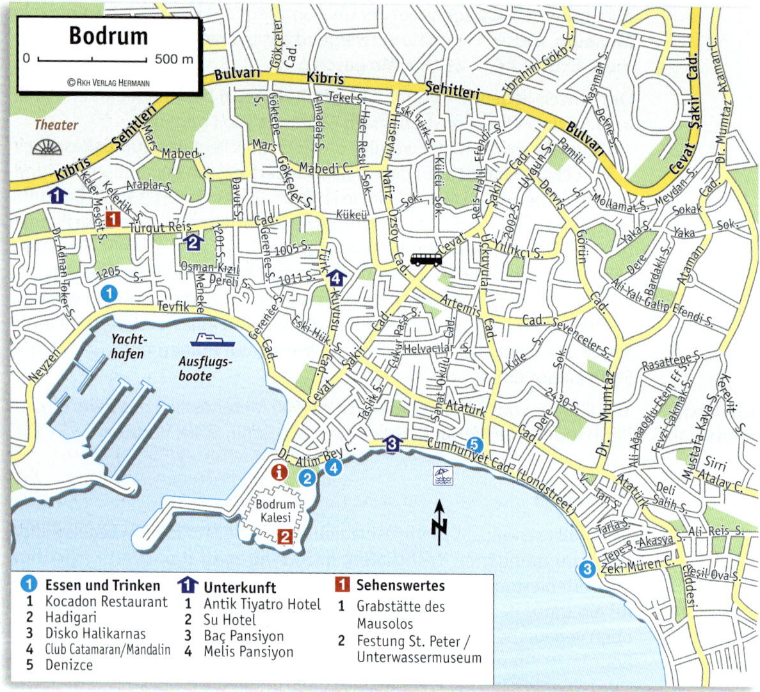

wundern der Antike, bis ein Erdbeben es in Trümmern legte. Die erstrebte Unsterblichkeit erlangte Mausolos dennoch, denn seitdem heißen alle Prachtgräber Mausoleen …

Seinen berühmten Schutthaufen schlachtete der christliche **Johanniterorden,** damaliger Herrscher von Rhodos und christlicher Vorposten gegen die Osmanen, als Steinbruch aus, um 1406 Baumaterial für die Festung **St. Petronius** (St. Peter) zu gewinnen. 1523 rückte nach der Eroberung von Rhodos *Süleyman der Große* an, und die Kreuzritter übergaben kampflos die Burg. Aus dem christlichen **Petronius** wurde während der 400jährigen *Pax Turquia* **Bodrum** – und die einstige Kunsthauptstadt versank als Fischer- und Schwammtaucherdorf in einen jahrhundertelangen Dornröschenschlaf.

Touristen-mekka

In den 1950er und 1960er Jahren erschienen dann politisch unbequeme oder exzentrische Aussteiger und Künstler, die die idyllische Bucht – in Zusammenarbeit mit der charakterlosen Zunft der Reiseschriftsteller – berühmt machten. Zunehmend begann das Dorf sich als exklusiver Treff der türkischen Lifestyle-Avantgarde zu etablieren. Nach Popsängern, Journalisten und anderen Medienfürsten kamen auch Politiker und solvente Geschäftsleute auf den Geschmack. Und heute ist der knapp 30.000 Einwohner zählende Ort wieder dort, wo Mausolos ihn einst haben wollte:

auf dem Olymp der ästhetischen Unsterblichkeit. Flippige Ausgelassenheit mit einem entscheidenden Schuss renditebewusster Eleganz, das beste Nachtleben der ganzen Küste mit dem berühmtesten Tanztempel der Türkei, dazu eine schmucke Altstadt, vor der sich *Gulets* (Motorsegler) und Yachten aus aller Welt brüsten: dieser Urlaubscocktail macht Bodrum zu einem der begehrtesten und damit teuersten Orte des Landes, was aber mehr als eine Million Fans pro Jahr nicht schrecken kann. Und die Principessa des türkischen Tourismus hat etwas erkannt, was viele andere Küstenorte völlig verpennt haben: Schönheit ist ein fragiles Kapital, das der Pflege bedarf. Notfalls auch der Gesetze – und so darf denn hier niemand Gebäude mit mehr als zwei Stockwerken errichten.

Festung St. Peter

Das optisch wie historisch bedeutendste Bonbon der Postkartenidylle stellt die bereits erwähnte **Johanniterfestung St. Peter** dar. Der Besuch der von dem deutschen Ritter Heinrich Schlegelholt konzipierten Anlage garantiert nicht nur einen schönen Ausblick von den Zinnen, sondern informiert auch über die internationale Zusammensetzung der damaligen Kreuzritterschaft, in der jede Nation ihren Burgteil hatte. So gilt es denn einen italienischen, englischen, spanischen, französischen wie deutschen Burgturm zu würdigen. Nahe dem letzteren liegt ein Raum, in dem die noch angeketteten Skelette von Galeerenruderern „besichtigt" werden können.

Das in der Festung untergebrachte **Archäologische Unterwassermuseum** – das einzige seiner Art in der Türkei – präsentiert einen Schatz an antiken Amphoren, Münzen und Glasvasen, der aus dem 1984 gehobenen Wrack von Uluburun (eine Landzunge bei Kaş) stammt, einem wahrscheinlich phönizischen Handelsschiff. Die darin gefundenen sensationellen bronzezeitlichen Artefakte werden allgemein auf das 12.–16. Jahrhundert v. Chr. datiert.

Ein zweites Sensationsobjekt sind die 1989 gefundenen Reste eines weiblichen Skeletts, das als **Königin Ada** in England mit Hilfe modernster Technik nachgestellt wurde. Es soll sich um ein königliches Mitglied der Hekatomniden-Dynastie, vielleicht sogar um die Schwester von Mausolos, handeln. Die 2400 Jahre alte Dame – bzw. ihr kosmetischer „Nachbau" – ist in einem separaten Raum mit Originalschmuck ausgestellt (Eintritt 4 €, 8.30–18.30 Uhr, Winter 8.30–16.30; die Ausstellungsräume bleiben zwischen 12–13 Uhr geschlossen, das Schiffswrack und die karische Prinzessin kosten jeweils zusätzlich 2,20 €, Mo geschlossen).

Neues und Altes

Westlich des Kastells ragt der Mastenwald des **Yachthafens** auf, wo man vor lauter Gulets, Seglern und Motorbooten das Meer nicht mehr sieht; die Hälfte von ihnen sind Ausflugsboote, die auf lukrative Charter warten.
Wendet man sich östlich, gelangt man hinter der kleinen **Mustafa Paşa Camii** (1720) auf die Alim Bey Caddesi (später Cumhuriyet Caddesi), eine auch als **Longstreet** bekannte Fugängerzone, in der sich Restaurants, Boutiquen und Schmuckläden nahtlos aneinander reihen. Hier zieht ein

abends nicht endenwollender Strom an Flanierenden nach dem Essen in Bars und Cafés, um sich für das eigentliche Nachtleben warmzulaufen: den Besuch der großen Discos und Clubs, die nach Mitternacht erst richtig voll werden. Am Ende der Promenade liegt der berühmteste unter ihnen, das *Halikarnas,* ein schon legendärer Licht- und Soundtempel, der sich in aller Bescheidenheit als „bester Open-air Nightclub der Welt" präsentiert.

Historisch Interessierte werden lieber in der Turgut Reis Caddesi der legendären **Grabstätte des Mausolos** nachspüren. Dass von dem einstigen Weltwunder nur noch die Fundamente zu erahnen sind, liegt nicht nur an den eingangs erwähnten Johannitern, sondern auch an dem Briten Charles Newton, der 1857 die von ihm ausgegrabene Statue des Mausolos dem Britischen Museum in London schenkte. So erwarten den Besucher vor Ort lediglich Skizzen der einstigen Anlage, die aber wenigstens eine Vorstellung von dem berühmten Grabmal vermitteln können (3 €, 8–17 Uhr, Mo geschlossen.).

Nördlich des Mausoleums liegt rechts der Hauptstraße nach Turgutreis das aus dem 3. Jahrhundert stammende antike **Theater**; die nur wenig besuchte Ruinenstätte ist nicht gerade umwerfend, ermöglicht aber jenen eingangs geschilderten Blick über Bucht und Meer, der die Seiten so manchen Reisekatalogs ziert.

Strände

Bei der Frage nach attraktiven Stränden – die Stadt selbst besitzt keine – empfiehlt sich das Ausweichen auf die sich im Westen anschließende Halbinsel **Myndos.** Schon in der nächsten, kaum 5 km westlich gelegenen Nachbarbucht Bodrums – **Gümbet** – kommen Strandfreunde auf ihre Kosten, verfügt die hier entstandene Feriensiedlung doch über alle möglichen Arten von Wassersport (Surfen, Tauchen, Wasserski). Gleiches gilt für die nächste, etwas ruhigere Bucht, **Bitez.**

Bodrum – Hafen und Festung St. Peter

Bodrum-Halbinsel

An der Spitze der heute von vielen Feriensiedlungen bevölkerten Halbinsel liegt der ehemals so beschauliche Ort **Turgutreis,** dessen Name auf den kriegerischen *Kapudan Paşa* (Admiral) der osmanischen Flotte verweist, der im Mittelmeer als Korsar des Sultans im 16. Jahrhundert Angst und Schrecken verbreitete. Empfehlenswert ist auch der Besuch des beschaulichen Fischerdorfs **Gümüşlük** 7 km weiter nördlich. Hier lohnen auf einer kleinen vorgelagerten Insel nicht nur die Reste des antiken *Myndos,* sondern vor allem die zahlreichen Fischrestaurants den Besuch.

Praktische Informationen Bodrum

Touristeninfo (Turizm Danışma) Barış Meydanı 48 (am Platz vor der Burg), Tel. 3161091, 8.30–12 u. 13–17.30 Uhr. **Vorwahl:** 0252. **Post:** Cevat Şakır Caddesi (Hauptzugangsstraße von Norden)

Flughafen Milas Bodrum Havalimanı, 30 km östlich; Chartergesellschaften und Turkish Airways. Den Transfer nach Bodrum übernehmen in der Regel Havaş-Busse (Airport-Shuttle-Busse, 7 €).

Busterminal (Otogar) An der Cevat Şakır Caddesi oberhalb der Post. Verbindungen nach Nord und Süd, Dolmuş von hier zu den Orten der Myndos-Halbinsel.

Fähren Tagesausflug zur griechischen Insel Kos ab 20 € Retour; zudem Schiffe nach Datça (pro Strecke 13 €), zur griechischen Insel Symi (Retour 52 €) und nach Rhodos (ca. 52 €). *Bodrum Ferryboat Association,* Tel. 3160882, www.bodrumferryboat.com oder www.bodrumexpresslines.com.

Mietwagen Etliche Anbieter im Zentrum

Unterkunft

- **Su Hotel & Cottages,** Turgutreis Cad. 1201 Sokak, Tel. 3166906, www.bodrumsuotel.com; idyllisches, mit Bougainvilleen geschmücktes weißes Haus abseits des Trubels. Kleiner Pool, schöner Garten, 10 geschmackvoll eingerichtete Zimmer, 2 Suiten, 2 Cottages. DZ/F ab 95 €.
- **Antik Tiyatro Hotel,** Kıbrıs Şehitlerı Cad. 243 (gegenüber antikem Theater), Tel. 3166053. Kleines Luxushotel mit Charme, exzellente terrassenförmige Panorama-Lage hoch über dem Ort, berühmtes Spezialitätenrestaurant, herrlicher Pool und gemütlicher kleiner Garten. DZ/F 120 €.
- **Baç Pansiyon,** Cumhuriyet Cad. 16 (Longstreet), Tel. 3161602. Mitten an der Touristenpromenade direkt am Meer, geräumige 10 Zimmer mit Balkon und Meer- bzw. Szeneblick. DZ/F ab 70 €.
- **Melis Pansyon,** Türk Kuyusu Cd. 42, Tel. 3160560, www.melispansyon.com; saubere, renovierte Pension mit AC und WLAN. DZ/F 35 € (Juni/Juli 70 €).

Camping **Zetas Camping Gümbet,** Mahallesi Etem Kaptan 10 (ca. 4 km westlich von Bodrum, Richtung Bitez abbiegen, direkt am Meer), Tel. 3192231, ganzjährig ca. 20–24 € (Caravan 2 Pers.), Schatten vorhanden.

Essen und Trinken Natürlich eine Riesenauswahl:

- **Denizce,** Cumhuriyet Cd. 12, Tel. 3132594, elegantes Fischrestaurant (auch türk. Gerichte) mit schönem Blick über die Bucht.
- **Antik Tiyatro** (s. Unterkunft). An der Ostseite der Marina, Saray Sok. 1, befindet sich das **Kocadon,** Tel. 3163705; hübsches palmengesäumtes Gartenrestaurant mit exzellenter internationaler Küche (April–November).

Nightlife

- Wie schon gesagt, Bodrum beherbergt das renommierteste Nightlife der Türkei, allen voran die Legende **Halikarnas,** Cumhuriyet Cad. 128 (am östlichen Ende der Longstreet), Tel. 3168000, www.halikarnas.com.tr, Eintritt ca. 25 € (ein Getränk inkl.),

5

mit klassisch nachgewerkelter Tribüne, Light- und Lasershow, Nebelschwaden, Videoscreens, große Tanzfläche usw. usw.

- **Marine Club Catamaran,** Dr. Alim Bey Cad. 15 (am Anfang der Longstreet nahe der Festung), Tel. 3133600, www.clubbodrum.com, Eintritt ca. 25 €; großer Tanzschuppen auf einem festgemachten Katamaran mit Glasboden über dem Meer, internationale DJs, Parties, Live-Musik.
- Nicht weit entfernt davon liegt das **Mandalin** (www.mandalinbodrum.com), das ebenfalls ein ständig wechselndes Live-Musikrepertoire bietet.
- **Hadigari,** Dr. Alim Bey Caddesi (direkt bei der Festung), Tel. 3139087, www.hadigari.com, Eintritt ca. 18 €; existiert als Bar/Disco seit 1974 und ist folglich fast so berühmt wie das Halikarnas, elegantes Lokal mit schöner Tanzterrasse zwischen Burg und Meer, gelegentlich Live-Musik.

Ausflüge/ Schiffstouren Etliche Agenturen bieten Pamukkale und Ephesus-Touren an; vom Hafen jeden Morgen Schiffsausflüge in die Buchten der Umgebung mit Schwimm- oder Schnorchelpause, ca. 15 € inkl. Essen.

Über Gökova nach Marmaris

Wer für die Fahrt nach Marmaris nicht die Fähre nach Körmen, sondern den Landweg wählt, wird in der Regel einen großen Bogen über Yatağan (ca. 85 km) machen, wo man auf die hier weit abseits der Küste verlaufende N550 trifft. 22 km hinter Yatağan erreicht man die Hauptstadt der gleichnamigen Provinz, **Muğla.**

Muğla liegt 655 Meter ü.d.M. auf einem Hochplateau, besitzt ein kleines archäologisches Museum und einen sehenswerten **osmanischen Altstadtkern,** in dessen malerischen Gassen die **Ulu Cami** (Große Moschee, 1344) und ihr schönes Minarett hervorzuheben ist (vom zentralen Cumhuriyet Meydanı bergan gehen). Das unprätentiöse Alltagsleben der sympathischen, ca. 50.000 Einwohner zählenden Stadt (Do Wochenmarkt) mag Küstenurlaubern wie eine andere Welt erscheinen – provinziell und so ganz „authentisch". Fakt ist, dass Muğla die türkische „Normalität", die Urlaubsorte dagegen den Ausnahmezustand darstellen.

Akyaka

Die Straße steigt nun zum 780 Meter hohen *Çiçeklibeli-Pass* hinauf (schöner Ausblick über die Gökova-Bucht), und führt dann in steilen Kurven nach **Akyaka** hinab (25 km). Der kleine, im Winter etwas über 2000 Seelen zählende Ferienort liegt am Ostende des langgezogenen, schönen *Gökova Körfezi* (Gökova-Bucht) und überrascht durch seine freundliche, an seldschukisch-osmanische Vorbilder erinnernde Holzferienhaus-Kultur.

Dem Architekten Nail Çakırhan ist es zu danken, dass größere Bausünden in Akyaka ausgeblieben sind, so dass der über einen flachen Sandstrand und herrliche Pinienwälder verfügende Ort eine gute Empfehlung für Individualreisende darstellt. Im Sommer stehen Stege und Parks ganz im Zeichen von *keyif* (Muße), Cafés rücken ihre Stühle ans Meer oder direkt an die Mole, Spaziergänger suchen den Schatten der Wälder oder eine kleine Felsenbucht

Marmaris – Kas
0 20 km
© RKH VERLAG HERMANN
Akdeniz
Dodekanes
Gökova Körfezi
Güllük Körfezi
Fethiye Körfezi
Muğla
Marmaris
Bodrum
Milas
Datça
Fethiye
Kaş
Köyceğiz
Dalaman
Yatağan
Kale
Tavas
Acıpayam
Çameli
Gölhisar
Kemer
Kalkan
Rodos
Kos
Kálymnos
Léros
Lipsí
Pátmos
Nísiros
Tílos
Chálki
Simi
Knidos
Kaunos
Xanthos
Patara
Pinara
Tlos
Kadyanda
Didyma
Milet
Euromos
Labranda
Heraklea
nach Aydın
nach Denizli
nach Denizli, Antalya

5

zum Schwimmen. In Akyaka kann man sich erholen, auch wenn die (noch) vorwiegend türkische Klientel sommers die Einwohnerzahlen um das vier- bis Fünfache erhöht.

Weiter westlich liegt das kleine Inselchen **Şedir Adası,** auf dem unter uralten Olivenhainen die Reste der antiken Stadt **Kedreia** (u.a. das Theater) zu erkunden sind. Berühmt ist die Insel aber wegen des sogenannten **Cleopatra Beach,** wobei es eine Legende sein dürfte, dass Mark Anton für seine Königin hier einen Strand mit feinem ägyptischen Sand aufgeschüttet hat. Grund dieser allseits erzählten Romanze ist die Tatsache, dass die mineralische Zusammensetzung des – übrigens recht kleinen – Inselstrandes eine verblüffende Ähnlichkeit mit nordafrikanischem Sand aufweist. Woher der auch immer kommen mag – es ist streng untersagt, auch nur eine Handvoll davon mitzunehmen!

Praktische Infos Akyaka

Vorwahl: 0252. **Anfahrt:** Dolmuş nach Muğla und Marmaris.

Unterkunft

Viele kleine nette Holzerker-Pensionen, die in der Nebensaison kräftige Preisnachlässe bieten und dann sehr günstig sind. In die gehobene Kategorie gehört schon das **Erdem Hotel,** Zambak Sok. 8, Tel. 2435849, www.erdemotel.com.tr; schöne Anlage um einen Pool mit Patio, DZ ab 30 €. Zudem **Yücelen Hotel,** Hamdi Yücel Gürsoy Sok. 2, Tel. 2435108, www.gokovayucelen.com. Idyllische Lage am Meer, das sympathische 4-Sterne Hotel ist bei Familien sehr beliebt und wird (auch im Internet) von vielen Agenturen vermittelt; schöner Garten mit Ententeich, türkisches Restaurant, moderne Zimmer. DZ/F im Standardzimmer ab 50 € (der Preis ist stark von der Belegung abhängig).

Camping

Gökova Orman Camping, liegt im Wald unmittelbar am Westende der Ortschaft (hinter Yücelen Hotel), Tel. 2434398, schöne schattige Lage nahe Meer, Platz für Zelte u. ca 70 Caravans(15 €). Einfache Holzbungalows können ebenfalls gemietet werden, WC (ohne Seife u. Toilettenpapier), insgesamt einfache sanitäre Ausstattung. Insgesamt ein einfacher, aber sehr schöner Campingplatz; offenes Feuer ist natürlich im Wald verboten.

Essen und Trinken

Ramon´s Restaurant, Liman Sok. 2, in der Ortsmitte, Tel. 0252-2435995; stets gut besuchtes Restaurant, türkische und internationale Küche, Meze, Wein.

Bootsausflüge

In der Saison werden Touren durch die Gökova-Bucht am Hafen angeboten (ca. 10 €, Abfahrt meist 10 Uhr) und ggf. wird auch *Şedir Adası* angelaufen; sonst kann die Insel auch von Marmaris erreicht werden. In Akyaka selbst ist **Captains Travel** der Ansprechpartner für alle touristischen Ausflüge und Sportaktivitäten: in der Ortsmitte, Tel. 2435398, www.captainstravel.com

Marmaris

Zwischen Akyaka und **Marmaris** liegen 32 km – und abgrundtiefe Welten! Kein anderer historischer Küstenort der Türkei hat sich dermaßen ungehemmt dem Massentourismus verschrieben wie Marmaris. Offiziell leben 30.000 Menschen in und von dieser Urlaubsmaschine, an deren 10 Kilometer langen, aber nur 15 Meter breiten Stadtstrand (bis Içmeler) zu Spitzenzeiten Handtuch an Handtuch liegt. Der Weg zum Hotel ist kurz, der zum Restaurant ebenso, so dass sich ein Umziehen nicht lohnt, und da die ganze Stadt ja aus nichts anderem besteht, flaniert man eben in Badehose über den Kordon als wäre es der eigene Schrebergarten. Gegessen wird zu jeder Tageszeit, ansonsten beherrschen Sonnenöl und -liege das Programm. Ist dieses Tagewerk absolviert, kann man vor der abendlichen Disco- oder Bartour noch den „orientalischen" Bazar erforschen, in dem man von einem Heer von dienstbereiten Ausländern eloquent in der jeweiligen Heimatsprache empfangen wird. So lebt das internationale Publikum, das im Allgemeinen weit weniger elitär als das in Bodrum ist – was keineswegs gegen die Stadt spricht –, in jener künstlich erzeugten Urlaubsblase, aus der das Gastgeberland – wenn überhaupt – als Dönerbude oder servicebestückte Strandkulisse wahrgenommen wird. Dass umgekehrt die türkischen Dienstleister den Gast oft auch nur als Produkt und Kassenbon ansehen, ist die logische Konsequenz des industriell perfektionierten Tauschgeschäfts von Sonne gegen Devisen.

Geschichte

Das von dorischen Griechen zwischen dem 8. und 6. Jahrhundert v. Chr. gegründete **Physkos** war jahrhundertelang eine eher unbedeutende Siedlung, die unter dem wechselnden Szepter von Lydern, Persern und Griechen stand. Von besonderer Bedeutung war dabei oft die nahegelegene Insel **Rhodos,** die sowohl in der Antike als auch im Mittelalter eigene Herrschaftsbereiche gründete, die oft auch die gegenüberliegende kleinasiatische Küste im Visier hatten. Die letzte von Rhodos aus agierende Macht war der *Johanniterorden,* der zwischen 1310–1522 hier als Vorposten des Christentums gegen den Islam kämpfte. Dem osmanischen Sultan, der seit 1412 die Küste um Marmaris beherrschte, war diese Christenmacht ein ständiger Dorn im Auge, so dass 1522 unter Sultan Süleyman ein großes Heer die Johanniter von Rhodos vertrieb. Für die Operationen hatte Süleyman seinem

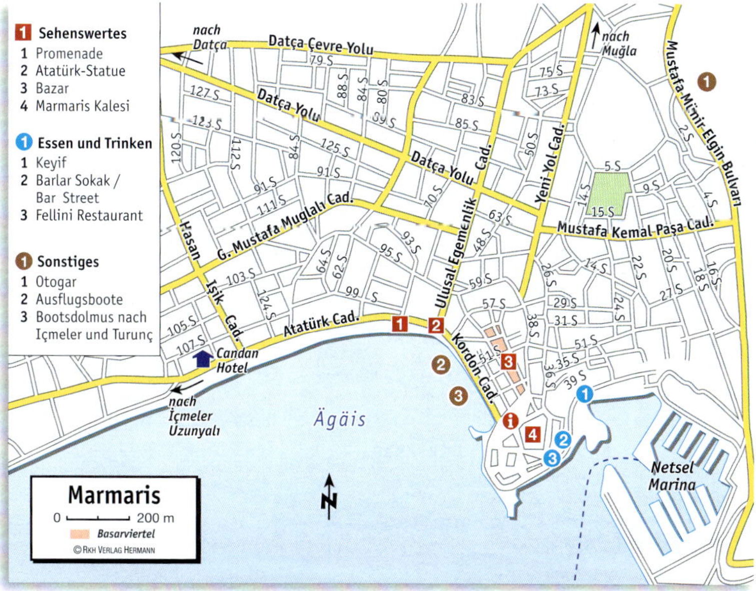

Architekten die Erbauung einer Festung im ehemals griechischen Physkos auferlegt. 40 Tage ließ er ihm, um die Burg zu bauen – sonst sollte er seinen Kopf verlieren. Der Legende nach beflügelte das den Baumeister so sehr, dass er es in der vorgesehenen Zeit schaffte. Sein Leben verlor er trotzdem, denn die Festung erwies sich als zu klein für das mächtige Heer des Sultans. Bei ihrem Anblick soll Süleyman ausgerufen haben: „Mimar as!" („Hängt den Baumeister"), woraus sich angeblich der Name der Festung – Marmaris – ergeben haben soll.

Unter den Osmanen döste der Ort 400 Jahre unbehelligt vor sich hin, bis Anfang der 1970er Jahre die ersten Reisenden die Schönheit der Bucht entdeckten und sie in alle Welt hinausposaunten. Den Rest kann man sich denken, so dass wir mit der kurzen Besichtigung starten können.

Sehenswertes

Wendet man sich an der breiten und belebten Uferpromenade *Kordon Caddesi* nach Osten, erreicht man die kleine denkmalgeschützte Altstadt, in deren Zentrum das bereits erwähnte **Marmaris Kalesi** (Burg Marmaris) steht. Mehr als das dort untergebrachte Museum (kleinere antike und osmanische Exponate) wird der Ausblick von der Festungsmauer erfreuen. Die wenigen alten Gassen, die die Burg umgeben, sind schnell erforscht, so dass es entlang der cafébestandenen Uferpromenade zur **Netsel Marina** geht, dem nobelsten und modernsten Teil des Yachthafens. Allein hier können über 720 Liegeplätze gemietet werden, so dass Marmaris der größte Anlaufhafen der türkischen Ägäis ist.

Zurück zur Altstadt kann man noch dem nördlich der Touristeninformation gelegenen Bazar einen Besuch abstatten (wenig aufregend) und spaziert dann entlang der palmengesäumten Uferpromenade – hier **Uzunyalı**

Hafen von Marmaris

genannt – nach Westen. Wer der Strand- und Barbeobachtungen nicht müde wird, kann bis zum 8 km entfernten und heute ganz mit Marmaris verwachsenen Vorort **Içmeler** laufen – ein kilometerlanger Strandparcours von Bars und Restaurants.

Praktische Infos Marmaris

Touristeninfo (Turizm Danışma) Iskele Meydanı, am Platz vor dem Burgberg, Tel. 4121035, 8.30–19 Uhr. **Vorwahl:** 0252. **Post:** hinter der Kordon Caddesi am Eingang zum Bazar.

Busterminal (Otogar) Etwa 1,5 km nördlich der Altstadt am Mustafa Münir Elgin Bulvarı (Dolmuş von der Innenstadt, oder Service-Transfer des gebuchten Busunternehmens nutzen); gute Verbindungen entlang der Küste und nach Datça sowie nach Izmir, Istanbul und Antalya.

Fähre nach Rhodos Katamaran-Verbindung im Sommer, Transfer 1 h. Retourticket 35 €, Infos bei Reiseagenturen.

Mietwagen Viele Anbieter, z.B. auf der Atatürk Caddesi (östliche Verlängerung der Kordon Caddesi).

Unterkunft Zahlreiche Unterkünfte in Marmaris dienen dem Pauschaltourismus, so dass kleine Pensionen oder Hotels rar sind.

- **Candan Hotel,** Atatürk Cad. 66, Tel. 4129302. Gute Lage im Zentrum, 40 modern ausgestattete Zimmer, sehr sauber. DZ/F 65 €.
- **Pupa Yacht Hotel,** Adaagazi mevkii, Yalancibogaz Yolu (10 Autominuten vom Zentrum), Tel. 4133566, www.pupa.com.tr. Lage in einem alten gepflegten Garten mit Palmen und schattigen Eukalyptusbäumen, kleiner Privatstrand und Yacht-Anlegestelle. Alle 20 Zimmer mit AC, Balkon und Seesicht. Abends ist das Restaurant bei einer kühlenden Brise ein netter Platz für einen Drink. DZ/F ca. 70 €.

Essen und Trinken

- Ein riesiges Angebot, vor allem an der Marina – von der Altstadt zur Netsel-Marina liegt ein Restaurant neben dem nächsten, darunter das **Fellini,** Marina 61, direkt an der Promenade; italienische und türkische Küche.
- Gleichfalls an der Netsel Marina liegt hinter der Brücke ein stilvoller Holzpavillon, in dessen Obergeschoss das kleine Café und Restaurant **Keyif** zu finden ist; gemütliche Atmosphäre.

Nightlife Ähnlich wie Kuşadası erfreut Marmaris seine Gäste mit einer phonstarken **Barlar Sokak,** *Bar Street* (kleine Parallelgasse hinter der Marina), in der sich eine Bar/Disco neben der nächsten befindet, darunter *Back Street Garden Bar* (schöner Innenhof, Lasershow, Screens) und die allseits bekannte, große *Greenhouse Disco,* sowie *Joy, B52* und *Club Arena.* An der Uferpromenade westlich des Zentrums – **Uzunyalı** – reihen sich verschiedene Stranddiscos und Bars aneinander; eine der lautesten ist *Talk of the Town.*

Bootstouren Etliche Schiffe bieten die übliche Tagesfahrt mit Badestopps an (ca. 10 €), wobei es oft nach Çıftlık Richtung Bozburun geht (s.u.). Der besondere Hit sind Ausflüge auf einem nachgebauten Sultansboot, benannt nach *Sultan Abdülaziz,* mit dementsprechender Musik und Unterhaltung natürlich, das Boot liegt nahe der Tourist Info am Kai (13 €, eine Stunde, Tel. 05396141565). Für längere Touren – s. Exkurs „Gulet oder der Traum ins Blaue" – kann man sich z.B. vor Ort im oben genannten Pupa Yat Hotel (Basis der gleichnamigen Charter-Agentur) oder bei *Eser Yachting,* 35. Sok. 21 (Eingang zum Yachthafen), Tel. 4123527, www.eser-yachting.com, erundigen.

Schwimmen Der Stadtstrand bis Içmeler ist lang und schön, aber in der Saison rappelvoll; bessere Möglichkeiten s. unter „Bozburun und Reşadiye"

Festival Seit 2005 findet Anfang Mai das Marmaris *International Maritime Festival* statt: See-Paraden, kostenlose Konzerte, artistische Shows u.a. mehr stehen auf dem Programm.

5

Rundfahrt Bozburun-Halbinsel

Bozburun und Reşadiye

Wie nah doch Gegensätze beieinander liegen können! So standardisiert und konsumorientiert Marmaris daherkommt, so malerisch, ja teilweise sogar urig kann es im unmittelbaren Hinterland zugehen.

Hinter den Hotelreihen von Marmaris und Işmeler streckt sich die landschaftlich überaus reizvolle **Bozburun-Halbinsel** nach Süden. Malerische Buchten, in die sich der Tourismus nur langsam hineinschiebt, und ein dichtbewaldetes Hügelland machen die Halbinsel zu einem der letzten ursprünglichen Rückzugsgebiete der türkischen Ägäis.

Eine Rundfahrt gegen den Uhrzeigersinn beginnt 20 km westlich hinter Marmaris, wo man links abfahrend hinter Hisarönü schnell die Bucht von **Orhaniye** erreicht. Bei entsprechenden Lichtverhältnissen kann bei der Anfahrt von der Anhöhe eine schmale, knapp unter Wasseroberfläche verlaufende Sandbank ausgemacht werden.

Um ihren Namen, **Kız Kumu** („Mädchensand"), rankt sich eine alte Geschichte: ein hübsches Mädchen wurde hier von gleich mehreren lüsternen Männern bedrängt. Der einzige Weg zur Rettung der Ehre war der ins Wasser, wobei das Mädchen für den jeweils nächsten Schritt Sand aus ihrer Schürze vor sich warf, und auf diesem Weg immer Boden unter ihren Füßen behielt. Wie man sehen kann, reicht die Bank nicht zum nächsten Ufer; dem Mädchen ging der Sand aus und es ertrank.

Kurz hinter dem Dorf **Turgutköy** weist ein „Şelale"-Schild zu einem schattigen Teegarten; von dort führt ein schöner Waldpfad über Holzbrücken zu einem sehr kleinen Wasserfall, in dessen Nähe noch eine alte Wassermühle zu besichtigen ist.

Südlich von Turgutköy erreicht man die weite und schöne Bucht von **Selimiye,** ein größeres Dorf, in dem sich zwar keine hässlichen Klötze, aber doch zunehmend Ferien- und Apartmenthäuser angesiedelt haben.

Der nächste, der Halbinsel den Namen gebende Ort ist das äußerst sympathische **Bozburun,** wo die traditionellen Gulets gebaut werden. Der 2000-Seelen-Ort, dessen buchtenreiches Landschaftsrelief einfach eine Augenweide ist, besitzt ein paar malerische Ecken und eine verträumte Marina, die zunehmend das Ziel von Privatyachten wird. Wer besinnliche Ruhe, die Nähe des Meeres und eine Prise kleinstädtischen Komfort unter einen Hut bringen will, der ist hier richtig.

Weiter südlich wird es herb und einsam. Schon in **Söğüt,** von dessen Anhöhe die griechische Insel *Symi* ausgemacht werden kann, ist nicht mehr viel von Tourismus zu merken. Danach führt eine schmale, kaum befahrene Straße durch eine karge Landschaft auf ein surreal wirkendes Plateau, wo neben einigen wenigen Feigen- und Johannisbrotbäumen die von archaischen Steinmauern begrenzten Felder die einzigen Zeichen einer mühevollen Kultivierung sind. Umwerfend sind die Bilder im Dorf **Taşlıca,** wo man in einer anderen Zeit gelandet ist, Bäuerinnen in Pluderhosen das Wasser aus alten Brunnen schöpfen und bepackte Esel im Hof warten, weil ihr unrasierter Besitzer gerade einen kostbaren Tee schlürft. Solche Gesichter, wie man sie hier sieht, aus steiniger Erde und bar jedes Luxus, wird man in ganz Europa nicht mehr finden. Gäbe es einen ägäischen Kulturpreis für einen authentischen Blick in die Vergangenheit – Taşlıca müsste ihn gewinnen.

Sich zurückwendend, kann man im hochgelegenen und nun wieder waldreichen Zentrum der Halbinsel nach **Bayırköy** hinauffahren, an dessem malerischen Dorfplatz neben verschiedenen Honigverkaufsständen eine uralte Platane steht. Wer sie umrundet – eine machbare Aufgabe –, soll eines glücklichen Lebens gewiss sein. Von hier führt eine Stichstraße nach **Çiftlik** an die Ostküste hinunter; der schöne Strand der restaurantbesetzten Bucht lockt immer mehr lärmige Ausflugsschiffe aus Marmaris an, ein Hotel gibt es schon und weitere sollen folgen.

Das hat man in **Turunç,** neun Kilometer Kurven weiter nördlich von Bayırköy, schon lange hinter sich; es ist nur eine Frage der Zeit, bis die Feriensiedlungen hier mit denen von Içmeler zusammenwachsen werden.

Praktische Infos Bozburun

Anfahrt Die Orte Selimiye und Bozburun können von Marmaris per Dolmuş erreicht werden, weiter nach Süden wird's schwierig.

Unterkunft Es empfehlen sich die Bucht von Selimiye wie vor allem Bozburun selbst, wo auch preiswerte Pensionen stets zu finden sind:

In Selimiye:

- **Beyaz Güvercin Motel** (am westlichen Ende des Dorfes), Tel. 0252-4464274, www.beyazgüvercin.com. Schöner Garten mit Blumen und Palmen, 20 einfache Zimmer, 3 Suiten, kleiner Strand. DZ/F ab 70 €.

In Bozburun:

Mehrere einfache Pensionen befinden sich direkt an der südlichen Hafenmole, z.B.

- **Yılmaz,** Iskele Mah. 391, Tel. 0252-4562167. Die Zimmer sind einfach, aber sauber und preiswert, DZ/F 25 €.
- Außerdem: **Sabrina's Haus,** 4 km außerhalb des Ortes, Tel. 0252-4562456, www.sabrinas-haus.com. Wer mal den Akku richtig aufladen will, weit weg von allem, der ist hier richtig: das Haus liegt zwischen Palmen und Feigenbäumen einsam in einer Bucht, man wird bei Reservierung per Boot in Bozburun abgeholt (keine Zufahrtstraße). 20 angenehme Zimmer um einen schönen Garten, Bibliothek, Kamin, kein Fernseher, Ruderboote stehen für Gäste zur Verfügung, um zu den kleinen einsamen Inseln der Bucht zu fahren, Restaurant, deutsch-türkische Leitung. Reservierung dringend empfohlen. DZ/F ab 75 €.

Essen und Trinken **Restaurant-Tipp: Aşkin** im Hafen von **Söğüt** (Kızılyer-Steg); einfaches und doch exzellentes Fischrestaurant in schöner Lage direkt am Meer, Tel. 0252-4965093; nahebei die gleichnamige Pension.

Reşadiye-Halbinsel

Das zweite Bonbon westlich von Marmaris stellt die **Reşadiye-Halbinsel** dar, die in puncto Buchten und Naturschönheit Bozburun kaum nachsteht. Die sich wie ein langer Mittelfinger rund 100 km nach Westen vorschiebende schmale Halbinsel trennt die *Gökova*-Bucht von dem *Hisarönü Körfezi* bei Bozburun und bietet grandiose Aussichten nach Norden wie Süden. Die

Zufahrtstraße windet sich hinter Marmaris über hohe Pässe, die immer wieder einen herrlichen Blick über die Ägäis wie auch auf versteckte Buchten freigibt (viele Campingplätze). Bekannt ist der Anlage von **Aktur,** ein Camping- und Ferienzentrum, dessen Bilderbuchstrand beim Passieren ins Auge fällt. Von Marmaris bis Knidos an der westlichen Spitze sind es etwa 105 km (ca. 75 km bis Datça); die höchste Erhebung ist mit 1144 Metern der *Boz Dağı.*

Datça

Datça, der mit ca. 13.000 Einwohnern größte Ort der Reşadiye, ist bei weitem nicht so touristisiert wie die östlichen Urlaubszentren, obgleich es zunehmend versucht, sich seine Scheibe des Urlaubsgeschäfts zu sichern. Die Hafengegend mit ihrer kleinen netten Promenade und den Strandrestaurants ist schnell erkundet, so dass der Besuch von **Eski Datça** zum Besichtigungshöhepunkt wird. Das „alte Datça" – von der Zufahrtstraße bei Anfahrt 2 km vor dem Hafenzentrum ausgeschildert – besteht aus idyllischen alten Pflastergassen und blumenumrankten Steinhäuschen mit Granatapfelgärten, in denen sich heute Cafés und Ayurveda-orientierte Boutique-Hotels niedergelassen haben. Die meisten von ihnen sind von Ausländern oder solventen Städtern restauriert worden. Das ganze macht auf den ersten Blick einen rundum gelungenen Eindruck, ist aber bei näherem Hinsehen – zumindest bisher – noch etwas künstlich und leblos. Das insgesamt auf Exklusivität orientierte „Kunstambiente" verbindet Gäste und Eigentümer in einer seltsam türkeientfernten „Wohlfühlwelt". Komisch, dass genau hier von Hoteliers Wünsche wie „Bitte, schreiben Sie: Keine Kinder!" zu hören sind. Derartige Sätze, deren Kommentierung wohl überflüssig ist, würde man sonst nirgendwo in der kinderfreundlichen Türkei hören …

In der Altstadt von Datça

Praktische Infos Datça

Touristeninfo (Turizm Danışma): Hükümet Konağı, Tel. 7123546; in der Saison auch Kiosk am Cumhuriyet Meydanı (Platz nahe Hafen). **Vorwahl:** 0252

Anfahrt: Busse von/nach Marmaris, Dolmuş nach Mesudiye von der Atatürk Caddesi.

Fähren: **Nach Bodrum:** Morgens um 9 Uhr mit Bus nach Körmen, dann aufs Schiff; *Feribot İşletmesi,* Tel. 7122143.

Nach Symi/Rhodos (Griechenland): nur im Sommer samstags, Retour 35 €

Unterkunft: **Villa Carla,** südlich des Zentrums, an der vom Hafen wegführenden Straße nach Kargı, ausgeschildert, Tel. 7122029, www.villacarladatca.com. Auf einer hohen Klippe mit Blick zu den griechischen Inseln Symi und Rhodos, steiler Fußpfad hinab zu einer einsamen Kiesstrand-Bucht, schöner Garten, Pool, 18 Zimmer 2 Suiten. DZ/F ab 55 €.

Villa Tokur, in der Nähe der Villa Carla, aber etwas näher am Hafen, Tel. 7128728, www.hotel-tokur.com. 13 freundliche Zimmer und 2 Apartments, Pool. DZ/F ab 40 €.

Essen und Trinken

- **Kırmızı Han,** an der Hafenpromenade bzw. Strand; nettes, einfaches Café/Restaurant, das auch bei Einheimischen beliebt ist.
- **Hüsnü'nün Yeri,** Kumluk Plajı 8 (an der Promenade), Tel. 7128335; kleines, beliebtes Fischrestaurant, dessen Stühle direkt an der Promenade stehen.

Bootsausflüge

In der Saison nach Knidos, 10 Uhr, ca. 15 € (inkl. Essen)

Mesudiye

Wer in einer der vielen Buchten ein paar Tage Badeurlaub verbringen möchte, kann es mit dem kleinen, gemütlichen Dorf **Mesudiye** versuchen. Man erreicht es, indem man der Straße hinter Datça nach Knidos folgt (15 km, ausgeschildert, auf Abzweigung achten). An den beiden bildschönen Buchten des Ortes (die kleine Hayıtbükü-Bucht im östlichen Zentrum und die große Ovabükü-Bucht im Westen) kann man einen herrlichen Strandurlaub verbringen. Zur Hauptsaison – viele türkische Familien kommen dann – ist es zumindest in Hayıtbükü recht voll, dann auf jeden Fall nach Ovabükü ziehen.

Anfahrt: Dolmuş von/nach Datça, am Wochenende nur 1–2 Mal tägl.

Unterkunft

- **Gabaklar Pansiyon,** liegt noch ca. 900 m östlich von Hayıtbükü in der kleinen Kızılbük-Bucht, Tel. 0252-7280158, www.gabaklar.com. Zwei Bauernhäuser, einige Mandarinenbäume und eine Lokanta-Pension, also Ruhe pur, und der Strand nur 50 Meter entfernt. Schöner Garten und einfache Zimmer, z.T. in Bungalows. DZ/F ab 40 €.
- **Ortam Pansiyon,** hübsches altes Steinhaus in Hayıtbükü, Tel. 0252-7280228, www.ortamdatca.com. Das Haus mit schöner Terrasse und gutem Restaurant liegt direkt am Meer. Kleine, einfache Zimmer, preiswert und gut. DZ/F ab 27 €.
- **Yakamoza,** am weiten Strand von Ovabükü, Tel. 0252-7280052, www.datcatatil.com. Von den vielen Pensionen hier eine der preiswertesten, einfache, saubere Zimmer in einem neueren Haus mit Garten davor. DZ/F ab 25 €.

Am Strand von Mesudiye

Antike Stadt Knidos

Der Höhepunkt der Reşadiye-Halbinsel ist zweifellos der Besuch des an der Spitze der Halbinsel liegenden **Knidos**. Die Ruinen der antiken Stadt liegen an und auf einem Hügel über zwei schönen Buchten, die eine Besichtigung mit Badespaß garantieren.

Die griechisch-dorische Siedlung stellte seit dem 6. Jahrhundert v. Chr. einen bedeutenden Handelsplatz dar. Als führendes Mitglied im dorischen Städtebund beherbergte es den wichtigen Apollontempel sowie eine in der Antike weithin bekannte Ärzteschule; Griechen aus allen Teilen des Mittelmeers ließen sich im hiesigen *Asklepieion* kurieren. Den größten Ruhm aber genoss die Stadt wegen der legendären *Aphrodite von Knidos,* eine von dem berühmten Bildhauer *Praxiteles* (390–320 v. Chr.) geschaffene Statue, die zum ersten Mal die Göttin in all ihrer nackten Anmut zeigte. Diese lebensgroße Aphrodite, deren Modell die Hetäre *Phryne* gewesen sein soll, wurde aufgrund ihrer feigenblattlosen Schönheit schnell so bekannt, dass erstaunliche Sachen zu kolportieren waren. So hatte das Asklepieion auf einmal viel mehr fremde Besucher als sonst, Reisende nahmen den langen Weg auf sich, nur um sich an den Proportionen der Schönen zu weiden, und junge Männer sollen sich gar in die Statue dermaßen vergafft haben, dass – nach Plinius dem Älteren – ein Verehrer nachts in den Tempel schlich, um sich wollusttrunken an ihr zu vergehen …

Das muss buchstäblich eine harte Angelegenheit gewesen sein, so dass es vielleicht ganz gut für die öffentliche Ordnung ist, dass es die Originalstatue nicht mehr gibt; wer aber jetzt neugierig und unverheiratet ist, kann römischen Kopien – oder Teilen davon – in den Vatikanischen Museen von Rom wie auch dem Louvre nachspüren.

Der Rundgang durch die noch nicht vollständig ausgegrabenen Ruinen selbst birgt keine optischen Sensationen. Zu sehen sind im Wesentlichen die Reste eines korinthischen Tempels, zwei Theater und ein Odeion, die Fundamente des Athena-Tempels auf dem Hügel sowie Teile der Stadtmauer und Nekropolis. Das Ambiente aber ist allemal bezaubernd, zumal höchstens ein paar Gulets und Segler die Einsamkeit stören. Wer schon immer mal in antiken Ruinen schwimmen wollte, kann dies hier tun: beide Buchten, die eine einst Kriegs-, die andere blühender Handelshafen, laden türkisblau und glasklar dazu ein. **Eintritt** 3,50 €, 8–19 Uhr

Anfahrt: für Nichtmotorisierte empfiehlt sich ein Bootsausflug von Datça. Mit dem Dolmuş kommt man von Datça nur bis zum Dorf Yazıköy; die letzten 5 km von dort sollten Wanderer bei Hitze nicht unterschätzen

Sehenswertes

1 Byzantinische Ruinen
2 Stadtmauer
3 Akropolis
4 Großes Amphitheater
5 Athena Tempel
6 Römische Gebäude
7 Demeter-Heiligtum
8 Korinthischer Tempel
9 Dorischer Bau
10 Agora
11 Dorischer Tempel
12 Dorische Halle
13 Römischer Bau
14 Musentempel
15 Römisches Grab
16 Antiker Kriegshafen
17 Kleines Theater
18 Nekropolis

Von Marmaris nach Fethiye

Rund 65 km südöstlich von Marmaris erreicht man auf der N400 den **Köyceğiz Gölü,** einstmals eine Meeresbucht, die heute verlandet ist und deshalb auf der Karte als See erscheint. Am Nordende des von hohem Schilfgras und Amberbäumen bestandenen Sees liegt das gleichnamige Städtchen **Köyceğiz,** das eine hübsche und von aller Hektik verschonte Seepromenade besitzt, da man hier mit dem Tourismusgeschäft nur wenig zu tun hat.

Dalyan

An der Südseite des Sees, ungefähr 20 Autokilometer entfernt, prosperiert dagegen das ehemalige Flussdorf **Dalyan** als heute weithin bekanntes Touristenziel, das auf eine treue Gemeinde von immer wiederkehrenden Besuchern zählen darf.

Hübsch sieht es hier aus am Fluss: Orangen- und Zitronenhaine, nette, blumengeschmückte Pensionen auf hohem Niveau und in gepflegtem Ambiente verleihen der 5000 Einwohner zählenden Gemeinde einen Hauch von ökologischem Edeltourismus. Man hat ja auch was zu bieten: auf der anderen Seite des Flusses grüßen fotogen die majestätischen und unendlich oft abgelichteten **karischen Felsgräber** (4. Jh. v. Chr.) von der senkrechten Steilwand.

Flussabwärts, am Ende des schilfbestandenen Marschlands und mit Dolmuş wie Booten erreichbar, liegt der 6 km lange und breite **Iztuzu-Strand,** der zudem noch das Laichgebiet der „Unechten Karettschildkröte" *(Caretta caretta)* ist. Gerne hören die umweltbewussten Besucher auch, dass der Bau von Hotels an diesem Paradiesstrand eben wegen dieser Schildkröte und den hier lebenden Vögeln (darunter Kormoran und Adler) verboten worden ist (1988 musste ein Hotelprojekt aufgrund heftiger Proteste ad acta gelegt werden). Dass das pausenlose Geknatter der Ausflugsboote einen

Felsengräber

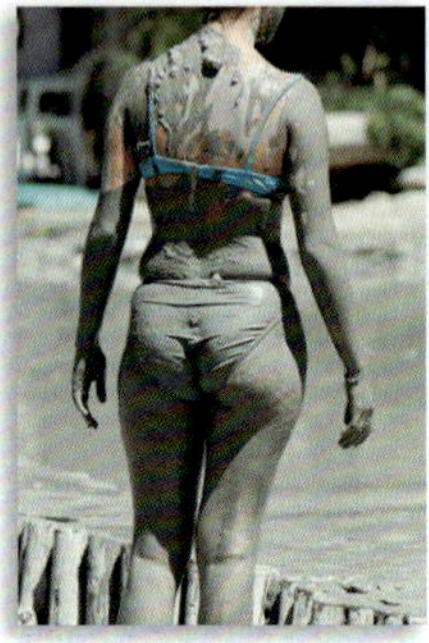
Schlammbad

Wermutstropfen in der ökologischen Idylle darstellt, wird geflissentlich übersehen – schließlich muss der Mensch von etwas leben.

An der Nordseite des schilfbestandenen Flussufers kann man außerdem den Ruinen des antiken **Kaunos** einen Besuch abstatten; ein gut erhaltenes römisches Theater und der weite Blick von der Akropolis lohnen den Aufstieg (Eintritt 3 €, 8–18 Uhr).

Und, last but not least: Dalyan schließt an die schon von den Römern genutzte Heilquellennutzung in diesem Gebiet wellnesskorrekt an. Die Besucher können vergnüglich im urgesunden **„Schlammbad"** suhlen – auch wenn die werbewirksam angepriesene Verjüngung nicht hundertprozentig sicher eintreten soll (Eintritt 2 €, 9–20 Uhr).

Praktische Infos Dalyan

Touristeninfo (Turizm Danışma) Im Ortszentrum im Rathaus nahe der Moschee (Belediye), Tel. 2844235, Mo–Fr 8.30–12 u. 13–17.30 Uhr.

Vorwahl: 0252. **Post:** zentral am Platz beim Rathaus.

Busterminal (Otogar) Etwa 800 m nördlich des Zentrums (Çevre Yolu Caddesi); Verbindungen nach Köyceğiz, Marmaris, Fethiye. Dolmuş zum östlichen Ende des Iztuzu-Strandes nahe der Post im Zentrum.

Bootstaxi Zum Iztuzu-Strand über Kaunos am Fluss hinter der Post, Retour 4 €; wer nur über den Fluss will, nimmt die einfachen, von Frauen geführten Ruderboote 300 m weiter südlich, ca. 1 € pro Transfer.

Mietwagen Mehrere, z.B. *Turkuaz,* Maraş Cad. 1/C, Tel. 2845025, www.turkuazcarrental.com

Unterkunft Große Auswahl, u.a.

- **Happy Caretta Hotel,** Maraş Caddesi Ada Sokak (im Süden des Ortes direkt am Fluss), Tel. 2842109, www.happy-caretta.com. Kleines idyllisches Hotel mit Blick auf die Felsgräber, schöner Zypressengarten, 18 kleine, aber gepflegte Zimmer. DZ/F 60 €.
- **Beyaz Gül Boutique Hotel,** Balıkhane Sok. 50 (100 Meter südlich des Zentrums), Tel. 2842304, www.beyazgul.com. Schön restauriertes Haus mit hübschem schattigem Gartenrestaurant am Fluss. DZ/F ab 40 €.

Essen und Trinken Etliche Restaurants am Fluss, u.a. **Riverside,** Sağlık Sokak; schöne Lage direkt am Fluss, großer Garten, türkische Fleisch- und Fischgerichte. Ebenso **Sunway** neben dem Beyaz Gül Hotel, s.o. **Sini,** Yalı Sokak, ein paar Schritte abseits des Ufers, türkische Küche in einem bewusst traditionellen Ambiente, der Gastgeber gewährt gerne einen Einblick in seine türkischen Rezepte.

Unterhaltung Es gibt ein paar ganz auf Urlauber orientierte Bars, die aber den insgesamt ruhigen und beschaulichen Charakter des Ortes nicht aus den Fugen geraten lassen; u.a. **Crazy** (grooviges Tropfsteinhöhlenambiente, Maraş Caddesi), **Albatros** (direkt daneben), **Sun Ray Bar/Café,** Maraş 88, **Disco Sweet Sixteen** (im Süden, nahe Happy Caretta Hotel), schöne Lage, direkt am Fluss.

Ausflüge Verschiedene Bootsausflüge zu den umliegenden Sehenswürdigkeiten (Schlammbad, Kaunos, Schildkrötenstrand) bietet die Kooperative am Flusskai an; außerdem mehrere Agenturen, die Ausflüge in die Umgebung anbieten, wie z.B. *Oruç,* Çavuşlar Mah. 36, Tel. 2843237, www.oructravel.com (u.a. Trekking, Rafting, Tauchen).

Göcek

Knapp 35 km südlich von Köyceğiz erreicht man hinter dem Urlaubsflughafen von Dalaman den **Fethiye Körfezi** (Golf von Fethiye). Hier hat sich mit **Göcek** einer der schönsten und elegantesten Yachthäfen der Türkei etabliert. Die vier Marinas und eine große, von Palmen und Cafés gesäumte Hafenpromenade ergeben optisch ein ganz auf Urlaub und Dolce Vita abgestimmtes Bild, zu dem auch die noblen Unterkünfte passen. Es versteht sich von selbst, dass in dieser Bilderbuchmarina die gastronomischen Preise etwas gehoben sind.

Anfahrt: Dolmuş nach/von Fethiye

Unterkunft

- **Villa DanLin,** Çarşı Içi (direkt im Zentrum), Tel. 0252-6451521, www.villadanlin.com. 13 Räume in einer stilvollen kleinen Stadtvilla mit Holzerker vor gelbem Hintergrund; freundliche Zimmer, kleiner Garten mit Pool, sehr angenehmes Boutique-Hotel-Ambiente. DZ/F 55 €.
- **A&B Home Hotel,** Turgut Özal Caddesi (Zentrum), Tel. 0252-6451820, www.abhomehotel.com. Ebenfalls in sonnigem Gelb gehaltenes Stadthotel mit Pool und Garten und ebenfalls mit dem überzeugenden Charme eines Boutique Hotels. DZ/F0 70 €.

Unterhaltung Unter den stilvollen Bars sei das **Rokka Café/Restaurant** hervorgehoben, Turgut Özal Caddesi; modernes, aber kunstbewusstes Ambiente, schöne Terrasse und Jazz Musik.

Bootsausflüge Am Hafen werden Rundfahrten durch die Inselwelt der Fethiye-Bucht angeboten.

Weiterfahrt

Die N400 läuft nun entlang der Fethiye-Bucht nach Süden, wobei sich rechts immer wieder Stichstraßen zu schönen Badebuchten auftun (z.B. *Günlüklü* in der Bucht von Kargı, 12 km südlich).

Wenn die Tageszeit es noch erlaubt, sollte man 5 km vor Fethiye links nach *Üzümlü* abbiegen und dem dort ausgeschilderten **Kadyanda** (25 km nördlich von Fethiye) einen Besuch abstatten. Die großflächige lykische Bergstadt beeindruckt nicht so sehr durch einzelne Monumente, sondern durch die stimmungsvolle Kombination von Natur und antiker Ruinenstätte. In einer Höhe von 1000 Meter und längst vom lykischen Bergwald wieder zurückerobert, gehört Kadyanda in all seiner mystisch-düsteren Versunkenheit zum Stimmungsvollsten, was die lykische Historie zurückgelassen hat. Im Einzelnen sind deutlich Teile der mächtigen Stadtmauer sowie der Nekropole auszumachen. Das Theater, das wahrscheinlich der hellenistischen Epoche entstammt und in römischer Zeit restauriert wurde, wie auch die Thermen zählen zu den besterhaltenen Relikten der waldbeschatteten Stadt. Reste von Tempeln und Zisternen sowie die völlig verwüstete Agora vermitteln – wie so oft in einsamen Ruinenstätten der Türkei – ein nachdenklich stimmendes Bild menschlicher Vergänglichkeit.

Eintritt 3 € (wenn der Wärter da ist), immer zugänglich

Anfahrt: Keine öffentl. Verkehrsmitteln, die letzten Kilometer der Bergstraße sind unbefestigt

Fethiye und Umgebung

Unter den großen Touristenorten der türkischen Ägäisküste – Kuşadası, Bodrum, Marmaris – ist **Fethiye** derjenige, der sich am ehesten ein lokales türkisches Flair hat erhalten können. Das liegt vor allem daran, dass der an der gleichnamigen Bucht gelegene und 70.000 Einwohner zählende Hafenort keinen Stadtstrand besitzt, so dass die meisten Besucher entweder im nördlichen Vorort *Çalış* oder aber direkt am berühmtesten Strand der Türkei, dem 14 Kilometer südlich liegenden **Ölü Deniz** einquartiert sind und lediglich zum Shopping oder abendlichen Flanieren in die Stadt kommen.

Lykien – Grabmonumente und traumhafte Strandszenerien

Mit der Fethiye beginnt jener Abschnitt der türkischen Küste, der in antiker Zeit als **Lykien** bekannt war. Die *Lykier* – oder *Termilen,* wie sie sich selbst nannten – sind ein historisch schwer fassbares Volk, das vielleicht den *Luwiern* nahestand und mit dem ominösen Seevölkersturm um 1200 v. Chr. nach Kleinasien kam, um sich hier schließlich in Stadtgemeinschaften niederzulassen. Zwar gerieten diese Städte recht früh, so ab dem 7./6. Jahrhundert v. Chr., in den Einflussbereich griechischer Kultur, ohne aber ihre politische Selbst- und kulturelle Eigenständigkeit aufzugeben.

Diesen hervortretenden Grundzug der Lykier – die zähe Verteidigung ihrer Eigenständigkeit, s. „Xanthos" unten – erfuhren auch die Perser, als sie 546 v. Chr. Lykien nach schweren Kämpfen ihrem Herrschaftsbereich einverleiben konnten. Der persische Großkönig begnügte sich denn klugerweise auch mit einer lockeren Oberherrschaft, so dass die Lykier in kultureller, ja halbautonomer Form einen Städtebund gründeten, der nach Zerfall der Perserherrschaft teilweise sogar die Unabhängigkeit wiedererlangte. Erst im Jahre 74 – fast ganz Kleinasien hatte bis zu diesem Zeitpunkt bereits seine Unabhängigkeit verloren – übernahm Rom auch hier das Szepter.

Für den heutigen Besucher offenbart sich die Anwesenheit der Lykier vor allem in ihren zurückgelassenen Grabmonumenten. Sie sind über die ganze Küste verteilt, ja in Fethiye stehen sie sogar auf Straßenkreuzungen. Dabei sind drei Typen zu unterscheiden: die **Felsgräber,** die in Steilhängen eingehauen sind (Pinara, Demre), die steinernen *Sarkophage,* die auf einem Untersatz stehen und oben spitz abgerundet sind (Fethiye und Kaş), und zum dritten die sogenannten *Pfeilergräber*, bei denen das Grab erhöht auf Pfeilern bzw. Sockeln postiert ist (Xanthos).

Die lykische Küste ist aber nicht nur archäologisch von großem Interesse, sie ist landschaftlich eine der kontrastreichsten Regionen der türkischen Küste. Hinter den vielen zerklüfteten Buchten mit ihren traumhaften Strandszenerien erheben sich die Berge der taurischen Nebengebirgskette *Ak Dağlar* („Weiße Berge") bis zu einer Höhe von über 3000 Metern (Uyluk Tepesi 3024 m). Wer im Frühjahr durch das **Xanthos-Tal** fährt und auf den von der warmen Frühlingssonne beschienenen Hängen von **Pinara** (s.u.) steht, hat einen herrlichen Blick auf die schneebedeckten Gipfel auf der anderen Seite des Tals. Während man an der Küste bereits in Badehose am Strand liegt, muss sich der Bergwanderer warm anziehen. So ist dieser Küstenabschnitt touristisch überaus reich mit kulturellen und landschaftlichen Sehenswürdigkeiten gesegnet – und damit einer der schönsten der Türkei.

Fethiye

Auch in Fethiye, dem antiken *Telmessos,* sind die Spuren der Lykier leicht zu erkennen, denn im ganzen Stadtgebiet stößt man auf die typischen steinernen Sarkophage. Die Ausmaße der früheren lykischen Siedlung sind allerdings nur schwer auszumachen. Zu Zeiten des lydischen Königs Krösos im 6. Jahrhundert v. Chr. war Telmessos vor allem wegen seiner Seherschule und dem damit verbundenen Orakel berühmt, das zukünftige Zeiten und Schicksale, Ergebnisse von Machtstreitigkeiten und Kriegsereignissen deuten zu können glaubte. Nach der Niederlage der Seleukiden gegen Rom 190 v. Chr. kam Telmessos unter pergamenische Herrschaft und wurde dann von Römern und Byzantinern abgelöst. Im 7. Jahrhundert verwüsteten Araber die Stadt, die im Spätmittelalter vom Johanniterorden im Kampf gegen den Islam wieder befestigt wurde. Mit den Osmanen kamen für 600 Jahre Ruhe und Unscheinbarkeit nach *Makri* – so der Name des Ortes zu dieser Zeit. Erst 1914 erfolgte die Umbenennung in *Fethiye,* eingedenk des ersten türkischen Militärpiloten Fethi Bey, der in jenem Jahr in Syrien, zusammen mit seinem Copiloten Sadık Bey, umgekommen war. 1922 musste die griechische Stadtbevölkerung im Zuge des Bevölkerungsaustausches die Stadt verlassen, die dann unter türkischem Zuzug einen neuen Aufschwung erlebte. Rückschläge wie das katastrophale Erdbeben von 1957, dem ein Großteil der Altstadthäuser zum Opfer fiel, konnten durch den anwachsenden Tourismus mehr als ausgeglichen werden. Heute zählt Fethiye mit seinen Strandorten *Çalış* und vor allem *Ölü Deniz* zu den bekanntesten Touristenregionen der Türkei.

Rundgang

Das historische Zentrum der Stadt liegt im Süden nahe der **Marina,** wo am Fuße eines Berghangs die recht verwahrlosten Reste des römischen **Theaters** von Telmessos (2./3. Jh.) zu besichtigen sind, das auf 28 Sitzreihen über 6000 Zuschauern Platz bot.

Östlich davon liegen die immer noch malerischen Gassen der Altstadt, die im Süden von der auf einem Hügel liegenden **Johanniterfestung** (14. Jh.) überragt wird. Folgt man dem Steilhang weiter nach Osten, kommt man zu den lykischen **Felsgräbern,** unter denen das im ionischen Stil errichtete **Felsgrab des Amyntas** (4. Jh. v. Chr.) das spektakulärste ist; man nimmt an, dass sich hinter diesem Namen der Sohn eines hiesigen Stadtfürsten verbarg (Eintritt 3,50 €, 9–7 Uhr).

Das kleine **Museum** im Ortszentrum präsentiert neben antiken Exponaten aus der näheren Umgebung (Telmessos, Tlos) und der trilingualen Stele aus *Letoon* (s.u.) auch eine ethnographische Sektion, deren Prachtstück eine in arabesken Verzierungen gearbeitete Holztür aus dem 19. Jahrhundert ist (Eintritt 1,20 €, 9–19.30 Uhr, Mo geschl.)

Die sich über das ganze Stadtzentrum verteilenden lykischen Steinsarkophage – deren man meist zufällig gewahr wird – wurden bereits erwähnt.

Kayaköy

Wer sich nun nach *Ölü Deniz* aufmacht, sollte nicht versäumen, dem ca. 7 km südlich von Fethiye liegenden **Kayaköy** einen Besuch abzustatten. Das zu antiken Griechenzeiten zunächst als *Karmylassos,* später dann als *Livissi* bekannte Städtchen musste 1922 aufgrund des Bevölkerungsaustauschs von seinen Einwohnern – die meisten gingen nach Kreta – aufgegeben werden.

Der Besucher marschiert hier am Hang des *Kara Dağ* (Schwarzer Berg) durch eine fast komplett erhaltene griechische Stadt von 1200 Häusern, deren graue Häuser und Kirchen erst langsam von der Natur zurückerobert werden. Mittlerweilen hat man das touristische Potenzial erkannt, und Cafés

Das verlassene Dorf Kayaköy

Panaghia Pyrgiotissa Kirche in Kayaköy

und Hotels beginnen sich zu etablieren, was der beschaulichen Geisterstadt zumindest tagsüber etwas Leben einhaucht. Und wer weiß – vielleicht erfolgt ja der Ausbau zu einem kompletten Museumsdorf, den Titel der UNO – World Friendship and Peace Village – hat man schon (Eintritt 3,50 €, immer geöffnet).

Von Kayaköy ausgeschildert ist der ca. 7 km weite Weg zum reizvollen, verfallenen Kloster **Afkule Manastırı.** Vom Parkplatz im Wald (schlechte Straße!) folgt man dem sichtbaren Pfad rechts bergan und steigt jenseits der Bergkuppe zu den Ruinen des Klosters hinab. Mehr als die Reste der Einsiedelei bezaubert die herrliche Lage am Steilhang über der Ägäis. Gutes Schuhwerk ist nötig, vom Parkplatz ca. eine halbe Stunde Gehzeit.

Vom Kloster sind es noch 4 km zur **Gemiler Adası,** ein traumhafter Strand in einem Pinienhain mit einer vorgelagerten Insel, um die sich allerdings zunehmend die Ausflugsboote tummeln (Eintritt 1,50 € für den Tag).

Ölü Deniz

14 km südlich von Fethiye liegt die wegen ihres türkisblauen Wassers und halbinselförmigen Strandes bekannte Lagune **Ölü Deniz.** Der ca. 3 km lange und zwischen 25–30 Meter breite Sandstrand ist mit Sicherheit der bekannteste Paradestrand der türkischen Ägäis, und so mancher Besucher wird beim Anblick der Lagune das Déjà-vu-Erlebnis haben, dass er das Bild schon irgendwo gesehen hat: nämlich auf den Werbeseiten fast aller Türkeikataloge. Derartige Prominenz bleibt nicht ohne Folgen, und so hat sich um den ehemaligen Traumstrand längst jene übliche, hotelreihenstarke Touristenstadt und Infastruktur gebildet, die alle Wünsche, aber nicht das Klischee erfüllt. Ölü Deniz ist im Sommer ein stark strapazierter Rummelplatz, gleichwohl der Märchenstrand immer noch groß genug ist, die Massen zu fassen.

Also zieht die Karawane weiter, nämlich nach Süden, wo sich an der felsigen Küste noch so einige Traumstrände als Alternativen anbieten, darunter vor allem die **Kıdrak** und **Kabak-Bucht**.

Praktische Infos Fethiye

Touristeninfo (Turizm Danışma) Iskele Karşısı 1 (am Yachthafen), Tel. 6121975, 8.30–19 Uhr, Sa/So 9.30–17 Uhr, Winter Mo–Fr 8–17 Uhr. **Vorwahl:** 0252. **Post:** Atatürk Caddesi, nahe Hafen.

Wechselstuben (Döviz) Um Atatürk Caddesi und Altstadt

Flughafen Zum ca. 50 km nördlich gelegenen Flughafen Dalaman verkehren Havaş-Busse (Shuttle-Busse), Abfahrt vor dem Yachthafen an der Fevzi Çakmak Caddesi, nahe römisches Theater.

5

Busterminal (Otogar) Etwa 3 km östlich des Zentrums an der Ölüdeniz Caddesi (Dolmuş-Anbindung); Verbindungen in alle Richtungen.

Dolmuş An der Çarşı Caddesi 2 km östlich des Zentrums; nach/von Ölü Deniz, Üzümlü, Patara, Göcek, Kayaköy

Fähre **Nach Rhodos:** nur im Sommer, Retour 90 €, s. Ausflüge unten

Mietwagen mehrere Anbieter, s. unter Ausflüge unten

Unterkunft Viele preiswerte Traveller-Pensionen befinden sich westlich der Marina an der Fevzi Çakmak Caddesi, darunter

- **Yıldırım Guest House,** Fevzi Çakmak 37, Tel. 6143913, www.yildirimguesthouse.com. Sauber und freundlich, DZ/F 25 €.

Wer individueller im Grünen nächtigen möchte:

- **Ocakköy,** nahe Ovacık (7 km von Fethiye nahe Kayaköy), Tel. 6166156, www.ocakkoey.de. Wahrhaftig eine Idylle, nahe einem Pinienwald und auf den Ruinen eines griechischen Dorfs, 32 Cottages aus Naturstein im griechischen Stil, 2 Pools, Einrichtungen für Gehbehinderte, Ölu Deniz ist 5 km entfernt, deutsche Leitung, Reservierung erforderlich. DZ/F 70 €.
- **Paradise Garden,** Ölüdeniz, Yolu Belcekız, Tel. 6170545, www.paradisegardenhotel.com. Herrliches, 6 ha großes Gartenhotel auf einem steilen Berghang über Ölüdeniz, wunderbarer Blick von der Restaurant-Terrasse, 3 Pools (einer in eine Höhle eingebaut), 20 komfortable, aber recht durchschnittliche Zimmer. DZ/F ab 100 €.
- **Les Jardins de Levissi,** Kayaköy, Tel. 6180188. Hübsche kleine Villa mit 4 Zimmern nahe dem verlassenen griechischen Dorf, Tipp für Ruhesuchende. DZ/F ab 40 €.
- **Kabak Natural Life,** Kabak, Tel. 6421181, unterhalb des 300 Meter hohen Kabak, steiler, sehr anstrengender Bergpfad zur terrassenförmig angelegten Hüttensiedlung im Grünen („Befreite Republik Kabaks Campsite"), zum Sandstrand ein paar hundert Meter bergab, Aussteiger-Atmosphäre: Künstler, Vegetarier, Yoga-Anhänger usw. Bei Reservierung holt man mit einem Esel Ihr Gepäck von oben ab. Hütte 2 Pers. 50 € inkl. HP.

Essen und Trinken

- **Kızılada Lighthouse,** Leuchtturm-Restaurant im Golf von Fethiye, Tel. 6864686; das feine Fischrestaurant ist der neueste Schrei in Fethiye, bei Reservierung wird man am Hafen per Schiff abgeholt.
- **Duck Pond,** Çarşı Caddesi (mitten in der Altstadt und dort nicht zu verfehlen), Tel. 6147429; schönes altes Steinhaus um einen hübschen Teich, internationale und türkische Küche, viel Touristen.
- **Meğri Lokantası,** Çarşı Cad. 26; neben Duck Pond gelegene große Lokanta, bei Touristen und Einheimischen gleichermaßen beliebt, große Speisekarte mit türkischen Gerichten, Pizza, Pasta, Steaks, Fisch- und vegetarische Gerichte.

Café/Restaurant **Geniş,** Kordon Boyu (Strandpromenade); Restaurant und Teegarten in einem nahe Hafen, meditterane Gerichte.

Außerhalb Fethiye:

- **White Dolphin,** Ölüdeniz (am östlichen Ende des Strandes), Tel. 6170068; gilt als eines der besten Seafood-Restaurants weit und breit, in einem schönen Garten gelegen – teuer!
- **Cin Bal Kebap Salonu,** Kayaköy, Tel. 6166817; in einem wildromantischen Garten und auch bei den Einheimischen sehr beliebtes Restaurant.
- **Sardunya,** Kayaköy, Tel. 6180023; nettes Fischrestaurant an der Hauptstraße unterhalb der griechischen Geisterstadt, nicht so teuer wie das White Dolphin.

Ausflüge/ Bootstouren Vom Hafen fahren sowohl Schiffe zum nördlichen Stadtstrand *Çalış* wie auch als Ausflugsschiffe zu den Buchten Kabak und Kıdrak. Beliebt ist die **12-Insel Tour,** bei der die in der Bucht gelegenen Inselchen und auch Göcek angelaufen werden (Badestopps, ca. 15 € inkl. Essen). Ausflüge aller Art bieten verschiedene Agenturen, wie z.B. *Ocean,*

Iskele Meydanı (am Hafen neben Dedeoğlu Hotel), Tel. 6124807, www.oceantravelagency.com; Ziele u.a. Dalyan, Tlos/Saklıkent, Pamukkale, Kaş/Kalkan/Kekova, Rhodos, 12-Insel- Tour, Tauchen, Rafting, Paragliding, Blue Cruise usw.; auch Autovermietung.

Nightlife/ Unter-haltung

- **Sobe,** Ece Marina Karşısı 19 (gegenüber Marina im 1. Stock); beliebte Tapas-Bar mit Live-Musik, schöner Blick über den Hafen.

Ansonsten sind die Bars der Altstadt das Ziel der Nachtschwärmer, u.a.

- **Bananas Club,** Hamam Sok. 5, Tel. 6128441; die bekannteste Disco in Fethiye, Eintritt 5 €.
- **Yasmine Bar,** direkt am Hang hinter dem Theater; Musikkneipe für junge Leute.
- **Ottoman Café/Bar,** Karagözler Cad. 3/B; osmanisches Tanzcafé mit entspannender Nargile-Terrasse (Wasserpfeife).

Sport/ Schwimmen

Der Hit ist **Paragliding** vom 1969 Meter hohen Baba Dağı über die Bucht von Ölüdeniz; Tandemflug ab ca. 70 €, mehrere Anbieter, u.a. *Skysports* (Tel. 6170511), *Pegas* (Tel. 6170051) oder *Easy Riders* (Tel. 6170114), die auch Ausflüge vermitteln. Büros direkt am Strand von Ölüdeniz.

Tauchen, Rafting etc. s.o. unter Ausflüge, *Ocean*.

Zum **Schwimmen** bieten sich Ölüdeniz oder die südlich davon liegenden Buchten an (Ziel vieler Ausflugsschiffe mit Badestopps). Auch die 12-Insel-Tour bietet Badegelegenheiten. Der Stadtstrand von Çalış ist dagegen weniger anziehend.

Hamam

Fethiye Hamamı, Hamamı Sok. 2 (Altstadt), 7–24 Uhr, Familien- und Frauenteil wie auch eine Männer-Sektion, 25 €, Massage inkl. Dieses traditionelle Hamam stammt aus der Zeit Sultan Selims (frühes 16. Jh.)

Idylle zwischen Lykischen Ruinen – Von Fethiye nach Kaş

Von Fethiye empfehlen sich für die Weiterfahrt nach Süden zwei Routen: die schnelle N400 führt westlich des kleinen Flusses Eşen Çayı über Pinara nach Xanthos. Die schmale Straße der Parallelroute verläuft östlich des Eşen Çayı über *Tlos* und *Saklıkent,* bevor sie nahe *Xanthos* auf die N400 trifft. Wer sich für die letztere Route entscheidet, verlässt 22 km östlich von Fethiye die Nationalstraße und folgt der Beschilderung „Kemer" (nicht zu verwechseln mit dem Kemer bei Antalya) und biegt nach nur einem Kilometer rechts in Richtung Tlos ab (ca. 40 km von Fethiye).

Tlos liegt in dörflicher Idylle am Ostrand der Xanthos-Ebene. Die antike Stadt, deren hethitische Vorläuferin den Namen *Tlawa* trug (13. Jh. v. Chr.), gehörte in lykischer Zeit zu den sechs größten und mächtigsten Städten des Lykischen Städtebundes.

Das ökonomische Gewicht der Stadt war auch noch zu Römerzeiten erheblich, nahm dann aber unter den Byzantinern kontinuierlich ab, bevor die Arabereinfälle (7. Jh.) ihr Übriges taten. Im 19. Jahrhundert agierte von hier der berüchtigte Räuber *Kanlı Ali Ağa,* der sich die **Akropolis von Tlos** als Residenz erwählte und dabei erhebliche Veränderungen vornahm.

Die Ruinen liegen ziemlich verstreut. Auf dem markanten Burgberg mit seiner byzantinisch-osmanischen Festungsanlage (und der darüber liegenden neueren „Räuberburg" des Kanlı Ali) sind auch mythisch verzierte lykische Felsgräber (Nekropole) zu finden. Das berühmteste unter ihnen, das *Bellerophontes-Grab,* zeigt den antiken Held und sein geflügeltes Ross

Pegasus. Von der Spitze der Akropolis hat man einen weiten Blick, der auch das vor den Bergen liegende römische Theater erfasst. Unterhalb des Burgbergs liegen die Reste des Stadions, auf dessen nördlicher Seite die romantisch mit Efeu umrankten Ruinen der römischen Thermenanlage zu erkunden sind.

Eintritt 3 €, 8–17 Uhr, aber immer zugänglich

Anfahrt: keine öffentl. Verkehrsmittel, aber Tlos kann von Fethiye als Tour gebucht werden (s.o.)

Unterkunft

Mountain Lodge, Yaka Köyü (nahe Ruinen), Tel. 0252-6382515. Ein englisches B&B im Natursteinhaus-Format, dazu Pub-Atmosphäre plus dazu gehörendem Essen. Schöner Garten, Pool, 7 gediegene Zimmer. DZ/F 40 €.

Saklıkent-Canyon

Rund 15 km weiter südlich erreicht die kleine Straße den **Saklıkent Kanyon.** Am Südwesthang des 3024 Meter hohen *Uyluk Tepesi* schießt ein schmaler Wildwasserfluss aus dem hier über 300 Meter hohen Gestein. Über Stege über dem Wasser ist die tiefeingeschnittene und bedrohlich wirkende Schlucht zu erlaufen. Es sind nur wenige Meter – dann hat man die „Restaurantinsel" erreicht, wo man, so man will, barfuß noch einige Meter weiter dem Fluss folgen kann. Schöne Flussrestaurants mit Diwankissen und Teppichen, wie z.B. das *Kayıp Cennet,* sind auch vor der Schlucht zu finden.

Eintritt 2 €, Schlucht von 9–20 Uhr geöffnet

Anfahrt: Dolmuş von Fethiye

Pinara

Vom Saklıkent-Canyon sind es noch 25 Landstraßenkilometer (über Çavdır), bis man bei Kınık wieder die N400 erreicht.

Wer diese von vornherein gewählt hat, sollte unbedingt dem 40 km südlich von Fethiye ausgeschilderten **Pinara** einen Besuch abstatten.

Die malerisch am Osthang des Baba Dağı in einem steilen Hangkessel gelegene antike Stadt gehörte ab dem 6. Jahrhundert v. Chr. ebenfalls zum Lykischen Städtebund, wurde aber schon früh – vielleicht schon im 3. Jahrhundert – durch ein Erdbeben zerstört. So dürftig die Geschichtslage der Stadt ist, so imposant ist ihre Lage. Außer dem nahe des Parkplatzes gelegenen Theater kann man bergan steigend die kümmerlichen Reste der Agora und des Odeions besichtigen. Die dahinter aufragende Felswand ist übersät von lykischen Felsgräbern. Am schönsten aber ist der Blick über das Xanthos-Tal auf die gegenüberliegenden *Ak Dağları* (Weißen Berge). Im Frühling blüht die Ebene, während auf den Gipfeln der Bergkette noch dichter Schnee glänzt.

Eintritt 3 €, 8–18 Uhr, aber immer zugänglich

Anfahrt: Keine öffentl. Verkehrsmittel, die 6 km von der N400 sind auf den letzten 1000 Metern in erbärmlicher Verfassung

Xanthos

Ungefähr 22 km südlich von Pinara liegen nahe der bereits erwähnten Ortschaft *Kınık* auf einem Felsen und hoch über dem Fluss Eşen Çayı (der antike *Xanthos*) die Ruinen der einstmals mächtigsten lykischen Stadt, **Xanthos.**

Geschichte Als im Jahre 545 v. Chr. der persische Feldherr Harpagos mit einem starken Heer vor die Tore der Stadt zog, trieben die Xanthier Frauen und Kinder in ihrer Akropolis zusammen und verbrannten sie. Danach stürmten die Männer auf das persische Heer. Alle kamen um. Nur achtzig Familien, die nach dem griechischen Geschichtsschreiber Herodot gerade nicht in der

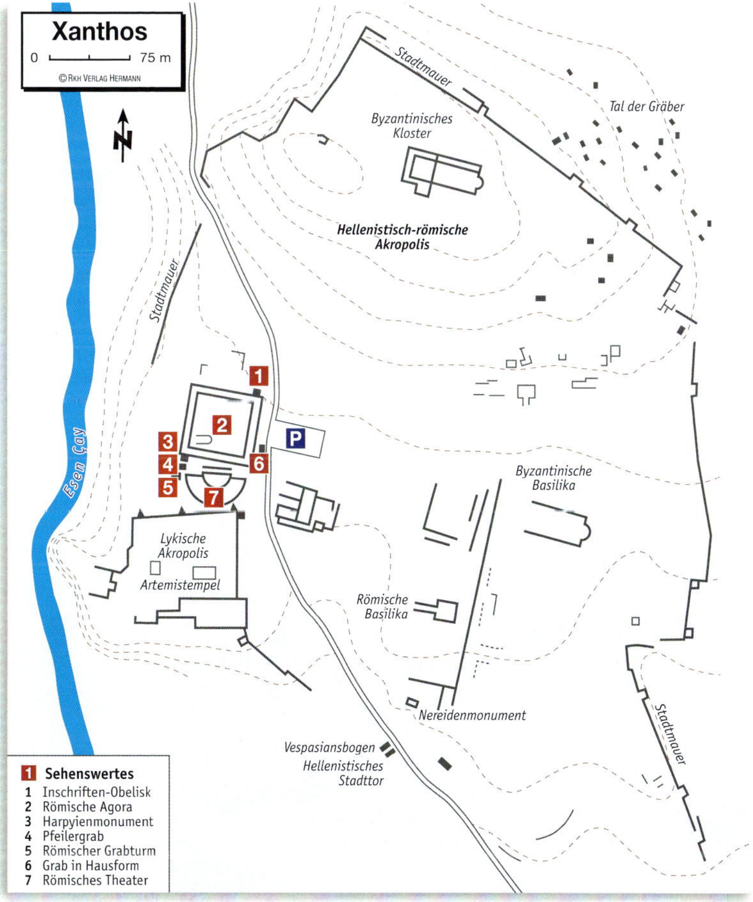

Stadt weilten, überlebten und bildeten den Grundstock für den Neuaufbau der Stadt.

Aber bereits 470 v. Chr. brach bei einem athenischen Angriff ein verheerendes Feuer aus, so dass die zähen Xanthier einen dritten Anlauf nahmen. In der nachfolgenden persischen und hellenistischen Zeit blühte die Stadt auf, und die Xanthier waren klug genug, auch zu Rom freundschaftliche Beziehungen zu pflegen, so dass ihre politische wie religiöse Führungsposition im Lykischen Städtebund unangefochten blieb. Im Jahre 42 v. Chr. gab Xanthos dann erneut ein furchtbares Zeugnis lykischer Eigenwilligkeit bzw. Unbeugsamkeit ab: der Cäsarmörder *Brutus* stand mit Truppen vor der Stadt, um sie im Kampf gegen *Octavian* (Augustus) auf seine Seite zu ziehen. Wieder töteten die Männer in aussichtsloser Lage ihre Frauen und Kinder, um danach Selbstmord zu begehen. Die Nachricht schockte die Römer derartig, dass die Stadt nach ihrem sukzessiven Wiederaufbau unter dem permanenten Schutz des Kaisers gestellt war. Das Ende der Stadt brachten die Arabereinfälle des 7./8. Jahrhunderts.

Sehenswertes

Die herausragende Sehenswürdigkeit ist neben dem römischen **Amphitheater** (2. Jh.) das **Harpyien-Monument,** ein Pfeilergrab aus dem 5. Jahrhundert v. Chr., das hinter dem Theater aufragt. Sein Name leitet sich von den *Harpyien* ab, jenen mythischen Dämonen, die in vogelähnlicher Gestalt die Seelen der Verstorbenen ins Jenseits begleiteten. Ihre Darstellungen auf dem über 5 Meter hohen Sockelgrab sind Kopien der Originale, die sich heute in London befinden. Dort ist sich übrigens auch das berühmteste lykische Grab aus Xanthos, das **Nereiden-Monument** (4. Jh.), welches heute das British Museum ziert. Über dem prachtvoll verzierten Sockel dieses Monuments erhebt sich ein ionischer Tempel mit reich geschmücktem Architrav.

Es war der britische Archäologe *Charles Fellows* (1799–1860), der 1838 die Reste der lykischen Hauptstadt entdeckt hatte. Wie so oft, musste die Türkei diese Pioniertat der Altertumsforschung mit der Entführung heimischer Kunstwerke bezahlen: mit schriftlicher Erlaubnis des Sultans brachte Fellows, der übrigens auch *Pinara* entdeckt hat (s.o.), 1842 das Nereiden- sowie Teile des Harpyienmonuments nach London.

Das Amphitheater von Xanthos

Neben dem Harpyiengrab ragt ein zweites großes **Pfeilergrab** in die Höhe, über dessen erster rechteckiger Sockelkammer sich ein zweites dachförmiges Grab erhebt.

An der Nordostecke der Agora steht der sogenannte **Inschriftenobelisk,** der ursprünglich zur Grabkammer des *Kherei* gehörte. Kherei, Sohn des oben genannten Feldherrn Harpagos, lässt hier in lykischer Schrift seinen Sieg über die Athener feiern. Auch wegen dieser in Xanthos wie in Letoon (s.u.) gefundenen Inschriften, die wesentlich zum Verständnis der indoeuropäischen Sprachsysteme beigetragen haben, wurden Xanthos und Letoon von der UNESCO zum Weltkulturerbe erhoben.

Eintritt 3,50 €, 8–17 Uhr (Sommer bis 19 Uhr)

Anfahrt: in der Saison 1–2 Mal tägl. Dolmuş von Kalkan/Kaş, sonst keine öffentl. Verkehrsmittel; Xanthos gehört aber zum festen Programm der Tourveranstaler, z.B. in Kalkan und Kaş.

Letoon

Die knapp 5 km südlich von Xanthos gelegene Ruinenstätte **Letoon** war einst das religiöse Zentrum des Lykischen Städtebunds, sozusagen der sakrale Bezirk, wo nahe einer heiligen Quelle zu Ehren der Gottheiten Leto und ihrer Kinder Apollon und Artemis alljährlich kultische Feiern und Spiele veranstaltet wurden. Neben den im ganzen doch recht spärlichen Resten des einst so imposanten römischen Nymphaeums sowie einem hellenistischen Theater sind noch die Basen der drei Tempel zu sehen. Letoon wurde aber vor allem aufgrund der hier gefundenen dreisprachigen Stele berühmt: ihre in Aramäisch, Griechisch und Lykisch gehaltenen Inschriften sind heute im Museum von Fethiye zu sehen.

Eintritt wie Xanthos; keine öffentl. Verkehrsmittel

Patara

Nur 10 km weiter südlich biegt rechts von der N400 die Stichstraße nach **Patara** ab. Inmitten eines großen Dünengeländes stehen hier nahe der Mündung des Xanthos (heute Eşen Çayı) die Ruinen der wichtigsten lykischen Hafenstadt der Antike. Patara war Sitz eines wichtigen Apollon-Orakels sowie der Geburtsort des heiligen Nikolaus (s.u., Demre). In römischer Zeit war die Stadt so bedeutend, dass sie sogar Xanthos den Rang ablief und Sitz des römischen Statthalters wurde. In dem weitläufigen Gelände sind als sehenswerteste Ruinen das große römische Theater sowie die Reste eines Triumphbogens und zweier Äquadukte zu erlaufen.

Wegen der zunehmenden Versandung durch den Fluss verlor Patara im Mittelalter seine Bedeutung. Genau dieser Sand ist es aber auch, der den Ort heute zu einem touristischen Anziehungspunkt gemacht hat, besticht die Küste doch hier mit einem 9 Kilometer langen und über 500 Meter breiten feinsandigen Prachtstrand – ohne Hotels und anderem Brimborium. Diese Strandidylle – nur eine einfache Bar versorgt die Sonnenanbeter – verdankt ihren makellosen Zustand dem Schutz der hier brütenden Vogelwelt sowie vor allem der hier Eier legenden Meeresschildkröte Caretta caretta, was ein absolutes Bauverbot und die Ausrufung als Schutzgebiet zur Folge hatte. So ist der Bilderbuchstrand denn tagsüber gegen Entgelt zwar zu genießen, wer jedoch hier nächtigen will, muss im ca. 2 km landeinwärts liegenden **Gelemiış** eine Bleibe suchen (einfache Hotels und Pensionen zuhauf).

Eintritt (für Strand und Ruinen zusammen) 2,50 €, 8–19 Uhr (im Winter bis 17 Uhr)

Anfahrt: Dolmuş von Kaş und Kalkan; zwischen Gelemiş und Strand Dolmuşverbindung

Unterkunft **Hotel Mehmet,** hoch über Gelemiş gelegene Familienpension (DZ/F ab 40 €), mit Restaurant und Pool, www.patara.org (über diese Internet-Adresse auch Infos über *Kirca-Travel,* die Touren in Gelemiş anbieten).

Kalkan

Rund 10 km östlich von Patara erreicht die N400 bei **Kalkan** wieder die Küste. Das heute rund 8000 Einwohner zählende Städtchen liegt terrassenförmig am steilen Hang und gilt als einer der schmucksten Urlaubsorte der lykischen Küste. Das kleine Fischerörtchen besticht durch seine beschauliche Hafenatmosphäre und die umliegenden kleinen, gewundenen Pflastergassen, in denen pink und blau getünchte Natursteinhäuser mit blumengeschmückten Erkern an griechische Zeiten erinnern. Auch hier musste 1922 die griechische Bevölkerung weichen (die meisten zogen nach Attika), aber der intakt gebliebene Altstadtkern führte dazu, dass Kalkan unter ambientebewussten Urlaubern schnell zu einem „Geheimtipp" wurde.

Nun, diese Zeiten sind vorbei, auch wenn Kalkan – anders als das benachbarte Kaş – immer noch einen gehoben exquisiten Ruf hat. Zur Saison wählen mittlerweile viele den ehemaligen „Geheimtipp" als festes Standbein für ihren Türkeiurlaub – und sie haben nicht schlecht gewählt, geht es doch trotz all der touristisch ausgefeilten Infrastruktur hier immer noch arkadisch und beschaulich zu.

Praktische Infos Kalkan

Vorwahl: 0242

Busterminal (Otogar) Verbindungen entlang der Küste; Dolmuş nach Kaş und Patara

Unterkunft

- **Villa Mahal,** im östlichen Ortsteil Kışla, Tel. 8443268, www.villamahal.com. Herrlich terrassierte weiße Villa hoch an einem steilen Felsen, umgeben von Olivenbäumen. Bis zum privaten Kiesstrand geht es über 202 Stufen nach unten, stilvoll eingerichtete Räume. Restaurant und Bar zählen zu den besten der Umgebung, eigenes Bootstaxi zum Hafen von Kalkan. DZ/F ab 150 €.
- **Hotel Zindbad,** Yalıbolu Mah. 18 (nahe Hafen), Tel. 8443475, www.zindbadhotel.com. Zentral gelegenes Hotel mit schöner Frühstücksterrasse, Blick auf den Hafen, geräumige Zimmer. 50 Meter bis zum kleinen Kiesstrand. DZ/F ab 40 €.

Essen und Trinken

- **Paprika,** Yalıbolu Mah. (nahe Zindbad Hotel), Tel. 8441136; gute türkisch-mediterrane Küche, gelegentlich Live-Musik.

- **Salt and Pepper,** Yalıbolu Mah. (an der Promenade), Tel. 8441445; Brasserie/Restaurant mit schöner Terrasse und Blick über den Hafen.

Ausflüge/ Bootstouren/ Sport

Ausflugsziele wie bei Kaş (s.u.); Agenturen, u.a. *Define,* Tel. 8443944, www.definetours.com (auch Mietwagen) oder *Light Tours,* Yalıboyu Mah. 4, Tel. 8441355, www.lighttourskalkan.com, bieten auch Tauchen, Paragliding und Trekking an.

Kalkan – Kaş

Die gut 22 km zwischen Kalkan und Kaş gehören landschaftlich zu den schönsten Abschnitten der Küstenstraße, die in erhöhter Hanglage am Meer immer wieder schöne Ausblicke auf das tiefblaue Meer eröffnen. Ungefähr 5 km hinter Kalkan passiert man eine spektakuläre, tiefeingeschnittene Bucht, **Kaputaş Plajı,** deren herrlicher Sand-/Kiesstrand über eine Treppe zu erreichen ist (Dolmuş von Kaş/Kalkan).

Kaş

Kaş, das antike *Antiphellos,* liegt malerisch an einer von Halbinseln eingefassten Bucht und erfreut ebenso wie Kalkan durch seinen hübschen griechischen Altstadtkern, der heute ganz im Dienste des Tourismus steht.

Der sympathische Ferienort ist mit ca. 12.000 Einwohnern nicht nur die größere Ausgabe der beiden griechisch-türkischen Urlaubsperlen Kalkan und Kaş, er zeigt auch, im Gegensatz zum mondänen Chic in Kalkan, die bodenständigere, „alltagsnähere“ Variante.

Auch hier begann der Tourismus sich erst relativ spät, am Ende der 1980er Jahre, zu entwickeln, so dass Kaş weitgehend die Verwerfungen anderer großer Urlaubsorte erspart blieb. Dennoch ziehen sich an den Hängen über den weißen Altstadthäusern immer mehr moderne Hotel- und Bungalowanlagen hinauf, so dass auch Kaş schon lange seinen Nimbus als Geheimtipp verloren hat und die früher dörfliche Beschaulichkeit des kleinen Hafens – zumindest im Sommer – touristischer Geschäftigkeit gewichen ist.

5

Hafen von Kaş

Vom antiken *Antiphellos* – unter römischer Herrschaft war die Stadt für die Lieferung wertvoller Naturschwämme berühmt – künden noch das aus römischer Zeit stammende kleine **Theater** (westlich des Hafens) sowie vor allem die hier und dort aufragenden lykischen Sarkophage.

Lykischer Sarkophag

Bootstouren

Weit aufregender sind die sich anbietenden Bootstouren von Kaş aus: da wäre als Ziel zum einen die vorgelagerte und greifbar nahe griechische **Mini-Insel Kastellorizo** (Kastellorizon) – die östlichste aller griechischen Inseln. Die kaum 250 Einwohner, vorwiegend ältere Menschen, leben im einzigen Ort der Insel, dem Hafen *Megisti,* der von einer romantischen mittelalterlichen Burgruine flankiert wird. Die jüngeren haben fast alle den abgelegenen ägäischen Außenposten verlassen, um in den Städten oder im Ausland Alternativen zu finden. Freitags kommen die Griechen gerne nach Kaş rüber, denn dann ist hier Markttag.

Noch spektakulärer – und ein absolutes Muss! – ist die Bootsfahrt entlang der Küste in die rund 25 Kilometer östlich liegende **Inselwelt von Kekova.** Die Fahrt geht über die im klaren Wasser schimmernden Reste der antiken „Versunkenen Stadt". Hier finden sich, durch die Absenkung des Landes im Meer versunken, die Überreste einer Siedlung aus byzantinischer Zeit. Im türkisfarbenen Grund sieht man alte Treppengassen, einsam aufragende Hausgänge und Torbögen, die Umrisse des ehemaligen Hafens und die Ruinen römischer Bäder.

Danach legt man im arkadischen **Simena** an, ein alter griechischer Ort, der von einer zerfallenen mittelalterlichen Burg überragt wird und nur zu Fuß oder per Schiff erreichbar ist – einfach wunderschön. Auf der westlichen Seite dieses märchenhaften Inselarchipels liegt die einsame **Sıcak-Halbinsel,** in deren ländlicher Idylle die kaum erforschten und völlig überwachsenen Ruinen der vergessenen lykischen Stadt **Aperlai** liegen.

Als Standortalternative zu Kaş bietet sich das an der Kekova-Bucht gelegene Städtchen **Ücağiz** an. Noch vor wenigen Jahren standen hier nur die Hütten eines unscheinbaren Fischerdorfes, an dessen östlichem Ende einige fotogen im Wasser liegende lykische Sarkophage die Aufmerksamkeit auf sich zogen. Heute wird der sympathische Ort von Ausflugsbussen „aufgewühlt". Hotels und Pensionen haben sich etabliert, und dennoch kehrt abends eine herrliche Ruhe ein, und in den einfachen Plankenrestaurants am und über dem Meer lässt sich bei Kerzenschein dem kitschfreien Gehalt des Wortes „romantisch" nachhängen …

Praktische Infos Kaş und Umgebung

Touristeninfo (Turizm Danışma) Cumhuriyet Meydanı 5 (Platz am Hafen, links der Moschee), Tel. 8361238, 9–17 Uhr. **Vorwahl:** 0242. **Post:** Bahçe Sokak (Zentrum).

Busterminal (Otogar) Atatürk Bulvarı (Hauptstraße oberhalb des Hafens), Verbindungen in alle Richtungen, u.a. nach Antalya und Fethiye. Dolmuş nach Kalkan, Patara, Demre/Myra. Wer nach **Ücağiz** will, kann von Demre ein Dolmuş nehmen.

Fähre **Nach Kastellorizo** (Griechenland): im Sommer Mo–Fr: 10 Uhr hin, 15 Uhr Zurück, 20 €; im Winter nur Mo/Mi/Fr, *Meis Express,* Hükümet Cad. 16, Tel. 8361725, www.meis-express.com

Mietwagen In den Agenturen vor Ort

Unterkunft **In Kaş:**

- **Hadrian Hotel,** Çukurbağ Yarımadası 45 (auf der westlich des Zentrums gelegenen Halbinsel nahe dem Aquapark), Tel. 8362856, www.hotel-hadrian.de. Freundliches und modernes Hotel mit Bougainvilleen-Terrasse und Pool, herrliche Aussicht. DZ/F ab 90 €.
- **Aquariuskaş,** ebenfalls Çukurbağ Yarımadası nahe dem Hadrian, Tel. 8361896, gleiche Preisklasse. Angenehmer Hotelkomplex mit Pool und schönem Privatstrand, 28 komfortable Zimmer und 4 Suiten.

Wem das zu teuer oder luxuriös ist, findet in Kaş (vor allem westlich des Hafens) viele kleine Pensionen, die einen durchaus zufriedenstellenden, einfachen Komfort bei (vor allem in der Nebensaison) günstigen Preisen anbieten; z.B**.**

- **Kaptan Pansyon,** Hastane Cad. 68, Tel. 8361269. Freundliche Familienpension, schöne Dach- bzw. Frühstücksterrasse, saubere, angenehme Zimmer. DZ/F ab 25 €.

In Ücağiz: viele Pensionen direkt am Meer, wie z.B.

- **Kekova Onur Pansiyon,** Tel. 8742071, www.onurpension.com. Freundliche Pension mit schöner Terrasse, Restaurant, 8 saubere Zimmer, bei Buchung von vier Tagen wird man in Demre abgeholt. DZ/F 35 €.

In Simena:

- **Nesrin's Bademli Evi,** Tel. 8742170. Ein Traum, idyllischer geht's nimmer! Uraltes Natursteinhaus oberhalb des Meeres mit herrlichem Blick über die Kekova-Bucht, alles einfach und ohne Komfort, aber Kamin in jedem der 3 Zimmer mit hölzernen Decken, im Winter geschl. DZ/F ab 60 €.
- **Kale Pansiyon,** direkt am Meer, Tel. 8742111, www.kalepansiyon.com. Überdachte Terrasse auf einem Steg, wo sich's gut speisen lässt, 10 freundliche Zimmer. DZ/F 40 €.

Essen und Trinken Viele gemütliche Restaurants am Hafen und in der Altstadt, u.a.

- **Chez Evy,** Terzi Sokak (Altstadt), Tel. 8361253; französische Küchenkunst in einem heimeligen Garten – die ihren etwas gehobenen Preis hat.
- **Dolphin,** Sandıkç Sokak 7, Te. 8363538; leckere Meze, Steaks und Fischgerichte mit fantastischem Ausblick von der Terrasse;.
- **Eriş Restaurant,** Gürsöy Sok. 13 (Altstadt), Tel. 8361057; alteingesessenes Restaurant, Meze, türkische u. internationale Küche, Schwerpunkt Fischgerichte.

Nightlife Kaş verfügt über mehrere, recht gemütliche Bars, die fast alle im Hinterbereich des Hafens liegen, u.a.

- **Sun Café,** Hükümet Cad. 3 (nahe Marina); gemütliche Pavillon-Bar mit Jazz-Einschlag (auch niveauvoller Restaurant-Betrieb).
- **Hi Jazz Bar,** Zümrüt Sok. 3; der Name ist Programm.
- Auch die **Echo Bar,** Gürsoy Sok. (Altstadt), orientiert sich auf einen eher gepflegten „Soft-Jazz".

- **Mavi Bar,** Cumhuriyet Meydanı (Hafen); beliebter Treff- und Aussichtspunkt auf das Hafenleben, internationale Pop-Musik.

Ausflüge/ Bootstouren/ Sport

Mehrere Agenturen, die alle mehr oder weniger Folgendes im Angebot haben: Saklıkent/Tlos, Myra/Kekova, Arykanda, Letoon/Xanthos/Patara und mehr.

Bootsausfüge: viele Angebote am Hafen, nach Kekova oder zu den Blauen Grotten, ca. 15 €. *Bougainville Turizm,* Çukurbağlı Caddesi 10, Tel. 8363737, www.bougainville-turkey.com, bietet **Kanutouren** auf Wildwasser und nach Kekova an, außerdem **Paragliding** (von einem 1000 Meter hohen Berg hinter Kaş) sowie **Tauchen.**

Schwimmen: in Kaş selbst ist der *Küçük Çakıl Plajı* östlich des Hafens ein kleiner gepflegter Kiesstrand. Der *Büyük Çakıl Plajı* weiter östlich ist mit Dolmuş vom Hafen erreichbar. Natürlich kann man auch den schönen *Kaputaş Plajı* zwischen Kalkan und Kaş per Dolmuş erreichen (s.o.). Außerdem *Aquapark* auf der Çukurbağ-Halbinsel mit Rutsche usw., 10 €.

Hinweis für Kekova

Zum Schutz der Unterwasser-Antiquitäten darf in Kekova im Bereich der „Versunkenen Stadt" weder getaucht noch geschwommen werden!

Festival

Anfang September findet das *Kaş Lycia Culture and Art Festival* statt; viele Folkloreaufführungen.

Mit dem „touristischen Sahnebonbon" Kaş und Kekova wollen wir die Ägäis beschließen. Dies erstens, weil die hier beginnende Küstenlinie im Großen und Ganzen nun nicht mehr nach Süden, sondern entschieden nach Osten verläuft. Außerdem schaut man hier zum letzten Mal – beim Blick ins Rotweinglas sicher mit Wehmut – auf eine vorgelagerte griechische Insel, ein Anblick, der als Charakteristikum der Ägäis den Reisenden seit Gökçeada begleitet hat. Und schlussendlich verändert sich auch die Struktur der Küste selbst: Langsam weicht das zerklüftete und von vielen Inselchen bestimmte Relief einem eher geradlinigen Küstenverlauf, der – vor allem östlich von Olympos – einen neuen Typus der Küste ankündigt: den der türkischen Riviera.

6 Die türkische Riviera

Der aus einem flotten Urlaubsitalienisch werbewirksam übernommene Begriff „Riviera" erfüllt auch in der türkischen Variante seine pflichtgemäße Schuldigkeit: er assoziiert infrastrukturell gut ausgebaute Strände und Unterkünfte, den allumfassenden Dienst am Tourismus und – selbstredend – die eingebaute Garantie auf Sonne und badeadäquate Meerestemperaturen. Im Falle der Türkei kommen noch günstige „orientalische" Einkaufsmöglichkeiten sowie dosierte Stippvisiten zu griechischen Ruinen und malerischen Naturschönheiten hinzu. Das alles in einem erschwinglichen, aber Luxus nicht ausschließenden Preisspektrum, der den geehrten Pauschal- und noch geehrteren Edeltouristen auf seine Kosten kommen lässt.

Die türkische Riviera bemüht sich also nach allen Kräften, dem italienischen Namensvorbild nachzueifern: **Antalya, Alanya** und **Side** – die Hochburgen dieser Region – müssen den Vergleich mit Marmaris, Bodrum und Kuşadası keinesfalls scheuen – im Guten wie im Schlechten. Der Tourismus ist hier nicht nur der größte Arbeitgeber, er entwickelt geradezu europäische Enklaven, die dem miesen heimischen Wetter und der noch mieseren Rentenentwicklung hier ein Schnippchen schlagen wollen. So ist das Leben der Ausländer an der Riviera weitgehend der Suche nach dem Dolce Vita verpflichtet – für den einen für kurze, für den anderen für längere Zeit. Ob's klappt, hängt natürlich von vielen Faktoren ab, am meisten von einem selbst. Denn schön ist sie, unsere türkische Riviera: lange Strände, sehenswerte Küstenorte und ein unermesslich weites Hinterland, das immer noch kulturelle und touristische Überraschungen bereit hält. Was ungeübte Augen an der Küste nicht unbedingt merken – dass man nämlich in einem außereuropäischen Kulturraum weilt, wird 15–20 Kilometer abseits des Meeres zur unabweislichen Gewissheit. Dörfer und Gesichter, die ganz sicherlich mehr „Orient" enthalten als das ganze Bauchtanz-Arrangement der Hotels, künden von einem Leben, das der Europäer schon hundert Jahre oder länger hinter sich gelassen hat. Und vielleicht ist diese augenöffnende und Perspektiven zurechtrückende Erfahrung der kulturellen Ungleichzeitigkeit auf engstem Raum ja für den ein oder anderen sogar das Spannendste des ganzen Rivieraerlebnisses …

Zwischen Myra und Antalya

Demre (Kale)

Rund 45 km östlich von Kaş liegt in einer Ebene, die vor allem vom Tomatenanbau lebt, die 20.000 Einwohner zählende Provinzstadt Demre (früher auch Kale genannt). Zu antiken Zeiten war der Ort unter dem Namen *Myra* eine der sechs führenden Städte des Lykischen Bundes.

Um das Jahr 300 herum soll hier ein gewisser *Nikolaus von Myra* das frühchristliche Bischofsamt ausgeübt haben. Nikolaus, in Patara geboren, muss ein bemerkenswerter Charakter gewesen sein, wurde ihm doch schon

zu Lebzeiten viel Ehrerbietung entgegengebracht. Auch wenn Legende und historische Wahrheit hier schwerlich auseinanderzuhalten sein dürften, werden ihm hohe Standfestigkeit (während der letzten Christenverfolgung im Jahr 310 soll er gefoltert worden sein) und die allseitige Unterstützung der Armen zugeschrieben. Selbst aus einem reichen Elternhaus stammend soll er sein ganzes Vermögen an Bedürftige verteilt haben, so dass es kein Wunder ist, dass sich um einen so selten guten Menschen im Laufe der Jahrhunderte allerlei Wunder und Legenden bilden. Jeder wollte oder meinte etwas von ihm zu haben, so dass er nach seinem Tode nicht nur schnell zum Heiligen Nikolaus, sondern zum erklärten Schutzpatron der Seefahrer, der Händler, der Kaufleute, Pfandleiher, Apotheker, Fuhrleute und anderer Gilden wurde. Nach Europa kam er kulturell wie physisch im 11. Jahrhundert: kulturell als Schutzpatron oder Knecht Ruprecht der Kinder, physisch, weil italienische Kaufleute 1087 seine Gebeine vor den anrücken-

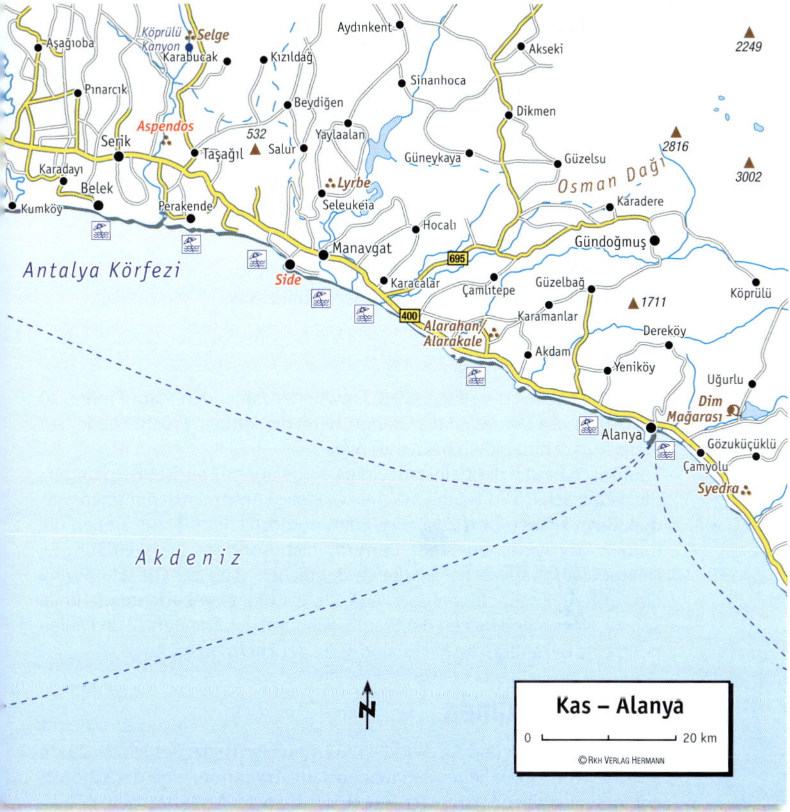

den Seldschuken aus seiner Kirche in Myra entwendeten und sie im Triumphzug nach Bari brachten.

So stehen angereiste Gläubige entrüstet oder auch erleichtert ob dieses Reliquienraubes vor den leeren Sarkophagen der dreischiffigen **Aya Nicola Kilisesi** (Nikolauskirche), deren älteste Ruinenteile und fast verblichene Fresken tatsächlich aus dem 11. Jahrhundert stammen. Immerhin haben die Knochenräuber Kleinigkeiten zurückgelassen, wie z.B. ein Knochensplitter des Heiligen im archäologischen Museum von Antalya bescheiden kundtut. Die Kirche selbst, die aus einer kleinen, von Nikolaus gegründeten Kapelle abstammen soll, wurde sowohl vom russischen Zaren Nikolaus I. (1825–55) als auch letztmalig vom türkischen Kultusministerium gesponsert, um die dringend notwendigen Restaurierungen durchführen zu können.

Eintritt 3,50 €, 9–19 Uhr (9–17 im Winter)

Kocademre

Etwa 2 km entfernt liegen am nördlichen Stadtrand im von Orangen- und Zitronenbäumen umgebenen Dorf Kocademre die überaus imposanten Ruinen des römischen **Amphitheaters,** das mit einem Durchmesser von 110 m und 38 Sitzreihen zu den größten Vergnügungsstätten Lykiens zählte. Noch imposanter sind die dort in der nördlich aufragenden Steilwand hineingehauenen **lykischen Felsgräber** (4. Jh. v. Chr.), gleichwohl ihre berühmten Kriegerreliefs aus der Ferne erspäht werden müssen, da die Nekropolis nicht mehr zugänglich ist.

Eintritt 3,50 €, 8–19 Uhr (im Winter 8–17)

Anfahrt: Bus und Dolmuş u.a. von/nach Finike, Kaş

Finike

Das Wahrzeichen der etwa 20.000 Einwohner zählenden Stadt **Finike,** 30 km östlich von Demre, ist die Orange, denn die saftigen Früchte gedeihen in der Türkei nirgendwo besser als hier.
Touristisch besitzt die Kleinstadt einige vorgelagerte Touristensiedlungen, die hauptsächlich von einheimischen Gästen in Anspruch genommen werden. Beim kleinen Dorf *Zengerler,* 8 km nordöstlich der Stadt, stehen die Ruinen der lykischen Stadt **Limyra.** Insbesondere die weitläufigen Nekropolen oberhalb der Straße verdeutlichen, dass der Ort schon früh, also unter lykischer Eigenregie (6./5. Jh. v. Chr.), eine bedeutende Rolle spielte. Neben den Resten der Stadtmauer und des Theaters (2. Jh.) fallen noch eine byzantinische Kirche und Teile der Thermen ins Auge.

Antikes Arykanda

Weit spektakulärer und ausdrücklich zu empfehlen ist der Besuch der 29 km nördlich von Finike liegenden Ruinenstadt **Arykanda,** eine der schönstgelegenen antiken Stätten der Türkei (direkt an der N635 nach Elmalı, ausgeschildert). Im Schatten des über 3000 Meter hohen *Akdağ* thronen die Ruinen der im 6. Jahrhundert v. Chr. gegründeten lykischen Stadt auf einem terrassierten Felsen 800 Meter hoch über der Ebene. Wegen dieser exponierten Lage wurde Arykanda auch gern als das „lykische Delphi" bezeichnet. Das kann man nachvollziehen, denn ebenso wie beim griechischen Pendant liegt auch hier das ca. 170 Meter lange Stadion, dessen Sitzplätze an der Bergseite angebracht waren, auf der höchstgelegenen Terrasse. Westlich davon liegen die Reste des *Bouleuterions,* während auf der Terrasse unter dem Stadion das vollständig freigelegte und gut erhaltene Theater den Höhepunkt des Besuchs darstellt. Darunter sind bei Ausgrabungen am *Odeion,* der *Stoa* sowie der anschließenden *Agora* auch Mosaike entdeckt worden (sie sind zum Schutz meist mit Sand bedeckt). Weiter bergab folgt die Nekropole mit ihren teils tempelartigen Grabstätten; auf der letzten, also untersten Terrasse liegen, die Ruinen des *Gymnasions* und der Thermen.

Eintritt 1,50 €, immer zugänglich

Die antiken Mauern von Arykanda

Anfahrt: Der Bus von Finike nach Elmalı passiert die nahe dem Dorf *Arif* gelegene Stätte (Fahrer Bescheid sagen); Achtung Selbstfahrer: direkt hinter Arif ist in einer Kurve unter einer Felswand die Abzweigung ausgeschildert (äußerst scharf rechts!)

Olympos

Vorbei an Tomaten-Gewächshäusern führt die N400 von Finike über Kumluca auf ein Hochplateau hinauf, wo man nach ca. 35 Kilometern rechts die Abfahrt ins dichtbewaldete Tal von **Olympos** erreicht. Hinter diesem Namen verbirgt sich seit Jahren eines der beliebtesten touristischen Ziele der Türkei, das in puncto Popularität höchstens noch von Kappadokien übertroffen wird. Individualreisende aus Australien, Neuseeland, den USA und schlussendlich der ganzen globetrottenden Zunft verabredeten sich in den Baumhotels bei Olympos, um hier abends fröhlich Bierflaschen zu köpfen und sich tagsüber im Aussteigermilieu zu sonnen. Dass ihnen mittlerweilen längst ein breites Publikum gefolgt ist, hat der Natur-Kunst-Idylle Gottseidank kaum Schaden zugefügt, was nicht zuletzt am geschützten Status der Region liegen dürfte. Diese gehört nämlich zum über 700 ha großen **Olimpos Beydağları Milli Parkı,** einem sich zwischen Antalya und Kumluca lang hinziehenden Gebirgsnationalpark, dessen dominierendes Zentrum der 2375 Meter hohe *Tahtalıdağı* ist. In der Antike hieß er – wie so viele Berge damals – einfach **Olympos,** ein schöner Name, den die nahegelegene antike Piratenstadt gleich mitübernahm.

So sind denn die Gründe für die hohe touristische Attraktivität auch heute noch durchaus überzeugend, bietet Olympos doch nicht nur idyllisch im Wald gelegene Ruinen, sondern dazu einen **traumhaften Strand** und die mystische Begegnung mit den ewigen Flammen des *Yanartaş.*

Als ideales Standbein all dieser Sehenswürdigkeiten bietet sich das zwischen Orangengärten gelegene Dörfchen **Çıralı** an. Von den zahlreichen Pensionen hier sind es nur wenige hundert Meter zum breiten Strand, über

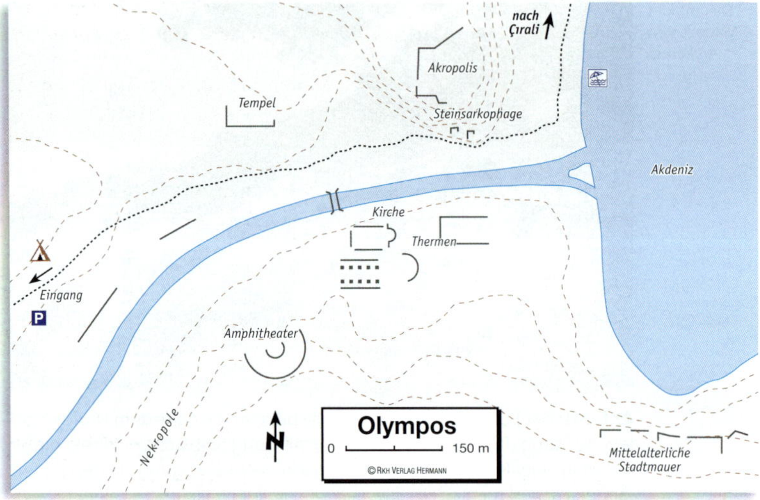

den man rechtsgehend nach ca. 1,5 km die **Ruinen von Olympos** erreicht (Eintritt 1,50 €, immer zugänglich). Sie liegen rechts und links eines kleinen Baches, der hier malerisch ins Meer mündet und eine geradezu üppige, aus Pinien, Oleander- und Lorbeerbüschen bestehende Ufervegetation begründet. Kleine Pfade und Stege führen zu den oft im dichten Unterholz verborgenen Relikten jener alten lykischen Stadt, die im 1. Jahrhundert ein blühendes Piratennest war, dem erst die römischen Truppen um das Jahr 74 den Garaus machten.

Steht man vor der Mündung des Baches, sieht man hoch auf der anderen Hangseite die Reste der Stadtmauer und Teile der Nekropole. Auf dem Fußweg entlang des Baches passiert man rechts nach wenigen Metern zwei schöne Sarkophage, links sieht man die Reste einer antiken Brücke. Etwas weiter biegt vom schattigen Hohlweg ein kleiner Pfad zu einem fünf Meter hohen römischen Tempelportal ab, das aus der Zeit Kaiser Mark Aurels (161–180) stammt. Auf der anderen Seite des Baches liegen die Nekropole, die Thermen und das durch ein Erdbeben stark zerstörte römische Theater. Am Ende des Weges erreicht man den Parkplatz, nahe dem auch einige der oben genannten „Tree-Hotels" zu finden sind.

Yanartaş

Ungefähr 4 km nördlich von Çıralı – also in zu Olympos entgegengesetzter Richtung – liegt **Yanartaş** („Brennender Stein"), ein ca. 300 Meter hohes Felsplateau, auf dem seit Urzeiten Tag und Nacht die Flammen aus dem Boden züngeln. Wen wundert es da, dass Olympos zur Römerzeit sowohl Kultstätten des Feuergottes *Hephaistos* als auch des persischen Lichtgottes *Mithras* beherbergte.

Dank besonderer methanhaltiger Gasvorkommen flackern die Erdspalten hier seit dem Altertum vor sich hin, so dass in jenen archaischen, weit fantasievolleren Zeiten hier zunächst der Wohnsitz der *Chimäre* vermutet wurde. Das löwenköpfige, ansonsten aber eine bastardische Mischung aus Ziege und Schlange verkörpernde Ungeheuer wurde vom Held Bellerophon und seinem fliegenden Pferd Pegasus hier in den Boden gerammt, wo sein feuriger Atem noch immer aus der Erde weicht ...

Eintritt 1,50 €, immer zugänglich, natürlich empfiehlt sich der Besuch zur Dämmerung, Taschenlampe nicht vergessen. Der Weg vom Parkplatz (Tickethäuschen) bergan dauert ca. 25–30 Minuten.

Praktische Infos

Anfahrt Zwischen Çıralı und der ca. 7 km entfernten Abzweigung oben an der N400 – Hauptstraße zwischen Finike und Antalya – gibt es zur Saison eine etwa stündliche Dolmuş-Verbindung; an der Abzweigung selbst halten – auf Verlangen – die Busse zwischen Finike und Antalya.

Unterkunft Viele Pensionen in Çıralı/Olympos, u.a.

- **Azur Hotel,** Çıralı, Tel. 0242-8257072, www.azur-cirali.de. Nette Gartenbungalows um einen von Palmen, Orangen- und Granatäpfelbäumen bestandenen Garten, Kinderspielplatz mit Hühnern und Kaninchen, hervorragendes Restaurant. DZ inkl. HP 90 €.
- **Kadir's Tree House,** Olympos, Tel. 0242-8921250, www.kadirtreehouses.com. Eine der bekanntesten Baumhütten-Unterkünfte von Olympos, im dichten Wald ca. 2 km bis zum Strand, atmosphärisch irgendwo zwischen internationalem Dschungelcamp und freakiger Campingstadt, natürlich Lagerfeuerromantik inklusive deftiger Beschallung und Party zur Hauptsaison; gutes Restaurant. DZ-Hütte 35 €.

Phaselis

Zurück zur N400 erreicht man 20 km weiter nördlich die Abzweigung nach **Phaselis.** Die ebenfalls in idyllischer Lage direkt am Meer liegende Ruinenstadt wurde im 7. Jahrhundert von Rhodos aus gegründet. Die seit 546 v.

Die Ruinenstadt Phaselis vor der Kulisse des Taurusgebirges

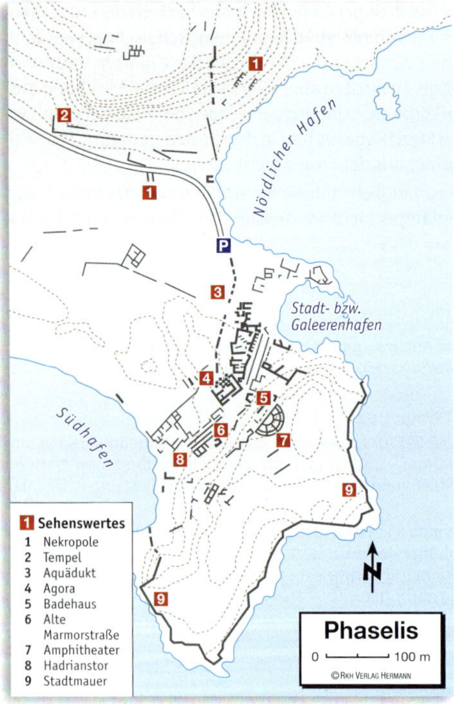

Chr. bestehende persische Oberherrschaft beendete Alexander der Große, nach dessen Tod die Stadt an die Diadochendynastie der ägyptischen Ptolemäer fiel. Vorübergehend unabhängig und als Piratenstandort berühmt und gefürchtet, rief das zügellose Treiben im Jahre 78 die Römer auf den Plan, die der Stadt wieder zu dem ehrenwerten Status einer blühenden Handelsstadt verhalfen, in der u.a. das begehrte Rosenöl vermarktet wurde. Die nachfolgende Herrschaft der Byzantiner konnte nicht verhindern, dass die Arabereinfälle des 7. und 8. Jahrhundert dann schließlich zur Aufgabe der Stadt führten.

Rundgang

Phaselis besaß drei Häfen, den Nord-, den Stadt- und den Südhafen; die beiden letztgenannten waren durch eine Marmorprachtstraße miteinander verbunden, auf der noch heute die Touristen die Buchten wechseln. Zu besichtigen sind im Einzelnen das *Hadrianstor,* das *Theater* (beide aus dem 2. Jh.), das *Forum des Domitian* (1. Jh.), römische *Thermen* sowie die Reste eines *Äquadukts.*

Mindestens ebenso anziehend wie die Ruinen selbst ist die romantische Lage unmittelbar am Meer, wo man zwischen schattigen Pinienwäldern in den drei ehemaligen Häfen die Besichtigung mit einem erfrischenden Bad im glasklaren Wasser abschließen kann. Damit reiht Phaselis sich in die Reihe der schönsten Ruinenstätten der Türkei stimmungsvoll ein – vorausgesetzt, es turnen nicht gerade etliche Busladungen durch die Anlage, was einen frühmorgendlichen Besuch angeraten sein lässt.

Eintritt 6 €, 8–19 Uhr (im Winter bis 17 Uhr)

Anfahrt: Von der N400 (hier Dolmuş-Verkehr von Antalya aus) noch 2 km zu Fuß.

Phaselis – Antalya

Von Phaselis sind es noch gut 50 km bis nach Antalya, wobei nun rechts der Straße die Kette der Urlaubssiedlungen beginnt. *Beldibi, Göynük* und vor allem *Kemer* sind reine Touristengettos, ausgestattet mit allem, was man so zum Urlaub – vermeintlich – braucht. **Kemer** war einst einmal – die Betonung liegt auf einst – ein kleines Fischernest zwischen Pinienwäldern und Orangenhainen. Heute ist es ein modernes Urlaubssilo mit zahlreichen funktionalen Hotelanlagen und einem repräsentativen Yachthafen mit 300 Anlegestellen, zahlreichen Bars, Cafés, Restaurants und Geschäften sowie natürlich öffentlichen Stränden.

Für Türkeiliebhaber – und der Autor darf sich als solchen bezeichnen – gibt es wahrhaftig keinen Grund zu bleiben, denn von dem sonst so markanten Land ist hier nicht allzu viel zu sehen; es gibt zwar türkische Kellner – glücklich sehen sie hier meist nicht aus –, aber allein schon der Versuch, einen deftigen Rize-Çay im entsprechenden Holzhocker-Teegartenambiente zu ergattern, erweist sich als ein äußerst betrübliches Unterfangen – feine britische Teebeutel auszuschenken, kann nur als untrügliches Zeichen kompletter Geschmacksverwirrung und westlicher Dekadenz betrauert werden. Drücken wir also aufs Gaspedal, um schnell wieder in die Türkei zu kommen …

Antalya

Ungeachtet der oft zu griffigen Lobpreisungen der Werbeindustrie verdient Antalya uneingeschränkt ihren Slogan als „Urlaubskönigin der türkischen Riviera". Mit über 798.000 Einwohnern (inoffiziell ca. 1 Million) und ständig weiterem Wachstum, einem der wichtigsten Seehäfen des Landes sowie dem internationalen Flughafen zählt die Stadt nicht nur touristisch zu den bedeutendsten Wirtschaftsmetropolen der Südtürkei.

Antalya liegt in idyllischer Lage am weit geschwungenen, gleichnamigen Golf (Antalya Körfezi).Das schummrig-verwinkelte Altstadtzentrum **(Kaleiçi),** das nun bereits seit den 1970er Jahren das Ziel mehrerer Restaurierungsprojekte ist, erhebt sich über dem heutigen Yachthafen auf einem Felsplateau über dem Meer. Im Hinterland stellen die bis 3000 Meter hohen Gipfel des Lykischen Taurus entlang der südwestlichen Küstenlinie eine eindrucksvolle Hintergrundkulisse dar. Die steil abfallenden und die Bucht einrahmenden Felshänge, die mediterrane Vegetation mit Zitrusfrüchten, Feigen, Oliven und Bananen sowie die architektonische Geschlossenheit der restaurierten Altstadt auf der Klippe und nicht zuletzt die schönen Strände der näheren Umgebung machen den besonderen Reiz dieser bekanntesten türkischen Urlaubsstadt aus, die jährlich mehr als 5 Millionen Touristen anzieht. Während im Frühjahr die Berggipfel noch vom Schnee bedeckt sind, beginnt in *Konyaaltı,* dem Stadtstrand Antalyas, sowie den Stränden der benachbarten Urlaubsorte bereits die Badesaison.

Geschichte Der Name der Stadt rührt von dem pergamenischen Herrschergeschlecht der *Attaliden* her. Obgleich die Bucht und die sie umgebende antike Landschaft Pamphylien bereits schon zu Zeiten der griechischen Kolonisation (1200–700 v. Chr.) von ionischen Einwanderern der Peloponnes besiedelt worden war, erfolgte ein erster nennenswerter Aufstieg erst unter Attalos II. (159–138 v. Chr.), der durch seine Neugründung an dieser geschützten

Stelle dem Reich Pergamon einen wichtigen Ausfuhrhafen sicherte, der fortan seinen Namen – Attaleia – trug. Nach der Übergabe Pergamons an das Römische Reich (138/133 v. Chr.) gehörte die Stadt, in der auch der Apostel Paulus missionierte, jahrhundertelang zum Römischen bzw. Byzantinischen Reich. Die christliche Epoche endete 1207 mit der Eroberung durch die islamischen *Seldschuken*, und 1390 kam Adalia – so der Name zu byzantinisch-seldschukischer Zeit – an das Osmanische Reich. Die nun folgende *Pax Turquia* bescherte dem Ort eine lange, über 500 Jahre währende

Friedenszeit, während der Antalya aber nie über den Status eines Provinznestes hinauskam.

Antalya heute

Erst in den 1970er und 1980er Jahren setzte mit dem aufkommenden Tourismus ein rasanter Boom ein, der innerhalb zweier Jahrzehnte die Einwohnerzahl um das Zwanzigfache (!) explodieren ließ und die Stadt zum Zentrum des türkischen Mittelmeertourismus machte. Die Verdienstmöglichkeiten in Tourismus, Industrie und Landwirtschaft zogen Millionen von Ostanatoliern an, die bis heute in der Urlaubsmetropole ihr Glück und Auskommen suchen und die Metropole zur fünftgrößten Stadt der Türkei machten.

Dieser Zuwachs hat natürlich das Stadtbild entscheidend geprägt und verändert. Rund um den bereits erwähnten idyllischen Altstadtkern *Kaleiçi* ist die typische moderne Großstadtarchitektur vorherrschend, deren mehrstöckige, mehr oder weniger uniforme Wohnsilos die arbeitenden Massen der „Urlaubskönigin" beherbergen. Den im Zentrum promenierenden Touristen bietet die Stadt gleichwohl ein bezauberndes Ambiente, denn die Altstadt und der Yachthafen werden beiderseits von schönen gepflegten Parkanlagen und panoramastarken Teegärten flankiert, die dem geschäftigen Zentrum genügend Entspannung und Rückzugsmöglichkeiten bieten. So ist die Stadt mit ihrer hervorragenden touristischen Infrastruktur immer noch ein anziehender und sympathischer Standort, um die nicht wenigen Sehenswürdigkeiten der Umgebung zu erkunden.

Rundgang

Die engen Gassen der Altstadt – abends spärlich, aber umso effektvoller beleuchtet – führen zu mehreren Sehenswürdigkeiten, unter denen das **Yıvlı-Minarett** als Wahrzeichen Antalyas im wörtlichen Sinne hervorragt. Das 38 Meter hohe, geriffelte Ziegelminarett, das in Form eines Säulenbündels gestaltet wurde, stammt aus der Zeit des Seldschuken-Sultans *Alaeddin Keykubat I.* (1219–38). Ebenfalls seldschukischen Ursprungs sind die benachbarte **Alaeddin-Camii** (Alaeddin-Moschee, auch *Yivli Camii* genannt, 1373), deren sechs Kuppeln auf dem Fundament einer byzantinischen Kirche ruhen, und die spärlichen Reste der **Keyhüsrev Medresesi** (Theologenschule, 1239).

Einen guten Blick auf das Minarett hat man von der stets geschäftigen **Cumhuriyet Caddesi,** die abendliche Flaniermeile der Stadt, auf der zugleich die von der Stadt Nürnberg stammende *Tramvay* (Straßenbahn) verkehrt. Hier stehen die 16 Meter hohen Ruinen des **Kale Kapısı** (Burgtor von 1244), des einzigen erhaltenen Festungstors der ehemaligen Seldschuken-Zitadelle. Die Zeiten überlebt haben die beiden abends hübsch angestrahlten Torsi des inneren wie äußeren Stadttors. Wenige Schritte entfernt sieht man den **Saat Kulesi** (Uhrturm), dessen Sockel noch auf römischen Stadtmauerfundamenten ruht. Der von mehreren Panorama-Cafés und kleinen Gartenanlagen gesäumte Steilhang unterhalb der Cumhuriyet Caddesi garantiert einen stimmungsvollen Ausblick über den alten Hafen und die Bucht.

Der **Alte Hafen** dient heute als Yachthafen, und an seiner von zahlreichen Restaurants und Bars gesäumten Uferpromenade werben viele Ausflugsschiffe um Kundschaft. Eine steile Treppe unmittelbar an der Mole führt von hier hinauf in die pittoreske Altstadt, deren enge Gassen und Holzhäuser großenteils noch aus osmanischer Zeit stammen.

Der vor allem abends nachspürbare Flair einer „orientalischen" Altstadt hat allerdings in den letzten Jahren an Charme etwas eingebüßt, da viele einst hier heimische türkische Bewohner die nicht zuletzt durch den Tourismus hervorgerufenen Teuerungen nicht mehr bezahlen konnten und wegzogen. Cafés, Souvenirläden, Hotels und Pensionen sind heute weitgehend „unter sich" und dienen als gepflegte Aushängeschilder der Altstadt.

Beim Flanieren durch die weitgehend Fußgängern vorbehaltenen Gassen, die dem Unkundigen immer noch den Orientierungssinn rauben können, stößt man am Meer auf den 14 Meter hohen Turm **Hıdırlık Kulesi.** Die historische Funktion des über einem quadratischen Fundament stehenden Rundturms ist bis heute nicht geklärt. Mausoleum für die einen, eine Art Leuchtturm für die anderen – gesichert scheint nur, dass es sich um ein römisches Bauwerk aus dem 2. Jahrhundert handelt.

Südlich des Turms erstreckt sich der im Sommer stets gut besuchte **Karaalioğlu Parkı,** dessen schattige Teegärten und Wasserspiele beliebte Erholungsstätten bieten. Weitgeschwungene Aussichtsplattformen und palmengesäumte Boulevards ermöglichen einen weiten Ausblick auf die Bucht von Antalya und die imposanten Bergketten im Südwesten.

Verlässt man den Turm über die Hesapçı Sokak stadteinwärts, passiert man die sehenswerte Ruine des **Kesik Minaretts.** Ungeachtet – oder gerade wegen – ihres ruinösen Zustands vermittelt die noch deutlich erkennbare Kirchenkonstruktion aus byzantinischer Zeit (6. Jh.) mit ihren nur teilweise erhaltenen Säulen und Mauern ein atmosphärisch beeindruckendes Bild

des Zerfalls inmitten der manchmal zu glatt restaurierten Altstadt. Den Namen erhielt die umzäunte Ruine durch das „abgeschnittene" (so die Übersetzung von türk. „kesik") Minarett, das der in eine Moschee umgewandelten Kirche nach der seldschukischen Inbesitznahme (13. Jh.) hinzugefügt wurde; die Moschee selbst wiederum wurde im 19. Jahrhundert ein Opfer der Flammen.

Die Hesapçı Sokak führt weiter zur antiken Stadtmauer, die man mit dem dreibogigen, reichverzierten **Hadrian Kapısı** (Hadrianstor) aus dem 2. Jahrhundert n. Chr. durchschreitet. Der Triumphbogen wurde im Jahre 130 anlässlich des Besuchs des reisefreudigen römischen Kaisers Hadrian (117–138) errichtet. Das spektakuläre Marmortor wird von zwei recht homogen wirkenden Türmen flankiert: der linke ist römischen Ursprungs, der rechte stammt – wie die deutlich arabische Inschrift kundtut – aus seldschukischer Zeit. Um das Tor zu durchschreiten, muss man einige Stufen hinabsteigen – ein sichtliches Zeichen, dass das Straßenniveau zu römischen Zeiten erheblich tiefer lag. Hinter dem Tor verläuft direkt vor der Altstadtmauer die von teuren Boutiquen und Modegeschäften gesäumte **Atatürk Caddesi,** deren südliche Verlängerung zum Touristen- und Hotelvorort **Lara** führt.

Antalya-Museum

Die in archäologischer Hinsicht größte Sehenswürdigkeit Antalyas erreicht man vom Zentrum mit der schon erwähnten Nürnberger Straßenbahn (0,50 €), an deren westlichem Endpunkt – rund 2 km außerhalb der Altstadt – das 1919 gegründete **Antalya Müzesi** (Antalya-Museum) liegt (Eintritt 10 €, 9–17 Uhr, Mo geschl.)

Die Exponate reichen von der Altsteinzeit über Funde aus der Karain-Höhle und den antiken Landschaften Pamphylien und Lykien (darunter Gold- und Silberschmuckstücke) bis hin zu den Osmanen. Berühmt ist das

Der Medusensarkophag im Museum von Antalya

Museum aber vor allem wegen seiner imposanten **Statuengalerie,** die anschaulich die Bekanntschaft mit dem römisch-griechischen Pantheon ermöglicht: der versammelten Götter gibt es viele, darunter Zeus, Apollo, Athena, Artemis, Asklepios und Tyche (Göttin des Glücks). Sie wie auch andere mythische Statuen und Torsi, wie z.B. der riesige Marsyas, stammen vorwiegend aus den Ruinen des nahegelegenen **Perge** (2. Jh.).

Kolossal sind auch die Büsten und Statuen der römischen Kaiser (darunter Hadrian und Trajan, unter dem das Römische Reich seine größte Ausdehnung erlangte) sowie jene verschiedener Frauenstatuen (Faustina, Julia Domna, die „Tänzerin"). Der prachtvolle „Heraklessarkophag" (seine Seiten zeigen Episoden aus dem Leben des berühmtesten griechischen Helden und Halbgottes) beeindruckt ebenfalls durch seinen gut erhaltenen Marmorfries.

Wie in fast jedem türkischen Museum archäologischer Ausrichtung wartet zudem eine Münzsammlung sowie die unverzichtbare ethnographische Demonstration (mit schönen Korankalligraphien und Fayencen) am Ende des Rundgangs auf Bewunderer.

Im oberen Stockwerk zeigt eine kleine Vitrine eine vermeintliche Knochenreliquie des heiligen Nikolaus, daneben befinden sich mehrere byzantinische Ikonen und eine historische Münzsammlung.

Strände Südlich des Museums steigt die Straße zum kilometerlangen Kies- und Sandstrand von **Konyaaltı** hinab. Für alle, die in der Umgebung der Altstadt logieren, ist dies die beste Möglichkeit, um ein Bad zu nehmen (Liegestühle, Wassersportangebote, Duschen und Cafés reichlich vorhanden). Der wesentlich kleinere, gleichwohl gepflegte Strand des bereits erwähnten Touristenvororts **Lara** (ca. 10 km östlich des Zentrums) ist wegen seiner urlaubsorientierten All-Inclusive-Atmosphäre und der vorherrschenden Betonkastenarchitektur für Individualreisende kaum eine Alternative.

Praktische Infos Antalya

Touristeninfo (Turizm Danışma) Cumhuriyet Cad. Özel Idare 2 (ungefähr 300 m westlich des Uhrturms auf der rechten Seite der Cumhuriyet, beim Turkish Airlines Büro), Tel./Fax 2411747, 8–17 Uhr; zur Zeit der Recherche gab es zudem einen kleinen Informationskiosk auf der gegenüberliegenden linken Seite der Cumhuriyet.

Vorwahl: 0242. **Post:** Güllük Cad. (Seitenstraße der Cumhuriyet, in der Nähe der Touristeninformation).

Wechselstuben (Döviz) Natürlich an der Cumhuriyet nahe Uhrturm; einen besseren Wechselkurs bekommt man aber in den Döviz-Kontoren der Kasim Özalp Caddesi, der belebten Einkaufsstraße gegenüber dem Uhrturm.

Flughafen Etwa 15 km östlich nahe der Schnellstraße D400, mittlerweile drei Terminals (zwei internationale und ein nationaler; die meisten Urlauberjets starten und landen am zweiten internationalen Terminal); türkische wie diverse ausländische Airlines, z.B.

Germanwings, Condor, Air Berlin. Information und Wechselgelegenheit in der Ankunftshalle (besser ist Geldautomat als Bank, da diese einen sehr schlechten Wechselkurs bietet). Busverbindung in die Innenstadt (aber nicht direkt zur Altstadt!) und zum Otogar mit Buslinie 202 (zwischen 6–24 Uhr). Wer in das Stadtzentrum nahe der Altstadt will, kann auch den etwas teureren *Havaş Bus* der Turkish Airlines nehmen (Haltestelle am nationalen Terminal, ca. 5 €).

Busterminal (Otogar) Der große Busterminal von Antalya liegt ca. 7 km nördlich des Zentrums, Verbindungen in alle Richtungen. Die jeweiligen Busgesellschaften (viele davon mit Stadtbüros im Neustadtbereich zwischen Kasim Özalp und Güllük Cad.) organisieren einen im Ticketpreis enthaltenen „Servis" (Transfer) zum Busterminal. Es gibt aber auch eine städtische Busverbindung, die preiswert den Otogar mit der Innenstadt verbindet. Wer vom Busterminal Richtung Altstadt will, steigt in den Stadtbus mit dem Schild „Kale Kapısı". Man plant allerdings in naher Zukunft eine komplette Verkehrsberuhigung der Innenstadt, so dass auch Busse ggf. nicht mehr ganz zur Altstadt vordringen; fragen Sie den Busfahrer sicherheitshalber beim Einsteigen, ob er nach „Kaleiçi" fährt.

Mietwagen Antalya ist wegen der dichten Konkurrenz einer der preisgünstigsten Orte der Türkei, um ein Fahrzeug zu mieten, am Flughafen sind die bekannten renommierten Mietwagenunternehmen vertreten. Erheblich günstiger sind die vielen regionalen Anbieter in Kaleiçi oder in der nicht weit weg gelegenen Fevzi Çıkmak Caddesi nahe dem Karaalioğlu Park, z.B. *Bacchus Rent a Car,* Zeytin Çıkmazı Sok.6 (in der Altstadt bei der gleichnamigen Pension), Tel. 2416941, auch über www.bacchuspension.com, je nach Typ und Mietdauer ab 23 € pro Tag.

Unterkunft Während Pauschalreisende in aller Regel in den Club- und großen Vertragshotels von Lara, Bebek, Beldibi und anderen reinen Touristenorten untergebracht sind, empfiehlt sich für den Individualreisenden sein Bett in Kaleiçi zu suchen. Die Auswahl ist groß: von preisgünstigen Pensionen ab 20 € (DZ mit Frühstück) bis zu prachtvollen Nobelherbergen im osmanischen Stil ist alles vorhanden. Meiden sollte man allerdings die Nähe des Yachthafens, denn hier drehen einige Bars ihre Musik zur Hochsaison dermaßen auf, dass Nachtruhe nur mit Ohrenstöpseln gewährleistet ist.

- **Alp Paşa Boutique Hotel,** Hesapçı Sok. 30–32, Tel. 2475676, www.alppasa.com. Das aus einem restaurierten Konak (Gästehaus) des 18. bzw. 19. Jahrhundert hervorgegangene Hotel liegt mitten in der Altstadt und stellt mit seinem ottomanischen Interieur und schönen Pool-Garten eine der orientalisch-märchenhaftesten Übernachtungsmöglichkeiten Antalyas dar. Normalpreis für ein DZ/F ab 96 €, in der Nebensaison kann man aber über einschlägige Internetanbieter – einfach Name in Suchmaschine eingeben Rabatte bekommen, die den Preis bis auf 50 € fallen lassen können.
- **Villa Perla,** Hesapçı Sok. 26, Tel. 2489793, www.villaperla.com. Gleichfalls ein 200 Jahre altes osmanisches Haus mit einem schönen Orangenhain-Garten und Pool, zentrale Lage in der Altstadt nicht weit vom Hadrianstor. EZ/F 50 €, DZ/F 70 €.
- **Hotel/Pension Bacchus,** Zeytin Çıkmazı Sokak 6, Tel. 2416941, www.bacchuspension.com. Die 14 Zimmer umfassende Pension liegt am Ende einer Sackgasse mitten in der Altstadt nahe dem Hıdırlık Kulesi. Zimmer und Bad sind sehr sauber, von der Frühstücksdachterrasse hat man einen herrlichen Blick über die Bucht von Antalya. DZ/F 24 € NS, 30 € HS. EZ/F 16 € NS, 20 € HS.
- **Özmen Pension,** Zeytin Çıkmazı Sok. 5, Tel. 2416505, www.ozmenpension.com. Direkt gegenüber vom Bacchus-Hotel, etwas einfachere Ausstattung und von der Dachterrasse nicht ganz so freier Blick auf das Meer, dafür etwas billiger. DZ/F 20 € NS, 25 € HS. EZ/F 14 € NS, 17 € HS.

Essen und Trinken In der Altstadt sowie an der Steilküste unterhalb der Cumhuriyet Caddesi findet man mehrere gemütliche bzw. spektakuläre Restaurants, deren Einrichtung oder Lage bzw. Ausblick besonders Touristen anspricht. Während in der Altstadt viele Cafés und

Restaurants oft in romantisch anmutenden Hinterhöfen bzw. Hotelgärten (wie z.B. dem oben genannten Hotel Alp Paşa) zu finden sind, bieten die Adressen der Steilküste natürlich vor allem die spektakuläre Aussicht aufs Meer.

- Das bekannteste (und natürlich auch teuerste) unter den Steilküsten-Restaurants dürfte das **Marina Residence Restaurant** oberhalb des Yachthafens sein; es gehört zum gleichnamigen 5-Sterne-Hotel und brilliert als eine der renommiertesten Gourmetadressen der Stadt (Mermerli Sok. 15, Tel. 0242-2475490).
- Zu den Panorama-Restaurants zählt auch das in einer Parkanlage gegenüber dem Antalya-Museum über dem Steilhang liegende moderne Restaurant/Bistro **Mirador** (Tel. 0242-2476812), von dessen Terrasse man einen schönen Blick auf den naheliegenden Strand von Konyaaltı genießt; die türkisch-internationale Küche arbeitet hier aber zu recht moderaten Preisen.
- Erheblich teurer ist wiederum das zentral gelegene **Talaestra,** ein auf Fisch- wie Fleischgerichte spezialisiertes Restaurant, das in einem restaurierten Seldschuken-Hamam untergebracht ist, aber auch über eine stilvolle Außenterrasse verfügt (Cumhuriyet Cad., Tel. 0242-2482400).
- Auf der anderen Straßenseite der Cumhuriyet biegt eine kleine Gasse parallel zur Atatürk Caddesi rechts zur Altstadt ab; diese kleine Straße – **2. Inönü Caddesi** – ist bekannt wegen ihrer vielen kleinen Restaurants, die alle mit ihren Tischen auf und an der Straße eine recht preiswerte türkische Küche offerieren; die oft allzu aufdringlichen Kellner sind allerdings durchaus gewöhnungsbedürftig.
- Noch preiswerter und wirklich gut isst man in der kleinen Lokanta **Özkan Kebap** jenseits der Atatürk Caddesi neben dem kleinen Tiermarkt; dies ist kein Touristenlokal, es gibt keinen Rummel und keine scharwenzelnden Kellner, dagegen vier bis fünf Grundgerichte (Kebap oder Hähnchen), zu denen immer auch ein frischer Salat gereicht wird. Dazu passt dann noch ein Ayran, und so kann man für fünf Euro zu zweit mitten in Antalya hervorragend türkisch essen gehen (Sinan Mah. 1253. Sok. Sapmaz Çiftçioğlu Işh. 26, Tel. 0242-2448401).

Unterhaltung/ Nightlife

Die vielen schön gelegenen Teegärten der Stadt an der Steilküste wurden bereits erwähnt; in jenen unterhalb des Uhrturms, z.B. das **Cafe In,** kann man junges türkisches Publikum beim passionierten Tavla-Spielen beobachten. Touristischer und erheblich teurer ist der Sonnenuntergang in der alteingessessenen **Castle Bar** am Hıdırlık Kulesi, in deren Laubengarten auch Gerichte serviert werden.

Wem die internationale **Beach- und Discokultur entlang des Konyaaltı-Strandes** nicht zusagt (DJs, in der Hauptsaison mehrere große Open-air Tanzbars bzw. -discos), findet in der Altstadt einige durchaus interessante Alternativen. Unterhalb des Uhrturms bietet das **Akdeniz Çiçek Pasaje** türkische Live-Musik in angenehmer Atmosphäre (Chansons, Folklore, Eintritt frei, hauptsächlich junges türkisches Publikum; Uzun Çarşı Sokak 24). Noch etwas weiter bergab findet man die von Touristen kaum beachtete Café-Bar **Simurg,** die ebenfalls gelegentliche Live-Musik und immer eine nette lockere Atmosphäre garantiert (Tabakhane Sok. 7). Gleiches gilt für das Musikcafé **Zeytin** unterhalb des Yivli-Minaretts (Iskele Cad. 24).

Nahe dem alten Hafen beschallen zur Hauptsaison mehrere (Hard-Rock-)Bars lautstark die Umgebung. Die Namen wechseln ständig (eine bekanntere heißt vielleicht deshalb **No Name Bar**), aber die Lokalität wirkt im Gegensatz zu obigen Adressen sehr touristisch und flippig (u.a. viele Australier), was auch die international ausgerichtete Musikdröhnung erklärt.

Ausflüge/ Bootstouren/ Sport

Reiseagenturen gibt es viele. Sie alle organisieren so ziemlich alles, was für Touristen irgendwie interessant ist – vom mehrtägigen Yachtausflug bis zur Teppichtour – und bieten mehr oder weniger ähnliche Ausflüge und Tourkombinationen an (im folgenden Auswahl und Richtwerte).

Tagesausflüge: Termessos und Düden-Wasserfall (s.u.) ca. 15 €; Perge, Aspendos. Side (s.S. 243) ca. 25 €; Demre, Myra, Kekova (s. „Zwischen Myra und Antalya"), ca. 30 €.

Mehrtägige Ausflüge: Pamukkale (s. Exkurs S. 169, „Sensationen zweierlei Art – Aphrodisias und Pamukkale") 2 Tage ca. 40 €. Kappadokien und Konya (s.S. 290, „Abstecher zu den Wundern Kappadokiens"), 3 Tage ca. 90 €.

Rafting/Kajaktouren: Tagestouren in Kleingruppen, Preis abhängig von der Größe der Gruppe. Ein renommierter Anbieter dieser und weiterer Exkursionen ist *Akay Travel Service,* Akay Plaza/Aspendos Bulvarı 274, Tel. 0242-3120001, Fax 3218841, www.akaytour.com. Oder auch: *Ora Tour,* Tel. 0242-7534240, Fax 7532928, www.oratours.com.

Tauchen: vom alten Yachthafen werden verschiedene Tauchtouren durchgeführt, darunter Wrack- und Höhlenexkursionen (die Steilküste bietet mehrere interessante Unterwasserhöhlen). Erstere steuern das etwa 1 km vor der Hafeneinfahrt liegende Wrack der *San Didier* an, ein französisches Schiff, das im 2. Weltkrieg für die deutsche Versorgung im Afrikafeldzug genutzt worden war und von den Alliierten im Sommer 1942 vor den Augen der Bewohner von Antalya versenkt wurde; u.a. bei *Pearl Diving Center,* Talya Hotel, Fevzi Çıkmak Cad. 30, Tel. 0242-2486800, Fax 3117201, www.pearldiving.de.

Bootsausflüge: wie oben bereits erwähnt, können Kurztrips direkt am alten Hafen gebucht werden. Gängige Touren sind der Ganztag-Ausflug nach Phaselis und Olympos (s. „Zwischen Myra und Antalya") für ca. 40 € inkl. Mittagessen, oder die zweistündige Schnupperfahrt zum unteren Düden-Wasserfall bei Lara (s.u.) für 10 €. Längere Touren sollte man in obigen Reiseagenturen erfragen.

Hamam

Ein türkisches Badeerlebnis bietet das *Sefa Hamamı* in der Altstadt (Kocatepe Sokak, nahe Villa Perla Hotel, 9–23 Uhr, 13 € inkl. Massage).

Einkaufen

Die Gassen der Altstadt bieten die üblichen touristischen Souvenir-, Keramik- und Teppichgeschäfte. Zu letzteren gehört das **Karavan** (Iskele Cad. 40), das in einem alten osmanischen Haus mit schönem Garten untergebracht ist; ein Besuch lohnt sich also allemal, zumal das unterhalb des Yıvlı-Minaretts liegende Teppichgeschäft u.a. eine gute Auswahl von Hereke-Teppichen bietet.

Teure und schicke **Modeboutiquen** findet man an der Atatürk bzw. Cumhuriyet Caddesi. Günstiger wird das Shoppen je weiter man sich stadteinwärts – also weg vom Meer – orientiert: so stellt die schon genannte Kazim Özalp Caddesi gegenüber des Uhrturms eine der belebtesten **Einkaufsstraßen** dar; rechts von ihr befindet sich ein kleiner **Basar** (hauptsächlich Textilien). Wer westliche Einkaufstempel vermisst, kann entweder im klimatisierten **Migros Merkezi** (100. Yil Bulvarı, über 100 Edelshops) oder im **Deepo Outlet Center** (um die 90 Shops, in Flughafennähe) amerikanische Mall-Atmosphäre genießen.

Theater/ Oper/ Festivals

Antalya verfügt über ein Staatstheater (Devlet Tiyatrosu) sowie eine Staatsoper (Devlet Opera); die äußerst günstigen Tickets (ab 3 €, Oper/Ballet ab 4 €) wird zumindest im Theaterbereich nur derjenige voll genießen können, der den meist einheimischen Produktionen auf Türkisch folgen kann. Eine Oper oder gar ein Ballet (gelegentlich auch internationale Werke) dürften da schon interessanter sein *(Antalya Devlet Opera ve Balesi:* Programm, Tickets und Ortsangaben zu den einzelnen Darbietungen auch auf Englisch unter www.dobgm.gov.tr).

Im Juni/Juli findet im **Theater von Aspendos** (s. „Von Antalya nach Alanya") das renommierte *Internationale Opern- und Balletfestival* statt; auch wer sich nicht für Mozart, Puccini, Verdi usw. interessiert, wird wegen der einmaligen antiken Kulisse beeindruckt sein (Tickets zwischen 35–40 €, inklusive Transfer zum Theater, verkaufen die Agenturen vor Ort; alle Veranstaltungen beginnen um 21.30 Uhr; Infos und Programm auf www.antalya.de/aspendosprogramm.htm).

Einen guten Ruf genießen auch die im Oktober stattfindenden *Filmfestspiele von Antalya* – wobei man allerdings wieder beim Sprachproblem ist.

Sehenswürdigkeiten nahe Antalya

(Für die Sehenswürdigkeiten Phaselis, Olympos bzw. Perge und Aspendos siehe die Routenbeschreibungen vor und nach Antalya)

Düden Şelalesi (Düden-Wasserfälle)

Der obere Düden-Wasserfall liegt ca. 14 km nordöstlich des Zentrums an der Peripherie der Stadt. Mit seinen alten Bäumen, schattigen Picknickplätzen und Teegärten stellt der Wasserfall einen beliebten Ausflugsort der Stadtbevölkerung dar, so dass es im Sommer an den Wochenenden recht voll werden kann. Durch einen Höhlenfelsweg kann man hinter und unter den breiten, ca. 10 Meter tief fallenden Wasserfall gehen, eine kühle und feuchte Erfrischung bei heißem Wetter. Kleine Holzbrücken verbinden zur Freude der Kinder die Ufer des Flusses, hinzu kommen Spielplätze und kleine Tiergehege samt Kamelen, die auf einen Ausritt warten – alles in allem Grund genug für türkische Familien, hier den ganzen Tag zu verbringen.

Düden Şelalesi

Anfahrt Von der nördlichen Umgehungsstraße – Gazı Bulvarı – mit „Düden Şelalesi" ausgeschildert; auch mit Dolmuş zu erreichen, von der Ali Çetinkaya Caddesi (östl. Verlängerung der Cumhuriyet Cad.). Eintritt 0,80 €, geöffnet bis zur Dunkelheit.

Vom oberen Düden-Wasserfall verläuft der Flusslauf des Düden für mehrere Kilometer unter der Erde, bevor er im östlichen Touristenvorort Lara spektakulär in einer 40 m tiefen Kaskade über die Klippe ins Meer stürzt. Dieser **untere Düdenwasserfall** ist am besten bei einer Ausflugsfahrt mit dem Schiff zu fotografieren (s.o., „Praktische Infos Antalya/Bootsausflüge").

Kurşunlu Şelalesi

Ein weiterer Tipp für heiße Sommertage stellen die **Kurşunlu-Wasserfälle** dar. Die Hauptkaskade ist mit etwa 20 Meter etwas höher, gleichzeitig aber auch schmaler als der obere Düden. Der umliegende Naturschutzpark mit seinen baumbestandenen Talsenken und einem kleinen See bietet Spaziergängern genügend Pfade und Rückzugsmöglichkeiten, da die meisten Besucher sich nur am Wasserfall oder in den oben gelegenen Teegärten aufhalten.

Anfahrt Die östliche Hauptstraße – Alanya Yolu – Richtung Side/Alanya nehmen; nach ca. 10 km weist ein Schild nach links, dann noch weitere10 km. Eintritt 1,30 €, geöffnet bis Sonnenuntergang.

Termessos

Wer meint, die Besichtigung von Ruinen sei ein langweiliges Unterfangen – gut etwa für Akademiker oder beschauliche Senioren –, der wird in der Türkei generell des Öfteren eines Bessren belehrt werden. Besonders gilt das aber für die ca. 35 km nordwestlich von Antalya am Hang des *Güllük Dağı,* dem antiken Berg *Solymos,* liegende Ruinenstadt **Termessos,** die in einer Höhe von über 1000 Meter in einer großartigen, ja oft bizarren Bergwelt eine der spektakulärsten Ruinenstätten der Türkei darstellt. Die einsame Gebirgswelt, in der Raubvögel, Wildziegen, Steinböcke und sogar Bären ihre Heimat haben, wurde 1970 zum Nationalpark erklärt. Wer nicht das außergewöhnliche Pech hat, mit gleich mehreren Busladungen von Touristen auf dem Parkplatz anzukommen, wird in der weitläufig zu erwandernden und von der Natur längst zurückgewonnenen Stadtruine nicht nur dem Reiz der Antike, sondern auch dem Gefühl der Vergänglichkeit in Ruhe nachspüren können. Denn die einst so stolze Stadt mit ihren prächtigen Gebäuden liegt hinter und unter Bäumen und Büschen versteckt, und so manchem, der vom hochgelegenen Theater in die Ebene hinunterschaut, mag der aus der Schulzeit aufdämmernde Satz in den Sinn kommen: Sic transit gloria mundi…

Dabei hatten die kriegskundigen Termessier, die schon in Homers Ilias als *Solymer* erwähnt werden, die Lage ihrer Stadt weitsichtig gewählt: Termessos galt als uneinnehmbar, und selbst Alexander der Große, der sonst keine Stadt auf seinem Eroberungszug unbezwungen passieren wollte, ließ 333 v. Chr. die Bergfestung als selbständige Stadt hinter sich. Auch das Römische Reich, die Militärmacht der Antike schlechthin, war klug genug, die Einwohner 70 v. Chr. durch einen Freundschaftsvertrag an sich zu binden. Dies war auch die Blütezeit der Stadt, die dann schließlich doch im 3. Jahrhundert durch ein Erdebeben „besiegt" und von ihren Einwohnern verlassen wurde.

Besichtigung Schon die Anfahrt verheißt buchstäblich einen Höhepunkt: nach dem Passieren des Tickethäuschens samt Besucherzentrum mit kleinem Museum windet sich die Straße noch ca. 8 km in Serpentinen zum Parkplatz hinauf, wo neben einigen Gräbern vor allem der Torvorbau des **Hadriantempels** auffällt: letzterer ist selbst nicht mehr erhalten. Für den mindestens noch halbstündigen Marsch ins Stadtzentrum sollte man vom Parkplatz aus den links ausgeschilderten Weg wählen (es gibt auch hinter dem Hadriantor rechts einen Weg, der aber oft zugewachsen und recht anstrengend sein kann).

Der Weg links, der im Großen und Ganzen der **antiken Königsstraße** folgt, führt an den Resten der **Stadtmauer** vorbei zum **Gymnasium,** dessen Bäder- und Unterrichtsräume längst vom Buschwerk erobert wurden. Die innere Stadtmauer passierend gelangt man zur **Agora** (Markt) und einigen **Zisternen,** bevor man den Höhepunkt, das im griechischen Stil erbaute **Theater,** erreicht. Auf 24 Sitzreihen konnten ca. 4200 Zuschauer nicht nur auf die Bühne, sondern auch auf die Felswand des dahinter aufragenden *Solymos* (Güllük Dağı) schauen. Blickt man rechts hinunter, kann man bei klarem Wetter bis Antalya und zum Mittelmeer sehen. Wohl nur wenige Theater dürften mit diesem archaisch grandiosen Panorama wetteifern wollen. Die Zuschauerreihen, acht obere und sechzehn untere, sowie Teile der Bühne sind noch einigermaßen erhalten.

Weitere Sehenswürdigkeiten stellen das westlich gelegene neun Meter hohe **Odeion** und die benachbarten **Tempelruinen** der **Artemis** und des **Zeus** dar. Sehenswert ist auch die weiter südlich liegende **Nekropole** (Totenstadt), wo der berühmte **Löwensarkophag** (gut erhaltene Löwenreliefs) zu bewundern ist. Ein weiteres bekanntes Grab liegt im Nordwesten der Stadt, das **Alketas-Grab.** In den blutigen *Diadochenkriegen* (Kriege zwischen den Generälen um die Nachfolge im Alexanderreich) flüchtete *Alketas,* einer der makedonischen Feldherrn, vor seinem Gegner Antigonos nach Termessos. Letzterer marschierte aber mit einem Heer vor die Tore und verlangte die Auslieferung, so dass Alketas es schließlich vorzog, sich selbst zu töten.

Anfahrt

Man verlässt Antalya in nördlicher Richtung und folgt der Ausschilderung „Burdur/Korkuteli" (dann auf Hinweisschilder achten); es gibt keine öffentlichen Verkehrsmittel; festes Schuhwerk, Wasser und vielleicht etwas Proviant mitbringen. Eintritt 5 €, 8–16.45 Uhr.

Von Antalya nach Alanya

Die gut ausgebaute Nationalstraße 400 führt mehr oder weniger geradlinig durch eine flache Küstenniederung nach Osten und erreicht nach rund 150 km den zweitgrößten Touristenmagneten der türkischen Riviera, **Alanya.** Während die Straßenführung bis Side (ca. 90 km) abseits der Küste verläuft, rückt sie danach unmittelbar ans Meer heran. Abgesehen von Side und Alanya selbst, sind die Küstenorte ausnahmslos touristische Feriensiedlungen – die bekannteste darunter ist **Belek** –, wo viel Strand und Service, aber nur wenig Türkei und erst recht keine kulturellen Highlights zu erwarten sind. Das Hinterland dagegen bietet einiges, so dass Urlauber, die diese Ferienorte als Standort gewählt haben, gut beraten sind, mit einem Mietwagen oder über Ausflugstouren die Umgebung zu erkunden.

Perge

Etwa 17 km östlich von Antalya nahe dem kleinen Ort *Aksu* liegen nur zwei Kilometer nördlich der N400 (ausgeschildert) die Ruinen von **Perge.** Die von griechischen Siedlern um 1000 v. Chr gegründete Stadt wurde auf einem von fruchtbarem Ackerland umgebenen Hügel angelegt und hatte über den Fluss *Kestros* (heute *Aksu*) einen bequemen Zugang zum Meer. Die Stadt geriet im 7. Jahrhundert v. Chr. unter die Herrschaft der Lyder, um dann – wie ganz Kleinasien – ab 546 v. Chr der persischen Hoheit zu unterstehen. Wie es sich für gute Griechen gehörte, schlug sich Perge 333 v. Chr. beim Rachefeldzug Alexanders auf die Seite des Makedonen. Unter dessen Nachfolgestaaten bestimmten erst die *Seleukiden* und dann *Pergamon* die weiteren Geschicke der Stadt. Die Apostel *Barnabas* und *Paulus* predigten hier, so dass schon zu Beginn der römischen Herrschaft (seit 133) eine Christengemeinde in der Stadt bestand.

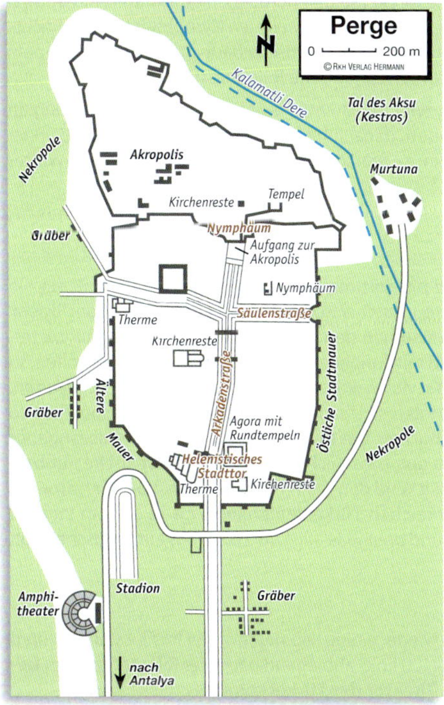

Die Blütezeit von Perge endete während der byzantinischen Periode (nach 395), als der Kestros langsam versandete; den Rest besorgten die Araberangriffe des 7. Jahrhunderts.

Besichtigung Um es vorweg zu nehmen: das Spektakulärste sieht man vor und direkt am Eingang, denn hier thronen die beiden mächtigen Rundtürme des **hellenistischen Stadttors** (3. Jh. v. Chr.), deren Torsi, heute gleichsam als Wahrzeichen der Ruinenstadt, reichlich abgelichtet werden. Noch vor dem Eingang, direkt neben der Zufahrtsstraße, kann man das mit 234 Meter Länge und 34 Meter Breite **größte Stadion** Kleinasiens (2. Jh.) bewundern, in dem sich 12.000 Zuschauer an Wagenrennen und – zu römischen Zeiten – Gladiatorenkämpfen ergötzten. Noch mehr Publikum – nämlich 14.000 – fasste das benachbarte, ebenfalls recht gut erhaltene **Theater,** das wohl aus hellenistischer Zeit stammt (100 v. Chr.).

Ansonsten ist Perge eine mehr oder weniger flache, baumlose Trümmerwüste. Die hinter den beiden Rundtürmen beginnende **Arkadenstraße,** deren Steinplatten noch antike Wagenspuren erkennen lässt, war einst von imposanten dorischen Säulen gesäumt (nur wenige sind wieder aufgerichtet worden) und die Geschäfts- und Pulsader der Stadt. In ihrer Mitte verläuft deutlich sichtbar das Kanalsystem, das einst Wasser vom Nymphäum (Stadtbrunnen) in die Stadt leitete. Gleich zu Beginn der Straße öffnet sich rechter Hand das Quadrat der **Agora** (Marktplatz), einst Mittelpunkt des gesellschaftlichen Lebens; links liegen die Ruinen. Ohne Schatten zu gewähren, führt die Straße direkt auf den nördlichen Burghügel **(Akropolis)** zu, wo man vor den Resten des schon genannten Nymphäums steht. Rechts wie links sind Reste von **Thermen** (städtische Badeanlagen) und Tempeln sowie die **Nekropole** und byzantinische Ruinenreste zu sehen.

Anfahrt Von Antalya kann man zwar per Dolmuş bis Aksu und zur Abzweigung an der Hauptstraße gelangen, danach heißt es allerdings per pedes die restlichen zwei Kilometer km zu marschieren. Eintritt 7,50 €, 8–19 Uhr (Winter bis 17 Uhr).

Belek

Auf der Nationalstraße passiert man nach ca. weiteren 24 km rechts die Zufahrt nach **Belek,** ein touristischer Hotspot und das Golfzentrum der Riviera. Riesige Hotelanlagen versorgen den zugegeben sehenswerten kilometerlangen Sand-/Kiesstrand mit Sonnenanbetern, die, wenn sie nicht golfen, so doch wenigstens eine der vielen Wassersportangebote nutzen (Windsurfen, Jetski, Parasailing). De Hotels sind sämtlich touristische Vertragshotels, also über Pauschalreisen zu buchen. Das touristische all-inclusive Serviceangebot ist selbstredend gut, so gut, dass auch renommierte europäische Fußballvereine schon mal hier kickend den Winter überbrücken. Von der historisch wie alltagskulturell so reichen Türkei fehlt allerdings in diesem sterilen Urlaubs-Eldorado weit und breit jede auch nur halbwegs authentische Spur.

Aspendos

Spannender wird es da wieder einige Kilometer weiter im Flusstal des *Köprü Çayı,* wo man von der N400 links abbiegend nach vier Kilometern zum **besterhaltenen antiken Theater der Türkei** kommt.

Aspendos, gegründet von griechischen Siedlern aus Argos, gehörte zu den bedeutendsten Siedlungen der antiken Region *Pamphylien.* Nach der lydischen Herrschaft kamen 546 v. Chr. die Perser, die hier im Jahre 465 v. Chr. gegen die Griechen unter Führung Athens eine empfindliche Niederlage hinnehmen mussten. In der Schlacht am Eurymedon – so der antike Name des Köprü Çayı – wurde die persische Flotte samt Heer besiegt, was allerdings nichts daran änderte, dass erst *Alexander* 334 v. Chr. die Oberhoheit der Perser beseitigen konnte. Im Hin und Her der Diadochenstaaten fiel Aspendos schlussendlich an das pergamenische Königshaus, dessen letzter König sein Reich wiederum den Römern vermachte (133). Die Stadt blühte unter der *Pax Romana* wirtschaftlich noch einmal richtig auf, wie die Bauwerke aus dieser Zeit bezeugen. Erst mit der Verlandung des Flusses zu byzantinischer Zeit und den im 7. Jahrhundert einsetzenden Arabereinfällen verfiel – ähnlich wie Perge – die Stadt.

Besichtigung Unterhalb der heute weitgehend überwachsenen **Akropolis,** deren **Agora** und **Nymphäum** kaum einen Besucher anzulocken vermögen, ließ im 2. Jahrhundert n. Chr., während der Herrschaft des Kaisers Mark Aurel, der berühmte Baumeister *Zenon* jenes **Amphitheater** errichten, das heute zu Recht als das besterhaltene römische Bauwerk Kleinasiens gilt. Der Monumentalbau, auf dessen 40 Sitzreihen, durch Treppen in Blöcke unterteilt, über 15.000 Besucher Platz fanden, besitzt – anders als das griechische Theater mit seiner offenen Orchestra – eine 30 Meter hohe, geschlossene Bühnenwand. Deutlich zu erkennen sind in der zweigeschossigen Wand noch die Nischen, die einst Statuen und Büsten beherbergten und zusammen mit der ebenfalls heute verschwundenen Marmorverkleidung eine prachtvolle Hintergrundkulisse zur Bühne gebildet haben müssen.

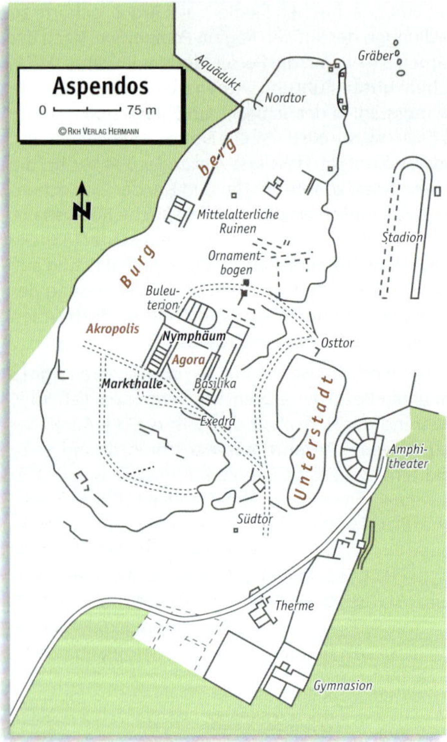

Der 95 Meter messende Theaterhalbkreis wird oberhalb der Sitzplätze durch einen breiten Arkadengang abgeschlossen, der zusammen mit der Bühnenwand dem Theater eine spürbar kompakte Raumatmosphäre garantiert. Kein Wunder, dass die Akustik hier phänomenal ist: wenn man auf der Bühne eine Münze zu Boden fallen lässt, ist das Geräusch noch auf der obersten Zuschauerreihe deutlich zu hören. Zur Festivalzeit im Sommer sind folgerichtig hier regelmäßig die Klänge von Verdi und Mozart zu hören (für Tickets s. Antalya, Praktische Infos) – ein klassisches Erlebnis im doppelten Sinne.

Nicht ganz so harmonisch waren die Spektakel der Spätantike: Neben Musik- und Theatervorführungen wurden hier nämlich auch die zu römischer Zeit so beliebten Gladiatorenkämpfe geboten. Die mit Wasser zu füllende Bühne ermöglichte zudem auch die Darstellung von Seeschlachten.

Der hervorragende Zustand des Theaters ist übrigens der Tatsache zu verdanken, dass das Gebäude jahrhundertelang seit der Seldschukenzeit als Karawanserei benutzt wurde und so nicht achtlos dem Verfall der Zeit überlassen, sondern ständig erhalten und renoviert wurde.

Folgt man der Straße am Theater vorbei sieht man nach etwa zwei Kilometern den gut erhaltenen römische **Äquadukt,** über dessen rund 15 Meter hohe Arkaden das Wasser aus den Bergen zur Stadt geleitet wurde.

Anfahrt Aspendos liegt 4 km nördlich der N400 (ausgeschildert); mit dem Bus nach Serik, von dort Dolmuş nach Belkis (Aspendos) nehmen. Eintritt 7,50 €, 9–19 Uhr (im Winter bis 17 Uhr); Parkgebühr 2,50 €.

Der römische Äquadukt von Aspendos

Köprülü Kanyon (Köprülü-Schlucht)

Blick in die Köprülü-Schlucht

Überquert man nun auf der N400 den Köprü Çayı, wird man nach wenigen Kilometern bei Taşağil eine Ausschilderung nach links in den **Köprülü Kanyon Milli Parkı** finden. Der 36.600 ha große Nationalpark, dessen waldreiches Areal sich beidseitig des Köprü Çayı verteilt, beginnt rund 35 km nördlich der Nationalstraße nahe dem Dorf Beşkonak. Der Taurus steigt hier auf 2500 Meter an und der Köprü Çayı hat spektakuläre Wildwasserschluchten in den Karst gegraben – und in den Wäldern sollen noch Bären leben! Für die Küstenurlauber ist der Fluss mit seiner wildromantischen Szenerie und den Wasserschnellen zu einem Rafting- und Kanuparadies geworden. Schöne Fotomotive ergeben sich auch von der Straße, die weitgehend dem Flusslauf folgt.

Mitten im Nationalpark warten zudem die Ruinen der antiken Stadt **Selge** auf Besucher. Die Fahrt dorthin ist abenteuerlich, denn man quert einige Kilometer hinter Beşkonak den Fluss auf einer antiken 2,7 Meter schmalen und 22 Meter langen **Römerbrücke,** die in 35 Meter Höhe über eine tiefe Schlucht führt, um dann schließlich in steilen Serpentinen das Hochgebirgsdorf **Altınkaya** mit seinen 170 Häusern und gut 300 Kindern zu erreichen. Die Dorfbewohner, deren karges Leben auf Viehzucht und Eigenanbau beruht, erwarten den Besucher garantiert schon an der Straße (Kinder wie Frauen), um sich lauthals und hartnäckig als Führer oder Verkäufer von Handgestricktem aufzudrängen. Die Ruinen des antiken Selge, über das nicht allzu viel bekannt ist, verteilen sich gut sichtbar im und ums Dorf. Sehenswert sind das gut erhaltene **Theater,** das **Stadion** sowie die Tempelreste auf dem einstigen Burgberg oberhalb des Dorfes, von wo sich ein prächtiger Blick über die Umgebung bietet.

Anfahrt

Wer nicht motorisiert ist, sollte bei den Agenturen in Side die Ausflugstour buchen; dort und in Antalya bieten die Reisebüros auch Kanu- und Rafting-Ausflüge an (s. Praktische Infos Antalya und Side). Die Ruinen in Selge sind den ganzen Tag zugänglich.

Side

Das hätten sich die Fischer des verschlafenen Selimiye vor 40 Jahren auch nicht ansatzweise träumen lassen: ahnungslos und bar jeder Idee antiker Größe hatten sie sich seit Sultanszeiten gemütlich – wenn auch bescheiden – ihr kleines Dorf in den verfallenen Trümmern des längst vergessenen Ortes errichtet, der auf der 800 Meter vorspringenden und rund 300 Meter breiten Halbinsel einst als antike Weltstadt blühte.

Side heute und damals – im Hintergrund der Hafen und vorne das imposante Theater

Geschichte

Der Name dieser Stadt – **Side** – entstammt der altanatolischen Sprache der pamphylischen Urbevölkerung und bedeutet soviel wie „Granatapfel". Diesen Namen übernahmen die griechischen Siedler, die um 700 v. Chr. den Ort in Besitz nahmen. In der hellenistischen Epoche nach dem Zerfall des Alexanderreichs erlebte die Stadt eine erste große, wenngleich etwas dubiose Blüte: im Bunde mit Seeräubern wurden auf der Agora Sklaven verschachert – ein damals übrigens an der ganzen lykisch-pamphylischen Küste durchaus lukratives Geschäft –, die die Freibeuter vorher irgendwo eingefangen hatten. Side war unter den vielen Sklavenumschlagplätzen schon bald einer der bedeutendsten. Die antike Piraterie florierte im 1. Jahrhundert v. Chr. dermaßen, dass die Römer um ihre Handelsinteressen fürchteten und im Jahre 67 v. Chr. Pompeius zum Aufräumen schickten. Die Stadt beeilte sich, dem schändlichen Treiben abzuschwören, um nun unter römischer Ägide zu einer seriösen Handelsmetropole aufzusteigen. Ab dem 7. Jahrhundert störten dann die Araber zunehmend die Verkehrsrouten des einst römischen Mare Mediterraneum, und die Stadt verfiel langsam, um in einem tausendjährigen Dornröschenschlaf zu versanden.

Als sich unter Sultan Abdülhamit II. (1876–1909) Kreta vom Osmanischen Reich löste, verließen viele Türken die zu Griechenland wechselnde und zogen nach Kleinasien. Einige davon waren unsere oben erwähnten Fischer, die zwischen den kaum mehr sichtbaren Ruinen die bescheidenen Hütten ihres Dorfes *Selimiye* erbauten. Im Jahre 1947 rückten dann türkische Archäologen an, um – *yavaş, yavaş* (langsam, langsam) – unter den Dünen zu buddeln.

Angelockt von dem, was sie zu Tage förderten, und natürlich auf der Suche nach weiten Sandstränden mit Schildkröten, kamen in den 1970er Jahren die ersten Touristen. Innerhalb von 20 Jahren mutierte das verschlafene Fischerdorf zurück zu internationaler Größe, denn jährlich schieben sich nun Hunderttausende von Besuchern aus aller Welt durch das Dorf. Die einstige „Hauptstraße" des Fleckens – Liman Caddesi – ist zur Hochsaison der Parcours der flanierenden Massen, die alle zum Sonnenuntergang ans Meer pilgern. So gut wie jedes Haus des Ortes steht heute irgendwie im Dienste des Tourismus, ob als Café/Restaurant, Teppichhändler, Lederboutique, Souvenirladen oder als Reisebüro und Mietwagenanbieter. Früher buhlten die Händler dermaßen lautstark und penetrant um die vorbeidefilierenden Kundenströme, dass für so manchen Türkeineuling die Liman Caddesi zum Spießrutenlauf geriet. Damit ist heute weitgehend Schluss, denn auch die Türken haben aus dem Verprellen gelernt und ein Konkordat der Zurückhaltung eingeläutet.

Wer hier also eine Fischeridylle sucht, ist fehl am Platze. Trotzdem: Side ist ein herrliches Fleckchen Erde, was wohl jeder bestätigen wird, der bei Sonnenuntergang in lauwarmer Luft die romantische Szenerie des Apollon-Tempels erlebt.

Besichtigung

Die ausgegrabenen Monumente stammen großenteils aus der römischen Glanzzeit des 2. oder 3. Jahrhunderts. Das imposante **Theater** (2. Jh., Eintritt 5,00 €; 8–17 Uhr) bot auf 49 Sitzreihen, die in einen oberen bzw. unteren Halbkreis angeordnet sind, bis zu 20.000 Menschen Platz. Abgesehen von der Orchestra und dem eingestürzten Bühnenhaus, die bei einem Erdbeben zerstört wurden, ist das Bauwerk gut erhalten. Eine Besonderheit des Theaters, das auch für Gladiatorenkämpfe und sogar Seeschlachten benutzt wurde, stellt der massive Unterbau dar, da die ansonsten bevorzugte Hanglage im flachen Side nicht zur Verfügung stand.

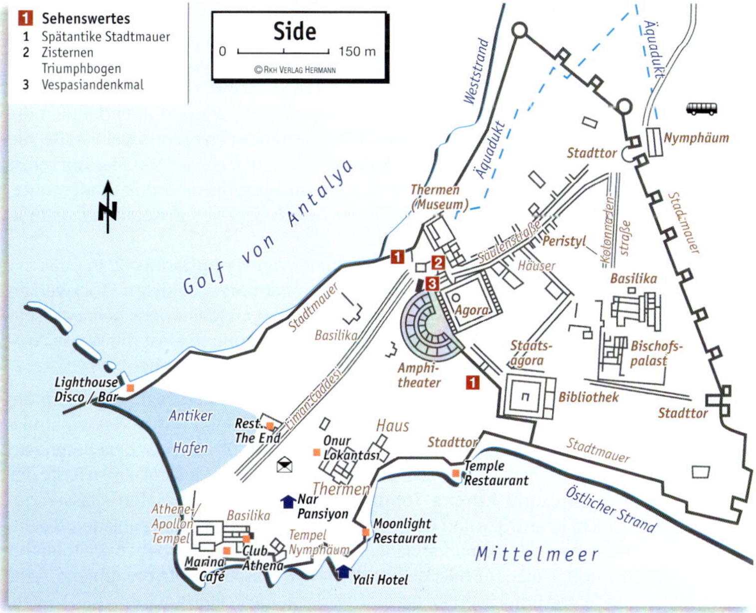

Hinter dem Bühnenhaus liegt die quadratische, nur noch von wenigen Säulen geschmückte **Agora,** also jener antike Marktplatz, auf dem zu Piratenzeiten um die erbeuteten Sklaven gefeilscht wurde. Flankiert wurde er zu besseren Zeiten von Warenhallen und Säulen.

Nördlich der Agora verlief die so genannte **Säulenstraße** (identisch mit der heutigen Zufahrtsstraße); zunächst passiert man auf ihr das enge **Bogen-** bzw. **Vespasiantor.** Der zweite Name erklärt sich daher, dass hier linker Hand ein Brunnenmonument zu Ehren des römischen Kaisers Vespasian (69–79) errichtet wurde. Die noch deutlich erkennbare Nische für die Kaiserstatue ist heute leer. Ebenso verloren gegangen ist die bronzene Quadriga, die einst das Dach des Bogentores schmückte.

Hinter dem Tor gelangt man auf der linken Straßenseite, direkt gegenüber der Agora, zum kleinen, aber feinen **Archäologischen Museum,** das stilvoll in den alten Badeanlagen der **römischen Thermen** logiert (Eintritt 2,50 €; 8–12 u. 13–17 Uhr, Mo geschl.) Während im beschaulichen Garten mehrere zweitrangige römische Relikte zu sehen sind, stößt man im Innenbereich der alten Badehäuser auf gut erhaltene Osteotheken (kleine Graburnen), Statuen und prachtvolle Sarkophage (darunter vor allem die beiden medusenhauptgeschmückten **Erotensarkophage**). Das berühmteste Exponat aber ist sicherlich der Torso der anmutigen **„Drei Grazien"** (2. Jh.).

Museum und Agora hinter sich lassend, erblickt man am Straßenrand die kärglichen Fundamente mehrerer römischer **Peristyl-Villen.** Die Häuser der Aristokraten, ohnehin schon durch die Nähe zur Agora ausgezeichnet, verfügten meist über einen schönen quadratischen Innenhof, dessen offenes Atrium von mehreren Säulen eingerahmt wurde (Peristyl).
Die viereckigen Wehrtürme des äußeren **Stadttors** sind ebenfalls nur noch Ruinen. Blickt man von hier zurück zur Agora, erkennt man deutlich die Linie einer zweiten, einst von Säulen bestandenen Kolonnadenstraße, die zwischen **Stadtmauer** und **Säulenstraße** zum Meer lief. Das Stadttor selbst war einst Teil der starken Befestigungsanlagen, die die antike Stadt schützten. Reste dieser Stadtmauer laufen östlich der zweiten Kolonnadenstraße bis an den Oststrand von Side.

Hinter dem Stadttor liegen die Ruinen des **Nymphäums** (2. Jh.), das mit ursprünglich 52 Meter Länge und drei marmorverkleideten Stockwerken wohl eine der imposantesten Brunnenanlagen Kleinasiens gewesen sein muss. Fragmente des **Äquadukts,** der den Brunnen einst mit Wasser versorgte, sind westlich des Nymphäums noch heute zu sehen.

Antiker Hafen

Vom Theater führt die schon genannte **Liman Caddesi,** gleichsam die Geschäftsader des „Dorfes", zum heutigen kleinen Hafen, dessen antike Dimensionen – er soll vor der Versandung fast 500 Meter lang gewesen sein – kaum mehr nachzuvollziehen sind. Nur die äußerst spektakulären Reste des **Apollon- und Athene-Tempels** (2. Jh.) – links vom Hafen – lassen geschichtliche Größe und Ästhetik erahnen. Die beiden Tempelanlagen, die unmittelbar nebeneinander lagen, wurden durch ein Erdbeben weitgehend zerstört. Trotzdem, oder gerade deshalb, ist das Ambiente bezaubernd: Geht die Sonne unter, werden die fünf wieder aufgestellten korinthischen Säulen, die nachts zudem effektvoll angeleuchtet werden, zum elegisch romantischen Treffpunkt.

Die pittoreske Szenerie ziert zu Recht die meisten Postkarten. Verstärkt wird sie noch durch die im Hintergrund aufragenden Gemäuer einer byzantinischen **Basilika** (5./6. Jh.), die wohl von den Arabern zerstört wurde. Folgt man der von Cafés und Restaurants gesäumten *Barbaros Caddesi*, gelangt man zum breiten östlichen Sandstrand. Hier geht es landeinwärts zur von feinsandigen Dünen umgebenen **Staatsagora,** ein 88,5 Meter langes und 69,2 Meter breites Forum, von dem heute nur noch die von korinthischen Säulen geschmückte Wand einer antiken **Bibliothek** (2. Jh.) erhalten ist.

Praktische Infos Side

Touristeninfo (Turizm Danışma) Side Yolu Üzeri, an der Hauptstraße vor dem Ort, Tel. 7531265, Fax 7532657, **www.manavgatside.com**. Mo–Fr 8–12 u. 13–17 Uhr.

Vorwahl: 0242. **Post:** am zentralen Platz beim Hafen.

Wechselstuben (Döviz) Mehrere auf der Liman Caddesi

Busterminal (Otogar) Stadtauswärts hinter dem Nymphäum (ein von einem Traktor gezogener Touristenanhänger pendelt zur Altstadt); gute Verbindungen u.a. nach Alanya und Antalya. Die Dolmuş-Station beim Theater (hier auch der Taxistand) verbindet viertelstündlich mit der Stadt Manavgat.

Mietwagen Mehrere Anbieter, z.B. *Elit Car,* Tel. 3243717 (24 h) oder ***www.elitcarrental.com*** (Wagen wird zum Hotel gebracht)

Unterkunft Die großen Urlauberhotels wie Clubanlagen liegen außerhalb der Altstadt am West- bzw. Oststrand (Verbindung mit Dolmuş). In den Altstadtgassen selbst finden Individualreisende viele Pensionen und kleine Hotels, die vor allem in der Nebensaison recht preiswert sind.

- **Nar Pansiyon,** Nergiz Sokak (nahe Apollon-Tempel), Tel./Fax 7531201, **www.naraparts.com**. Ein 1992 erbautes Natursteinhaus mit 9 Zimmern und hübscher Terrasse, DZ/F ab 20 €. Die deutsch-türkische Familienpension hat zudem im Jahre 2000 ein Hotel – **Nar Apart** – eröffnet (etwas außerhalb von Side) und bietet in diesem Rahmen auch Ferienwohnungen bzw. Studios für Selbstversorger an (ab 23 €). Als einziger Nachteil der gemütlichen Nar-Pension muss die nahegelegene Club-Athena-Diskothek erwähnt werden (deren Schallabdichtung soll aber angeblich verbessert werden).
- **Pension Kassiopeia,** Yali mah. Cami arkasi No. 2, Tel./Fax 7534445, www. pension-kassiopeia.de. Nette Familienpension im ruhigen „Sommerhaus"-Viertel von Side. Alle der 8 freundlich und gemütlich eingerichteten Pensionszimmer haben einen separaten Balkon mit Sonnengardine. Sehr saubere Zimmer, Gemeinschaftsraum mit Bar, TV mit deutschen Sendern, Bücherschrank und Spiele. Sauna und Wellnessangebote, Garten mit Sitzpool. Abwechslungsreiches Frühstück mit Filterkaffee, ab und zu Grillabende. Auch für Vegetarier ist gesorgt. Im Viertel viele kleine Lokale/Restaurants. Die Gastgeber sind bei Touren in die Umgebung behilflich. Weststrand 10 Minuten Gehzeit, Oststrand Shuttleservice. Tipp für Individualisten. Ganzjährig DZ/F 35 €, EZ/F 20 €. Transfer Flughafen Antalya pro Fahrt 50 €.
- Wer am Meer logieren möchte, kann das **Yalı Hotel** ansteuern; Barbaros Cad. 50, Tel. 7531011, Fax 7531148, **www.yalihotel.com**. Das unmittelbar an einem Felsstrand im östlichen Altstadtbereich gelegene moderne Haus bietet 18 Zimmer mit Meerblick, Restaurant, Bar und – irgendwie überflüssig – einen Pool. DZ/F 45 €.

- Eine Alternative zum touristischen Side stellt die nahe dem Manavgat-Wasserfall (s.u.) gelegene **Villa Lapin** dar. Das 2002 eröffnete rustikale Haus (6 gemütliche Zimmer, Restaurant, geschl. im Winter) liegt in einem herrlichen Garten direkt am Fluss Manavgat. Tel. 7429146, **lapin@smallhotels.com.tr**. DZ/F ab 60 €.

Essen und Trinken

An der die Halbinsel der Altstadt umlaufenden Meerespromenade gibt es reichlich Cafés und Restaurants, die alle mehr oder weniger die übliche internationale Urlaubskost bieten; genuin türkische Restaurants gibt es wenige und preiswerte Lokantas überhaupt nicht! Wer also in plüschiger Romantik beim Abendessen aufs Meer schauen möchte, kann es u.a. in folgenden Lokalitäten versuchen:

- **Temple Restaurant,** Barbaros Cad. 102 (fast am Oststrand); romantische Holztischatmosphäre am Meer, für Side relativ moderate Preise.
- **Moonlight Restaurant,** Barbaros Cad. 49; schöne Terasse direkt am Meer, Fischspezialitäten.
- **Onur Lokantası,** Zambak Sok. 25, Tel. 7991578, im Zentrum nahe des großen Platzes am Hafen; zwar kein Meerblick, dafür aber leckere Köfte-Variationen zu – für Side – maßvollen Preisen.
- **The End,** Liman Caddesi, Tel. 7532005; rechts neben dem Hafen liegendes großes Restaurant, das aber – trotz des englischen Namens – für ein Meerblick-Restaurant in Side einigermaßen preiswert türkische Küche anbietet (vor allem Kebap-Gerichte) und auch Einheimische zu seinen Gästen zählt; an der Seite des Restaurants befindet sich auch ein kleiner Çay-Ausschank mit Hockern – und es ist türkischer Tee, kein Lipton-Beutel!
- Unmittelbar neben dem Apollon-Tempel und in den Ruinen der byzantinischen Basilika liegt in einem malerischen Ambiente das hübsche Gartencafé **Marina** (kleine Speisekarte).
- Wer türkisch und etwas preiswerter essen will und auf den Meerblick verzichten kann, findet im **Öz Adana Kebap Salonu,** Karanfil Sokak, eine schmackhafte Auswahl an türkischen Gerichten.

Unterhaltung/ Nightlife

In der Altstadt selbst spielt sich das von Urlaubern dominierte Nachtleben (deshalb für türkische Verhältnisse hohe Getränkepreise) vor allem um den Hafen und an den strandnahen Promenaden ab.

- Die **Lighthouse Disco/Bar** (Liman Caddesi) direkt am Hafen bietet eine Open-air Tanzfläche über dem Meer. Der **Club Athena** (vormals **Apollo Club**), die wohl spektakulärste Diskothek Sides, hat sich mitten in den Ruinen am Apollon Tempel niedergelassen; wegen der Lautstärke gibt es allerdings immer wieder Probleme mit den nahegelegenen Pensionen, die jedes Jahr neu gelöst werden müssen (nur im Sommer geöffnet).

Endloser Strand bei Side

- Direkt am Meer liegt auch die **Stones Disco/Bar** (Barbaros Caddesi), mit offener Theke und Tanzfläche; tagsüber bescheidet man sich mit der Rolle als Restaurant, ab 22 Uhr wird es dann laut und feuchtfröhlich.
- Als orientalisiertes Touristenprodukt soll noch das **Oxyd** genannt werden, eine 2 km westlich entfernte Disco, deren Außenansicht im Stil einer Karawanserei wohl das Bedürfnis der Besucher nach Tausendundeiner Nacht befriedigen soll.

Ausflüge/ Bootstouren/ Sport

Fast alle Agenturen haben u.a. folgende Touren im Programm: Aspendos/Perge/Wasserfälle, Tagestour ca. 10 €. Alanya/Antalya, Tagestour 10 €. Rafting im Köprülü Kanyon 20 €. Kappadokien zwei Tage 70 €.

Bootsausflüge: Eine Flussfahrt nach Manavgat zum Montagsmarkt ist direkt am Hafen buchbar; 20 €, Essen inkl. Außerdem „Blue Trips" entlang der Küste, z.B. nach Alanya 30 €. Diese u.a. Touren z.B. bei *Unser Tour*, Tel. 7535583, **www.unsertour.com**.

Tauchen: Side Diving Center am Hafen

Kamelreiten: Nahe der Staatsagora warten in den Dünen einige Wüstenschiffe auf Touristen; das ca. fünfzehnminütige Schaukeln durch den Sand kostet ca. 7 € p.P.

Schwimmen: Es gibt einen westlichen wie östlichen Sand-Kiesstrand. An beiden ist kilometerlang Platz, allerdings muss man zur Hochsaison etwas weiter laufen, um seine Ruhe zu haben. Der westliche Strand geht bis zum Ferienort Kumköy; viele Hotel- und Feriensiedlungen, daher ist für Liegestühle und Sonnenschirme gesorgt (gegen Bezahlung).

Manavgat

Etwa 5 km landeinwärts von Side besticht die geschäftige Provinzstadt Manavgat durch ihr authentisches türkisches Alltagsleben. Längst gehört der wöchentliche Montagsmarkt zum festen Ausflugsprogramm der Touristen.

Die eigentliche Sehenswürdigkeit stellen die ca. 4 km nördlich gelegenen **Manavgat Şelalesi** (Manavgat-Wasserfälle) dar. „Wasserfälle" ist ein bisschen übertrieben, denn die Stromschnellen – das wohl zutreffendere Wort – sind quasi nur drei Meter hoch, in der Breite allerdings recht imposant. Es gibt einen **oberen** und einen **unteren Wasserfall,** die nur 2 km voneinander entfernt sind.

Angenehm ist die reizvolle Landschaft mit ihren Flusswelden, schattenspendenden Pinienwäldern, blühendem Jasmin, Oleander und Bougainvilleensträuchern.

Der sich hier stauende Fluss hieß im *Altertum Melas,* heute speist der *Manavgat Çayı* das größte unterirdische Wasserkraftwerk der Türkei. Zu den Wasserfällen führen bequeme Wege und Stege, und an den von Pinien umstandenen Gartenrestaurants oberhalb der Stromschnellen kann man sich die Füße umspülen lassen, während der Kellner – barfuß – die Forelle serviert. Besonders im Frühjahr, wenn die Schneeschmelze in den Bergen einsetzt, lohnt sich der Besuch; im Herbst, wenn es lange trocken war oder wenn Wasser zur Energiegewinnung abgeleitet wird, sind die Stromschnellen deutlich schwächer. An einigen Bäumen hängen übrigens weiße Tücher bzw. Stofffetzen, von Liebespaaren beschworene Talismane, die ihr Glück verlängern mögen.

Anfahrt

Per Dolmuş von Side oder Manavgat erreichbar; Eintritt 1,50 €, geöffnet bis Sonnenuntergang.

Seleukeia

Herrscht an den Fällen bei schönem Wetter eine geradezu jahrmarkthafte Ausflugsatmosphäre, so ändert sich die Stimmung gewaltig, wenn man mit dem Wagen das 6 km nördlich entfernte **Seleukeia** ansteuert. Die Schotter- und Steinstraße ist vor allem auf dem letzten Kilometer mit großer Vorsicht zu befahren, dafür wird man von einer herrlich einsamen Ruinenlandschaft mitten in einem Pinienwald entlohnt. Die antike, schon in vorhellenistischer Zeit gegründete Stadt, von der man ansonsten nicht allzu viel weiß und deren Name auch mit **Lyrbe** angegeben wird, war auf einem Hügel angelegt, der heute das Grabungsfeld türkischer Archäologen ist.

Sehr gut erhalten ist die eindrucksvolle **Agora** (Markt) sowie einige Gebäude der Thermen und Tempelreste, in denen heute Pinien wachsen. Das Ensemble von Kultur und Natur, die Rückeroberung der antiken Stadt durch letztere sowie die vom Piniendurft gewürzte Stille verleihen dem Ort, der nur von wenigen Touristen angefahren wird, eine tiefe Beschaulichkeit.

Anfahrt am oberen Wasserfall links von der Straße abbiegen (ausgeschildert, aber das Schild Lyrbe/Seleukeia war zur Zeit der Recherchen nur von der entgegengesetzten Fahrtroute – also von Nord nach Süd – erkennbar); keine öffentlichen Verkehrsmittel. Wagen am Fuß des Hügels am Parkplatz abstellen, dann bergan gehen, derzeit kein Eintrittspreis.

12 km östlich von Manavgat biegt die N695 nach Norden ab, um über Akseki – ab hier N696 – und Seydişehir nach 220 km **Konya** zu erreichen; wer diese Route wählt, sollte der **Tınaztepe Mağarası** einen Besuch abstatten, s. S. 275.

Kamele an der alten Karawanserei von Alarahan

Alarahan und Festung Alarakale

Hinter Manavgat verläuft die N400 dicht am Meer, und in den letzten Jahrzehnten sind aufgrund der langen, einst einsamen Strandabschnitte viele kleinere Feriensiedlungen,wie z.B. *Kızılot* hier aus dem Boden gestampft worden, ohne dass man den Planern und Erbauern allzu viel ästhetische Fortune, geschweige denn türkische Atmosphäre bescheinigen könnte.

Kulturell interessant wird es erst wieder hinter der rund 30 km östlich von Manavgat liegenden Siedlung *Okurcular,* hinter der man links einer Ausschilderung zum noch 9 km entfernten **Alarahan** folgen sollte. Durch eine von Tafelbergen geprägte Hügellandschaft erreicht man schnell die direkt neben dem Fluss *Alara* gelegene Karawanenherberge (=Han), die vom Seldschukensultan *Alaeddin Keykubat* 1232 erbaut wurde.

Hier fanden die Handelsreisenden des Mittelalters ein sicheres Nachtlager für Waren und Tiere, denn alles wurde im rechteckigen Innenhof des festungsartig gebauten Hans verschlossen. Das einzige Zugangstor, über dem man noch heute in arabischer Inschrift die stolze Eloge des Erbauers deutlich erkennt, führt in einen zentralen Säulengang, in dessen beidseitigen Arkadengängen einst die einzelnen Herbergszellen untergebracht waren.

Heute dienen sie touristischen Textil- und Souvenirständen als Ausstellungsraum, was der historischen Aura nicht gerade förderlich ist. Natürlich gehörten ein Brunnen und eine Moschee zur Ausstattung der Herberge. Modernen Zwecken dient dagegen das heutige große Restaurant – wohl Ausdruck der Hoffnung dafür, dass der restaurierte Han bald den Hunger der zukünftig anstürmenden Touristenmassen befriedigen muss. Und damit die beim Essen in den Gewölben nicht nur kulinarisch, sondern auch kulturell auf ihre Kosten kommen, werden „Folklore-Shows" angeboten – ein Spektakel irgendwo zwischen Bauchtanz und tatarischen Schwertschwingern: Hauptsache bunt und irgendwie „orientalisch"...

Anfahrt Wer nicht motorisiert ist, kann in den Touristenorten die Agenturen kontaktieren. Die „Türkische Nacht" inklusive Essen und Show kostet p.P. etwa 23 €. Netter sitzt es sich in den Teegärten und Restaurants am Fluss, von wo man einen guten Blick auf die ebenfalls von den Seldschuken erbaute Bergfestung **Alarakale** hat. Ihre Festungsmauern winden sich serpentinenartig zur auf der Spitze des Berges gelegenen Burg hinauf. Für die recht mühselige Besteigung, die teilweise durch einen unterirdischen Tunnel verläuft (Taschenlampe!), sollte man am besten die Kenntnisse eines einheimischen Führers nutzen. Einmal oben, mag man von den nackten Wänden der Festung selbst ein wenig enttäuscht sein, entschädigt wird man aber durch den herrlichen Ausblick.

Alanya

Die letzten 25 km auf der N400 Richtung Alanya führen durch Bananenplantagen und an weiteren modernen Feriensiedlungen wie *Incekum* und *Konaklı* vorbei. Die einladenden Sandstrände, die zu den beliebtesten der Türkei zählen, bieten trotz der zahlreich entstandenen Club- und Hotelanlagen noch jedem genügend Platz, so dass auch Individualreisende hier ihr ungestörtes Strandvergnügen suchen können.

Schnurstracks läuft die Nationalstraße nun durch die Ebene auf jenen Berg zu, der schon von weitem die zweite Hauptstadt der türkischen Riviera – Alanya – ankündigt. Dieser sichtbar exponierte hohe Tafelberg, der von einer Seldschukenfestung gekrönt wird, ist das historische Zentrum wie Wahrzeichen der heute rund 400.000 Einwohner zählenden Stadt.

Geschichte

Gegründet von griechischen Siedlern, die der Akropolis den sinnigen Namen *Korakesion* („Rabenhorst) gaben, erschien 67 v. Chr. Pompeius, um das auch hier betriebene Seeräuberunwesen wirkungsvoll zu bekämpfen. Im Jahre 44 v. Chr. machte Markus Antonius den Ort der ägyptischen Königin Kleopatra zum Geschenk, die das waldreiche Hinterland für den Ausbau ihres Seegeschwaders nutzte. Schade um das Holz, denn nur drei Jahre später erlitt die Flotte des weithin bekannten Liebespaars gegen Octavian eine entscheidende Niederlage, und mit dem Selbstmord der beiden gelangte auch der „Rabenhorst" endgültig unter römische Herrschaft. Im Byzantinischen Reich wurde der Felsen dann *Kalonoros* („schöner Berg") genannt, bevor am Ende des 11. Jahrhunderts die kleinarmenischen Könige an Einfluss gewannen. Ihr Kampf gegen die vorrückenden Seldschuken konnte nicht verhindern, dass *Sultan Alaeddin Keykubat I.* 1220 den Felsen eroberte, um hier seine Flottenbasis zu errichten. Wieder wechselte der Ort seinen Namen: *Alaiyye* („die Edle") wurde zum stolzen Symbol seldschukischer Seeherrschaftsträume, die allerdings auch schnell in den Wellen der Geschichte wieder versanken, denn 1466 – das Seldschukensultanat war bereits zerfallen und hatte der lokalen *Karaman*-Dynastie Platz gemacht – kamen die Truppen *Mehmets des Eroberers.* Unter der nun beginnenden 450jährigen Pax Turquia blieb der Felsen ein weithin unbeachtetes osmanisches Provinznest, das unter Atatürk 1933 offiziell seinen vorläufig letzten Namen – **Alanya** – erhielt.

Im Jahre 1948 wurde die **Damlataş-Höhle** (s.u.) entdeckt; eine Untersuchungskommission unter der Leitung des Mitbürgers Galip Dere verkündete die heilende Wirkung der Höhlenluft auf die Atemwege in alle Welt – der erste Anstoß zur Entwicklung des Tourismus.

Beliebtes Alanya

In den nächsten Jahrzehnten mutierte das attraktive Provinznest zu einem der beliebtesten Aufenthaltsorte inländischer wie ausländischer Touristen. Wuchern konnte Alanya dabei nicht nur mit seiner guten Höhlenluft, sondern vor allem mit seinen beidseitig des Felsens gelegenen schönen Sandstränden sowie dem malerischen Altstadtbereich von **Kale,** wie der Burgfelsen heute allgemein genannt wird.

Unter der rasant gestiegenen Einwohnerzahl findet sich eine wachsende Gemeinde von ausländischen Immigranten bzw. Dauerurlaubern, die hier ein Haus gekauft oder zumindest eine Wohnung gemietet haben. Speisekarten und Broschüren sind selbstredend in vier oder fünf Sprachen verfasst – darunter neben Englisch und Deutsch zunehmend skandinavische Idiome wie Finnisch oder Dänisch, und natürlich auch Russisch.

Unter den sonnenverliebten Zuwanderern befinden sich die Deutschen mit heute über 10.000 Einwohnern an herausragender Position, so dass bereits scherzhaft über eine weitere Namensänderung der Stadt – die Hinzufügung eines Buchstabens macht aus Alanya Almanya – spekuliert werden mag. Deutsch ist hier eine weit verbreitete Zweitsprache, es gibt mehrere deutsche Zeitungen, einen multinationalen Ausländerbeirat, deutsche Bäcker und Stammtische, eine evangelische Kirche und natürlich so heimelig anmutende Cafés wie „Zur Kaffeebohne". Kurz: es ist für alles gesorgt, und selbst die Tiere erfreuen sich – nicht unbedingt eine Selbstverständlichkeit in der Türkei – wachsender Aufmerksamkeit, wie die Existenz eines vor allem von ausländischen Mitbewohnern hochgepäppelten Tierheims zeigt.

Die in den letzten Jahren stark zugenommene Einwohner- wie auch Besucheranzahl hat dazu geführt, dass westlich wie östlich des Burgbergs ein mehr oder weniger uniformes Häusermeer entstanden ist. In der osmanischen Altstadt rund um Kale kann man dagegen glücklicherweise noch orientalischem Flair nachspüren. Die meisten Besucher erobern den über eine Serpentinenstraße zugänglichen **Burgberg** mittels des Busses (Haltestelle gegenüber der Touristeninformation, jede Stunde), um dann zu Fuß wieder gemütlich nach unten zu schlendern.

6

Besichtigung

Burgberg

Auf dem höchsten Punkt des 250 Meter hohen und sich zwei Kilometer ins Meer vorschiebenden Burgfelsens (Eintritt 5,00 €, 8–17 Uhr, Ticket aufbewahren, wenn man das weiter unten liegende Ehmedek besuchen will) liegt die unter dem Seldschukensultan *Alaeddin Keykubat* 1226–1232 erbaute Zitadelle, **Kale.** Allgemein wird dieser eigentliche Festungskern als *Kale Içi,* der darunter liegende mittlere Burgbereich als *Hisariçi* und der bis ans Meer reichende Festungsvorhof als *Tophane* bezeichnet. Alle drei Festungsringe sind durch Mauern und Tore getrennt bzw. verbunden. Geschützt wurde dieser eigentliche Siedlungsbereich durch eine 6,5 km lange Festungsmauer, die zusammen mit ihren 140 Wachtürmen noch heute dem Burgberg eine imposante Silhouette verleiht.

Innerhalb der oberen Festung gibt es, abgesehen von den Resten einer **byzantinischen Kapelle** (11. Jh.) sowie einigen **Zisternen,** nicht allzu viel zu sehen. Um dieses Manko gleichsam auszugleichen, wird Touristen im

Nordwesten der Festung eine Plattform präsentiert, die **Adam Atacağı** (frei übersetzt etwa „menschliche Sprungschanze") genannt wird. Die Gruselgeschichte besteht darin, dass hier zum Tode Verurteilte dadurch ihr Leben retten konnten, dass sie über die Felsen sprangen – in der aussichtslosen Hoffnung, an den Klippen vorbei unten im Meer gut anzukommen. Die makabre Anekdote macht den Felsen schaurig interessant – wahr ist daran wohl kein Wort.

Dabei bedürfte es solchen Historienlateins keineswegs, denn der Blick aus der Vogelperspektive auf die weit unten liegende Stadt, die langgezogene Küste und die nahen Berge des Taurus bietet ein buchstäblich atemberaubendes Panorama! Auf einer steilen Felsnase sieht man übrigens noch die Reste eines **byzantinischen Klosters.**

Nach dem obligatorischen Trubel in der Zitadelle eröffnet der Weg nach unten pastorale Beschaulichkeit und eine teilweise fast dörfliche Atmosphäre. Im mittleren Festungsbereich **(Hisariçi)** gelangt man auf schmalen Wegen zur **Süleimaniye Camii** (Moschee, ursprünglich 13. Jh., später unter Sultan Süleyman neu erbaut) und dem **Bedesten,** jenem überdachten osmanischen Bazar des 16. Jahrhunderts, der heute das einzige Hotel des Burgbergs beherbergt.

Nur wenige Schritte entfernt ist ein weiterer Teil der Festung – *Açmedek* bzw. **Ehmedek** genannt – zu besichtigen. Hier befanden sich unter anderem die Schatzkammer, aber auch die Verliese für hohe Gefangene (Eintrittspreis im Burgticket inbegriffen).

Weiter bergab erreicht man hinter dem Burgtor (**Kale Kapısı)** den dritten Festungsring, **Tophane,** dessen sehenswerte alte Häuser und Gassen noch den Flair vergangener Zeiten vermitteln.

Mehr oder weniger der Festungsmauer folgend erreicht man unten ein Wahrzeichen der Stadt, den **Kızıl Kule** („Roter Turm", Eintritt 1 €, 8–17 Uhr). Der achteckige und 35 Meter hohe Ziegelsteinturm wurde 1226 von den Seldschuken erbaut und erfüllte neben Verteidigungszwecken auch die Funktion einer Lagerhalle. Seine mächtigen Gewölbe dienen heute wechselnden Ausstellungen.

Vom Dach des Turms, der zu besteigen ist, kann man beim Blick über die südliche Küstenlinie die Öffnungen der Seldschukenwerft, **Tershane,** erkennen. Dabei handelt es sich um fünf spitzbögige Stollen (7,7 Meter breit und ca. 40 Meter tief), in denen der Sultan seine Schiffe bauen ließ. Der direkte (inoffizielle!) Zugang führt entlang der Mauer durch Privatgärten; der Zugang ist etwas mühselig, so dass es vielleicht angebrachter ist, die Werft vom Ausflugsschiff zu begutachten. An denen herrscht nämlich im geschäftigen **Hafen** kein Mangel; eine Kooperative bietet für ca. 6 € die obligatorische **Fahrt um den Burgfelsen** an. Entlang der fast senkrecht aufragenden Felswand passiert man die Seldschukenwerft sowie die werbewirksam benannten **Piraten-, Liebes- und Phosphorhöhlen**.

Hafen

Der Gegensatz zwischen der dörflich-ländlichen Atmosphäre der Altstadt und den modernen Vierteln am Fuße des Burgbergs mag manchem wie ein abrupter Szenenwechsel aus verschiedenen Welten erscheinen. Entlang der **Strandpromenade** werben die Ausflugsschiffe lauthals um Kundschaft, und nachts „steppt" hier zur Hochsaison „der Bär", denn fast der ganze Strandabschnitt wird von oft mehrstöckigen Open-air Bars beschallt. Nördlich des Hafens erstreckt sich in funktionalen Bauten und meist rechtwinkligen Gassen der geschäftige **Bazarbereich,** der ohne allzu große Atmosphäre so ziemlich alles anbietet, was touristisch interessant ist.

Archäologisches Museum

Erwähnenswerter erscheint da schon die nach Westen führende **Damlataş Caddesi,** denn neben dem modernen Allerlei passiert man auch einige nette alte Häuser und Gartencafés (s. „Essen und Trinken"), bevor man am westlichen Fußende des Burgbergs nahe der Touristeninformation das nur schwach besuchte **Alanya Müzesi** (Archäologisches Museum) in der Hilmi Balcı Sokak erreicht (Eintritt 1 €, 8–12 u. 13–17 Uhr, Mo geschl.).

Die antiken Exponate datieren großenteils aus römischer Zeit und entstammen Ausgrabungsorten der näheren Umgebung. Darunter befinden sich eine sehenswerte Herakles-Bronzefigur, ein *Attis Kastratos* (der phrygische Fruchtbarkeitsgott Attis wird von seiner Geliebten – der großen Muttergottheit *Agdistis* – nach einem Treuebruch in den Wahnsinn getrieben und entmannt sich selbst; aus seinem Blut erwächst der Natur neues Leben), ein römisches Mosaik – alle 2. Jahrhundert – sowie mehrere *Osteotheken* (Urnensarkophage) und Stelen. Außerdem gibt es die in türkischen Museen stets obligatorische ethnographische Ausstellung, die sich hier vorwiegend mit sehenswerten seldschukischen Artefakten beschäftigt.

Damlataş-Strand und Damlataş-Höhle

Nur wenige Schritte weiter erreicht man den gepflegten **Damlataş-Strand,** dessen verführerischer zweiter Name – „Kleopatra-Beach" – wohl die touristische Umgebung inspirieren soll (angeblich soll an dieser Stelle Kleopatra nackt gebadet haben – was wir allerdings weder verifizieren noch zur Nachahmung empfehlen können).

Hier befindet sich am nordwestlichen Fuß des Burgbergs die eingangs erwähnte **Damlataş Mağarası** (Damlataş-Tropfsteinhöhle), deren kohlensäurehaltige Höhlenluft für Asthmatiker heilsam sein soll – vorausgesetzt, sie verbringen mehrere Stunden täglich dort unten. Herzkranke werden dagegen wegen der hohen Luftfeuchtigkeit (bei 95 Prozent) vor einem Abstieg in die recht kleine Höhlenkammer gewarnt, die zwar über einige schöne Stalagmitenformationen verfügt, ansonsten aber wenig spektakulär ist. Die Temperatur liegt konstant bei angenehmen 22 Grad. Eintritt 2 €, 10–18 Uhr.

Atatürk Müzesi

Wer Abwechslung vom Strand- und Barleben sucht, kann einen Blick in das nördlich des Basarviertels gelegene **Atatürk-Museum** werfen (Azaklar Sokak, Eintritt frei, 9–12 u. 13–18, Mo geschl.). Interessanter als die üblichen Memorabilien des Staatsgründers (Fotos, Hemd, Strümpfe, Schuhe usw.) ist das Haus selbst. Schon an der dreistöckigen, von einem hübschen Eingangsportal und Erker geschmückten Frontfassade erkennt man, dass es sich um ein Haus des 19. Jahrhunderts handelt. Im zweiten Stockwerk kann denn auch in Schlaf- wie Wohnräumen das Mobiliar einer gepflegten Wohnkultur vergangener Zeiten begutachten.

Praktische Infos Alanya

Touristeninfo (Turizm Danışma) Damlataş Cad. 1, Tel. 5131240, Fax 5135436, 9–17 Uhr. Eine zweite Touristeninformation befindet sich unmittelbar im Zentrum direkt neben dem Beyler Hamamı, s.u.

Vorwahl: 0242. **Post:** mehrere Filialen, Hauptbüro in der Atatürk Cad. 65

Wechselstuben (Döviz) Im Bazarviertel und an der Atatürk Caddesi

Busterminal (Otogar) An der westlichen Verlängerung der Atatürk Caddesi (Dolmuş-Anbindung); Verbindungen entlang der Küste und nach Kappadokien. Die Hotels der Vororte sind über Shuttle-Busse mit dem Zentrum verbunden.

Mietwagen Mehrere Anbieter, deshalb bei den lokalen Agenturen ähnlich günstige Preise wie in Antalya; u.a. *Force Rental Alanya,* Damlataş 68/A, Tel. 5114243, www.autovermietung-alanya.de

Unterkunft In Alanya und Umgebung gibt es über 100.000 Urlauberbetten, das Gros von ihnen allerdings in außerhalb der Altstadt gelegenen Urlaubersiedlungen, wo Clubs, Apartment- und Pauschalhotels die eintönige Szenerie beherrschen.

- Das originellste Hotel ist sicherlich das bereits erwähnte **Bedesten** auf dem Burgberg, Içkale Hisariçi 9, Tel. 5121234, Fax 5137934. Der ehemalige überdachte und natürlich renovierte Bazar, auf dessen Gelände übrigens auch eine byzantinische Zisterne liegt, verfügt über 23 kleine, hinter dicken Mauern und kleinen Fenstern liegende (also recht dunkle) Zimmer. Pool und Restaurant, grandioser Ausblick über die Umgebung, nur von Mai bis Okt. geöffnet. DZ/F 95 €.
- Wer weiter unten logieren möchte: **Sunny Hill Hotel,** Sultan Alaadin Cad. 3 (am Hang oberhalb der Touristeninformation), Tel. 5111211, Fax 5123893, www.sunnyhillhotel.com. Terrassenförmiges Drei-Sterne-Villenhotel mit 73 Zimmern und zwei Pools, Restaurant, Sauna; nahe Damlataş Strand, einige Zimmer mit schöner Aussicht aufs Meer. DZ/F 60 €.
- Oberhalb des Yachthafens liegt das **Kaptan Hotel,** Iskele Cad. 70, Tel. 5134900, Fax 5132000. Zentral gelegenes 3-Sterne-Hotel mit 56 Zimmern (teilweise Meerblick), kleinem Pool, Restaurant mit schönem Blick aufs Meer. DZ/F ab 23 € (über Internetbuchung www.hotelkatalog24.de).

Pensionen gibt es nur wenige, die meisten im westlichen Ortsteil nahe dem Otogar.

Kızıl Kule, der „Rote Turm", Alanya

6

Essen und Trinken

- **Ottoman House,** Damlataş Cad. 31, Tel. 5111421; früher das erste Hotel der Stadt, bietet das alte osmanische Haus mit seinem Holzinterieur und dem schönen Garten heute eine türkisch-internationale Küche, begleitet von gelegentlichen musikalischen Live-Darbietungen.
- **Eski Ev** (Altes Haus), Damlataş Cad. 44, Tel. 5116054; gleichfalls ein altes osmanisches Haus mit einem bezaubernden Garten und einer durchweg türkischen Küche.
- **Lokantasu,** Damlataş Cad. 18, Tel. 5121500; gehobenes Restaurant in einer restaurierten Villa des 19. Jahrhunderts (Ağaoğlu Evi) mit effektvoll beleuchteter Terrasse, auf der im Sommer Live Musik präsentiert wird; mediterrane Küche.
- **Topkapı Restaurant,** Karantina Sok. 26 (hinter der allseits bekannten Bistro/Bar Bellman am Hafen), Tel. 5129150; ein weniger romantisches Ambiente als die vorgenannten Restaurants, dafür stadtbekannte Fisch- und Fleischspezialitäten.
- **Ehl-i Keyf,** Damlataş Cad. 32, Tel. 5134823; in einem restaurierten Altstadthaus untergebrachtes Nargile-Café mit viel Holzinterieur und gemütlichen Diwan-Sitzecken; nette, entspannte Atmosphäre, ein idealer Ort, um Tee zu trinken und Tavla zu spielen.

Unterhaltung/ Nightlife

Zentrum des in der Hauptsaison bier- und lautstarken Nachtlebens ist die breite Hafenpromenade, deren Bars und Discos nur wenige Schritte auseinander liegen:

- **Bistro Bellman,** Disco/Bar/Restaurant mit Open-air Terrasse und kitschiger Antikfassade, seit Jahren einer der beliebtesten Treffpunkte, türkisch internationale Popmusik, vorwiegend jüngeres Publikum.
- Daneben das **James Dean** und der **Zapfhahn,** gleichfalls mit Außenterrasse; bei Fußballspielen wird hier eine Riesenleinwand aufgestellt, und die Verstärker sind darauf vorbereitet, das Spiel in ganz Alanya zu übertragen.
- Das nicht zu übersehende rotfarbene **Robin Hood,** gleichsam ein vierstöckiger Biertempel mit Dachterrasse, scheint ebenfalls stark auf Lautstärke zu setzen.
- Wem das alles folglich zu rappelig ist, der findet im städtischen **Aile Çay Bahçesi** am östlichen Rand der Hafenpromenade ein Refugium; der Teegarten ist wahrhaftig der einzige Ort in Hafennähe, der so etwas wie normale türkische Gemütlichkeit bietet – und das noch zu vernünftigen Preisen.

Ausflüge/ Bootstouren/ Sport

Die obligatorische Felsenumrundung mit dem Schiff wurde bereits genannt; wer nicht das Angebot der am östlichen Hafenrand liegenden Kooperative nutzt, kann sich für einen Zuschlag vom Hotel abholen lassen (inkl. Essen 15 €). Darüber hinaus bieten die zahlreichen Agenturen (z.B. *Güzeller Turizm,* Atatürk Cad. 65, Tel. 5111100) die üblichen Touren an:

Tagesausflüge: Green Canyon (Bootsfahrt inkl. Mittagessen) 30 €; Side/Aspendos Busfahrt 20 €; Anamur Busfahrt 25 €; Manavgat Bootstour 20 €, Dörferfahrt 20 €.

Mehrtägige Ausflüge: Kappadokien 3 Tage 50 €; Pamukkale 2 Tage 30 €.

Fähre nach Zypern: von April bis Oktober besteht eine Schiffsverbindung nach Girne – sicherlich eine der besterhaltenen und schönsten Hafenstädte Zyperns! Man sollte 3–4 Tage einkalkulieren, da die Schiffsfahrt alleine schon – anders als angegeben – 5–6 Stunden dauert; Tickets (Hin/Zurück 80 €) bekommt man bei *Fergün Shipping,* Iskele Caddesi, Tel. 5115565.

Sportliches: Raftingtouren ab15 €

Tauchen: *Dolphin,* Iskele Cad. 39 (am Hafen), Tel. 5123030, www.dolphin-dive.com

Schwimmen: Bedingt durch den dazwischen liegenden Felsen gibt es einen westlichen (**Kleopatra Strand,** steil abfallend und mit weiten Parkanlagen, der optisch schönere) und den östlichen **Keykubat Strand** (flach abfallend und der geografisch längere), Sand-/Kiesstrand. Beide bieten ein großes Angebot an Liegestühlen, Cafés und Wassersportmöglichkeiten. Zudem gibt es den kleinen Aquapark **Damlataş Aqua Center** im Stadtzentrum und einen großen, den **Water Planet** im 32 km westlich gelegenen *Okurcular.*

Hamam

Mehrere, darunter das zentral gelegene **Beyler Hamamı** (Ecke Bostancıpınarı Cad./Damlataş Cad), ca. 20 € inklusive Massage, 6–23 Uhr.

Von Alanya nach Mersin

Mit den östlich gelegenen Feriensiedlungen Alanyas und der nach 55 km erreichten Provinzstadt *Gazipaşa* hat man die Touristenküste hinter sich gelassen. Danach ändert sich das Landschaftsbild: die N400 steigt in endlosen Kurven und Serpentinenanstiegen die unmittelbar ans Meer rückenden Berge des Taurus hinauf. Immer wieder ergeben sich schwindelerregend schöne Ausblicke über die bewaldete einsame Steilküste, in denen hier und da noch Halbnomaden (Yörük) mit ihren Ziegenherden die Straße kreuzen. Man betritt hier den kilikischen Taurus, eine weitgehend unwegsame, wilde Berglandschaft, in denen der Tourismus sich bisher auf wenige Buchten beschränkt. Individualreisende werden das sicherlich nicht bedauern, denn dieser Küstenabschnitt mit seinen dunklen Kiefernwäldern und dem tiefblauen Meer gehört zu den eindrucksvollsten Landschaftserlebnissen der Südtürkei.

Geschichte Schon im 2. Jahrtausend v. Chr. war Kilikien als *Kizwatna* und *Arzawa* den Hethitern tributpflichtig. Die kilikischen Herrscher mussten sich auch in der Folgezeit nacheinander den Großreichen der Assyrer, Perser sowie dem seleukidischen Diadochenstaat beugen, bevor mit der Pompeiusmission gegen die Seeräuber 67 v. Chr. die Region als Provinz *Cilicia* Teil des römischen Imperiums wurde. In der Spätantike bzw. im frühen Mittelalter führten Byzanz und die Araber hier einen verbissenen Grenzkrieg, bis sich seit 1081 das kleinarmenische Königreich etablieren konnte. Die christlichen Armenier waren vor den islamischen Seldschuken aus ihrer nördlichen Heimat geflohen, um im Schutz der kilikischen Berge eine auf Dauer aussichtslose Bastion gegen die islamischen Nachbarn zu errichten. Im Jahre 1375 eroberten die ägyptischen Mamelucken das christliche Königreich, bevor schließlich 1515 Sultan *Selim Yavuz* (der Gestrenge) die Mamelucken besiegte und die Provinz dem Osmanischen Reich einverleibte.

Dim Mağarası (Dim-Tropfsteinhöhle)

In Kestel, einem östlichen Vorort Alanyas, weisen Schilder auf die links abbiegende Zufahrtsstraße zur **Dim Mağarası,** eine der spektakulärsten Tropfsteinhöhlen der Türkei. Vorbei an Restaurants und Picknickdörfern führt die kleine Straße aus dem beliebten Ausflugstal des *Dim Çayı* steil zur rund einer Million Jahre alten Karsthöhle hinauf. Allein schon der Panorama-Blick über die Küste ist die Anfahrt wert. Die Höhle selbst – durchschnittlich 10–15 Meter breit, 360 Meter lang und 232 Meter über dem Meeresspiegel – diente wahrscheinlich schon in historischer Zeit als ideales Refugium vor Verfolgungen jedweder Art. Vermessen wurde sie erst 1986, und in den 1990er Jahren öffnete man sie auch für Besucher. Die relativ leicht begehbare, surrealistisch anmutende Unterwelt verzaubert durch bizarre Stalagmiten- (von unten nach oben wachsender Tropfstein) bzw. Stalagtitenformationen (von oben nach unten wachsend). Manchmal wachsen beide Formen zusammen, so dass sich geradezu ein steinerner Säulenwald bildet. Die schönsten Fantasiegebilde sind die „Mutter und Kind"-Formation

an einem kleinen unterirdischen See, der „Wasserfall" aus Stein sowie die „Burg".

Anfahrt Von Alanya Busverbindung oder mit Taxi (ca. 20 €). Eintritt 4 €, 9–17 Uhr.

Syedra

Rund 18 km hinter Alanya befinden sich auf einer Bergkuppe über dem Meer die Reste der antiken Stadt **Syedra.** Über ihre Geschichte ist recht wenig bekannt, wenn man mal davon absieht, dass sie im 1. Jahrhundert v. Chr. erstmals erwähnt wird und noch zu byzantinischer Zeit bewohnt gewesen sein muss. Eine byzantinische Kirche ist nämlich das einzig gesicherte Bauwerk der terrassenförmig angelegten Stadt, zudem sind im Zentrum eine Kolonnadenstraße, die Reste von Thermen, ein Gymnasium sowie – westlich – die Nekropole identifizierbar. Vom einsamen Burghügel hat man einen weiten Ausblick über die Küste.

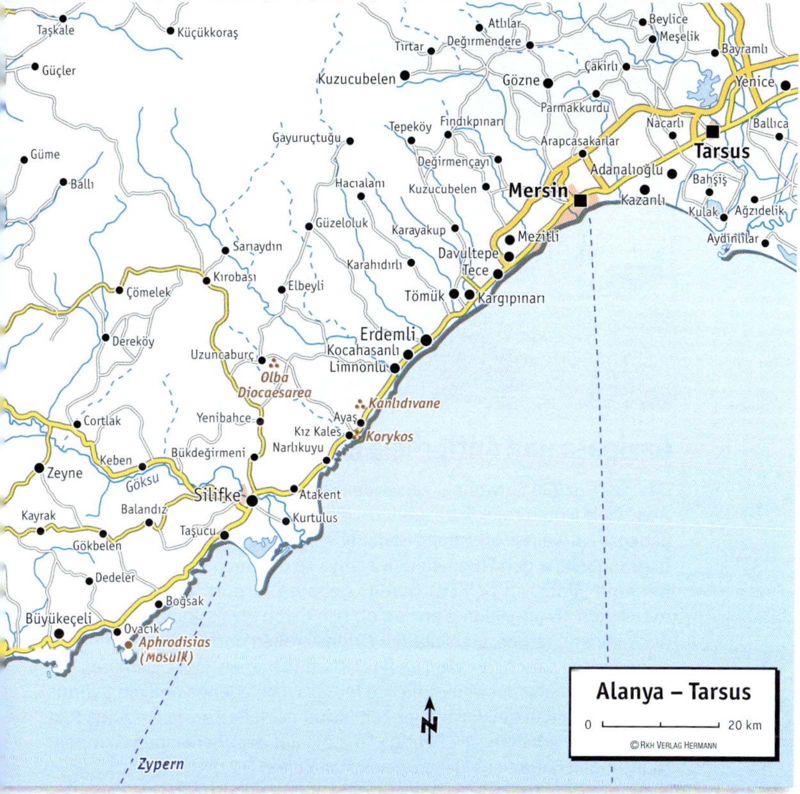

Anfahrt Von der N400 18 km hinter Alanya der ausgeschilderten Zufahrtstraße bis zum ca. 2 km entfernten hochgelegenen Parkplatz hinter einer Schule folgen, dann über einen befahrbaren Schotterweg noch wenige hundert Meter bergan. Keine öffentlichen Verkehrsmittel, Eintritt frei.

Iotape

Bei der Weiterfahrt sollte man auf das in einer Linkskurve an der rechten Straßenseite auftauchende „Kale Restoran" achten (ungefähr 12 km vor Gazipaşa). Abgesehen von der Tee- bzw. Badepause, die sich hier in schöner Lage anbietet (unter dem Restaurant liegt ein kleiner Strand), sind links und rechts der Straße die erst auf den zweiten Blick erkennbaren Überreste der antiken Stadt **Iotape** auszumachen. Auf der zweiten Felsnase der Bucht sind noch deutlich die Mauern der Akropolis sowie Reste von Thermen erkennbar. Ein aufgrund der Lage insgesamt malerisches Bild, gleichwohl die Ruinen selbst wenig spektakulär sind.

Die Ruinen von Iotape östlich von Alanya

Gazipaşa und Antiocheia ad Cragum

Das rund 20.000 Einwohner zählende Provinzstädtchen **Gazipaşa** träumt – wie viele Hotelprojekte bekunden – durchaus von seiner Entdeckung als Badeort. Ein weiter Sandstrand ist gegeben, und vor wenigen Jahren plante man sogar, hier den Flughafen für Alanya zu errichten. Das Projekt ist bisher eine Pleite, da sich der bereits gebaute Airport für große Linienmaschinen als ungeeignet erwies; ob sich daran etwas ändern wird, steht noch in den Sternen. So bleibt der Ort im Großen und Ganzen vorerst bei seinem alten Geschäft – der Landwirtschaft (Bananen, Obst, Gemüse).

Von dem nahe der Mündung des Musa ıayı gelegenen antiken **Selinus** – so der Name in hellenistischer Zeit – sind noch Reste wie ein Äquadukt und Theater erhalten. Die heutige Festung auf der ehemaligen Akropolis (Burghügel) datiert aus kleinarmenischen Zeiten (12. Jh.).

Rund 17 km östlich von Gazipaşa lohnt ein kurzer Abstecher zu den spektakulär gelegenen Ruinen von **Antiocheia ad Cragum** („Antiochia auf der Klippe"); der Name ist unmittelbar ersichtlich, denn die weit verstreuten Ruinen liegen auf einem hochgelegenen Felsen über dem Meer. Bei der Anfahrt passiert man das Stadttor, hinter dem die Kolonnadenstraße begann. Direkt an der Klippe sind auf der Akropolis Tempel- und Thermenreste zu erkraxeln – kein leichtes Unterfangen, da es zwischen den zugewachsenen Ruinen keine Pfade, aber umso mehr obstinates Gestrüpp gibt. Das gleiche gilt für die jenseits des alten Hafens auszumachende Nekropole.

Anfahrt Ca. 17 km hinter Gazipaşa der Ausschilderung nach rechts folgen (von der Hauptstraße 5 km), kein Eintritt.

Wenige Kilometer weiter erreicht die spektakuläre Küstenstraße nach endlosen Kurven die Provinz *Içel;* mit traumhaften Ausblicken – von denen der Fahrer wegen Konzentrationsstress nur die Hälfte mitbekommt – geht es weiter, bevor die anstrengende kilikische Gebirgsrally 80 km hinter Gazipaşa in die Talsenke von Anamur hinabführt.

Antikes Anamur

Angenehmer können Ruinen kaum liegen: gleich am westlichen Eingang zum heutigen Anamur führt rechts eine kleine Stichstraße zu den gut erhaltenen Resten des antiken **Anemurions** (Eintritt 1 €, offiziell geöffnet 8–18 Uhr).

Die von Griechen nahe dem antiken Flüsschen Dragon im 8. Jahrhundert gegründete Kolonie war zur Römerzeit eine blühende Handelsstadt. Erdbeben sowie vor allem die im 7. Jahrhundert einsetzenden Arabereinfälle führten zu einem langsamen Verfall.

Rechts der Straße erkennt man am Hang die ausgedehnte **Nekropole,** bevor man hinter dem Parkplatz links die **Thermen** und die **Agora** erreicht. Das sich anschließende **Odeion** (2. Jh.), das als Fest- und Musikhalle 900 Zuschauern Platz bot, ist gut erhalten, während dem gegenüberliegenden **Theater** die Sitzreihen verloren gegangen sind.

Oberhalb des Theaters sieht man die Reste des **Äquadukts,** der einst über 20.000 Menschen mit Wasser versorgte. In der zweistöckigen **großen Therme** (3. Jh.) links der Straße sind mächtige Rundbögen und Gewölbe zu erkunden.

Für alle Gebäude Anemurions gilt, dass unter dem Sand noch gut erhaltene **Mosaike** zu finden sind; ihre Auffindung ist allerdings schwierig, denn die absichtlich belassene Erdschicht soll die wertvollen Artefakte vor der Erosion und Zerstörung schützen.

Die Straße endet unterhalb der **Zitadelle** am Meer – geradezu eine Einladung für ein Bad zwischen Ruinen. Man befindet sich hier an der südlichsten Spitze des *Kap Anemurion,* welches zugleich der südlichste Punkt der kleinasiatischen Halbinsel ist. Nur 75 km sind es von hier bis zur zyprischen Küste, und wer sich die Mühe macht, auf die Zitadelle zu steigen, kann bei schönem Wetter das dort aufragende Troodos-Gebirge sehen.

Mamure Kalesi

Das zweite, noch fotogenere Sahnehäubchen Anamurs ist das am östlichen Ortsausgang direkt am Meer stehende **Mamure Kalesi,** sozusagen eine armenisch-osmanische „Bilderbuch Burg", deren zinnenbewehrte Festungsmauern von 39 Türmen verstärkt werden (Eintritt 1,20 €, 9–18 Uhr, winters 10–17 Uhr).

Die eindrucksvolle Bastion, die von den Osmanen im 15. Jahrhundert übernommen wurde, stammt ursprünglich aus dem 13. Jahrhundert, als kleinarmenische Könige hier auf den Resten einer noch älteren Burg ihre Zitadelle erbauten. Hier nächtigten auch die durchziehenden Heere der Kreuzfahrer. Das Innere ist nicht so vielversprechend wie das Äußere, denn die drei Höfe sind weitgehend leer; die im mittleren Bereich stehende kleine Moschee ist späteren Ursprungs. Der Wassergraben am Eingang ist heute das Zuhause von Schildkröten und (im Frühling lautstarken) Kröten.

Anamur

Ein Gang durch das heutige Anamur mit seinen zwei Hauptstraßen macht schnell klar, dass das 60.000 Einwohner zählende Städtchen kaum an die glorreiche Zeit seiner antiken Vorgängerin anschließen kann. Trotzdem werden viele Reisende nach der anstrengenden Bergfahrt hier nächtigen, wobei die Wahl zwischen Zentrum und dem etwa zwei Kilometer entfernten Strand zu treffen ist. Der am Meer liegende Ortsteil **Iskele,** der über einen weiten Kies-/Sandstrand verfügt, baulich aber stark an sozialen Wohnungsbau erinnert, ist nur im Sommer das Ziel einer vorwiegend türkischen Touristengemeinde, und auch das dort liegende kleine **Archäologische Museum** (9–17 Uhr, u.a. Exponate aus Anemorion) wird man garantiert für sich allein haben. Das Zentrum dagegen hat wenigstens tagsüber den lokalen Charme einer wenn auch beschaulichen Geschäftigkeit; wer Glück hat, ist samstags da, dann ist nämlich Wochenmarkt.

Höhle und Brücke

Ungefähr 15 km nordwestlich von Anamur liegt in der Nähe des Dorfes Ovabaşı die 500 m^2 große und 200 Millionen Jahre alte Tropfsteinhöhle **Köşekbuğu Mağarası.** Die in einem waldreichen Gebiet versteckte Höhle soll bei Asthma und anderen Atemwegsbeschwerden hilfreich sein (Eintritt 1,50 €, 9–19 Uhr; mit dem Taxi von Anamur hin u. zurück ca. 25 €).

Landschaftlich noch interessanter ist der Ausflug zur rund 13 km entfernten **Ala Köprü.** Die aus dem 13. Jahrhundert stammende seldschukische Brücke, die hier den *Anamur Cayı* – den antiken *Dragon* – überspannt, liegt in einer reizvollen Gebirgslandschaft. In der Nähe hat der Fluss mehrere Bassins gebildet, in denen man sich abkühlen kann. Anfahrt Selbstfahrer: Straße Richtung Ermenek benutzen, Taxi hin und retour ca. 25 €.

Praktische Infos Anamur

Touristeninfo (Turizm Danışma)

Atatürk Bulvarı 42 (bei der Moschee nahe der Durchgangsstraße), Tel. 8143529, offiziell Mo–Fr 8–12 u. 13–17 Uhr, aber de facto wohl eher nach Gusto.

Vorwahl: 0324. **Post:** Atatürk Bulvarı

Busterminal (Otogar)

Atatürk Bulvarı, direkt neben der großen Moschee; Verbindungen u.a. nach Alanya und Silifke.

Unterkunft

Im Zentrum:

- **Hotel Dedehan,** Nisan Cad. 23 (direkt vor der Moschee), Tel. 8147522. In die Jahre gekommenes, einfaches Hotel, deutschsprachige Leitung. DZ/F 20 € (Fahrradverleih frei).
- **Ünal Pansyon,** Atatürk Bulvarı (oberhalb des Busterminals), Tel. 8144253. Holzboden, schöne saubere Zimmer mit Dusche und WC. DZ/F preiswerte 17 €.

In Iskele:

- **Hermes Hotel,** direkt an der Strandstraße, Tel. 8167021. Mit 3 Sternen ist das „Grand Hotel" das beste an der Strandstraße von Iskele. DZ/F 35 €, Sommer 40 €.
- **Luna Piena,** nur wenige Schritte weiter am östlichen Ende der Strandstraße, Tel. 8149045. Modernes, großes 2-Sterne-Hotel mit recht gut eingerichteten Zimmern, Balkon und teilw. Blick aufs Meer. DZ/F 25 €, Sommer 35 €.

Essen und Trinken

Im Zentrum nicht allzu viel Auswahl, die **Seyfi Usta'nın Lokantası** an der Hauptstraße nahe der Moschee hat immerhin eine recht große Auswahl türkischer Gerichte. Auf dem Atatürk Bulvarı 77/A befindet sich ein kleines **Gözleme**-Restaurant und die **Seymen Lokantası** (Atatürk Bulv. 65/A).

In Iskele: Das Restaurant des **Kap Hotels** (Strandstraße neben dem Museum) empfiehlt sich für Fischgerichte.

Nightlife

Die Diskothek **Prates** liegt an der Zufahrtstraße zwischen Zentrum und Iskele; der unübersehbare rote Fantasiebau, der wohl an eine Karawanserei erinnern soll, rockt nur in der Hochsaison.

Das antike Anamur

Von Anamur nach Silifke

Rund 13 km hinter Anamur erreicht die Küstenstraße die weitgeschwungene, von Gewächshäusern und Bananenhainen geprägte Bucht von **Bozyazı.** Das heute 27.000 Einwohner zählende ehemalige Fischerdörfchen hat sich rund um seinen kleinen Hafen zu einer langgestreckten Hotelsiedlung gemausert, deren architektonische Vier-Sterne-Ästhetik nicht immer überzeugt. Neben den Badebuchten des Ortes ist lediglich noch die östlich gelegene Festung **Softa Kalesi** erwähnenswert; die Wehranlage, die unter den Byzantinern errichtet und später von den kleinarmenischen Königen übernommen wurde, bietet mit ihren Türmen und Zinnen von außen ein imposantes Bild.

Zwischen Bozyazı und Aydıncık (37 km) steigt die durch Kiefernwälder führende Küstenstraße in steile Höhen hinauf; unendliche Kurven erlauben immer wieder schöne Ausblicke über die buchtenreiche Küste. Der kleine Ort **Aydıncık** (9000 Einw.) verfügt über einen Kies-/Sandstrand sowie – rechts der Durchgangsstraße nahe der Kirchenruine – ein umzäuntes Ausgrabungsgelände türkischer Archäologen, die hier nach den Resten der antiken Siedlung *Kelenderis* forschen. Ein Stopp auf der unmittelbar am Meer liegenden Terrasse des Arsinoe-Restaurants lohnt allein schon wegen der schönen Lage. Wer hier nächtigen will, findet um den Hafen einige preiswerte Motels, z.B. **Ünlü Motel/Restaurant,** Liman Içi (direkt an der Kirche beim Hafen), Tel. 0538-2273515, DZ 15 €, sehr einfache Zimmer!

Es folgen mehrere einladende Buchten, die schönsten unter ihnen die von **Sipahili** und **Ağaşlı Tesisleri,** wo malerische Sand-/Kiesstrände immer wieder zu einem Stopp animieren, so man sich denn die Mühe macht, von der etwas erhöht verlaufenden Straße hinabzuklettern.

Nach 50 km hat man die Bucht von **Ovacık** erreicht, wo im kleinen Urlaubsflecken **Yeşilovacık** idyllisch gelegene Strandrestaurants zum Fischessen einladen. Kurz hinter dem Ort führt eine 8 km lange Abzweigung zur gepflegten, aber etwas leblos wirkenden Bungalowsiedlung *Tisan.* Bei der Anfahrt über einen Bergrücken hat man einen herrlichen Blick auf die von zwei Seiten von Strandbuchten eingefasste Halbinsel, deren Postkarten-Panorama zudem noch durch eine vorgelagerte Insel an Reiz gewinnt.

Aber nicht allein dieses einladende Bild lohnt die Anfahrt: hinter der Feriensiedlung und ihrem kleinen Hafen (man muss einen Kontrollposten durchfahren) liegt fast direkt am Strand das große, ca. 10 x 5 Meter messende Bodenmosaik von **Aphrodisias.** Das einst zu der frühbyzantinischen St. Panteleon-Basilika (4. Jh.) gehörende Mosaik ist allerdings zum Schutz gegen Wetterunbilden mit Sand bedeckt, so dass es viel Mühe kostet, es ganz freizuschaben.

Ein weiterer Stopp bietet sich im kleinen Ort **Boğsak** an, wo auf einer ansonsten recht kahlen vorgelagerten Insel die Reste der antiken Siedlung *Nesulion* zu finden sind; neben den vielen Sarkophagen fallen vor allem die Ruinen zweier Kirchen aus byzantinischer Zeit ins Auge. Für Kurvenmüde bietet sich die direkt am Meer liegende **Adnan Pansyon** an (DZ 20 €, sehr einfache Zimmer), für Hungrige das benachbarte **Gürbüzler Restaurant,** wo Sie unmittelbar am Meer mit Blick auf die Insel Fischgerichte probieren können.

Von hier sind es nur noch wenige Kilometer zum geschäftigen Hafenstädtchen von *Taşucu.*

Taşucu

Der von griechischen Siedlern gegründete Ort hieß in der Antike *Holmi* und diente zeitweise dem nahegelegenen *Seleukeia* (Silifke) als Hafen. Auch heute liegt die Bedeutung des 12.000-Seelen-Ortes auf dem Meer, denn von hier unterhalten zwei Agenturen die schnellste und beste Fährverbindung nach Nordzypern, dessen malerische Hafenstadt Girne ein beliebtes Ausflugziel darstellt. Zusätzlich macht das Städtchen mit seinen breiten Promenadenwegen und Parks einen auffallend gepflegten und freundlichen Eindruck, und am Hafen gibt es sogar ein **Museum,** das die vielen gesunkenen Amphoren der Vergangenheit gesammelt hat.

Busterminal (Otogar), **Dolmuş** Der Busterminal liegt an der östlichen Ausfallstraße nach Silifke, Verbindungen entlang der Küste; nach Silifke kann man auch mit dem Dolmuş vom Hafen gelangen.

Fähren Tickets und Infos gibt es bei *Fergün Denizcilik* und *Akgünler* (www.akgunler.com.tr), beide Agenturen haben ihre Büros direkt an der Hafenstraße. Nach Girne (Zypern) hin und zurück mit der Autofähre (5 h) ca. 60 €, mit der Schnellfähre (2,5 h) 70 €.

Unterkunft

- **Dilara Pansyon,** Sahil Yolu Cad. 25 (am Ostrand des Hafens, in der Nähe liegen noch weitere Pensionen), Tel. 0324-7414593. Funktionale Zimmer mit Dusche und Balkon zum Meer. DZ 18 €.
- **Hotel Konak,** Abdi Ipekşi Cad. 21 (Hauptstraße hinter der Hafenstraße), Tel. 0324-7412999. Ein wenig ansehnlicher Kasten, aber die Zimmer – Dusche/Balkon – sind okay. DZ 15 €.

Essen und Trinken

- Große Auswahl an der Hafenstraße, u.a. **Denizkızı,** Inönü Cad. 62, direkt vor dem Fähranleger; Terrasse und freundliche Innenausstattung mit viel Holz, Schwerpunkt Fischgerichte.
- **Alo Dürüm,** Atatürk Cad. 17, ebenfalls direkt am Hafen; große Auswahl an Döner-, Lahmacun- und Fischgerichten.

Aya Thekla

Hinter Taşucu weichen die Berge des kilikischen Taurus zurück und man durchfährt auf der N400 das flache Mündungsdelta des *Göksu*. Auf halbem Weg zwischen Taşucu und Silifke liegen abseits der Hauptstraße nahe der Ortschaft Meyremlik die spärlichen Ruinen von **Aya Thekla** (Eintritt 1,20 €, 8–17 Uhr). Der Name verweist darauf, dass hier die heilige Thekla, eine Schülerin des Apostels Paulus, gelebt haben soll. Von der großen byzantinischen Wallfahrtsbasilika des 5. Jahrhunderts ist nur noch ein monolithisch aufragender Torso der Apsis geblieben. Ein Gang in die unterirdische Krypta (Katakomben) mag wohl eher für Gläubige, die auf den Spuren des anatolischen Christentums sind, ein Erlebnis sein, denn viel zu sehen gibt es in der Gruft nicht. Die dicken archaischen Säulen und Bögen der benachbarten alten Zisterne sind da schon imposanter.

Anfahrt Ca. 5 km hinter Taşucu auf der N400 nach links ausgeschildert. Achtung, kein direkter Linksabbieger! Sie müssen erst bei der nächsten Gelegenheit auf der N400 wenden, dann wieder zurückfahren, und vor der Tankstelle rechts abbiegen.

Silifke

Die direkt am Göksu gelegene Stadt (90.000 Einw.) liegt ca. 12 km vom Meer entfernt und stellt das Verkehrs- und Wirtschaftszentrum des flachen und fruchtbaren Flussdeltas dar. Als Einnahmequelle rangiert die Landwirtschaft mit Zitrusfrüchten oder Erdbeeren weit vor dem Tourismus, denn nur wenige Besucher sind bereit, dem provinziellen Charme des Ortes mehr als einen Tag zu widmen.

Dabei war *Seleukeia Tracheia* – so der antike Name – ein durchaus ambitioniertes Stadtprojekt: der Namensgeber – Seleukos I. (358–281 v. Chr.) – war einer der Diadochenkönige, sprich Nachfolger Alexanders des Großen, und wie sein berühmter Vorgänger ein eifriger Städtegründer. Die strategisch günstige Lage der Stadt erkannten auch die Römer, die 67 v. Chr. das Seleukidenreich beseitigten, und den Ort zur bedeutendsten Metropole Isauriens machten (so der Name der Region zu Römerzeiten). Auch in der byzantinischen Epoche schien die Bedeutung Seleukeias gesichert zu sein, da viele Wallfahrer hier der heiligen Thekla (s.o.) ihre Referenz erwiesen. Mit dem 7. Jahrhundert begann dann ein stetiger Niedergang; das Hin und Her zwischen Arabern, Kreuzrittern, Seldschuken und kleinarmenischen Königen sowie Mamelucken ließ Seleukeia auf das Niveau einer hart umkämpften Festungsstadt absinken, die schließlich erst unter den im 15. Jahrhundert anrückenden Osmanen ihren Frieden wieder fand – allerdings den Frieden eines Provinznestes.

Besichtigung

Von der glorreichen Vergangenheit künden bescheidene Reste. Der einst so stolze **Jupitertempel** (2. Jh.) wirkt in der funktionalen Architektur der Inönü Caddesi wie ein verwahrloster Schuttplatz, denn außer einigen

Fundamenten hat lediglich eine effektvoll protestierende Säule überlebt. Der Grund für die Verwüstung: die Generationen nach der Antike benutzten die Steine und Säulen zum Aufbau anderer Gebäude. So kann man korinthischen Kapitellen und antiken Säulenfüßen in der Architektur der nahegelegenen **Reşadiye Camii** (ursprünglich 1328, Fevzi Çakmak Sokak) nachspüren. Ebenfalls aus römischer Zeit stammen die Fundamente des dreibogigen Unterbaus der **alten Brücke** im Zentrum, wo man an den Ufern des Göksu in schattigen Teegärten die Zeit verträumen kann.

Die buchstäblich optisch größte Sehenswürdigkeit des Ortes ist aber der **Festungsberg,** wo sich hoch über der Stadt die mächtigen Mauern des **Silifke Kalesi** erheben. Auf der von 23 Türmen bewehrten mittelalterlichen Burg trotzten einst Kreuzritter und kleinarmenische Könige den vorrückenden islamischen Heeren. Wie anstrengend es gewesen muss, den Hügel zu stürmen, kann leicht derjenige nachvollziehen, der zu Fuß die frei zugängliche Ruine erklettert. Im Innern gibt es nur zerfallene Mauern und Gesträuch, aber der Blick vom benachbarten Restaurant ist fantastisch. Auf dem Weg nach oben passiert man übrigens die Gewölbe des **Tekir Ambarı,** eine byzantinische Zisterne, deren einstige Speicherkapazität bei 100.000 Liter Wasser gelegen haben soll.

Bleibt noch der Besuch zweier Museen: das 2 km vom Zentrum an der Straße nach Taşucu gelegene **Arkeoloji Müzesi** (Archäologisches Museum, Eintritt 1 €, 8–17 Uhr, Mo geschl.) bietet keine Sensationen, aber die antiken Skulpturen, darunter eine große römische Kaiser-Statue, Töpferwaren und eine sehenswerte Münzsammlung vermitteln dem Besucher doch immerhin eine Vorstellung von der einstigen Bedeutung Seleukeias.

Das zweite Museum, **Atatürk Evi,** liegt im Zentrum abseits der Inönü Caddesi (Eintritt frei, 8–17 Uhr, Mo geschl.). Unter den vielen Atatürk-Museen der Türkei, die wie immer so auch hier den kurzzeitigen Aufenthalt des Republikgründers am 27. Oktober 1925 dokumentieren und feiern, sticht das rosarote historische Stadthaus (Bauzeit Anfang 20. Jh.) dadurch hervor, dass es mit seinen Räumlichkeiten, dem Mobiliar und Holzinterieur einen guten Eindruck in die spätosmanischen Wohnverhältnisse betuchter Familien erlaubt.

Südlich von Silifke erstreckt sich im Mündungsgebiet des Göksu der fast 15.000 ha große **Akgöl Milli Parkı.** Das von mehreren Flussarmen und Seen bestimmte Schwemmlanddelta ist die Heimat vieler Vogelarten und damit das bevorzugte Ziel von Ornithologen. Ein Besuch dieses sensiblen Naturschutzparks, der auch die Brutheimat von Schildkröten ist, sollte über die Touristeninformation erfragt werden.

Praktische Infos Silifke

Touristeninfo (Turizm Danışma) V. Gürten Bozbey Cad. 6 (auf der nördlichen Seite des Göksu), Tel. 7141151, Mo–Fr 8–12 u. 13–17 Uhr.

Vorwahl: 0324. **Post:** Cavıt Erdem Caddesi (nahe der alten Brücke).

Wechselstuben (Döviz) Im Zentrum an der Adnan Menderes Caddesi

Busterminal (Otogar), **Dolmuş**: Inönü Bulvarı; Verbindungen in alle Richtungen. Dolmuş nach Taşucu (s.o.) von der Atatürk Caddesi; nach Uzuncaburç bzw. Olba-Diocaiserea (s.u.) nahe der Touristeninformation.

Unterkunft

- **Göksu Hotel,** Atatürk Bulv. 20, Tel./Fax 7121021. Direkt am Fluss gelegenes, ansprechbares 2-Sterne-Hotel, 25 einfache, aber ordentliche Zimmer. DZ/F 30 €.
- **Hotel Arısan,** Inönü Cad. 91, Tel./Fax 7143331. Einfacher Kastenbau, funktionale, einfache Zimmer mit Dusche. DZ 20 €.

Essen und Trinken

- **Kale Restaurant,** auf dem Burghügel, Tel. 7148292, von 10 bis spät abends geöffnet; überdachte Terrasse mit herrlicher Aussicht; u.a. Grillgerichte.
- **Babaoğlu,** Inönü Caddesi (am Rondell beim Busterminal), Tel. 7142041; sieht äußerlich wie ein dunkler Schuppen aus, bietet aber ein warmes, gemütliches Interieur mit viel Holz und – das wichtigste – eine hervorragende Küche und Stimmung, sehr beliebt!

Festival: Das Highlight von Silifke ist die alljährlich Ende Mai stattfindende *Internationale Kulturwoche;* in bunten Kostümen bei Essen und Tanz präsentieren sich die Yörüks (Nomaden) vor ihren Zelten am nördlichen Ufer des Göksu, die halbe Stadt feiert und tanzt auf den Wiesen – ein farbenprächtiges Erlebnis!

Weiter auf der Hauptstrecke s.S. 278, „Ruinen von Olba-Diocaesarea“

Ausflug nach Konya – Die Stadt des Mevlana

Über Mut nach Alahan Manastırı

Die gut ausgebaute Nationalstraße 715 verbindet Silifke mit Konya, eine der interessantesten Städte Zentralanatoliens.

Auf der knapp 260 km langen Anreise nutzt die Straße zunächst den Flusslauf des Göksu und steigt dann langsam in den Taurus auf. Der Fluss hieß im Mittelalter *Saleph,* und 9 km hinter Silifke notieren Geschichtsbewusste am rechten Straßenrand einen von der deutschen Botschaft errichteten einfachen Gedenkstein (**Frederik Barbarossa Anıtı**), der an jenes mittelalterliche Ereignis erinnert, das vielen Menschen des Heiligen Römischen Reiches damals als Katastrophe erschien: [In der unmittelbaren Nähe des Gedenksteins ertrank am 10. Juni 1190 einer der drei großen Anführer des 3. Kreuzzuges, der Staufer **Friedrich I. Barbarossa** (Kaiser des Heiligen Römischen Reiches 1155–1190), in den Fluten des Saleph. Was genau die Todesursache war – ein Herzinfarkt oder ein Unfall – blieb unklar.

Die seltsam schönfärberische (oder vielleicht auch versöhnlich wirken wollende?) Inschrift des Gedenksteins versichert, dass der „friedliche Durchmarsch" durch das Seldschukenreich mit dessen Sultan *Kiliç Arslan II.* (1156–92) vereinbart wurde. Verschwiegen wird jedoch dabei, dass dieser Sultan bei Ankunft der Kreuzritter längst die Macht an seine (zerstrittenen) Söhne übertragen hatte, deren ältester, *Rutbeddin,* ein Bündnis mit dem ägyptischen Gegner der Kreuzritter – dem berühmten Sultan *Saladin* – eingegangen war. Andauernde Kämpfe und eine große Schlacht bei Konya, in deren Verlauf die Kreuzritter den Großteil der muslimischen Bevölkerung massakrierten, waren die blutige Realität. Erst mit Betreten des christlich kleinarmenischen Gebietes vor Silifke befanden sich die Kreuzfahrer wieder auf befreundetem Boden.

Auf jeden Fall war das Heer – mit vermutlich knapp 100.000 Menschen einer der größten Heerzüge, der jemals im Namen des Kreuzes in den Orient gezogen ist – durch den Tod Barbarossas dermaßen deprimiert, dass das Gros nach Europa zurückkehrte, ohne Jerusalem und das Heilige Land überhaupt gesehen zu haben. Die niedergedrückte, ja bittere Stimmung des christlichen Abendlandes spricht auch aus den Worten der Kölner Königschronik, die zum Tode des Kaisers folgendes vermerkt: „Bei dieser Stelle und bei diesem grausigen Bericht versagt unser Griffel und verstummt unsere Rede. Gott tat nach seinem unerforschlichen Ratschluss, sicherlich gerecht, aber nicht barmherzig."

Weiter hinauf durch die schöne Schluchtenlandschaft des Göksu laden hinter Değirmen bei der Ortschaft Ören mehrere freundliche Restaurants zu einer Pause ein. Eines davon, das hoch über dem Tal des Flusses gelegene **Göksu Manzaralı Danyal Ateşin Yeri,** bietet außer einem leckeren Frühstück samt Samovar auch verschiedene Holzsouvenirs zum Verkauf an.

Kurz vor dem kleinen Ort **Mut** (in antiker Zeit *Claudiopolis*) verlässt die N517 das Flusstal, um nun das weite Plateau der anatolischen Hochebene anzusteuern. Wer in dem für seine Obstfeste im Sommer bekannten

Städtchen eine Teepause einlegen will, findet nahe der **La'al Ağa Camii** einige schattige, nur von Männern besuchte Teegärten. Die Zentralkuppelmoschee selbst stammt aus dem Jahre 1444; seitlich von ihr steht eine auffällige, pyramidal konstruierte **Türbe** (Grabmal), auf der die Störche nisten. Beide Bauwerke sind ein Erbe der Karamaniden, die hier im 14. und 15 Jahrhundert herrschten. Auf der anderen Seite der Hauptstraße liegt auf einem Hügel eine Festung, deren Ursprung in byzantinischen Zeiten liegt.

Klosteranlage Alahan

Ein absolutes Muss ist der Stopp bei **Alahan Manastırı,** 20 km nördlich von Mut. Die einstige byzantinische Klosteranlage liegt am Südhang eines Berggrats in 1200 Meter Höhe. Ihre Ruinen stehen auf einer am Steilhang verlaufenden Terrasse, die von West nach Ost eine dreischiffige Basilika, das Baptisterium, einige Gräber sowie – als Höhepunkt am Schluss – eine abgesehen vom fehlenden Dach prächtig erhaltene Kuppelkirche trägt.

Ihre Rundbögen ruhen immer noch harmonisch auf korinthischen Säulen, und an den Portalen sind noch einige Akanthusreliefs zu sehen. Der Türfries der Basilika zeigt noch deutlich erkennbare Engeldarstellungen, und in den Innenseiten des Portals sind ebenfalls Reliefs erhalten.

Die zeitlich-historische Entrücktheit der einsam dastehenden Torsi menschlicher Kultur korrespondiert aufs eindrucksvollste mit der geografischen Weltabgewandtheit des Ortes. Weit geht der Blick über die umliegende Ebene, die prachtvolle Aussicht lässt alles vogelperspektivisch klein und unbedeutend erscheinen, und mit Blick zurück auf die zerfallenen Gotteshäuser mag so mancher auch das Gleiche über das fragwürdige Streben des Menschen denken. Die Türkei ist wahrlich reich an derart intensiven Kulturorten – aber Alahan ist einer der schönsten und stimmungsmächtigsten unter ihnen.

Anfahrt Ausgeschildert mit „Alahan Kilisesi", ca. 20 km nördlich von Mut von der Nationalstraße 715 über eine extrem scharf (!) rechts abbiegende Zufahrtstraße bis zum Parkplatz hinauf. Von hier sind es nur noch wenige Schritte, Eintritt 1 € (falls ein Offizieller vor Ort ist), immer zugänglich.

Anatolischer Teegarten in Mut

Konya

Von Alahan sind es noch rund 150 km über schnurgerade anatolische Hochebenenstraßen bis **zur ehemaligen Hauptstadt der Seldschuken** – Konya. Die Stadt war schon in hethitischer Zeit unter dem Namen *Kuwanna* besiedelt, bevor sie zu römischen Zeiten als *Ikonium* einen erheblichen Aufschwung erfuhr und auch zu den Zielen des Apostel Paulus gehörte. Ihre Blütezeit durchlebte die Stadt aber erst im Mittelalter, als nach der *Schlacht von Mantzikert* (1071) Seldschuken Kleinasien vom Byzantinischen Reich eroberten. Unter Sultan *Kılıç Arslan I.* (1079–1107) wurde *Ikonion* (so die byzantinische Form) die Hauptstadt des sogenannten *Rum-Sultanats* (auch Sultanat von Ikonion genannt), da es sich im Land der *Rhomäer* – wie die Byzantiner in Anlehnung an die frühere Bezeichnung als Ost-Römer tituliert wurden – etablieren konnte.

Geschichte Unter den nachfolgenden Sultanen, insbesondere *Alaeddin Keykubat* I. (1220–37), entwickelte sich die Stadt zu einem reichen und blühenden Handelszentrum. Ihr berühmtester Bewohner sollte der Mytiker *Mevlana Celaleddin Rumi* (1207–73) werden, der nach einer langen Reise – er stammte aus dem afghanischen Balch – hier den berühmten mystischen

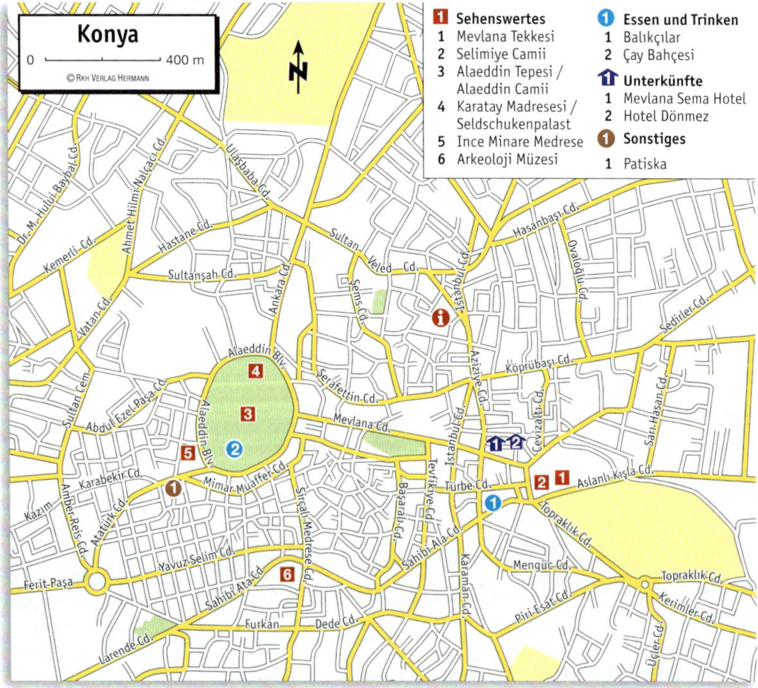

Sufi-Orden der Mevlevi gründete, in Europa besser bekannt als „Orden der Tanzenden Derwische". Auch im Osmanischen Reich als einflussreiche klerikale Organisation von großer gesellschaftlicher und politischer Bedeutung, wurde der Orden von dem säkularen Staatsgründer der Türkei, Kemal Atatürk, 1925 schließlich aus Gründen einer laizistischen Staatsräson verboten. Die religiöse Verehrung der Bewohner konnte Atatürk per Dekret allerdings nicht ersticken, so dass Konya heute wieder von vier islamischen AKP-Bürgermeistern regiert wird und das *Mevlana-Mausoleum* längst zum größten Anziehungspunkt der Stadt avanciert ist. Und auch die berühmten Sema-Tänze ziehen seit der Aufhebung des Atatürk-Verbots im Jahre 1954 alljährlich zum Todestag des Mevlanas (17.12.) wieder die Massen an.

So gilt denn auch das moderne Konya unter den Städten der Türkei nach wie vor als religiöse Hochburg des Islams, gleichwohl das geschäftige Erscheinungsbild der industriestarken und knapp eine Million Einwohner zählenden Stadt keineswegs nur konservative Eindrücke hinterlässt. Tradition und Moderne, Religion und Wirtschaft wie auch Wissenschaft gehen hier Hand in Hand, was auch von der modernen Selçuk-Universität unterstrichen wird, die mit ihren 16 Fakultäten und fast 90.000 Studenten die größte der Türkei ist.

Mevlana-Kloster

Als Wahrzeichen, Pilgerstätte und größte Sehenswürdigkeit der Stadt ist die türkisgrüne Türbe des **Mevlana-Klosters** (Mevlana Tekkesi) das Ziel von Gläubigen wie auch Touristen. Das Kloster (Eintritt 3,40 €, 9–18 Uhr) war früher als Rosengarten ein Teil des Seldschukenpalasts, bis Sultan *Alaeddin Keykubat* ihn dem Orden überließ. Als 1231 der Vater von Celaleddin Rumi, selbst einer der führenden Kleriker in Konya, starb und hier begraben wurde, wehrte Rumi den Wunsch nach Bau eines Mausoleums mit den für ihn typischen Worten ab, dass der Himmel wohl das schönste Mausoleum sei. Als er selbst 1273 starb, war die Verehrung so groß, dass sein Nachfolger mit dem Bau der Grabstätte begann, die in den folgenden Jahrhunderten immer wieder ergänzt und modifiziert wurde.

Obgleich der Konvent seit Atatürks Verdikt im Jahre 1925 zu einem Museum **(Mevlana Müzesi)** umfunktioniert wurde, hat er an lebendiger religiöser Anziehungskraft kaum verloren. Durch das Derwisch-Tor erreicht man den großen Hof, auf dem vor allem der 1517 von Sultan Selim I. (1512–20) erbaute überdachte Brunnen sowie mehrere kleine Türben auffallen. An der Nord- und Westseite liegen die Zellen der Ordensbrüder, die erst 1584 unter Sultan Murat III. (Sultan 1574–95) angelegt wurden und heute teilweise als Ausstellungsräume benutzt werden. Das von der grünen Kuppel (Kubbe-i Hadra) gekennzeichnete Mausoleum, das 1278 durch den Architekten Bedrettin aus Täbriz erbaut wurde, stellt gleichsam das Allerheilige der Anlage dar. Hier steht, umringt von weiteren kleineren Särgen seiner Familien- und Ordensmitglieder, hinter einer Gitterwand der mit einem grünen Turban geschmückte große Sarkophag von Mevlana Celaleddin Rumi, des „Meisters" des Ordens der Tanzenden Derwische. Im unter Sultan Süleyman erbauten anschließenden Semahanı (Sema-Halle) wurden die mystischen Tänze der Mevlevi-Bruderschaft dargeboten; heute sind hier Bücher, Kalligraphien und Musikinstrumente des Ordens zu sehen.

Vorbei an der benachbarten osmanischen **Selimiye Camii** (1558–87) – eine unter Sultan Selim erbaute klassische Kuppelmoschee – führt die geschäftige Mevlana Caddesi nach Westen zum parkähnlichen **Alaeddin Tepesi,** dem ehemaligen Zitadellenhügel, der heute vielumfahrenes Zentrum wie Ausflugsort der Stadt ist. Hier steht inmitten mehrerer Teegärten die seldschukische **Alaeddin Camii** (12./13. Jh.), in deren Hofmausoleum sich die Gräber der Seldschukensultane befinden. Nördlich davon befindet sich die seldschukische **Karatay Medresesi** (1251), hinter deren prachtvoll marmoriertem Portal sich ein sehenswertes Fayencenmuseum befindet. Eintritt Karatay Medrese 1,50 €, 9–12 u. 13.30–17.30 Uhr (Mo geschl.).

Zwischen Alaeddin-Moschee und Karatay-Museum ragt der kärgliche, nichtsdestotrotz spektakuläre Torso des ehemaligen **Seldschukenpalastes** (12./13. Jh.) auf. Westlich des Burghügels liegt die **Ince Minare Medrese** (1258), die heute als Museum für seldschukische und osmanische Schnitzkunst dient; ihr mit arabischen Schriftzügen versehenes Portal ist eines der schönsten Zeugnisse der Seldschukenzeit.

Eintritt Ince Minare Medrese 1,50 €, 9–12 u. 13.30–17.30 Uhr (Mo geschl.)

Arkeoloji-Museum

Südlich des Hügels nahe der Sahip Ata Moschee kann man im **Arkeoloji Müzesi** u.a. römische Sarkophage mit Herakles-Szenen und auch Grabsteine und Mosaiken aus byzantinischer Zeit bestaunen; zudem sind hier auch archäologische Funde des vermutlich über 9000 Jahre alten **Çatalhöyük** zu sehen, ein berühmter neolithischer Ausgrabungsort ca. 45 km südöstlich von Konya, der in den 1960er Jahren von dem britischen Archäologen James Melaart erforscht wurde.

Eintritt 1,50 €, 9–12 u. 13.30–17.30 Uhr (Mo geschl.)

Selimiye Camii

Praktische Informationen Konya

Touristeninfo (Turizm Danışma) Mevlana Caddesi 65 (nahe dem Mevlana Museum), Tel. 3534020, 8–12 u. 13.30–17.30 Uhr (So geschl.). **Vorwahl:** 0332

Busterminal (Otogar) Etwa 9 km nördlich des Zentrums an der Dr. Sadık Ahmet Caddesi, Anschluss zum Zentrum u.a. über die Tramvay (Straßenbahn); Verbindungen in alle Städte der Türkei.

Zug Gut 1 km südwestlich des Alaeddin Tepesi, Verbindungen u.a. nach Istanbul und Adana (Bagdadbahn).

Unterkunft

- **Mevlana Sema Hotel,** Mevlana Cad. 67, Tel. 3504623, www.semaotel.com. Etwas in die Jahre gekommenes einfaches Stadthotel in zentraler Lage, relativ kleine Zimmer, sonst aber okay. DZ/F 40 €.
- Viele einfache Billighotels (DZ ca. 20–25 €) findet man in den Gassen nördlich der Mevlana Caddesi direkt gegenüber dem Mevlana-Konvent, so z.B. **Hotel Dönmez,** Eşarizade Sok. 2, Tel. 3515561.

Essen und Trinken Die besseren Restaurants gehören meistens zu Hotels, so z.B. das **Balıkçılar,** Mevlana Karşısı 1 und das Restaurant des Hotels **Şifa,** Mevlana Cad. 11 (beide nahe dem Mevlana-Konvent); rund um den Alaeddin Tepesi mehrere preiswerte Kebap-Buden; keinesfalls versäumen sollte man die Pause in einem der **Çay Bahçesi** (Teegärten) auf dem Alaeddinhügel, der wohl beste Ort, um sich im Trubel zu erholen.

Alkoholische Getränke sind im religiösen Konya für Restaurants weitgehend tabu, und auch der Ramadan (Fastenzeit) wird strikt eingehalten, so dass die meisten Restaurants dann zur Tagzeit geschlossen sind.

Unterhaltung Wer hier westliches Halligalli wie an der Küste erwartet, ist am falschen Ort; neben den schon genannten Teegärten des Alaeddinhügels gibt es einige wenige Cafés, in denen sich die studentische Jugend bei Wasserpfeife und alkoholfreien Getränken austauscht, darunter **Patiska,** Kazım Karabekir Cad. 3/5, quasi ein mehrstöckiges Caféhaus, auf dessen Etagen man in verschiedenen Nargile-Cafés Tavla spielen oder die Jugend beobachten kann.

Einkaufen Touristische Teppich- bzw. Souvenirläden entlang der Mevlana Caddesi; zum modernen Shopping-Bereich gehören vor allem die Geschäfte der **Kazım Karabekir Caddesi.**

Veranstaltungen Wer im kalten Dezember die anatolische Hochebene besucht, kann vom 14.–17. Dezember das schon erwähnte *Mevlana-Festival* besuchen; die gut besuchten Sema-Vorstellungen (Derwischtänze) werden in einer großen Sporthalle dargeboten.

Weiterfahrt von Konya

Zurück zur türkischen Riviera Wer von Konya schnell nach Side bzw. Antalya will, kann die ca. 240 km lange Strecke über Seydişehir (N696/695) nehmen, die nahe Side-Manavgat die Küstenstraße erreicht.

Kalksteinhöhlen Tınaztepe Als Zwischenstopp empfiehlt sich dabei der Besuch der 25 km südlich von Seydişehir liegenden **Tınaztepe Mağarası.** Berühmt wurde das große, 230 Mio. Jahre alte Kalksteinhöhlensystem auch deshalb, weil nach der ersten Entdeckung im Jahre 1968 durch den französischen Wissenschaftler Michel Bakalowichz so populäre Aushängeschilder wie Jaques Cousteau und Bergsteiger Reinhold Messner sich der näheren Erforschung der 22 km langen unterirdischen Seen widmeten. Die über Stege relativ bequem zu begehende erste Höhle ist rund 1580 Meter lang und bis zu 60 Meter hoch. Mehrere auffällige Gesteinsformationen fallen an den Wänden ins Auge, immer wieder überquert man – begleitet von mystischen Sufiklängen der *ney*

(Flöte) – kleinere Teiche bzw. Tümpel, durchschreitet hohe Säle und passiert einen Wasserfall, um schlussendlich in einer spektakulären hohen Halle anzukommen, die einen tiefblauen See überwölbt.

Die zweite Höhle ist mit 250 Meter erheblich kürzer (zur Zeit der Recherche nicht begehbar).

Eintritt 3 €, 8–17 Uhr. Trittfeste Schuhe sind wegen der feuchten Holzstufen angeraten, die Beleuchtung ist mäßig.

Fahrt von Konya nach Kappadokien

Von Konya bietet sich über die fast schnurgerade N300 die Weiterfahrt nach Kappadokien an (rund 220 km bis Nevşehir, s.S. 296).

Unterwegs lohnt sich der Stopp in **Sultanhanı** (ca. 115 km), wo unmittelbar neben der Hauptstraße eine der imposantesten Seldschuken-Karawansereien Anatoliens zu besichtigen ist (Eintritt 1,20 €, 8–19 Uhr).

Erbaut wurde der mit einem schönen Portal geschmückte Han unter Sultan *Alaeddin Keykubat* im Jahre 1229. Er beherbergt eine Moschee, ein großes Warenlager samt Stall für die Kamele (rechts) sowie Küche, Bad und Magazine auf der linken Seite.

Wer über genügend Zeit verfügt, sollte noch vor dem eigentlichen kappadokischen Zentrum um **Göreme** dem malerischen Städtchen **Güzelyurt,** 30 km östlich von Aksaray, einen Besuch abstatten. Der ehemals unter dem griechischen Namen *Karballa* bekannte Ort besitzt nicht nur einen sehenswerten Altstadtkern mit hübschen alten griechischen Steinhäusern, sondern auch einige unterirdische Stadtanlagen sowie das ca. 6 km lange Klostertal **Manastır Vadısı,** das als Open-Air Museum erwandert werden kann und mehrere sehenswerte Tuffsteinkirchen beherbergt. Darunter befindet sich die direkt am Eingang zum Tal gelegene **Hagios Georgios Kilise,** die aufgrund ihrer heutigen Funktion als Moschee ihre Fresken hinter einem übertünchten Putz verbirgt. Der Name der Kirche erinnert daran, dass hier lange Zeit der aus der nahegelegenen antiken Ortschaft *Arianzos* (heute Sivrihisar) gebürtige Hl. *Gregor von Nyzanz* (329–90) lebte, einer der drei großen kappadokischen Kirchenväter.

Anfahrt Manastır Vadısı Von Aksaray Dolmuşverbindung; Aksaray selbst ist mit Bussen von Konya bzw. Nevşehir leicht zu erreichen. Eintritt 3 €, 8–20 Uhr.

Unterkunft **Karballa Hotel,** Güzelyurt (nahe dem Dorfplatz), Tel. 0382-4512103. In den Räumen einer früheren griechisch-orthodoxen Theologieschule untergebracht, einfache Zimmer, die teils Schlafsaalcharakter haben, Pool u. Restaurant, im Winter geschl. DZ/F 35 €.

Alte Kirchen: Kızıl Kilise und Yüksek Kilise

An der Straße von Güzelyurt in Richtung **Çiftlik** erhebt sich auf einer Hochebene, 6 km südöstlich von Güzelyurt, die imposante **Kızıl Kilise** („Rote

Kirche"). Das kreuzförmig angelegte Gotteshaus (5. Jh.) ist in seiner weitgehend erhaltenen Architektur eines der besterhaltenen byzantinischen Zeugnisse Kappadokiens; von den Fresken im Inneren ist allerdings so gut wie nichts mehr erhalten.

Von Güzelyurt in der anderen Richtung – südwestlich – passiert man auf der Fahrt nach **Ihlara** (ca. 7 km) die in einsamer Lage thronende, burgähnliche Kirche **Yüksek Kilise** (19. Jh.), deren Fresken nach dem Wegzug der Griechen ebenfalls übertüncht wurden.

Ihlara-Tal: über 50 Felsenkirchen

Das **Ihlara Vadısı** („Ihlara Schlucht", griechisch: Peristrema-Schlucht), ein 15 km langer und über 100 Meter tiefer Canyon, stellt mit seinen über 50 Felsenkirchen und etlichen Höhlenbehausungen eines der landschaftlich wie kulturell interessantesten und schönsten Wandergebiete der Türkei dar! Die Schlucht ist das Werk des Flusses *Melendiz Suyu,* der hier seinen Weg durch die in prähistorischen Zeiten vom südlich gelegenen Vulkan *Hasan Dağı* (3268 m) geprägte Tuffsteinlandschaft grub. Die vor allem im südlichen Teil von beschaulichen Pappelhainen dicht bestandene Schlucht war seit dem frühen Mittelalter, als islamische Heere Anatolien unsicher machten, ein beliebtes Rückzugsgebiet der christlichen Bevölkerung. Sie nutzte quasi jeden Winkel des gewundenen Tales (Peristrema = „Herumwinden"), so dass nur ein Bruchteil der verborgenen Kirchen und Wohnungen bis heute entdeckt wurde.

Die wichtigsten unter ihnen sind heute ausgeschildert, so die aus dem 7. Jahrhundert stammende **Ağaçalı-Kilisesi** („Kirche unter dem Baum"), eine Kreuzkuppelkirche mit einer vorikonoklastischen (die Zeit des byzantinischen Bilderverbots, 730–843) Himmelfahrtsdarstellung. Nördlich davon liegt die **Sümbüllü Kilisesi** („Hyazinthenkirche", 10. Jh.), hinter deren sehenswerter Felsfassade noch einige Wandmalereien zu entdecken sind.

Über eine Brücke gelangt man auf der anderen Seite des Melendiz Suyu zur **Yılanlı Kilisesi** („Schlangenkirche"), deren rot dominierte Wandmalereien zu den besterhaltenen des Ihlara-Tals zählen; ihren Namen hat sie von der Darstellung vier unbekleideter Sünderinnen, die von schlangenartigen Ungeheuern bedroht werden.

Von besonderem historischem Interesse ist ferner die nördlich der Sümbüllü-Kirche gelegene **Kırkdamaltı Kilisesi** („Kirche der vierzig Dächer", eher als Georgs-Kirche bekannt). Die Bauzeit der hoch in die Felswand integrierten Kirche kann aufgrund mehrerer Inschriften genau auf die Jahre 1283–95 datiert werden, womit sie die jüngste der mittelalterlichen Kirchen des Ihlara-Tals sein dürfte. Neben den Darstellungen des Hl. Georg finden sich die Portraits der Kirchenstifter, des christlichen Emirs *Basileos Giagupes* und seiner georgischen Frau Thamar. Basileos, der Offizier und Vasall des in Konya residierenden Seldschukensultans Masud II. (1282–1307), trägt Kaftan und Turban, was allgemein als Indiz dafür gewertet wird, dass es unter den Seldschuken einen interkulturellen modus vivendi gab, der eine friedliche Koexistenz der Religionen ermöglichte.

Eintritt Ihlara Vadısı 3,30 €, geöffnet bis zur Dunkelheit. Es gibt vier Eingänge zum Ihlara Vadısı: der südlichste im Dorf Ihlara selbst; am Nordrand des Dorfes der zweite, der als Haupteingang über eine 380 Stufen zählende Treppe direkt zur *Ağaçaltı Kilisesi* führt; der dritte beim nördlich davon gelegenen Felsdorf *Belisirma,* was ungefähr der Mitte der Schlucht entspricht; der vierte und nördlichste südlich der Ortschaft *Selime* beim Dorf *Yaprakhisar.*

Anfahrt Busverbindung von Aksaray nach Ihlara

Unterkunft Einfache Unterkünfte in Ihlara; wer die ganze Schlucht durchwandern und erforschen will, findet vor Dunkelheit auch in den Orten *Belisirma* (Mitte) bzw. *Selime* (Norden) ein einfaches Bett für die Nacht.

Ruinen von Olba-Diocaesarea

32 km nördlich von Silifke liegen in einer weitläufigen, 1100 Meter hoch gelegenen Karst- und Hügellandschaft bei *Uzuncaburç* die sehenswerten Ruinen von **Olba-Diocaesarea** (der zweite Name verweist auf die lateinische Bezeichnung zur Römerzeit).

Anfahrt Mit dem Auto von Silifke auf die Straße nach Kırobası abbiegen, von hier ausgeschildert (auch Dolmuşverbindung nach Uzuncaburç von Silifke). Eintritt 1,30 €, immer zugänglich.

Die Hauptsehenswürdigkeit, der **Zeus-Tempel,** wurde aber bereits unter dem Diadochen *Seleukos* im 3. Jahrhundert errichtet. Seine 30 noch stehenden schwarzen korinthischen Säulen lassen darauf schließen, wie bedeutend der Tempel in antiker Zeit gewesen sein muss. Verehrt wurde hier der Gott *Zeus-Olbios,* der so bedeutend war, dass die Priesterherrschaft der Teukriden sich über ihn legitimierte.

Nahe dem Parkplatz liegen sowohl die heute noch aus fünf Säulen bestehenden Ruinen eines Prunktores sowie – an der südlichen Seite – das Theater (2. Jh. v. Chr.); in nordöstlicher Richtung ist ein fünfstöckiger hellenistischer Wachturm der alten Stadtmauer erhalten. Von ihm leitet sich der heutige türkische Name des Dorfes – Uzun-caburç „der große Turm" – ab. Vom Tor beim Parkplatz führt die ehemalige Säulen- und Prozessionsstraße nach Westen. Rechter Hand passiert man das Nymphäum (Brunnenanlage), linker Hand den besagten Zeustempel. Am Ende dieser Kolonnadenstraße ragen die verbliebenen Säulen des Tyche-Tempels in den Himmel; Tyche, die Göttin des Schicksals, galt als Schutzpatronin der Stadt.

Fungierte Diocaesarea gleichsam als sakrales Zentrum der Priesterschaft, so gelangt man am Wachturm und der folgenden Nekropolis vorbei nach *Ura,* der einstigen Wohnstadt Olba, wo ebenfalls verschiedene antike Relikte – das auffälligste unter ihnen der Äquadukt – zu sehen sind.

Narlıkuyu

Wieder zurück auf der N400 passiert man den fast ausschließlich von türkischen Touristen besuchten Badeort **Atakent.** Der Ort verfügt zwar über einen annehmbaren Sandstrand, doch die moderne Betonkasten-

Idyllisches Fischrestaurant in Narlıkuyu

Architektur von Hotel- und Apartmentanlagen wirkt wenig anziehend. Ganz anders sieht es da schon in **Narlıkyuyu** aus. Das 27 km von Silifke malerisch am Meer gelegene Örtchen ist schon optisch eine Augenweide. Das klare Wasser der kleinen Bucht wird von weithin bekannten **Fischrestaurants** gesäumt – die eine Attraktion des Ortes.

Die andere ist in einem kleinen, verschlossenen Haus direkt daneben zu finden: in diesem **Museum** befindet sich das berühmte Mosaik der **Drei Grazien** (Üç Güzeller). Die antiken Schönheiten *Aglaia, Euphrosyne* und *Thaleia* sind der letzte Rest einer römischen Badeanlage des 4. Jahrhunderts und haben ihre Anmut gut konservieren können. Das Wasser der Anlage soll von den *Korykischen Höhlen* (s.u.) hinuntergeleitet worden sein und magische Heilkräfte besessen haben. Eine griechische Inschrift des Bassins verspricht dies jedenfalls: „Wer von diesem Wasser trinkt, wird weise und lebt lang, wer hässlich ist, wird schön".

Anfahrt Busse von Silifke wie auch Kız Kalesi halten an der Straße bei Narlıkuyu. Eintritt 1,20 €; falls abgeschlossen einfach bei den Restaurants fragen.

Fischrestaurant Narlıkuyu, an der Westseite des kleinen Hafens, Tel. 0324-7233286; schöne Terrasse direkt am Wasser. Kerim Restaurant, im Zentrum der Bucht, Tel. 0324-7233295; Holzterrasse direkt am Wasser

Korykische Höhlen – „Himmel und Hölle"

Direkt gegenüber von Narlıkuyu führt eine zwei Kilometer lange Straße zu den **Korykischen Höhlen,** so der in der Antike gebräuchliche Name. Ein unterirdischer Fluss hat das Karstgestein dermaßen unterspült, dass schließlich zwei Deckeneinstürze erfolgten, welche die heutigen Dolinen **Cennet** („Himmel") und **Cehennem** („Hölle") hervorbrachten. Bevor man sich in das Höhlenabenteuer stürzt, lohnt ein kurzer Blick auf die gegenüber vom Eingang liegenden Ruinen des späthellenistischen **Zeustempels** (3. Jh.), der in byzantinischer Zeit zu einer Kirche verwandelt wurde.

In den 70 Meter tiefen, 250 Meter langen und 110 Meter breiten **„Himmel"** kann man über 452 Treppen hinabsteigen, wobei die zunehmend üppige Vegetation wie auch die kühle Luft den positiven Namen der Kraterhöhle bestimmt haben dürften. Kommt man aus der Hitze der oben gelegenen kahlen Karstlandschaft, mag einem die Frische und das Grün wie der Eingang zu einer paradiesischen Oase erscheinen.

Unmittelbar vor der eigentlichen Höhle (260 Meter Länge) passiert man eine verfallene Marienkapelle (5. Jh.), hinter der sich bedrohlich der eigentliche riesige Höhlensaal öffnet. Glitschige Stufen führen in eine zunehmend kälter werdende Unterwelt, die zwar heute durch eine Generatorbeleuchtung gesichert ist, aber in der Vergangenheit weder sehr effektiv noch zuverlässig war (deshalb Taschenlampe und feste Schuhe sowie wegen der Kühle eine Jacke mitnehmen!). Wer tatsächlich weit genug in die Höhle vordringt, kann dann vielleicht das weit entfernte Rauschen des unterirdischen Flusses hören.

In die **„Hölle",** die man mit einem kurzen Spaziergang vom Parkplatz erreicht, führt – dem Himmel sei Dank – kein Weg hinab. Man steht schaudernd vor einem 128 Meter tiefen Loch, das einen Durchmesser von ca. 55 Meter hat; seine Steilwände sind unpassierbar. Man kann nachempfinden, dass dieser Höllenkrater in der Antike unter dem Namen „Typhonhöhle" verschrien war. *Typhon,* ein mythologisches Untier mit hundert Drachenköpfen und Schlangenfüßen, hielt Zeus nach einem Kampf zeitweilig in den korykischen Höhlen gefangen, bevor Hermes ihn befreien konnte. Der Göttervater rächte sich später, indem er die Insel Sizilien auf das Ungeheuer warf und es darunter begrub – nur manchmal zuckt es noch, wobei es heiße Asche durch den Ätna spuckt. Typhon war übrigens u.a. der Vater des Kerberos, jenes dreiköpfigen Höllenhundes, der die Unterwelt bewachte, also jeden passieren, aber niemanden zurückkommen ließ; man lehne sich also nicht zu weit nach vorne ...

Folgt man der Straße an den Höhlen vorbei, so kommt man nach ca. 250 Meter zur **Dilek Mağarası**, eine über 200 Meter lange Tropfsteinhöhle, der heilende Kräfte bei Atembeschwerden attestiert werden, weswegen sie auch *Astım Mağarası* (Asthma-Höhle) genannt wird (Eintritt 0,70 €).

Anfahrt **Korykische Höhlen:** wie Narlıkuyu, aber wer mit dem Bus kommt, muss dann noch ca. 2 km laufen. Eintritt 1 €, 9–17 Uhr.

Kız Kalesi

Die rund 3000 Einwohner zählende „Mädchenburg" – so die Übersetzung des Ortsnamens – ist das touristische Highlight der kilikischen Küste – jedenfalls was die Szenerie am Meer anbelangt. Denn dort überzeugt nicht nur der **herrliche Sandstrand,** sondern die auf einer vorgelagerten Insel spektakulär aufragende **Mädchenburg** (kein Eintritt, immer zugänglich).

Während man mit kleinen Booten zur Burg hinüberschippert – man kann die ca. 120 Meter auch schwimmen –, sollte man sich die in der Türkei allerorten bekannte Legende vergegenwärtigen, die sowohl der Burg als auch dem Ort den Namen gab: Es war einmal ein König, der hatte eine reizende

Tochter. Wahrsager prophezeiten der Schönen aber den Tod durch einen Schlangenbiss. Der entsetzte und fürsorgende Vater ließ daraufhin auf der Insel eine Burg erbauen, in der Hoffnung, so dem Orakel entgehen zu können. Die dort verwahrte und gut bewachte Tochter hatte natürlich heimliche Verehrer, und einer von ihnen schmuggelte der Angebeteten einen großen Früchtekorb zur Insel. Am Grunde dieses Korbs hatte sich aber unbemerkt eine Schlange eingenistet – und das Schicksal, dem bekanntlich niemand entrinnen kann, nahm seinen vorausgesagten Lauf …

Recht profan gesprochen diente die Festung wohl eher dem Schutz des heute unbedeutenden Hafens. Denn in geschichtlicher Zeit war **Korykos** – so der Name der von Griechen gegründeten antiken Stadt – ein durchaus geschäftiges Handelszentrum, dessen Exportschlager Oliven waren. Die Stadt war gleich doppelt geschützt, denn der Seeburg entsprach als Pendant die **Landburg,** deren mächtige Mauern und Innenhöfe man heute am östlichen Ende des Strandes besichtigen kann (Eintritt 1 €, 9–17 Uhr).

Diesem durchaus bezaubernden Panorama verdankt Kız Kalesi seinen leider nicht immer bezaubernden Bauboom. Der Ort ist heute auch bei ausländischen Touristen – darunter vor allem Deutsche und Russen – sehr beliebt; insofern stellt er für die kilikische Küste eine gewisse Ausnahme dar. Die touristische Infrastruktur ist natürlich gut, aber abseits des Meeres stellen die ausnahmslos stereotypen Hotel- und Apartmentbunker keine Augenweide dar. Dennoch kann Mädchenburg als attraktives Standbein für einige Tage durchaus empfohlen werden, ist doch die nähere Umgebung reich an Sehenswürdigkeiten (s.u.).

Praktische Infos Kız Kalesi

Vorwahl: 0324.

Busterminal (Otogar) Die Busse nach Mersin und Silifke halten an der Durchgangsstraße (N400).

Mietwagen/ Touren Mehrere Büros. Empfohlen sei die deutschsprachige *Olcatur*, Avcılar Sok. 30 (s.a. Unterkunft), Tel./Fax 5232128, www.olcatour.com oder www.kizkalesi.de. Angeboten werden Tages- wie Mehrtagestouren, wobei der Preis – abhängig von der Teilnehmerzahl – vor Ort zu erfragen ist.

Unterkunft/ Restaurants/ Cafés • **Nur Café Bar,** Avcılar Sok. 30 (direkt an der Strandpromenade), Tel. 5232340. Das hübsche, sehr familiäre Café bietet 3 geräumige Zimmer mit Meerblick, tolles Frühstück und eine schöne Terrasse; deutsch-türkische Leitung, auch gutes Restaurant. DZ/F 50 €.

Die Mädchenburg

- Ansonsten ist an Betten kein Mangel (je weiter weg vom Strand, desto billiger), aber zur Hochsaison sollte man trotzdem vorbuchen. **Hotel Deniz,** direkt an der Strandpromenade, Tel. 5232180, www.kizkalesidenizhotel.com. Modern funktionales Drei-Sterne-Hotel, schöne Zimmer mit großem Balkon. DZ/F mit Meerblick 70 € Sommer (45 € Winter).
- **Hotel Kilikya,** Tel. 5232116, www.kilikyahotel.com. Drei-Sterne-Hotel direkt am Strand mit Pool im palmenbestandenen schönen Garten, zusammen mit dem benachbarten **Barbarossa** eines der besten Hotels des Ortes. DZ mit Halbpension 70 € (Winter 40 €).
- **Cheers** Bar/Café, ganz am westlichen Ende des Strandes; lockeres, ruhiges Open-air Café für den Sonnenuntergang, etwas abseits des Trubels.
- Restaurant **Kumsal,** ebenfalls an der Strandpromenade; Kebap, Lahmacun etc, kurz: türkische Küche.
- Die zahlreichen Restaurants bieten aber oft neben der türkischen auch deutsche Gerichte an, so z.B. **Honey** an der Hauptstraße, wo alles fest in deutscher Hand ist (beliebter Treffpunkt für Deutsche, die hier leben). Eine gute individuelle Küche (international) bietet das oben genannte **Nur Café.**

Nightlife

An der Strandpromenade sorgt zur Saison der mit griechischen Säulenattrapen geschmückte **Night Zoom Club Turtles** für Stimmung; zwei weitere Discos befinden sich an der Hauptstraße.

Sport

Tretboote (für die Fahrt zur Seeburg), Jetski und Banana-Riding am Strand.

Adamkayalar

Abenteuerlich ist ein Besuch des ca. 7 km nördlich von Kız Kalesi liegenden „Menschenfelsen", so die Übersetzung des türkischen *adamkayalar*. In einer schwer zugänglichen und von vielen Höhlen geprägten Schlucht, der **Şeytan Deresi** („Teufelsschlucht"), sind mehrere hervorragend erhaltene Felsreliefs des 1. oder 2. Jahrhundert zu sehen. Es handelt sich um römische Felsgräber, die anscheinend ganzen Familien gewidmet sind. Ihre senkrecht im Fels eingemeißelten Portraits zeigen Männer und Frauen in verschiedenen Posen (ein Mann in etruskisch anmutender Seitenlage auf einer Kline bzw. griechischen Ruheliege) und mit verschiedenen Attributen (Krieger mit Schwert und Lanze, Frauen in langen Gewändern).

Felsreliefs in der Teufelsschlucht

Anfahrt Die Anfahrt ist von der Hauptstraße in Kız Kalesi ausgeschildert; nach ca. 4 km auf eine holprige Schotterstraße (Schild) abbiegen und bis zum Parkplatz fahren; von dort den roten Pfeilen folgen. **Warnung:** Der Abstieg vom Parkplatz sollte keinesfalls allein unternommen werden; es geht senkrecht hinunter und man benötigt gute Schuhe und ein gewisses Maß an Trittsicherheit! Wer nicht schwindelfrei ist, sollte den Abstieg nicht wagen! Unten erreicht man dann ein kleines Plateau, dort einfach rechts halten. Abstieg insgesamt 20–30 Minuten.

Ayaş und Kanlıdıvane

Ungefähr 3 km östlich von Kız Kalesi erreicht die Küstenstraße den ebenfalls von vielen touristischen Neubauten geprägten Ferienort **Ayaş,** das antike *Elaiussa-Sebaste.* Allzu viel weiß man über die antike Stadt nicht, die ursprünglich auf einer vorgelagerten, heute verlandeten Insel gegründet worden war. Sicher ist, dass die Römer die Stadt im Jahre 72 ihrer Provinz Cilicia zuschlugen, und dass die persischen Sassaniden sie bei ihren Raubzügen um 260 brandschatzten. Der endgültige Niedergang kam dann wohl mit den Angriffen der Araber im 7. Jahrhundert.

Italienische Archäologen haben seit 1995 einige Monumente der alten Stadt ausgegraben, so das **Theater,** Teile der **Stadtmauer,** einige Tempelreste (auf denen in christlicher Zeit teilweise Kirchen errichtet wurden), **Nekropolen** und Reste des **Äquadukts.**

Anfahrt Busse von Mersin und Kız Kalesi; die Ruinen liegen im Westen des Ortes rechts und links der Durchgangsstraße und sind frei zugänglich.

Kanlıdıvane

Weit interessanter ist der Besuch des ca. 4 km landeinwärts liegenden **Kanlıdıvane,** wo um einen riesigen Krater die sehenswerten Ruinen des antiken *Canytellis* zu erkunden sind.

Die Blütezeit des Ortes, der im 3./2. Jahrhundert v. Chr. zum Priesterstaat von Olba-Diocaesarea gehörte (s.o.), reichte von der hellenistischen bis zur byzantinischen Zeit. Geht man gegen den Uhrzeigersinn um die 60 Meter tiefe und fast kreisrunde Doline, so passiert man (direkt am Parkplatz) zunächst den **hellenistischen Turm** (2. Jh. v. Chr.) und erreicht dann an der Nordostseite des Kraters die bis auf Narthex und Südwand recht gut erhaltene dreischiffige **Papylos-Kirche,** so benannt nach ihrem Stifter. Sie wie auch die drei weiteren an der Westseite liegenden **Basiliken** datieren aus der oströmisch-byzantinischen Zeit (4.–6. Jh.). Schaut man nun von der Nordseite der Doline auf die Südwand, wird man eine in den Fels gemeißelte Figurengruppe erkennen, die allgemein als **Familie Armaronxas** bezeichnet wird, ohne dass Näheres über sie bekannt ist. An der Westseite kann man relativ leicht in den Krater hinuntergehen, um die steinernen Portraits aus der Nähe zu sehen. Gegenüber, in der nordwestlichen Ecke der Felswand, ist noch ein römischer Krieger verewigt worden.

Basilika von Kanlıdıvane

Anfahrt Von der Hauptstraße im östlichen Teil von Ayaş ausgeschildert, keine öffentlichen Verkehrsmittel, Eintritt 1,20 €, 8–17.30 Uhr.

Mersin

Die rund 50 km östlich von Kız Kalesi gelegene Provinzhauptstadt (offiziell 700.000, inoffiziell über eine Million Einw.) ist auf einigen Karten noch als Içel verzeichnet, auch wenn dieser Name höchstens noch für die Provinz, nicht aber für die Stadt benutzt wird. Mersin hat in den letzten Jahrzehnten dank seines Hafens – mittlerweile einer der größten Umschlagplätze des östlichen Mittelmeers – einen rasanten wirtschaftlichen und damit demographischen Aufschwung genommen. Bezeugt wird dies durch die kilometerlangen Betonsilos, Unterkünfte für das ständig anwachsende Heer der Zuziehenden. Mehr als fünf Prozent der Bevölkerung sind mittlerweilen Kurden, die aus den östlichen Provinzen kommend sich hier den sozialen Aufstieg erträumen.

An historischer Substanz gibt es nicht allzu viel, gleichwohl in dem westlich gelegenen Vorort *Viranşehir* die dürftigen Reste des antiken **Pompeiopolis** – die römische Namensgebung einer wahrscheinlich schon älteren Stadtgründung – zu besichtigen sind.

Interessant ist Mersin wegen seiner geschäftigen und gepflegten **Meerespromenade,** deren Palmengärten sich über Kilometer hinziehen und morgens von einer leistungsorientierten Schar von Joggern genutzt werden.

Mersin ist eine wohlhabende und aufstrebende Metropole. Davon künden auch die sechs (!) himmelstürmenden Minaretts der modernen **Muğdat Camii,** die man beim Spaziergang im westlichen Teil der Parkpromenade – dem **Büyük Şehir Belediyesi Kültür Parkı** – passiert.

Die Grünanlagen und Aussichtsplattformen der Promenade sind durchsetzt mit modernen Cafés und Kinderspielplätzen, und zwischen Yacht- und Fähr- bzw. Containerhafen kann man vom zentralen **Atatürk Parkı** dem nahegelegenen **Arkeoloji Müzesi** (Silifke Caddesi, Eintritt 1 €, 9–17 Uhr) einen Besuch abstatten; die aus der Umgebung stammenden Exponate (römische Büsten, Sarkophage, Lekythen – spezielle Vasen für Olivenöl – und Amphoren) sind zwar nicht gerade sensationell, bieten aber ebenso wie das benachbarte **Atatürk Müzesi** (Eintritt frei, 9–17Uhr) eine beschauliche Abwechslung vom Trubel des geschäftigen Zentrums. Dort lohnt, wenige Schritte westlich der **Ulu Camii,** Hauptmoschee im Stadtzentrum, der **Fischmarkt** einen Besuch. Wer in den Wohnsilos von Mersin nach alter Wohnkultur sucht, wird rund um die römisch-katholische **Latin Italyan Katolik Kilisesi** (kurz *Antuan Kilisesi* genannt) noch einige alte Steinhäuser mit Balkonen finden.

Praktische Infos Mersin

Touristeninfo (Turizm Danışma) Ismet Inönü Bulvarı 5/1 (ein gelber Pavillon am Ostende des Atatürk Parkı, direkt am Fährhafen), Tel. 2383271, www.visitmersin.com, Mo–Fr 9–12 u. 13–17 Uhr.

Vorwahl: 0324. **Post:** Ismet Inönü Bulvarı (wenige Schritte östlich der Ulu Camii).

Wechselstuben (Döviz) z.B. an der Istiklal Caddesi.

Busterminal (Otogar) Etwa 1 km östlich des Zentrums am Gazi Mustafa Kemal Bulvarı; Verbindungen in alle Landesteile.

Zug Bahnhof ca. 300 Meter nördlich der Touristeninformation an der Çakmak Caddesi; Verbindungen nach Tarsus und Adana.

Fähre *Türkiye Denizçilik,* Büro am Fährhafen; Fähren nach Zypern (Gazimağusa – Famagusta) 3x wöchentl., Dauer ca. 12 h, einfache Fahrt 25 € p.P. Auto 55 €.

Unterkunft **Nobel Oteli,** Istiklal Caddesi 73, Tel. 2377700. Wer nicht das Geld für das Hilton oder Taksim ausgeben will, findet im Nobel Hotel eine zentral gelegene, mit recht großen Zimmern ausgestattete Mittelklassebleibe. DZ/F 60 €. In der Istiklal oder der nahegelegenen Soğuksu Caddesi gibt es auch einige Billighotels, die aber nur einfachsten Ansprüchen genügen.

Essen und Trinken/ Nightlife **Taşhan Antik Galeri,** Camişerif Mah. Sok. 4/24; der Innenhof der alten Karawanserei nahe der Ulu Camii steht ganz im Dienste der Unterhaltung. Viele lockere Kneipen und Restaurants, ein guter Platz, um die Mersiner Abendatmosphäre kennenzulernen.

Gewürzmarkt in Mersin

7 Çukurova und Hatay

Östlich von Mersin treten die Berge des Taurus weit zurück und die N400 durchläuft die weite, fruchtbare Schwemmlandebene der **Çukurova.** Sie ist nicht nur das größte Baumwollanbaugebiet der Türkei, auch Zitrusfrüchte, Gemüse, Reis und Weizen gedeihen um die beiden Hauptflüsse des *Seyhan* und *Ceyhan,* deren Sedimente das von Lagunen und Seen durchsetzte Delta weit ins Mittelmeer vorgeschoben haben. Ein Teil desselben ist heute als *Akyatan Kuş Cenneti* ein beliebtes Ziel von Ornithologen; der 3687 ha große Park bietet gute Bedingungen, die dort nistende Vogelwelt zu studieren.

Abgesehen von diesem ökologischen Tupfer ist die Çukurova allerdings nicht gerade mit paradiesischen Umweltattraktionen gesegnet. Der Boom in den Industriestädten **Mersin** und **Adana** ist ungebrochen, ständig zunehmender Flächenverbrauch mit ausufernden Wohnsilo-Vorstädten und eine besorgniserregende Verkehrsdichte sind die Folgen, und der auf Industrieproduktion und Landwirtschaft beruhende Wohlstand schert sich selbstredend wenig um touristische Ästhetik. Aber vielleicht gerade deshalb überzeugt ein Besuch durch den authentischen Blick auf moderne Lebensverhältnisse, in denen der Tourist nicht immer den allseits gepflegten Mittelpunkt des Treibens darstellt. Massentourismus braucht man jedenfalls hier nicht zu befürchten, und an Sehenswürdigkeiten gilt es durchaus Einiges zu notieren – nur sollte man möglichst nicht im Sommer kommen, wenn brütende, feuchte Hitze das Land überzieht. Eine gute Lektüre für die Çukurova ist übrigens die *Mehmet-Trilogie* von Yaşar Kemal, gibt sie doch einen stimmungsvollen Einblick in die vergangenen harten Lebensverhältnisse der ehemaligen Hochlandnomaden, die zum Baumwollpflücken in die Ebene hinabstiegen.

Ein besonderes Gebiet ist die südlichste Provinz der Türkei, das **Hatay.** Sie reicht vom Golf von Iskenderun bis zur syrischen Grenze und kam erst 1939 zur Türkei, als nämlich Frankreich – damaliger Mandatsträger im Libanon – einem Anschluss zustimmte, um eine Allianz zwischen Hitler und der Türkei zu verhindern. Die Provinz umfasst rund 5700 km^2, wovon ungefähr die Hälfte gebirgiger Natur sind. Der höchste Berg des Landes, der

Die Ebene der Çukurova bei Yılan Kalesi

Mığırtepe (auf einigen Karten *Bozdağ* genannt), kommt immerhin auf 2240 Meter. Eine große ethnische Minderheit stellen die *alawitischen Araber* dar (daneben auch noch Armenier), was unter anderem der Küche des Hatay eine ganz eigene orientalische Geschmacksnote verleiht.

Touristisch gehört das Hatay trotz seiner abwechslungsreichen Landschaften eher in die „Aschenputtelkategorie", obgleich sich die Hauptstadt **Antakya,** einst die antike Weltstadt *Antiochia,* zu Recht zunehmender Beliebtheit erfreut.

Tarsus

Gut 25 km nordöstlich von Mersin erreicht man eine der ältesten Siedlungen der Welt, das seit mindestens 3000 Jahren besiedelte **Tarsus.** Diesem historischen Superlativ wird die heutige Stadt allerdings – was die historischen Sehenswürdigkeiten angeht – kaum gerecht. Da ist es touristisch verständlich, wenn immer wieder auf den berühmtesten Sohn der Stadt, den **Apostel Paulus** und auf die antike *femme fatale,* **Kleopatra,** hingewiesen wird, die hier mit Antonius im Jahre 41 v. Chr. ein erstes, schicksalsschweres Stelldichein inszenierte. Zu antiken Zeiten war die Stadt über den Fluss Kydnos mit dem Meer verbunden, das heute rund 15 km entfernt liegt. Zudem war Tarsus von großer strategischer Bedeutung, kontrollierte es doch den Zugang zur *Kilikischen Pforte,* jenem wenige Kilometer nördlich gelegenen Pass, der den Zugang nach Anatolien sicherte.

Sicher bezeugt unter den Assyrern, gehörte Tarsus nacheinander zum neubabylonischen, persischen und seleukidischen Machtbereich, bevor es in römischer Zeit seine Blütezeit erfuhr und nach der Zeitenwende schnell ein Zentrum des Frühchristentums wurde. Der anrückende Islam eroberte letztendlich – nach mehreren Herrschaftswechseln – durch die ägyptischen Mamelucken im 14. Jahrhundert die Stadt, die dann seit 1517 zum Osmanischen Reich gehörte.

Stadtbild

Trotz ihres hohen historischen Alters kann die rund 350.000 Einwohner zählende Stadt heute nur wenige geschichtliche Sehenswürdigkeiten bieten. Stattdessen präsentiert sich die ungewöhnlich adrett herausgeputzte Stadt als modernes Touristenziel für christliche Wallfahrer oder Kleopatra-Anhänger. Tarsus macht – für türkische Stadtverhältnisse – einen geradezu „aufgeräumten" Eindruck, was dem einen zusagen und den anderen befremden mag.

An Paulus soll der nahe der Altstadt gelegene **Senpol Kuyusu** (Paulus-Brunnen, Eintritt 1 €, 9–17 Uhr) erinnern: in einem umzäunten, gartenähnlichen Areal wirkungsvoll platziert, soll das mit Eimer und Winde heraufgezogene Wasser des alten Steinbrunnens angeblich Wunder bewirken – eine nette Anekdote für Gläubige, die hier auf Spuren des bekehrten Apostels zu wandeln glauben.

Paulus-Brunnen

7

Die architektonische Reminiszenz an Kleopatra kann historisch auch nicht viel mehr an Authentizität bieten: das palmenumstandene, am westlichen Rand des Zentrums an der Straße nach Mersin liegende **Kleopatra Kapısı** (Kleopatra-Tor) hat außer dem Namen nichts mit der ägyptischen Königin gemein. Der wahrscheinlich spätrömische oder byzantinische Torbogen wurde in den 1990er Jahren erkennbar und wenig vorteilhaft restauriert. Immerhin erinnert er fantasiereiche Touristen an die politisch gewiss nicht ganz zweckfreie Liebesgeschichte von Kleopatra und Marcus Antonius, die beide schon bei dem römischen Dichter Plutarch poetisch werbewirksam mit Aphrodite und Dionysos verglichen wurden. Die Liaison des Götterpaares fand aber bekanntlich kein Happy End: Als die beiden intim Alliierten gegen Octavian – den späteren Kaiser Augustus – in der Schlacht bei Actium (Griechenland) 31 v. Chr. Heer und Flotte verspielt hatten, wählten sie den Freitod – womit sie sich dem demütigenden Triumphzug in Rom und der politischen Alltagsbanalität entzogen, um als tragisches Liebespaar unsterblich zu werden.

Ein gewisses Flair verbreiten dagegen einige hübsch restaurierte osmanische Häuserzeilen **(Tarsus Esleri)** der **Antik Şehir** (Altstadt), die nur wenige Schritte vom Paulsbrunnen entfernt liegt. Als **Antik Yol** (Antike Straße) werden die umzäunten Reste eines römischen Ausgrabungsgeländes bezeichnet, dessen Hauptattraktion eine freigelegte Römerstraße ist.

Die **Eski Cami** (Alte Moschee) wie auch die **Ulu Cami** (Große Moschee mit Uhrturm) gehen auf christliche Kirchen zurück, die nach der islamischen Eroberung in Moscheen verwandelt wurden. Neben der Eski Cami liegt das Ausgrabungsgelände einer römischen Thermenanlage mit seinem spektakulären Torbogen (**Roman Hamamı Kaşısı**). Nahe der Ulu Cami lädt der **Kırkkaşık Bedesteni** („Vierzig-Löffel-Markt“), ein restaurierter osmanischer Basar des 16. Jahrhunderts, zum Bummel ein. Die **Senpol Kilisesi** (St. Pauls-

Wasserfälle von Tarsus

Kirche), die aus dem 19. Jahrhundert stammt, liegt südlich der Atatürk Caddesi und fungiert seit ihrer letzten Restaurierung als Museum (zur Zeit der Recherche geschlossen).

Etwas außerhalb des Zentrums liegt im modernen **Kültür Merkezi** (Kulturzentrum) das **Tarsus Müze** (Archäologisches Museum, Eintritt 1 €, 9–17 Uhr, Mo geschl.), das neben antiken Ausgrabungsfunden der Umgebung (Sarkophage, Steinblöcke, römische Büsten, Glasarbeiten u.a.) auch sehenswerte osmanische Grabstelen und die übliche ethnographische Abteilung präsentiert.

Im Sommer laden die ca. 3 km nordöstlich gelegenen Teegärten der **Tarsus Şelalesi** (Tarsus-Wasserfälle) zu einem schattigen Picknick. Mehrere kleine Kaskaden des *Tarsus Çayı* sorgen für hübsches Ambiente und Abkühlung, die umliegenden Restaurants für das leibliche Wohl.

Wer sich über die im Zentrum häufige Ausschilderung **Eshab-i Keyf** wundert, findet ca. 7 km nordwestlich des Zentrums die Lösung des Rätsels: Es handelt sich um die sogenannte Sieben-Schläfer-Höhle, die dem auf den Spuren des Glaubens wallfahrenden Touristen schon von Ephesus her bekannt ist (s.S. 168). Für „Ungläubige" lohnt der Besuch des recht kahlen und unspektakulären Höhlengewölbes kaum, eher wird da schon das raketenschlanke Minarett der benachbarten kleinen schneeweißen Moschee gefallen.

Praktische Infos Tarsus

Touristeninfo (Turizm Danışma)
Ecke Atatürk Bulv./Hal Caddesi, weißer Kiosk neben dem Antik Yol (alte Römerstraße), Mo–Fr 9–17 Uhr.
Vorwahl: 0324

Busterminal (Otogar)
3 km östlich des Zentrums an der Hauptstraße nach Adana.

Unterkunft
- **Cihan Palas Hotel,** Mersin Çad. 21, Tel. 6241623. Einfaches, zentral gelegenes Hotel mit Bad u. TV. DZ/F 25 €.

Essen und Trinken
- **Cafe Teras,** Kızılmurat Mah. 2721 Sokak 26 (mitten in der Altstadt); schönes Café-Restaurant in einem restaurierten Altstadthaus mit Garten und Terrasse; da die Antik Şehir gern von Touristen besucht wird, muss man etwas höhere Preise in Kauf nehmen.
- **Şelale Restaurant,** Şelale Caddesi; großes Restaurant mit schöner Terrasse am großen Wasserfall (wo übrigens auch ein großes Picknickgelände zu finden ist).
- **Yıldırımlar,** Şelale Caddesi, einige Meter entfernt am „kleineren" Wasserfall; schön eingerichtetes Gartenrestaurant, das auch manchmal Folklore-Aufführungen bietet.

Weiter auf der Hauptstrecke s.S. 276 bzw. 310 „Adana"

Abstecher zu den Wundern Kappadokiens

Hinweis: *Wenn Sie von Konya aus nach Kappadokien fahren, bitte auf S. 276 gehen*

Die 1985 zum Weltkulturerbe erklärte Landschaft **Kappadokien** ist der unbestrittene Touristenmagnet des anatolischen Hochlandes. Fast alle größeren Küstenorte der türkischen Riviera bieten mehrtägige Ausflüge in das Land der Tuffsteinpilze an, das es so jährlich auf rund eine Million Besucher bringt. Das ist entschieden kein Wunder, denn das bizarre, ja manchmal surreal wirkende „Naturkunstwerk" überrascht mit Formen und Linien, die weltweit nicht ihresgleichen haben.

Die fantastisch anmutende Märchenlandschaft erklärt sich geologisch aus der Tätigkeit der umliegenden Vulkane, darunter vor allem der 3917 Meter hohe *Erciyes Dağı* (südlich von Kayseri) und die beiden südöstlich von Aksaray liegenden Vulkanberge *Hasan Dağı* (3268 m) bzw. *Melendiz Dağı* (2963 m). Die Ausbrüche, die vor rund 20 Millionen begannen und in mehreren Phasen bis in die – geschichtlich gesehen – jüngste Zeit (ca. 10.000 v. Chr.) andauerten, verteilten riesige Mengen an Tuffpartikeln über das umliegende Land. Unter Tuff versteht man Vulkanasche, die aus sehr kleinen Körnern (unter 0,2 cm) besteht. Durch die wiederholten Eruptionen und Neuablagerungen bildeten sich unterschiedlich stark komprimierte Gesteinsschichten, die den später einsetzenden Erosionskräften – Wind und Wasser – kürzer oder länger widerstanden. Während das lockere, poröser gebildete Tuffgestein rasch abgetragen wurde, blieb das härtere Kerngestein stehen – und so entstanden jene heute weltweit berühmten Tuffsteintürme, die als **Feenkamine** (türk. **peri bacaları**) zum Wahrzeichen dieser Landschaft wurden. Ihre Formen sind vielfältig, gleichwohl dominiert – zumindest in der touristischen Wahrnehmung – eine unverkennbar phallisch anmutende Pilzform, mit der der Name einiger Täler (*Aşk Vadısı* – „Liebestal", s.u.) aufs glücklichste harmoniert. Die Täler selbst – heute beliebte Wanderrouten – entstanden durch Abflüsse, welche das Sedimentgestein abtrugen und aushöhlten.

Bunte Heißluftballons über Kappadokien

Geschichte

Dieses „Naturwunder" ist aber keineswegs das einzige Faszinosum. In den Kaminen und Tuffpilzen haben sich seit Jahrhunderten Menschen ihre versteckten und schützenden Wohnungen eingerichtet, lag Kappadokien doch an einer der am stärksten frequentierten Durchgangsstraßen Anatoliens, auf denen die Heere der verschiedenen Eroberer nach hüben wie drüben zogen. Nach den Großreichen der Hethiter und Perser gewann Kappadokien in der Diadochenzeit den Status eines hellenistischen Königreichs, das bis zur römischen Eroberung (18 n. Chr.) unter der lokalen Dynastie der Ariarithiden weitgehend seine Selbständigkeit behaupten konnte. Bereits im 2. Jahrhundert breitete sich um *Caesarea* (das heutige Kayseri) das Christentum aus, und vor den gelegentlichen Verfolgungen des römischen Staates bot die Tuffsteinlandschaft mit ihren Höhlen ein ideales Refugium. Als Kaiser Theodosius 391 das Christentum zur Staatsreligion erhob, war Caesarea längst unter den drei kappadokischen Kirchenvätern – *Gregor von Nyssa* (335–394), *Gregor von Nyzanz* (330–390) sowie vor allem dem Bischof *Basilius* (330–379) – einer der wichtigsten Bischofssitze der christlichen Welt geworden.

Mit dem Aufkommen des Islams durchzogen arabische Heere im 7. und 8. Jahrhundert Anatolien, und wieder nutzten die Einwohner die Felsverstecke der Tuffsteinlandschaft. Auch als das Byzantinische Reich Anatolien nach der Schlacht von *Mantzikert* (1071) endgültig an islamische Türken abtreten musste, blieben christliche Einwohner in teilweise unterirdischen Städten (s.u.) zurück. Je nach dem Grad der Toleranz ihrer islamischen Herrscher – Seldschuken, Turkmenen und schließlich Osmanen – führten sie ein mehr oder weniger zurückgezogenes, möglichst unscheinbares Leben.

Das endgültige Ende kam erst 1923, als im Zuge des nationalen Bevölkerungsaustausches zwischen Griechen und Türken die letzten orthodoxen Christen Kappadokien verließen. Ihre jahrhundertelang genutzten Tuffsteinwohnungen und „Gotteshäuser" wurden bald von Archäologen und Kunsthistorikern entdeckt, die bis heute über **3000 Felskirchen** in Kappadokien ausgemacht haben. Viele sind von außen kaum zu orten, so versteckt liegen sie im Labyrinth der Tufftäler und „Pilzwälder". Einige von ihnen verfügen über gut erhaltene, teilweise prächtige Decken- und Wandmalereien, die als Zeugnisse der mittelalterlichen byzantinischen Kirchenkunst gleichfalls den Status eines „Weltkulturerbes" erfüllen. Und so ist es wiederum kein Wunder, dass Scharen von Touristen sich durch enge Felstüren und noch engere Höhlengänge zwängen, über Leitern halbzerfallene Hohlräume erklimmen und mit Taschenlampe bewaffnet in dunkle Nischen stolpern, um die Reste des christlich-byzantinischen Anatolien zu erkunden.

Infastruktur

Selbstredend ist die touristische Infastruktur heute auf hohem Niveau und erfreulich ist der Umstand, dass der Ausbau des Tourismus sich weitgehend an die traditionellen Gegebenheiten und die natürliche Umgebung angepasst hat. Anders als an der Küste, wo zumindest in einigen Orten der geschätzte Pauschalkunde zwischen der Ästhethik von Betonbunkern oder der steriler Ferien-Apartments wählen darf, nächtigt der Kappadokien-Besucher nach einem vollen Besichtigungs- oder Wandertag in mehr oder weniger fantasievoll gestalteten Tuffstein-Herbergen, seien es Billig- oder

Gözleme-Straßen-restaurant

Luxushotels, die das natürliche Terrain nutzen und so einer Verschandelung der Landschaft weitgehend vorbeugen konnten.

Gleichwohl hat der wachsende Massentourismus die einst so lichtscheue Feenlandschaft aus ihrem jahrhundertelangen Dornröschenschlaf gerissen und dem Zauber des Geheimnisvollen ist heute weitgehend unter der Patina eines riesigen Open-air Museums nachzuspüren. Glücklicherweise ist das Gebiet so groß, dass sich die Ströme abseits der Hauptsehenswürdigkeiten verteilen und genug Raum für eigene Entdeckungen bleibt.

Anreise über die Kilikische Pforte und Niğde (240 km)

Als kürzester Anreiseweg von der östlichen Mittelmeerküste empfiehlt sich die Autobahn O-21/E90 (bzw. die parallel dazu laufende N750), die nördlich von **Tarsus** über die **Kilikische Pforte** das anatolische Hochland ersteigt.

Es handelt sich um eine der ältesten Passstraßen zwischen dem anatolischen Hochland und der Levante, wie auch die wenige Kilometer nördlich gelegenen Reste einer Römerstraße (als *Roman Yolu* von der N750 ausgeschildert) beweisen. Namhafte Heerführer wie Alexander der Große als auch die Heere der Kreuzritter nutzten den schmalen, gewundenen Gebirgsweg, um die Mittelmeerküste und Syrien zu erreichen. Der türkische Name **Gülek Boğazı** leitet sich von dem gleichnamigen Ort Gülek ab, der 42 km nördlich von Tarsus den südlichen Eingang zum Pass markiert.

Bagdad-Bahn

Als 1903 die deutschen Ingenieure der Philipp Holzmann AG mit dem Bau der berühmten Bagdad-Bahn begannen, stellte die Kilikische Pforte das größte infrastrukturelle Problem im Streckenabschnitt Konya–Adana dar. Mit Hilfe von etlichen spektakulären Tunneln, Viadukten und Brücken umgingen und überwanden die über 30.000 Bauarbeiter das extreme Terrain; noch heute stellt der Giaurdere-Viadukt bei Hacıkırı – örtlich als *Alman Köprüsü* (Deutsche Brücke) bekannt – mit über 90 Meter Höhe und weitgeschwungenen Steinbögen die höchste Eisenbahnbrücke der Türkei dar. Die Arbeit war für Bauarbeiter und Ingenieure gefährlich, und nicht wenige ließen dabei ihr Leben. Die über 3500 Deutschen hatten sich in *Belemedik* (ca. 15 km südlich von Pozantı) ihr Hauptquartier errichtet, einschließlich deutscher Schule, Krankenhaus und Friedhof. Das Ziel der von der Deutschen Bank wesentlich mitfinanzierten Bagdadbahn – ihre Schienen lieferte natürlich Krupp –, ein imperiales deutsches Standbein bis zum Persischen Golf aufzubauen, scheiterte im 1. Weltkrieg, lange bevor die Trasse fertiggestellt werden konnte; erst 1940 rollte der erste „Taurus-Express" auf den nun endlich verbundenen Teilstücken von Istanbul nach Bagdad.

Auf der bis **Pozantı** fertiggestellten Autobahn (74 km nördlich von Tarsus) passiert man heute schnell und mühelos den Taurus. Während die südlichen Abhänge noch reichlich von Kiefern bewaldet sind, steigt die Straße auf der Nordseite über eine erodierte Hügellandschaft in die anatolische Hochebene hinab. Wer übrigens die alte Landstraße nutzt, kann noch vor dem Pass nahe der Ortschaft Gülek (Çamalan) einem Schild (Alman Mezarliği) folgen, das zu einem kleinen Friedhof und einem Gedenkstein führt, der an die toten Deutschen der Bagdadbahn erinnert. Die oben erwähnten Tunnel und Viadukte erlebt aber nur derjenige, der mit dem Zug von Adana den Taurus überquert, da die Bahnstrecke östlich der Passstraße verläuft; erst nach der Überwindung des Taurus – ungefähr ab Pozantı – laufen Straße und Eisenbahn parallel.

Niğde

Rund 45 km hinter Posantı biegt rechts die N805 nach **Niğde** ab (53 km ab der Abzweigung). Der ca. 80.000 Einwohner zählende Ort ist Hauptstadt der gleichnamigen Provinz und allemal eine Pause wert. Unter den Byzantinern noch ein unwesentlicher Flecken, avancierte Niğde unter den Seldschuken im 12. und 13. Jahrhundert zu einer wichtigen islamischen Garnisonsstadt. Aus dieser Zeit stammen denn auch die Reste der seldschukischen Festung auf dem zentral gelegenen Burghügel **(Kale),** der heute einem schattigen, schön gelegenen Teegarten als Aussichtspunkt dient. Unweit davon steht die osmanische **Rahmaniye Camii** (1747) sowie der **Saat Kulesi** (Uhrturm).

Im südlichen Teil von Kale liegt die seldschukische **Alaeddin Camii** (1223), die nach ihrem Erbauer Sultan Alaeddin Keykubat I. (1219–37) benannt ist. Einzigartig ist die Moschee insofern, als an ihrem Portal auch figürliche Darstellungen zu finden sind, die allgemein als planetarische Personifikationen (Sonne und Mond) gedeutet werden – ein Unikum, da im Islam Darstellungen von Menschen allgemein nicht erlaubt sind. Neben der Moschee ist der ebenfalls aus der Seldschukenzeit stammende überdachte Brunnen **Hatıroğlu Çesmesi** (1267) zu bewundern; auch er birgt in seinem Bogen die Darstellung eines Frauengesichts.

Am Fuße des Burghügels liegt neben dem Basar die mit einem schönen Portal versehene **Sunğurbey Camii** (1335), benannt nach einem mongolischen Stadthalter. Weiter westlich liegt nahe der Istiklal Caddesi die nach ihrem weißen Marmorportal benannte **Ak Medrese** (Weiße Medrese). Überquert man hier die geschäftige Hauptstraße, erreicht man das **Archäologische Museum,** dessen Exponate von den Ausgrabungsstätten der näheren Umgebung stammen (Eintritt 1 €, 8–12 u. 13–17 Uhr, Mo geschl.)

Nördlich davon liegt etwas versteckt die sehenswerte **Hüdavent Hatun Türbesi** (1312). Das prächtige Mausoleum ist nach der Tochter des Sultans Kiliç Arslan IV. (1248–65) benannt. Erstaunlich ist schon die Konstruktion selbst: über einem oktogonalen Grundriss erhebt sich ein sechzehneckiges Dach. Vor allem aber die reichen Mukarnas-Dekorationen der Seitenwände sowie das prachtvolle Portal machen das Grabmal zu einer der schönsten Seldschukentürben Anatoliens. Direkt daneben liegt die etwas kleinere **Gündoğdu Türbesi,** die ebenfalls aus dem 14. Jahrhundert stammt.

Praktische Infos Niğde

Touristeninfo (Turizm Danışma) Bor Caddesi Adliye Sokak Belediye Binası (im städtischen Kulturzentrum im Süden der Stadt, 1. Stock), Tel. 2323393. **Vorwahl:** 0388

Busterminal (Otogar) An der Hauptstraße nach Kayseri im Nordosten der Stadt; u.a. nach Adana, Tarsus und Nevşehir (Kappadokien).

Zug

Zugverbindung nach Kayseri oder Adana über die Bagdadbahnlinie. Der Bahnhof (Tren Istasyonu) befindet sich im östlichen Zentrum am Ende der Istasyon Caddesi.

Gümüşler-Felsenkloster

Verlässt man Niğde über die N805 nach Norden, erreicht man nach 7 km rechts das sehenswerte **Gümüşler Manastırı.** Das byzantinische Felsenkloster (Eintritt 1,50 €, 8–12 u. 13–17 Uhr) aus dem 10. oder 11. Jahrhundert ist für den von Süden Anreisenden ein erstes beeindruckendes Zeugnis des kappadokischen Christentums und beherbergt prächtige Wandmalereien (11./12. Jh.). Um den quadratischen und durch wuchtige Felswände gut geschützten Innenhof befinden sich Wohnräume, Küche (Refektorium) und als Hauptsehenswürdigkeit die **Klosterkirche,** in deren triadisch bebilderter Apsis auch die eingangs dieses Kapitel genannten drei kappadokischen Kirchenväter dargestellt sind. Das Kloster verfügt über mehrere unterirdische Etagen, deren Räume – darunter auch die Baderäume – teilweise besichtigt werden können.

Anfahrt

Dolmuşverbindung von Niğde

Kappadokien – Orte und Sehenswürdigkeiten

Derinkuyu und Kaymaklı

Kommt man auf der hier vorgeschlagenen Route von Niide nach Kappadokien (hinter Gümüşler Manastırı links auf die D765 Richtung Nevşchir abbiegen), so erreicht man nach rund 40 km als ersten touristischen Höhepunkt die größte unterirdische Stadt *(yeraltı şehri)* Kappadokiens, **Derinkuyu** („Tiefer Brunnen“).

Im Untergrund von Kaymaklı

7

Der Name leitet sich davon ab, dass die Bewohner des Dorfes aus den unterirdischen Tiefen ihr Wasser schöpften, ohne zu ahnen, dass sich darunter eine komplette Stadt befand. Als die Anlage 1963 entdeckt wurde, legte man acht Stockwerke frei, die bis auf eine Tiefe von über 50 Meter hinabführen. In den oberen Stockwerken waren Wohn- und Schlafräume, Ställe für das Vieh, ein Klosterkomplex und sogar eine Weinpresse untergebracht. Darunter lagen Lagerräume und Verliese für Gefangene. Die einzelnen Gänge und Räume der Etagen konnten bei Gefahr durch mühlsteingroße Steinquader blockiert werden. Ein ausgestüfteltes Belüftungssystem, das auf der obersten Etage 15.000 Schächte besaß (in den unteren sind es weit weniger) und auch zur Wasserversorgung genutzt wurde, funktioniert noch heute.

Ein kilometerlanger Tunnel soll Derinkuyu mit den nahegelegenen unterirdischen Etagen von **Kaymaklı** verbunden haben. Der 8 km weiter nördlich gelegene Ort verfügt ebenfalls über eine unterirdische Stadt, in der fünf begehbare Etagen ein ähnliches Underground-Erlebnis vermitteln wie Derinkuyu.

Derinkuyu und Kaymaklı sind zwei von 36 bisher entdeckten unterirdischen Städten in Kappadokien; manche Archäologen gehen davon aus, dass es über 50 davon gibt. Seit wann diese Höhlenstädte existierten, ist umstritten. Sicher erscheint, dass die frühen Christen hier Schutz vor römischer Verfolgung fanden (2./3. Jh.). Auch später, als islamische Heere in Kleinasien vorrückten, dürften kappadokische Christen bei anrückender Gefahr das Sonnenlicht gemieden haben. Noch 1838, als ägyptische Truppen gegen den osmanischen Sultan zogen, nutzten die Bewohner Kaymaklıs Teile der unterirdischen Räume.

Achtung: Individualtouristen sollten darauf achten, nicht mit ganzen Busladungen gleichzeitig in die Tiefe einzusteigen; denn dann kann es in den engen Gängen und Türöffnungen zu regelrechten Staus kommen. Der Hinweis versteht sich natürlich erst recht für Menschen, die unter Platzangst leiden. Eine Taschenlampe ist ebenfalls sinnvoll, die Temperatur liegt – unabhängig von der Hitze draußen – bei ca. 8 Grad Celsius. Die Höhe der Räume und Gänge erlaubt vor allem Großgewachsenen kaum ein aufrechtes Gehen!

Eintritt Derinkuyu und Kaymaklı jeweis 7 €, geöffnet 9–18 Uhr.

Anfahrt: beide Orte sind vom Busterminal in Nevşehir zu erreichen.

Nevşehir

Rund 15 km sind es von Kaymaklı bis zur Provinzhauptstadt **Nevşehir,** Anfahrtsort vieler Kappadokien-Reisenden, die mit dem normalen Bus unterwegs sind und dort in die kleineren Orte umsteigen (s. Praktische Infos). Der Ort selbst hält kaum einen Reisenden länger als ein paar Stunden, denn die administrative Hauptstadt einer der schönsten Touristenregionen der Türkei hat – so verwunderlich das sein mag – selbst nicht allzu viel zu bieten. Wer beim Umsteigen etwas Zeit hat, kann die **seldschukische Zitadelle** auf dem Stadthügel bewundern. Zu ihren Füßen liegt die Altstadt, deren größtes

Juwel die **Damat Ibrahim Paşa Külliye** darstellt, ein aus dem Jahre 1726 stammender typisch osmanischer Stiftungskomplex, der aus der durchaus sehenswerten Zentralkuppelmoschee, Medrese, Imaret (Armenküche) und Hamam besteht. Der Stifter und folglich auch Namensgeber der Külliye, der aus Nevşehir gebürtige Damat Ibrahim Paşa (1660–1730), war Großwesir unter Sultan Ahmet III. (1703–30). Er gab seinem bis dato kleinen Heimatdorf Muşkara den programmatischen Namen „Neue Stadt" (Nevşehir) und baute es dementsprechend großzügig aus.

Bleibt noch das **Museum** in der Neustadt zu erwähnen **(Kayseri Caddesi)**, das aus der üblichen Zweiteilung von archäologischen und ethnographischen Exponaten besteht (Eintritt 1 €, 8–12 u. 13–17 Uhr, Mo geschl.)

Uçhisar

Einer der sympathischsten und sehenswertesten Orte Kappadokiens ist das ca. 6 km östlich von Nevşehir gelegene **Uçhisar.** Unübersehbar ist der ca. 60 Meter hohe, von etlichen Hohl- und Nischenräumen durchsetzte **Burgberg (Uçhisar Kalesi),** der über Treppen recht bequem erstiegen werden kann (Eintritt 1,50 €, 7–19.30 Uhr). Seit Römerzeiten oder gar früher haben vergangene Generationen den Felsen als „Behausung" dermaßen zerbröselt, dass ganze Etagen bzw. Räume wegen „Überbelegung" einfach kollabierten. Einst fanden in seinen Feenkaminen über 1000 Menschen Platz, heute nisten in dem pittoresk eingestürzten Steilhang nur noch die Tauben. Dies auch schon seit alters her, denn der Taubenmist (Guano) wurde in ganz Kappadokien als natürliches Düngemittel benutzt. Oben angekommen, genießt man einen herrlichen Blick über die Umgebung, und bei klarer Sicht ist im Osten sogar der Gipfel des *Erciyes Dağı* auszumachen.

Einen Spaziergang lohnen aber auch die kopfsteingepflasterten, geradezu urig wirkenden Gassen, deren Charme anfänglich vor allem französische Reisende angezogen hat. Anders als das benachbarte hochtouristisierte Göreme wirkt Uçhisar leise, aber originell und fein, ja fast schon ein

Uçhisar

bisschen nobel. Die liebevoll gepflegten Häuschen lassen noch authentische kappadokische Dorfkultur erahnen. Also durchaus eine gute Adresse für denjenigen, der sich nach einem stilvollen Standort umschaut …

Göreme

Nur 3 km nordöstlich von Uçhisar liegt mit **Göreme** das geografische wie auch touristische Zentrum der märchenhaften Tuffsteinlandschaft. Der Ort ist unter Reisenden so bekannt, dass er de facto als Synonym für ganz Kappadokien gebraucht wird und Massen aus aller Welt anzieht. Im Gegensatz zum eher exklusiven Uçhisar versprüht Göreme als Zentrum des **Göreme Milli Parkı** (Göreme-Nationalpark) eher den Charakter eines Open-air-Events für Rucksackreisende, unter die sich mehr und mehr auch organisierte Bustouren mischen. Fast alle Häuser stehen als Herbergen, Restaurants oder Agenturen direkt oder indirekt im Dienste des Reisenden, der von hier aus die Umgebung erforschen oder erwandern will.

Quasi in einem von Höhlenwohnungen und Tuffsteinkegeln umgebenen Talkessel gelegen, strahlt der Ort optisch ohne Zweifel eine wahrhaft bezaubernde Atmosphäre aus, auch wenn nur wenige direkte Sehenswürdigkeiten, so das als **Roma Kalesi** bekannte römische Tuffsteingrab im Zentrum, im Ort selbst zu finden sind.

Das Kirchental von Göreme

Einer der kulturellen Höhepunkte eines Kappadokien-Besuchs stellt das östlich des Ortes gelegene **Open-Air Museum (Açik Hava Müzesi)** dar. Hunderte (!) byzantinische Kloster- und Höhlenkirchen haben dem Tal den Rang eines Weltkulturerbes verliehen, geben sie doch einen imposanten Einblick in die mittelalterliche Ikonographie des kappadokischen Christentums, wie sie der Reisende vergleichbar in den Fresken der berühmten Chora-Kirche in Istanbul erlebt haben mag.

Bei Göreme

El Nazar Kilisesi

An der kleinen Stichstraße, die zum ca. 1,5 km entfernten Museum führt, zweigen schon vorher Wege zu weniger bekannten Höhlenkirchen ab: direkt hinter Göreme liegt ca. 500 Meter rechts der Straße die **El Nazar Kilisesi,** die in Form eines griechischen Kreuzes in einem Tuffsteinkegel errichtet wurde (Eintritt 2,50 €, 8–18 Uhr). Die Fresken der Apsiden (10. Jh.) beschreiben typische Szenen aus dem Leben Jesu (u.a. Verkündigung, Heilige drei Könige und Weg nach Jerusalem).

Saklı Kilise

Etwas weiter auf der Museumsstraße liegt ebenfalls rechter Hand oberhalb eines Cafés die „Versteckte Kirche", **Saklı Kilise** (Eintritt frei). Sie wurde erst 1957 entdeckt und liegt in der Tat schwer auffindbar auf der anderen Seite des Berggrats; unter ihren in Rot gehaltenen Fresken (11. Jh.) finden sich neben den kreuz- und geometrischen Deckenmotiven u.a. der Tod Marias sowie die Taufe im Jordan wieder.

Tokalı Kilise

Kurz vor dem Museumseingang erreicht man die aus mehreren Kirchenräumen bestehende **Tokalı Kilise** („Schnallenkirche", ab 4. Jh. und damit die älteste der Umgebung), deren dominierend blaue, geradezu transzendent anmutenden Fresken (10. Jh.) in der Oberkirche zu den schönsten Kappadokiens zählen (Eintritt im Museumsticket inbegriffen).

Ihre gut erhaltene Leuchtkraft erklärt sich durch die lange Abgeschlossenheit des Kirchenraums, der von der Dorfbevölkerung lange als hermetisch abgeriegelter Taubenschlag genutzt wurde. Ikonographisch umreißen die Darstellungen das Leben Christi (u.a. auch das beliebte Thema der Auferstehund des Lazarus).

Open-Air Museum (Açik Hava Müzesi)

Der Rundgang durch das Freilicht-Museum (Eintritt 5 €, 8–18 Uhr) erfolgt normalerweise gegen den Uhrzeigersinn, so dass man nach dem Eingang rechter Hand zunächst die **Aziz Basil Şapeli** (Kapelle des heiligen Basilius, 12. Jh.) passiert, die eine Darstellung des namengebenden Basilius von Caesarea sowie Malereien in den Apsiden bietet.

Weit sehenswerter ist die folgende **Elmalı Kilise** („Apfelkirche", 12. Jh.), unter deren neun Kuppeln und drei Apsiden viele Fresken mit Szenen aus dem Leben Jesu nach umfangreicher Restaurierung wieder zugänglich sind.

In der mittleren Kuppel erkennt man *Christus Pantokrator,* flankiert von Heiligen und Engeln, weiter unten Medaillons der Evangelisten.

Praktisch benachbart ist die **Azize Barbara Kilise** (Kirche der heiligen Barbara), deren hauptsächlich geometrisch orientierte Ausmalung die Vermutung rechtfertigt, dass die Ausschmückung zur Zeit des byzantinischen Bilderverbots (Ikonoklasmus, 730–843) erfolgte, so dass die Kirche mindestens ins frühe 9. Jahrhundert zu datieren wäre; die Figurendarstellungen der heiligen Barbara sowie die Tötung des Drachens durch die Heiligen Georg und Theodor müssten demnach später hinzugefügt worden sein.

Yılanlı Kilise („Schlangenkirche")

Eine ikonographisch ähnliche Thematik findet sich auch in der rechteckigen **Yılanlı Kilise** („Schlangenkirche", 11. Jh.), wo neben den älteren, rotlinigen Mustern in geometrischer Form Georg und Theodor mit der Tötung einer Drachenschlange beschäftigt sind. Ihnen gegenüber sind die Heiligen Basilius, Thomas sowie Onophrios zu erkennen. Letzterer findet sich neben einer Palme und bis auf den langen Bart unbekleidet in der für ihn typischen Darstellung als Asket wieder: Onophrios war ein ägyptischer Einsiedler des 4. Jahrhundert, der angeblich 60 Jahre nur von dieser Palme und einem Wasserloch gelebt haben soll. Seitdem der Kreuzfahrer Heinrich der Löwe (1129–95) die Hirnschale des Heiligen nach seiner Rückkehr als Reliquie in der von ihm neugegründeten Stadt München aufbewahrte, galt Onophrios als Schutzpatron dieser deutschen Stadt.

Nachdem man das **Refektorium** (Speisesaal mit Tuffsteintischen) und mehrere **Lager- wie Küchenräume** passiert hat, kommt man zur wohl größten Sehenswürdigkeit des Museums, der **Karanlık Kilise.**

Karanlık Kilise („Dunkle Kirche")

Die über eine Treppe zu ersteigende Kreuzkuppelkirche (Eintritt, obwohl auf dem Museumsgelände, zusätzlich 2,50 €) enthält herrliche Malereien (11./12. Jh.), deren Farbintensität aufgrund des geringen Lichteinfalls – deshalb „Dunkle Kirche" – verblüffend ist.

Das dominierende dunkle Hintergrundblau stellt die figürlichen Darstellungen kontrastierend und deshalb effektvoll in den Vordergrund. Die Ikonographie reicht von der Geburt Jesu über die Taufe im Jordan, der Reise nach Jerusalem bis zum letzten Abendmahl und dem Judaskuss.

Farbenprächtige Malereien in der Karanlık Kilise

Çarıklı Kilise („Sandalenkirche")

Ebenfalls über eine Treppe zu erreichen ist die folgende **Çarıklı Kilise** (12. Jh.), in deren Hauptkuppel wieder das für die byzantinische Ikonographie so typische Pantokrator-Motiv (Christus als „Allherrscher") zu sehen ist; in den Zwickeln darunter sind die Evangelisten dargestellt. Die zentrale Apsis zeigt das ebenfalls geläufige Motiv der Deesis, d.h. der „Fürbitte" Marias und Johannes des Täufers beim Jüngsten Gericht. Der Name, „Sandalenkirche", stammt übrigens von dem Fußabdruck auf dem Fresko „Jesu Himmelfahrt".

Wer nach all den Kirchen, Klosterräumen und Bildern nun erschlagen dem Café am Eingang zustrebt, kann rechts zuletzt dem Felsen des **Rahibeler Manastırı** („Nonnenkloster") noch schnell einen Blick gönnen; zu den auf mehreren Ebenen verteilten Räumlichkeiten gehören kleinere Kapellen und ein Refektorium.

Wanderslust im Liebestal – Trekkingziele um Göreme

In den letzten Jahren sind die Täler Kappadokiens zunehmend auch zum Ziel eines zwar noch weitgehend individuellen, aber anwachsenden Trekkingtourismus geworden.

Die bizarren Landschafts- und vor allem Tuffsteinformationen legen die Verbindung von Kultur- und Naturerfahrung nahe, obschon die ohnehin von andauernd starken Erosionskräften beanspruchte Landschaft ein empfindliches Terrain für einen großflächigen Wandertourismus wäre. Die kleine Trekking-Karte des Touristenbüros bittet denn auch brav um die Benutzung vorhandener Pfade und Wege – von einer Beachtung geschweige Kontrolle dieses Hinweis ist man noch weit entfernt, was alleine auch schon daran scheitert, dass es kaum gekennzeichnete Wege gibt.

Die beliebtesten Ziele, die auch weniger ambitionierte Spaziergänger kaum überfordern dürften, stellen das südwestlich von Göreme liegende **Güverncinlik Vadısı** („Taubental"), das westlich gelegene **Aşk Vadısı** („Liebestal") wie auch das südlich gelegene etwas größere **Zemi Vadısı** dar (das „Güvercinlik" bzw. „Aşk Vadısı" kann auch leicht von Uçhisar erreicht werden).

Den Namen des „Liebestals" erklärte ein Einheimischer mit dem vielversprechenden Hinweis, dass man beim Betreten von einer plötzlichen erotischen Lustanwandlung heimgesucht werde. Man muss kein Psychologe sein, um dieser Erklärung etwas abgewinnen zu können: die Feenkamine in allen Tälern werden auch den züchtigsten Menschen im Unterbewusstsein zum Freudianer machen – an dem phallischen Wink aus Tuffstein führt kein Augenschlag vorbei. Interessant wäre es da eher zu hinterfragen, wie die asketische Mönchsgemeinde Kappadokiens mit diesen fleischlichen Assoziationen fertig geworden ist …

Information Die nicht gerade sehr detaillierte Trekkingkarte gibt es bei den Touristenbüros (s. Praktische Infos unten), das auch – falls erwünscht – Kontakte zu Wanderführern vermittelt.

Ortahisar und Umgebung

Der etwa 3 km südöstlich von Göreme liegende Ort trägt seinen Namen – „Festung in der Mitte“ – im doppelten Sinne zu Recht, denn sein imposanter, 90 Meter steilaufragender **Burgberg** (teilweise wegen Einsturzgefahr abgesperrt) stellt nicht nur den Mittelpunkt des malerischen Ortes, sondern auch in etwa das geografische Zentrum Kappadokiens dar.

Altstadt von Ortahisar

Touristen machen hier nur die zweitgrößte Einnahmequelle aus, denn in den großen, kühlen Höhlen Ortahisars werden sowohl lokal geerntete Kartoffeln und Äpfel als auch Südfrüchte aus Antalya und der Çukurova zwischengelagert. Von hier werden sie dann in alle Richtungen transportiert, so dass der Ort einer der größten landwirtschaftlichen Umschlagplätze der Türkei ist.

Neben dem imposanten Burgberg kann am Cumhuriyet Meydanı (Platz der Republik) in den Räumlichkeiten des vormals ersten Hotels dieser Region (1955) das 2005 eröffnete ethnographische **Kültür Müzesi** besucht werden (Eintritt 2,50 €, 9–19 Uhr), dessen lebensgroße Puppen einen guten Eindruck von Kleidung und Alltag der dörflichen Bevölkerung vermitteln. Im Frühjahr werden die Räume des Museums regelmäßig für klassische Musikdarbietungen genutzt.

Hallaç Manastırı

Nördlich von Ortahisar, an der Straße nach Ürgüp, liegt das **Hallaç Manastırı** (ausgeschildert als „Hospital Monastery“), ein heute weitgehend zerstörter Klosterkomplex, der einst mehrere Stockwerke umfasste. Die große Kreuzkuppelkirche zeigt noch das geometrische Dekor der bilderfeindlichen Epoche.

„Rote Schlucht“, „Rosental“ und Kızılçukur Gün Batımı

Weitere 3 km nördlich liegt am westlichen Hang des 1300 Meter hohen *Boztepe* das **Kızılçukur Vadısı** („Rote Schlucht“), das mit dem benachbarten **Güllüdere** („Rosental“) ein beliebtes Wandergebiet darstellt.

Gleich am Anfang der „Roten Schlucht“ liegt die **Üzümlü Kilisesi** („Weinkirche“, nach einem dort lebenden Mönch auch als „Niketas-Kirche“ bezeichnet (8./9. Jh.); die reich mit gelb-rot getönten Fresken geschmückte kleine Felsenkirche bezieht ihren Namen aus den Trauben bzw. Weinblattornamenten, die ein geometrisch dargestelltes Kreuz umranken.

Am Eingang zum Tal beim Parkplatz liegt übrigens der **Kızılçukur Gün Batımı,** ein quasi lizensierter Aussichtspunkt für den schönen Sonnenuntergang über Kappadokien. Zu Saisonzeiten versammeln sich hier fleißig die Ausflugsbusse, um die allabendliche Hommage an das kappadokische Abendrot zu zelebrieren. **Eintritt** 1,50 € für die Zugangsstraße zum Aussichtspunkt; geöffnet von Sonnenauf- bis -untergang.

Südöstlich von Ortahisar

Eine kleine Wanderung stellt der Besuch des südöstlich von Ortahisar liegenden Tals **Pancarlık Vadısı** dar, das gleich mehrere, teilweise stark zerstörte Kirchen beherbergt. Die sehenswerteste ist die **Pancarlık Kilise** aus dem 11. Jahrhundert, deren von einem dominierenden Grünton bestimmte Heiligenfresken recht gut erhalten sind. Eintritt 1 €, 9–17 Uhr.

Ürgüp

Das rund 15.000 Einwohner zählende Städtchen ist heute mit einem breitgefächerten Hotelangebot einer der wichtigsten touristischen Standorte Kappadokiens. Auf dem zentral gelegenen Burghügel **Temenni Tepe** liegen mehrere seldschukische Türben (Grabbauten), darunter auch die von Sultan Ruknettin Kiliç Aslan IV. (1248–65), der das Sultanat mit Hilfe der Mongolen gegen seine Brüder verteidigte.

Die westlich des Burghügels liegende **Altstadt** besitzt noch viele malerische Steinhäuser aus griechischen Zeiten, ein starker Kontrast zu den recht modernen Einkaufsstraßen rund um den Cumhuriyet Meydanı. Ürgüp kann auf eine lang gepflegte Kunst des Weinanbaus zurückblicken, der im Wesentlichen auf dem guten Ruf der Emir-Traube fußt und in den Keltereien des Ortes (eine der bekanntesten ist *Turasan*) gekostet werden kann.

Ein kleines **Museum** im gepflegten Stadtpark informiert über die archäologischen und ethnographischen Sehenswürdigkeiten aus der Umgebung (Eintritt 1 €, 8–17 Uhr, Mo geschl.).

Mustafapaşa

Der ca. 9 km südlich von Ürgüp liegende kleine Ort gehört in puncto Beschaulichkeit und Charme zu einer der ersten Adressen Kappadokiens. Gepflasterte Gassen und stilvoll restaurierte griechische Häuser erinnern daran, dass bis zum Bevölkerungsaustausch von 1923 hier weitgehend Griechen heimisch waren, die sich – in guter alter kappadokischer Tradition – mit dem Weinanbau und der kunstvollen Verschönerung ihres Dorfes beschäftigten. Dieses trug damals noch den Namen *Sinassos,* bevor es dann mit dem Zuzug türkischer Immigranten (viele aus Saloniki) auch namentlich seine nationale Identität wechselte. In der Folge drohten viele der Häuser zu zerfallen, bis sich in den letzten Jahren der Wind drehte und sich fast eine griechische Renaissance entwickelte. Denn zumindest die städtischen Türken aus Istanbul, die heute einige der repräsentativsten Villen als Landsitze übernommen haben, sind sich längst über den en-Vogue-Charakter griechischer Kultur und Wohnästhetik im Klaren. So stehen denn viele der zum neuen Leben erwachten Häuser heute unter Denkmalschutz. Kirchen – sowie ein griechisches Kloster – gibt es selbstredend auch: neben der zentralen Ortskirche **Agios Konstantinos** (18. Jh.) – ausnahmsweise keine Höhlenkirche – lohnt vor allem die am nördlichen Ortsrand aus einem Felsen geschlagene **Agios Vasilios** den Besuch. Obgleich die Fresken neueren Datums sind, schließen sie sich überzeugend der traditionellen Form byzantinischer Kirchenmalerei an.

Eintritt 3 € (das Ticket, das man am zentral gelegenen Kiosk der Touristeninfo bekommt, ist für den Besuch aller umliegenden Kirchen gültig).

Zum Soğanlı Vadısı

Südlich von Mustafapaşa geht es am **Damsa-Stausee** (Bademöglichkeit) vorbei zum 7 km entfernten Dorf **Cemilköy.** Etwa 2 km südlich des bis 1923 von Griechen bewohnten Ortes liegt rechter Hand das **Keşlik Manastırı,** das zu griechischen Zeiten als Archangelos-Kloster (Erzengel-Kloster) bekannt war. Die Besichtigung des Tuffsteinklosters umfasst das Refektorium und zwei Kirchen – *Stephanos* und *Archendos Kilise*; die letztere enthält noch einige Fresken (Eintritt 1,50 €, 9–18 Uhr).

Nach weiteren 8 km hat man **Şahinefendi** erreicht, in dessen unmittelbarer Umgebung (am Ortseingang links abbiegen) die erst 2002 entdeckten Überreste der antiken Stadt **Sebastos** mit einer Umzäunung gehütet werden. Bisher haben die Ausgrabungen vor allem Kirchen- und Thermenreste zu Tage gefördert, in denen teilweise guterhaltene Mosaike zu sehen sind.

Soğanlı-Tal

Ins kappadokische Abseits begibt sich derjenige, der 25 km südlich von Şahinefendi das abgelegne **Soğanlı**-Tal ansteuert (keine Dolmuşverbindung). In den beiden einsamen Tälern rechts und links des alten Dorfes **Yukarı Soğanlı** (Oberes Soğanlı, kommt nach dem „Unteren Dorf" Aşağı Soğanlı) sind mehrere Kirchen des 10. bis 13. Jahrhunderts zu entdecken. Insgesamt schätzt man ihre Zahl auf über 150, aber die meisten sind versteckt, verschüttet oder aber von den Einheimischen als Taubenstall unkenntlich gemacht worden. Zu besichtigen sind im rechten Tal die *Karabaş-*, die *Yilanlı-* sowie die *Kubbeli Kilise;* im linken Tal ist vor allem die *Tahtalı Kilise* mit ihren neutestamentarischen Darstellungen erwähnenswert. Noch vor dem Tickethäuschen bzw. dem Restaurant Cappadocia liegen rechts und links der Straße die *Gök-* bzw. die dreischiffige *Tokalı Kilise.* Eintritt 1,50 €, 9–18 Uhr.

Nördlich von Göreme: Çavuşin

Gut 3 km nördlich von Göreme ereignete sich 1963 im Ort Çavuşin eine Katastrophe: ein Teil des hohen, stark ausgehöhlten Tuffsteinfelsens brach über dem Dorf zusammen und begrub Häuser und Menschen unter sich. Der heute spektakulär wirkende Felsbruch zerstörte zudem eine der ältesten und berühmtesten Kirchen Kappadokiens, die aus dem 5. Jahrhundert stammende „Täufer-„ bzw. „Johanneskirche", die bis auf wenige Reste mit in die Tiefe gerissen wurde.

Die zweite bekannte Kirche Çavuşins, die ebenfalls hochgelegene **Büyük Güvercinlik Kilisesi** („Taubenschlagkirche", erbaut 963–69) an der Straße nach Avanos, besitzt in ihrem Innern sehenswerte Fresken aus dem Leben Jesu (Eintritt 2,50 €, 8–17 Uhr). In dem eingestürzten Vorraum erkennt man noch die Darstellungen der Erzengel Gabriel und Michael.

Die Kirche wurde unter dem byzantinischen Kaiser Nikephoros II. Phokas (912–969) ausgemalt, der während seines Kilikien-Feldzugs (964–66) die Klöster Kappadokiens besuchte. Die sehenswerten, gleichwohl bereits etwas verblassten Fresken im Inneren, bei denen ein Rotton dominiert, stellen in vier Reihen typisch christusbiographische Stationen, wie z.B. Verkündigung, Reise nach Bethlehem, der Einzug in Jerusalem, das letzte Abendmahl u.a. dar.

Zelve

Etwa 2 km nördlich von Çavuşin biegt rechts die Straße nach Zelve ab; auf den restlichen drei Kilometern passiert man das von besonders skurrilen und dominanten Tufffelsen bestimmte **Paşabağı Vadısı,** ein beliebter, von Souvenir-Shops umstandener Fotostopp der Reisebusse. Der frühere Name „Tal der Mönche" erinnert daran, dass in vielen seiner Feenkamine Asketen ihre Einraumwohnungen und -kapellen eingerichtet haben. Gleiches gilt auch für die **drei Täler von Zelve,** deren Tuffsteinhöhlen seit frühester Zeit eines der am dichtesten besiedelten Gebiete Kappadokiens waren.

Bis Anfang der 1950er Jahre lebten hier noch Menschen, die dann aufgrund der zunehmenden Einsturzgefahr umgesiedelt wurden.

Höhlenwohnungen in den Tälern von Zelve

Heute sind die von spektakulären Gesteinsformationen geprägten Täler genau wie Göreme ein **Open-air Museum (Zelve Açik Hava Müzesi,** Eintritt 2,50 €, 8–16.15 Uhr), dessen Kirchen, Felswohnungen und Mühlen mit gutem Schuhwerk und Taschenlampe erforscht werden können (wegen Steinschlaggefahr sind einige Bereiche heute gesperrt). Besonderes Interesse findet ein Tunnel, der das erste mit dem zweiten Tal verbindet. Ihm gegenüber sieht man die riesige Aushöhlung eines ehemaligen Klosters. Die einfachen Kirchen, die teilweise noch aus der ikonoklastischen Zeit stammen, zeigen neben dem Kreuzmotiv frühchristliche Symbolornamentik (Lamm, Fisch, Weinblätter und -trauben), was entsprechend den Namen der Kirchen bestimmt hat (Balıklı Kilise – „Fischkirche", Üzümlü Kilise – „Traubenkirche").

Avanos

Das rund 12.000 Einwohner zählende Städtchen Avanos gehört eher zu den touristisch unspektakulären Orten Kappadokiens, was nicht heißt, dass die seit alters her für ihre Töpfer- und Ziegelkunst bekannte Stadt ohne Charme wäre. Die Altstadt liegt nördlich des *Kızılırmak,* der mit über 900 km der längste Fluss der Türkei ist. Sein Name – „Roter Fluss" – erklärt, woher der durch Sedimentierung entstandene rötliche Lehm der Umgebung herrührt, der dem Avanos-Töpferhandwerk seinen guten Ruf verschafft hat. Unterstrichen wird dies auch von der rottonigen Töpferstatue am zentralen Platz, dem Cumhuriyet Meydanı, die den Meister mit Töpferscheibe bei der Arbeit zeigt.

Bei einem Shopping-Spaziergang durch die hübschen Gassen der **Altstadt** sollte man unbedingt dem etwas abstrusen **Chez Galip** einen Besuch abstatten: Das an den Fels gebaute, verwinkelte Töpferhaus bietet eine einmalige Kuriosität, denn es sammelt seit 30 Jahren die Haare von Frauen aus aller Welt und verteilt sie über ganze Räume. Der Besuch dieses Haarmuseums ist gratis – Frauen können aber, so sie denn wollen, mit ihrem Haar eine Spende hinterlassen …

Am Ende der Atatürk Caddesi gegenüber der Brücke steht der sehenswerte **Hacı Nuri Konak,** ein ehemaliger osmanischer Stadtpalast, der heute als handwerkliches Ausbildungszentrum (Studenten im Teppichgewerbe) dient (derzeit nicht zu besichtigen).

Der **Saruhan,** eine aus dem 13. Jahrhundert stammende komplett restaurierte **Seldschukenkarawanserei** mit schönem Portal, liegt ca. 6 km östlich von Avanos. Nach dem Tagesgeschäft als Museum öffnet sich das sehenswerte Mukarnasportal abends für Reisegruppen, die sich dann durch mystische Derwischtänze verzaubern lassen können. Eintritt 1 € (die abendliche Derwischvorstellung *Sema* kostet 25 €, ohne Essen).

Wer von Avanos die Straße südöstlich nach Ürgüp nimmt, passiert das **Devrent Vadisi,** quasi ein surrealistisch geformter Tuffsteingarten mit deutlich animalischem Assoziationscharakter; unter den skurrilen Formationen ist vor allem das „Kamel" bekannt geworden. Duchaus verständlich, passt es doch stilmäßig hervorragend zum weltfernen Charakter dieser eindrucksvollen Mondwüstenlandschaft.

Praktische Infos Kappadokien

Touristeninfo (Turizm Danışma)

Nevşehir: Yeni Kayseri Caddesi, Tel. 2134260, Mo–Fr 8.30–12 u. 13–17 Uhr.
Ürgüp: Park Içi (nahe Stadtpark und dem Museum), Tel. 3414059, 8–17 Uhr.
Avanos: Atatürk Caddesi, Tel. 5114360, zur Saison 8.30–17 Uhr.
Vorwahl: 0384

Busterminal (Otogar)

Nevşehir: Busreisende werden in aller Regel Kappadokien über Nevşehir erreichen; der Otogar befindet sich in der Gülşehir Caddesi, gut 1 km nördlich des Zentrums. Verbindungen in alle Teile des Landes. Die Dolmuş-Verbindungen in die kappadokischen Ferienorte *Göreme, Uçhisar, Ürgüp, Avanos* starten in der Saatçi Hoca Caddesi im Zentrum.

Göreme und vor allem **Ürgüp** besitzen aber auch Direktverbindungen mit der Küste und Istanbul (bei großen Busgesellschaften, wie z.B. Metro, anfragen). Alle genannten Orte Kappadokiens sind durch Dolmuş miteinander verbunden (gilt nicht für die Strecke ins Soğanlı-Tal südlich von Mustafapaşa!). Die Zeitintervalle können allerdings vor allem am Wochenende erheblich variieren.

Zu den in Stichstraßen abgelegenen Sehenswürdigkeiten, wie z.B. dem Zelve-Tal, gibt es keine direkten Linienverbindungen; man muss also an der jeweiligen Kreuzung von Hauptstraße/Stichstraße aussteigen und ggf. zu Fuß weitergehen.

Mietwagen

Mehrere Anbieter in Göreme, Uçhisar und Ürgüp; auch Moped- u. Fahrradvermietung bei *Oz Cappadocia,* am Hauptplatz von Göreme, Tel. 2712159, oder *Görtur,* Tel. 2712211

Unterkunft

Man hat die Qual der Wahl: während in Göreme viele Backpacker ein günstiges Quartier suchen, gilt Ürgüp eher als Zentrum des organisierten Bustourismus. Wer beide Zentren vermeiden will, findet in Uçhisar, Ortahisar, Avanos und Mustafapaça stilvolle Alternativen.

Göreme:

- **Anatolian Houses,** Tel. 2712463, www.anatolianhouses.com.tr. Auf mehrere Terrassen verteiltes Nobel-Hotel im kappadokischen Höhlenstil, gediegene Suiten, Jacuzzi, fantasievolle Indoor- und Outdoor-Poollandschaft. DZ/F ab 250 €.
- **Cappadocia Cave Suites,** Unlu Sokak 19, Tel. 2712800, www.cappadocia-cavesuites.com. Stilvolles Boutique-Hotel mit individuell und geschmackvoll eingerichteten Höhlensuiten in einem Feenkamin, Internet, Jacuzzi. DZ/F ab 135 €.
- **Village Cave House Hotel,** recht preiswertes rustikales Höhlendomizil, Tel. 2712182. DZ/F ab 30 €.
- **Hotel Peri Cave,** Müze Yolu, Tel. 2712136, www.pericavehotel.com. Preiswerte Höhlenzimmer an der Straße zum Open-Air Museum, teilweise im Feenkamin, Holzfußboden. DZ/F ab 20 €.

Uçhisar:

- **Les Terrasses d'Uçhisar,** Tel. 2192762, www.terrassespension.com. Französischer Chic trifft kappadokische Architektur: 14 geschmackvoll eingerichtete Höhlenzimmer, schöner Blick von der Terrasse, türkische u. französische Küche, für das Gebotene preiswert. DZ/Fab 38 €.
- **Kappadokya Uçhisar Pension,** Tel. 2192662, www.uchisarpension.com. Stilvolle Pension mit prachtvollem Ausblick von der Terrasse, schöne Zimmer mit Holzboden u. Heizung. DZ/F ab 30 €.

Avanos:

- **Sofa Hotel,** Tel. 5115186, www.sofa-hotel.com. 30 traditionell mit vielen Teppichen und Kelims eingerichtete Zimmer in einem prächtigen Altstadthaus, schöner Innenhof, rustikal und gut ausgestattete Zimmer. DZ/F ab 50 €.
- **Sokmak Konuk Evi,** Cami Sokak 11, Tel. 5114587. Preisgünstige rustikale Familienpension in einem sehenswerten Altstadthaus mit 12 geräumigen Zimmern u. hübscher Inneneinrichtung, Holzfußboden, die Besitzer sprechen Deutsch. DZ ab 40 €.

Ortahisar:

- **Alkabris,** Ali Reis Sokak 23, Tel. 3433433, www.alkabris.com. Schön restauriertes, terrassenförmig angelegtes altes Haus mit 5 rustikalen, individuell dekorierten Höhlenzimmern und -suiten (in den 2 Suiten Jacuzzi), Holzfußboden, Heizung. Von der Terrasse herrlicher Blick auf den Burgberg. DZ/F ab 100 € (3 Monate im Winter geschl.).

Ürgüp:

- **Temenni Evi,** Kiliçaslan Sok. 11 (auf dem Burghügel), Tel. 3413341, www.temennievi.com. Traumschönes Boutique-Hotel mit 15 rustikalen Zimmern, alle individuell eingerichtet und mit viel Holz verschönt, prächtiger Ausblick. DZ/F ab 80 €.
- **Selçuklu Evi,** Yunak Mahalle, Tel. 3417460, www.selcukluevi.com. 20 individuell eingerichtete Räume bzw. Suiten in zwei Gebäuden um einen malerischen Innenhof gruppiert, alles in traditionellem Stil, kleine Bücherei, Internet. Ein wahrhaftes Unikum ist der Weinbrunnen im Garten: aus dem einen Hahn kommt roter, aus dem anderen weißer Wein. DZ/F ab 70 €.

Mustafapaşa:

- **Sinasos Gül Konakları,** Sümer Sokak 1, Tel. 3535486, www.sinasos.com.tr. 19 stil- und geschmackvoll eingerichtete Räume in zwei renovierten griechischen Häusern, schöne Innenhöfe mit Rosengärten, Bibliothek. DZ inkl. Halbpension ab 150 €.

Essen und Trinken

Fast alle oben genannten Unterkünfte verfügen über einen eigenen, dem Niveau des Hauses entsprechenden Gastronomiebetrieb.

Göreme:

- **Kale Terrasse Restaurant** (neben dem Roma Kalesi); stilvolles Ambiente mit sehr schöner Gartenterrasse, hauptsächlich türkische, aber auch internationale Küche.
- **Şarap Evi,** Müze Cad. 18 (zentraler Platz); Weinhaus bzw. Café in einem Kellergewölbe in romantischer Kerzenlicht-Aufmachung.
- **Cappadocia Kebap,** am zentralen Platz in der Ortsmitte; für Göreme-Verhältnisse relativ preisgünstiges kleines Kebap-Restaurant

Bizzare Felsformationen in Kappadokien

Ortahisar:

- **Culture Museum Café/Restoran,** Cumhuriyet Meydanı 15; dem ethnographischen Museum angeschlossenes großes Restaurant mit traditioneller türkischer Küche, angenehme Atmosphäre.

Avanos:

- **Evranos,** Taşköprü Karşısı, Tel. 5113750; großes Höhlenrestaurant mit regelmäßiger Folklore-Show, darunter auch Bauchtanz und Derwisch-Tänze, türkische Küche.
- **Tafana,** Atatürk Cad. 31; zentral gelegen bietet das nette rustikale Restaurant preiswerte und schmackhafte Pide-Kebap-Gerichte.
- **Adana Ocakbaşı,** Atatürk Caddesi 23; direkt an der Hauptstraße liegendes einfaches Restaurant: Fleischspieße, Lahmacun und Kebap-Variationen.

Ürgüp:

- **Asmalı Konak,** Yunak Mahalle (nahe dem Hotel Selcuklu Evi), Tel. 3418930; schön restaurierter Konak mit sehenswertem Außenbalkon und zwei säulenbestandenen Innenhöfen. Außer dem großen Restaurant sowie der angeschlossenen „Katzen-Bar" (Kedi Bar) gibt es eine ethnographische Ausstellung samt Puppensammlung zu sehen, Eintritt 1 €.
- **Han Çıraçan Restoran,** Cumhuriyet Meydanı 4; sympathisches Gewölberestaurant in einem Han mit schöner Außenterrasse, hervorragende türkische Küche samt Weinkarte.
- **Panorama Café/Restaurant,** Cami Kebir Sokak 16, Tel. 3413520; preisgünstiges Restaurant auf dem Burghügel mit typisch türkischer Küche: Gözleme/Mantı/Mezeler.

Unterhaltung

Die Backpacker-Szene in Göreme feiert abends lautstark mit internationaler Beschallung in diversen Disco-Bars, am bekanntesten darunter seit langem die Terrasse des **Flintstones** an der Straße zum Open-air Museum. Die **Saruhan Karawanserei** nahe Avanos bietet „Türkische Nächte" mit Bauchtanz etc. für ganze Busgruppen (über Agenturen buchbar). Gute Sema-Vorführungen (klassischer Derwisch-Tanz) bietet das **Altınocak Kültür Merkezi** in Avanos, Yenimahalle Hasankalesi, Tel. 5114357.

Ausflüge/Aktivitäten/Sport

Mehrere Agenturen bieten organisierte Ausflüge an, z.B. *Rose Tours,* Göreme, Tel. 2712708, www.rosetour.com. *Nomad Travel Agency,* Göreme, Tel. 2712767, www.nomadtravel.com. *Görtur* in Uçhisar am Hauptplatz, Tel. 2712211. Angeboten werden Wandertouren, unterirdische Städte, Töpferdemonstrationskurse in Avanos, Türkische Nächte bzw. Derwischfolklore usw.

Ballonfahrten sind der touristische Knaller im vielfältigen Ausflugskanon: man startet meistens frühmorgens zum Sonnenaufgang und schwebt für ca. eine Stunde über der surrealen Märchenlandschaft. Mehrere Anbieter und in jeder Agentur präsent, u.a. *Kappadokya Balloons,* Göreme, Tel. 2712442, www.kappadokyaballoons.com. *Göreme Balloons,* Ürgüp, Tel. 3415662, www.goremeballoons.com. *Anatolian Balloons,* Göreme, Tel. 2712300, www.anatolianballoons.com.tr. Preis ab ca. 140 € pro Kopf, je nach Passagierzahl und Dauer des Flugs.

Wandern: die regionalen Agenturen und selbsternannten Informationszentren vermitteln neben (groben!) Übersichtskarten auch Guides, die neben ihrer Tätigkeit als Wanderführer für den Kunden alles Mögliche organisieren.

Einkaufen

- **Özler Centre Artisanal,** Uçhisar, Tel. 2192026; eine von mehreren Onyx-Verkaufsstellen, die aus dem beigen, manchmal grünen Onyx-Stein Aschenbecher, Vasen und natürlich Schmuck jeder Art herstellen.
- **Antikite Aziz Baba,** Kayseri Cad. 31, Ürgüp; von griechischen Ikonen über ein Sammelsurium von alten Ketten, Uhren Schmuck- und Möbelaccessoires kann sich jeder etwas mehr oder weniger „Antikes" raussuchen.
- Wer sich für kappadokischen Wein interessiert, sollte der Kelterei **Turasan** in Ürgüp einen Besuch abstatten; die Filiale mit Degustation und breitem Sortiment findet man an der Ausfallstraße von Ürgüp Richtung Nevşehir.
- **Chez Galip,** Tel. 5114577; bekannter Töpferladen in der Altstadt von Avanos, bekannt durch sein „Frauenhaarmuseum", bietet auf Anfrage auch Töpferkurse.
- **Art Decor,** Çarşı Sokak 58 (Altstadt), Avanos, Tel. 5113307; neben den üblichen Töpferprodukten schöne Keramik-/Fliesenauswahl zu günstigen Preisen.

Ende „Abstecher zu den Wundern Kappadokiens"

Adana

Die mit offiziell 1,4 Millionen Einwohnern (in Wirklichkeit eher 1,8 Mio.) viertgrößte Stadt der Türkei ist für so manchen sommerlichen Durchreisenden sowohl verkehrsmäßig wie vor allem klimatisch eine heiße Herausforderung: Beides lässt einen schwitzen, denn die aufstrebende quirrlige Millionenstadt bringt es nicht nur auf ein beachtliches Blechchaos, sondern im Sommer auch locker auf schwüle 45 Grad.

Hitze und Malariamücken machten den unter den Hethitern als *Adanja* bezeugten Ort wohl so attraktiv, dass sich Pompeius nach seinem Sieg über die Seeräuber im Jahre 67 v. Chr. dazu entschloss, einige überlebende Piraten hier anzusiedeln. Wieviele der so „Belohnten" überlebten, ist nicht bekannt, aber die Malaria räumte erst das Feld, als in der ersten Hälfte des 20. Jahrhunderts die Sümpfe trockengelegt und die hygienischen Verhältnisse besser geworden waren. Bis dahin hatte der Ort, der seit 1517 zum Osmanischen Reich gehörte, kaum mehr als den Status eines Provinznestes, gleichwohl die Sultane *Selim* und *Süleyman* hier mit ihren Armeen gegen Ägypten bzw. Persien aufzogen.

Noch 1970 lag die Einwohnerzahl bei relativ bescheidenen 350.000. Aus einer der frühen Zuwandererfamilien stammte übrigens – um nur einen berühmten Sohn der Stadt zu nennen – *Yilmaz Güney,* dessen sozialkritische wie gleichzeitig kulturrelevante Filme (Yol – Der Weg) in Europa mehr Aufsehen erregten als in der Türkei, wo er wegen seiner sozialistischen

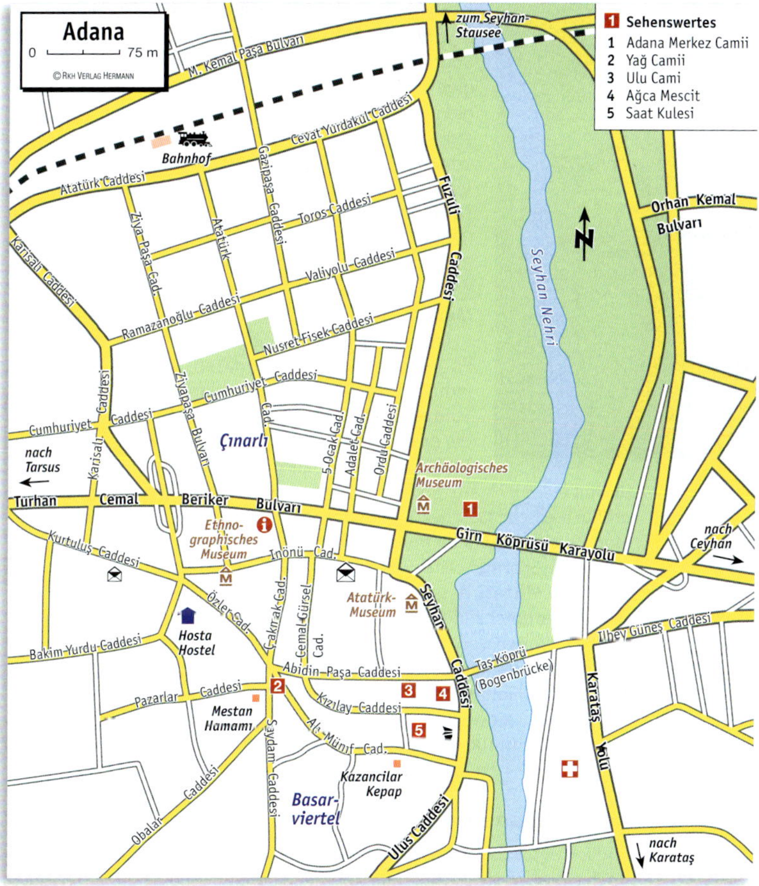

Einstellung und einer Mordanschuldigung bis heute als *persona ingrata* gilt; Güney floh denn auch aus dem Gefängnis und starb 1984 im Pariser Exil.

Hauptgründe für die seit den 1980er Jahren explosionsartig zunehmende Einwohnerzahl waren eine allgemein starke Landflucht und vor allem der Zustrom kurdischer Flüchtlinge aus dem Osten, die alle im boomenden Adana einen lukrativen Job zu finden hofften.

Adana als Industriezentrum und Verkehrsknotenpunkt (Autobahn, Flughafen, Eisenbahn und Hafenanbindung) hat diese Hoffnungen zumindest ansatzweise erfüllt, und so durchfährt der von Westen Anreisende auf breiten Straßen kilometerlange mehrstöckige uniforme Apartmentsilos, bevor er im Zentrum verzweifelt einen Parkplatz sucht.

Adana Merkez Camii

Wer einen gefunden hat, kann am nahegelegenen *Seyhan* die älteste noch in Gebrauch befindliche Bogenbrücke der Welt begutachten: Die vierzehnbogige und 319 Meter lange **Taş Köprü** wurde in der Regierungszeit des römischen Kaisers Hadrian (117–138) errichtet. Zwei uralte Löwenreliefs in der Mitte sind noch erhalten. Etwas nördlich davon, an der Seyhan Caddesi, steht das hübsche ockergelbe **Atatürk Müzesi,** dessen Fotografien und Bilder an den kurzen Aufenthalt des Republikgründers im Jahre 1923 erinnern (Eintritt frei, 8.30–12 u. 13–16.30 Uhr. Mo geschl.). Direkt an der Kennedy Köprüsü befindet sich die riesige **Adana Merkez Camii,** auch *Sabancı Merkez Camii* genannt.

Ihre Ausmaße sind ebenso gigantomanisch wie das Portemonnaie des Hauptmäzens, die von dem Großindustriellen Sakıp Sabancı gegründete gleichnamige Stiftung (s.a. Istanbul „Sakıp Sabancı Müzesi). Sie ist eine der drei türkischen Moscheen – neben der Sultan Ahmet Camii (s. Istanbul) und der Muçdat Camii (s. Mersin) –, die mit sechs 99 Meter hohen Minaretten prahlen kann. Erbaut wurde diese größte türkische Moschee 1998 von dem Architekten Necip Dinç. Über 20.000 Menschen finden unter ihrer 32 Meter messenden Zentralkuppel Platz.

Wenige Schritte weiter westlich befindet sich das bereits 1924 eröffnete **Arkeolojı Müzesi,** dessen hethitische und römische Exponate den Besuch lohnen, darunter in der Eingangshalle der berühmte *Achilles-Sarkophag* (2. Jh.) mit Szenen von der Belagerung Troias (u.a. Tod des Patroklos und Hektors) sowie eine aus dem 7. Jahrhundert v. Chr. stammende Statue des hethitischen Gottes *Tarhunda.* Ein gut erhaltenes Orpheus-Mosaik wie auch der zeitlich weit gespannte Gold- und Münzschatz sowie die Sammlung römischer Glasarbeiten sind ebenfalls sehenswert.
Eintritt 1 €, 8–12 u. 13–17 Uhr (Mo geschl.)

Tepebağ und Basarviertel

Südlich des Museums sind in den engen Straßen des Stadtteils **Tepebağ** noch einige ältere Häuser und Moscheen erhalten geblieben. Unter ihnen ist die **Ulu Camii** (Große Moschee, 1541) mit ihrem schwarz-weißen Steinwerk und dem achtseitigen, überkuppelten Minarett hervorzuheben. Hinter ihrem inschriftenreichen Portal lohnt ein Blick in den fayencengeschmückten Gebetsraum, dessen Kacheln in den berühmten Manufakturen von Iznik und Kütayha entstanden.

Bei einem Spaziergang durch die benachbarten engen Straßen des **Basarviertels** sind noch ein rund 30 Meter hoher Uhrturm (1881), die **Yağ Cami** (ehemalige Kirche *Saint Jaques*) sowie das **Ethnographische Museum** zu entdecken. Zwischen Ulu Camii und der Brücke Taş Köprü steht die von einem schönen Portal mit arabischen Inschriften geschmückte **Ağca Mescit,** die 1489 für einen turkmenischen Ağa errichtet wurde (1770 restauriert) und heute das älteste türkische Gebäude Adanas ist.

Praktische Infos Adana

Touristeninfo (Turizm Danışma)
Atatürk Cad. 11, Tel. 3631448; Mo–Fr 8–12 u. 13–17 Uhr.
Vorwahl: 0322.

Flughafen
5 km westlich des Zentrums, nationale und internationale Verbindungen

Busterminal (Otogar)
8 km westlich an der N400 Richtung Tarsus; Verbindungen in alle Landesteile; viele Busgesellschaften unterhalten zentrale Stadtbüros auf dem Ziyapaşa Bulvarı bzw. Turan Cemal Beriker Bulvarı (Name der N400 im Zentrum) und bieten bei Ticketkauf den Transfer *(servis)* zum Busterminal an.

Zug
Der Bahnhof liegt ca. 1 km nördlich des Zentrums am Ende des Ziyapaşa Bulvarı; Verbindungen nach Tarsus/Mersin und nach Malatya.

Unterkunft
Wer bleiben will, findet eine annehmbare Unterkunft im **Hosta Hotel,** Bakımyurdu Cad. 11, Tel. 3525241. Zentral gelegen, Zimmer mit Klimaanlage. DZ/F 35 €.

Essen und Trinken
In einer der vielen Stichstraßen des Bazars südlich vom Uhrturm liegt das einfache, aber gute Grillrestaurant **Kazancılar Tarihi Istanbul Kebap Salonu;** viel Atmosphäre bei kleinen Preisen.

Einkaufen
Macht am meisten Spaß bei einem Spaziergang durch das Bazarviertel.

Hamam
Wer durchgeschwitzt nach Erholung lechzt, kann sich im alten **Mestan Hamamı** an der Pazarlar Caddesi (nahe Yağ Camii) durchkneten lassen – vorausgesetzt man ist Mann!

Yakapınar

Rund 20 km östlich von Adana liegt nahe der N400 der kleine Ort Yakapınar, besser bekannt unter dem Namen *Misis,* das dem antiken *Mopsuestia* entspricht. Schon seit neolithischer Zeit besiedelt, übernahmen nacheinander Hethiter, Assyrer, Seleukiden und schließlich die Römer den an der Seidenstraße liegenden Rastplatz. Noch heute dokumentieren die Ruinen zweier alter Karawansereien (eine aus mameluckischer, eine aus osmanischer Zeit) die wichtige Lage zwischen Mittelmeer und Asien. Neben der über den *Cehan* führenden oströmischen **Steinbrücke,** die nach einem Erdbeben restauriert wurde, lohnt der Stopp vor allem wegen des **Misis Müzesi** (Eintritt 1 €, 9–17 Uhr, Mo geschl.) Es besitzt ein überdachtes spätrömisches Fußbodenmosaik, dessen auf den ersten Blick orphisch wirkende Tierdarstellungen dem biblischen Noah-Motiv entlehnt sind. Das folglich christliche Mosaik entstammt ursprünglich einer spätrömischen Basilika des 4. Jahrhunderts, die selbst nicht mehr erhalten ist.

Anfahrt Das Museum ist 30 km hinter Adana von der N400 ausgeschildert; die oströmisch-byzantinische Brücke erreicht man, wenn man der Straße am Museum vorbei weiter folgt. Dolmuşverbindung zwischen Adana und Yakapınar,

Yılanlıkale

Das auf einem Felshügel gelegene und die umliegende Ebene dominierende „Schlangenschloss" ist das Paradebeispiel einer mittelalterlichen Kreuzfahrerburg, wie Kinder sie sich früher in Ritterromanen vorgestellt haben mögen.

Die mächtige, mit acht imposanten Rundtürmen bewehrte Festung wurde von den kleinarmenischen Königen im 12. Jahrhundert unter dem Namen Govara angelegt, um die klassische Route ins Heilige Land zu kontrollieren. Wie und warum die Umbennenung in Yilan Kale, „Schlangenburg", erfolgte, ist nicht ganz klar. Eine Erklärung leitet sich aus den Erzählungen des islamischen Reiseschriftstellers *Evliya Çelebi* (1611–1683) her, der sich um 1671 in der Gegend aufhielt und in seinem berühmten Reisebuch „Seyahatname" eine alte Legende kolportierte, nach der hier behaarte und gehörnte Schlangen gesehen worden seien. Wie dem auch immer sei, der ca. halbstündige, recht beschwerliche Aufstieg lohnt vor allem wegen der schönen Aussicht über das Umland. Im Innern der Zitadelle sind noch eine Zisterne sowie die Reste einer Kirche zu sehen.

Anfahrt: Schon von der Hauptstraße wie auch der parallel laufenden Autobahn zu sehen. Eintritt frei, stets zugänglich.

Yumurtalık und Kurtkulağı

Wer in der heißen Çukurova Sehnsucht nach dem Meer und einem erfrischenden Bad verspürt, fährt am besten zum 40 km südlich von **Ceyhan** gelegenen Fischerort *Yumurtalık,* wobei die Wochenenden im Sommer tunlichst vermieden werden sollten, denn dann kommen viele Städter aus Adana und Ceyhan auf die gleiche Idee. Der außerhalb der sommerlichen Stoßzeiten recht gemächliche Fischerort, der bereits am Golf von Iskenderun liegt, entspricht dem mittelalterlichen *Ajas,* das sich wiederum aus dem griechischen Vorläufer *Aigeai* ableitet.

Hafen von Yumurtalık

Vor allem unter den Armeniern war Ajas ein für die Verschiffung nach Syrien wichtiger Hafenort, wie einige vereinzelte Ruinen und die dürftigen Reste zweier Burgen – eine, *Kız Kalesi* genannt, befindet sich auf der vorgelagerten Insel – noch heute beweisen. Genueser und Venezianer liefen auf ihren Levanterouten den günstig gelegenen Hafen an, und im Jahre 1271 ging hier auch *Marco Polo* an Land, um auf der Seidenstraße seinen langen Marsch nach China zu beginnen.

Westlich des Ortes liegt direkt an der Küste *Süleyman Kulesi;* der Name verweist auf den damaligen Herrscher der Osmanen, Süleyman den Prächtigen (1520–66), unter dessen Ägide 1536 der Wehrturm errichtet worden war. Ansonsten aber punktet das zur Nebensaison kaum 5000 Seelen zählende Örtchen bei Besuchern vor allem durch seinen für Çukurova-Verhältnisse recht ansehnlichen Strand.

Auf dem Weg von Ceyhan nach Yumurtalık bietet sich ein kurzer Abstecher ins Dorf **Kurtlağı** an, wo eine osmanische Karawanserei zu besichtigen ist. Den Schlüssel verwahrt der Ortsvorstand, aber Besucher sind so selten, dass wahrscheinlich von selbst jemand angelaufen kommt, um dem *yabancı* (Fremden) weiterzuhelfen. Die Karawanserei selbst war Teil jener Etappenherbergen, die Karawanen auf dem Weg zur Seidenstraße oder in die Levante ein Nachtlager boten. Außer dem Gebäude selbst gibt es eigentlich nicht viel zu sehen – es sei denn, sie genießen es für eine Stunde, die unumschränkte Attraktion des Dorfes zu sein.

Praktische Infos Yumurtalık

Vorwahl: 0322

Anfahrt Dolmuş von/nach Ceyhan, von dort Busverbindung nach Adana oder Osmaniye.

Unterkunft

- **Öztur Hotel,** Atatürk Caddesi (an der zentralen Zufahrtstraße gegenüber dem Strand), Tel. 6712167. Schöne geräumige Zimmer mit Balkon und Air-Condition, Restaurant und Internet. DZ/F ab 25 € (Meerblick 40 €).
- **Küçük Aile Pansiyonu,** Kumburlu Caddesi 27, Tel. 6712215. Gemütliche Familienpension, einige Zimmer mit Meerblick. DZ/F 20 €.
- **Güven Pansiyon,** neben der Post oberhalb des Hafens, Tel. 6714646. Sehr einfache, aber saubere Zimmer. DZ/F 18 €.

Essen und Trinken Nicht allzu viel Auswahl; neben dem *Baba'nin Yeri* am Hafen (Fischlokal, Tel. 6712176) noch einige Lokale an der Zufahrtstraße.

Festungen Anavarza und Toprak Kalesi

Von Ceyhan führt die N817 Richtung Kozan nach Norden. Nach rund 27 km weist rechts ein Schild zu einer der mächtigsten Festungen der Çukurova, **Anavarza.** Am Fuße des steilen Burgbergs liegen inmitten der verstreuten Gehöfte des Dorfes Dilekkaya die Reste der einstigen römischen Provinzhauptstadt *Anazarbos.*

Um die Ruinen der Stadtmauer, des dreibögigenTriumphbogens und der Reste von spätrömischen Kirchen samt einem Äquadukt weiden heute die Kühe und Ziegen des Dorfes. Etwas außerhalb sind noch das Stadion und das Theater zu sehen. An der Dorfdurchgangsstraße liegt ein kleines Museum, dessen Attraktionen – zwei römische Mosaike, darunter ein prachtvolles Portrait der Meergöttin *Thetis* – zum besseren Kontrast der Farben vom Museumschef mit Wasser überspült werden.

Der etwa halbstündige schattenlose Anstieg zur über 200 Meter hoch gelegenen kleinarmenischen Burg erfolgt an der Südseite des steilen Bergrückens, nahe dem Theater. Die Zitadelle war einst die Sommerresidenz des armenischen Königshauses der *Rubeniden,* die hier bis zum 14. Jahrhundert residierten und mit der strategisch günstig gelegenen Festung die Ebene der Çukurova kontrollierten. Von der langgestreckten Anlage der Vor- und Hauptburg, in denen sich auch eine Kirchenruine befindet, ergibt sich ein herrlicher Ausblick über die Ebene. Der oberste Teil der Festung, der *Donjon,* ist über eine kleine Leiter zu erklettern (an feste Schuhe und Wasser denken!).

Anfahrt: von der N817 ausgeschildert, keine öffentliche Verbindung, Eintritt 1 €.

Rund 35 km östlich von Ceyhan liegen nahe der Abzweigung nach Iskenderun die Ruinen von **Toprak Kalesi.** Die auf einem 75 Meter hohen Basaltfelsen aus der Ebene aufragende Burg, deren 12 Türme und schwarzer Baustein noch heute einen wehrhaften Eindruck hinterlassen, verwandelt sich innerhalb ihrer Mauern immer mehr in einen Kieferhain. Die Anlage formt mit den schon genannten Festungen Anavarza und Yilanlı Kalesi (Yılanlıkale) ein die Çukurova beherrschendes Dreieck, das in Sichtkontakt miteinander zu kleinarmenischen Zeiten die Herrschaft über die wichtigen West-Ost-Verbindungen ermöglichte. Bereits 1337 wurde Toprakkale (Toprak Kalesi) als östlichste dieser drei Burgen von den Mamelucken erobert – der Anfang vom Ende der christlichen Armenier. Bis 1375 fielen auch die anderen Burgen und die Çukurova wurde endgültig vom Islam dominiert.

Anfahrt Mit dem Dolmuşverkehr zwischen Osmaniye oder Iskenderun erreichbar, der Fahrer lässt einen – nach Bescheid – an der Hauptstraße raus, dann noch 800 Meter zu Fuß.

Hierapolis/Karatepe

Die nur 8 km östlich von Toprak Kalesi gelegene Provinzhauptstadt **Osmaniye** (ca. 200.000 Einw.) hat außer dem Charme touristenfreier Authentizität selbst keine Sehenswürdigkeiten zu bieten. Sie ist aber ein guter Standort, um die rund 14 km nördlich der Stadt liegenden Ruinen von **Hierapolis Kastabala** zu erkunden. Der Name der Stadt (Hierapolis = Heilige Stadt) erinnert daran, dass in antiken Zeiten hier das verehrte Heiligtum der Natur- und Fruchtbarkeitsgöttin *Artemis-Peirasia* stand, zu deren Ehren die ekstatisch tanzenden Priesterinnen angeblich sogar über heiße Kohlen wandelten. Heute geht es hier ganz friedlich zu: Die um einen Burghügel zerstreuten Ruinen der antiken Stadt – darunter ein Stadion, zwei Kirchen (5. Jh.), ein Theater, ein Äquadukt sowie Badeanlagen – sind zwar selbst wenig bemerkenswert, aber ihre Lage inmitten von im Frühling herrlich blühenden Wiesen und Hängen verleihen dem Besuch ein fast idyllisches Ambiente.

Dazu passen auch die korinthischen Säulen der noch deutlich erkennbaren Kolonnadenstraße, die zum Tempel und dem Burghügel führt, auf dem das sogenannte *Bodrum Kalesi* steht. Diese Burg stammt aus dem Mittelalter (12. Jh.), als Armenier und Kreuzritter versuchten, den Eroberungszug des Islams aufzuhalten.

Die arkadische Ruhe der aus Seleukidenzeiten stammenden Ruinenstadt ist übrigens in Gefahr: am Rande von Hierapolis, das bei weitem noch nicht ganz von Archäologen ausgegraben und erkundet wurde, wird eine Zementfabrik geplant. Gewiss keine Augenweide – man kann aus touristischer Sicht nur hoffen, dass der Protest der Bürger- und Umweltvereine nicht ungehört verhallt.

Karatepe Nationalpark

Folgt man der Straße an Hierapolis vorbei für weitere 14 km nach Norden, so kommt man im Zentrum des dicht bewaldeten **Karatepe Milli Parkı** (Karatepe Nationalpark) zu einer weiteren, kaum besuchten Attraktion, zu der hethitischen Festungsanlage **Karatepe-Aslantaş,** die als **Açik Hava Müzesi** (Freilichtmuseum) zu besuchen ist. Die von 1947–53 von Archäologen entdeckte und ausgegrabene Stätte barg als kostbarsten Fund mit Schriftzeichen behauene Steintafeln, deren Entzifferung die Deutung des hethitischen Hieroglyphenkomplexes erst ermöglichten, indem man die hethitische Fassung der schon bekannten phönizischen Version gegenüberstellen konnte.

Idyllische Landschaft mit den Kolonnaden von Hierapolis

7

Der späthethitische König Azatiwadda ließ hier im 8. Jahrhundert v. Chr. eine Palastanlage errichten, von der heute nur noch die allerdings gut erhaltenen und von Löwen und Sphinxen flankierten Torfassungen erhalten sind. Auf wuchtigen Orthostaten (Steinblöcken) finden sich am Süd- bzw. Nordtor gut erhaltene Szenen des Alltagslebens wieder: der Fürst beim Essen, ein Affe und eine stillende Mutter. Die Anlage, die man auf einem festgelegten Weg leicht erkunden kann, ist teilweise überdacht, um die wertvollen Artefakte gegen Witterungseinflüsse zu schützen. Der Palast liegt heute fast am Ufer des großen *Aslantaş-Barajı,* ein vom Ceyhan gespeister riesiger Stausee.

Anfahrt Von der Hauptstraße in Osmaniye ausgeschildert, keine öffentlichen Verbindungen; wer kein Auto hat, muss sich für ca. 30 € ein Taxi von Osmaniye leisten (hin u. zurück). Karatepe Eintritt 2 €, Hierapolis freier Zugang.

Praktische Informationen Osmaniye

Vorwahl: 0328.

Busterminal (Otogar) An der Hauptdurchgangsstraße von Adana (Adana Yolu) kommend zentral im Ortszentrum; Verbindungen nach Adana und Iskenderun.

Unterkunft
- **Hotel Şahin Osmaniye,** Dr. Ahmet Alkan Caddesi 27, Tel. 8124444. Als Mittelklassehotel eine der besten Schlafmöglichkeiten von Osmaniye. DZ/F 40 €.
- **Çınar Hotel,** Ş. Mehmet Eroğlu Caddesi 9005 Sokak 3, Tel. 8143814. Einfaches Hotel mit AC. DZ/F 25 €.

Essen und Trinken Begrenzte Möglichkeiten, z.B. *Buluş Yemekçilik,* 63. Sokak 2. Preiswerte Lokantas im Zentrum. Eine gute *Baklava*-Adresse ist die *Saray Pastanesi,* Atatürk Caddesi 194 (die Atatürk Caddesi ist übrigens die Haupteinkaufsstraße von Osmaniye).

Issos und Payas

Südlich von Toprak Kalesi überschreitet die N817 die Grenze zur Provinz Hatay und durchschneidet die **Issos Ovası,** die Ebene von Issos. So manchem wird hier der alte Pennäler-Spruch dämmern: „Drei-Drei-Drei, bei Issos Keilerei." Mit der gymnasialen Eselsbrücke versuchten Geschichtslehrer, jene Zäsur in die Köpfe ihrer Schüler zu pflanzen, die das Ende des asiatischen Weltreichs der Perser und den schier unglaublichen Aufstieg des europäischen Griechentums bedeutete.

Der Untergang der Perser

Dareios III. (380 v. Chr.–330 v. Chr.), Großkönig des persischen Achämenidenreiches, also „König der Könige" im quasi ersten Weltreich der Geschichte, zog im Jahre 333 v. Chr. zum ersten Mal höchstpersönlich mit einer Armee nach Westen, um den Herausforderer, *Alexander den Großen* (356 v. Chr.–323 v. Chr.), in seine Schranken zu weisen. Der makedonische König, der sich als Herrscher aller Griechen an die Spitze des „Rachefeldzugs" gegen die Perser setzte (letztere hatten 480 v. Chr. in Griechenland große Zerstörungen hinterlassen), hatte bereits vorher am *Granikos* (der heutige Fluss Biga nahe dem

Alexander der Große

Marmara Meer) 334 v. Chr. eine erste Schlacht gegen die kleinasiatischen Satrapen der Perser gewonnen. Sein Ziel war kein geringeres als die komplette Zerstörung des Perserreiches, und so zog Alexander weiter nach Osten, um seinem Gegner das Fürchten zu lehren.

Man muss sich die geschichtlichen Dimensionen noch einmal vor Augen halten: auf der einen Seite das riesige, wenngleich etwas brüchig gewordene Weltreich des Dareios, das damals von der Ägäis bis zum Indus reichte, auf der anderen Seite jene geografisch winzige Randmacht, die am Westrand des Perserreiches kontinuierlich aufmuckte und Ärger machte. Alexander dürfte dem persischen Großkönig anfangs kaum mehr als ein verrückter makedonischer Bauernlümmel erschienen sein – frech und anmaßend (was er wahrscheinlich auch wirklich war) und vollkommen unempfindlich für die offensichtliche Hybris seines Vorhabens. Allein, in der **Schlacht bei Issos** musste Dareios wegen eines Angriffs auf seine hochheilige Person das Getümmel vorzeitig verlassen. Seine dadurch demoralisierten Truppen wurden von der makedonischen Kavallerie und Phalanx aufgerieben; Mutter, Harem und Kriegskasse des Dareios blieben in Alexanders Händen.

Auch wenn die endgültige Entscheidung erst zwei Jahre später – in der **Schlacht von Gaugamela** – fallen sollte, war mit Issos der Weg nach Ägypten und Mesopotamien frei und die Hälfte des Perserreiches bereits gewonnen. Dass Alexander, bekannt für seine auffahrende Jähzornigkeit und gelegentlichen Anfälle von Brutalität, tatsächlich die Züge eines Megalomanen hatte, erwies sich in seiner beispiellosen Maßlosig- und Unberechenbarkeit. Der Bauernlümmel schien die Rauferei um der Rauferei willen zu brauchen, seine Sucht nach Macht und Ansehen schien buchstäblich grenzenlos zu sein und trug ihn nicht nur bis Indien, sondern bis zur proklamierten Gottähnlichkeit. Vorher hatte er bei Tyros in Palästina – die wohlhabende Stadt wollte ihn bewaffnet nicht in ihre Mauern lassen – tausende (!) Männer nach der Eroberung kreuzigen und alle Frauen und Kinder in die Sklaverei bringen lassen, seinen besten Freund erschlug der Berserker im Suff, und Dareios hetzte er so lange, bis dessen eigene Gefolgsleute ihn umbrachten. Dass er griechisches Gedankengut bis nach Indien und orientalische Farbigkeit nach Europa brachte, dass er also im Hellenismus West und Ost fusionierte und damit einen ersten Universalismus befruchtete, soll für denjenigen, der nach geschichtlichen Pluspunkten der Keilerei sucht, nicht verschwiegen werden.

Über die Ebene von Issos ist seither viel Gras gewachsen – nichts kündet mehr vom welthistorischen Aufeinandertreffen von West und Ost. Ein paar Namenstafeln werben mit dem rund 6 km nördlich von *Dörtyol* gelegenen Schlachtort, ohne historisch Vorzeigbares ankündigen zu können, so dass nur enthusiastische Militärhistoriker sich an jenem Gelände berauschen können, über das einst Alexander seinen Kavallerieangriff auf Dareios führte. (Anmerkung: Ungefähr 9 km nördlich des eigentlichen Schlachtfeldes weist von der N817 ein vielversprechendes Schild mit „Issos Harabeleri" zu den dürftigen Ruinen der antiken Stadt *Epiphaneia;* mit dem Schlachtfeld selbst hat diese nichts zu tun!)

Payas

Mit dem knapp 10 km südlich von Dörtyol gelegenen Ort **Payas** (auch Yakacık genannt) betritt man wieder geschichtlich bescheideneren Boden. Die **Sokullu Mehmet Paşa Külliye,** ein aus Moschee, Medrese, Karavanserai und Hamam bestehender Stiftungskomplex, wurde 1574 als wichtige Zwischenstation für den vorderasiatischen Karawanenhandel gebaut. Der Stifter, *Mehmet Sokullu Paşa* (1506–79), war einer der berühmtesten osmanischen Großwesire des 16. Jahrhunderts, so dass der Bau der Külliye (Stiftungskomplex) dem damaligen großen Staatsarchitekten Sinan zugeschrieben wird. Eben wegen seiner Bedeutung als Warenlager war der Külliye auch ein Bedesten (überdachter Basar) mitgegeben worden. Bis auf die auch heute noch benutzte sehenswerte *Selim-Moschee,* die einen sehr schönen, von alten Bäumen umstandenen Innenhof und einen sehenswerten Marmor-Mihrab besitzt, wirkt das ganze Gelände heute recht verlassen und verwahrlost; das muss im 17. Jahrhundert ganz anders gewesen sein, denn der uns schon bekannte Reiseschriftsteller Evliya Çelebi lobte die Lokalität in höchsten Tönen.

Die benachbarte Festung stammt übrigens aus Kreuzritterzeiten und wurde später von den Osmanen restauriert. Etwas weiter westlich Richtung Hafen steht die Ruine des *Cin Kalesi;* der kleine „Geisterturm" ist wahrscheinlich ebenfalls ein Überbleibsel der Kreuzfahrerzeit.

Iskenderun

Die ehemalige Hauptstadt des kurzlebigen Staates *Hatay* (von September 1938 bis August 1939) liegt 21 km südlich von Payas. Mit rund 300.000 Einwohnern und einer dank hohen Schloten und Lagertanks unübersehbaren Schwerindustrie sowie einem wichtigen Güter- und Militärhafen ist Iskenderun, das der ganzen Meeresbucht den Namen gegeben hat – *Iskenderun Körfezi* –, heute die ökonomisch wichtigste Stadt der Provinz. Der Name Iskenderun, der zum ersten Mal mit der omayyadischen Eroberung im Jahre 638 auftaucht, ist die arabisch-türkische Variante von *Alexandretta,* so dass der Stadtgründer unschwer als Alexander der Große (türk. *Büyük Iskender*) ausgemacht werden kann. Nach der Schlacht von Issos (s.o.) gegründet, führte der Ort unter Seleukiden wie Römern ein eher provinzielles Schattenleben, und auch Byzantiner, Araber und Kreuzritter (Templer) hinterließen kaum historische Spuren. Anders als die südlich gelegene antike Weltstadt *Antiochia* kann Iskenderun heute durchaus von einem Aufstieg sprechen, denn das Ende einer irakischen Ölpipeline und der wichtige Hafen haben der modernen Stadt eine regionale Bedeutung verliehen, die sie in vortürkischen Zeiten kaum hatte.

Atatürk-Denkmal

Man lasse sich bei der Anfahrt von Norden durch die auf den ersten Blick wenig attraktive Skyline von Schloten, Werftanlagen und Tanklagern also nicht täuschen. An der palmengesäumten Promenade im Stadtzentrum gibt sich Iskenderun hell und freundlich, die Parkanlagen sind ebenso modern und gepflegt wie viele der meerwärts gelegenen Cafés. Die ganze Atmosphäre kann eher mit levantinischem Kosmopolitismus als mit türkischem Provinzialismus umschrieben werden, denn der Moderne von Häusern und Geschäften stehen die westlich orientierten Einwohner in puncto Kleidung und Lebensweise in nichts nach.

Abgesehen von dieser interessanten levantinischen Aura fehlen Sehenswürdigkeiten allerdings so gut wie ganz, es sei denn, man begreift die erstaunlich dominant stehenden Kirchen der armenischen, katholischen und orthodoxen Minderheiten als solche. Badefreuden können allein aufgrund des stark beanspruchten Hafens ebenfalls nicht angeführt werden (dafür wird allgemein das rund 30 km südlich gelegene Städtchen *Arsuz* bevorzugt), so dass der Aufenthalt der meisten Touristen kaum mehr denn eine Stippvisite darstellt.

Praktische Infos Iskenderun

Touristeninfo (Turizm Danışma) Atatürk Bulvarı (nahe Cumhuriyet Meydanı, Eingang von der hinteren, meerabgewandten Parallelstraße, im 2. Stock), Tel. 6141620, Mo–Fr 8–12 u. 13–17 Uhr.

Vorwahl: 0326. **Post:** Temmuz Caddesi (nahe Cumhuriyet Meydanı)

Busterminal (Otogar) Sanayı Caddesi (15 Gehminuten vom Cumhuriyet Meydanı); Verbindungen in alle Richtungen

Zug Bahnhof an der Prof.M. Aksoy Caddesi (10 Min. zu Fuß östlich des Zentrums); Verbindungen nach Adana und Mersin.

Unterkunft

- **Hotel Cabir,** Ulucami Caddesi 16, Tel. 6148081. Großes Mittelklassehotel mit AC, Minibar u. Restaurant; große, etwas plüschig wirkende Zimmer. DZ/F 37 €.

Essen und Trinken

- **AK,** Raifpaşa Caddesi 6/F; einfaches, preiswertes Döner/Kebap-Restaurant im Zentrum.
- **Sports Café/Bistro,** Atatürk Bulvarı 75; das Szene-Café ist eigentlich nichts Besonderes, stellt aber mit seiner modernen Plastik-Einrichtung und dem großen Screen ein tpisches Beispiel für die westliche Orientierung der Stadt dar.
- **Teysir Aile Çay Bahçesi,** Atatürk Bulvarı 5; großer Teegarten mit preiswerten Köfte- bzw. Fischsnacks direkt an der Promenade, sehr schöne Terrasse unmittelbar am Meer.

Einkaufen Am besten in der Şehit Pamir Caddesi (teilweise verkehrsberuhigt), moderne Läden.

Belen-Pass und Bakras Kalesi

Hinter Iskenderun windet sich die gut ausgebaute Straße in rund 13 km zum 670 Meter hohen **Belen-Pass** empor. Seit alters her benutzten Händler und Heere diesen Weg, um die umliegenden, bis zu 2000 Meter hohen Berge des Amanos-Gebirge (heute: *Nur Dağları*) zu passieren. Der römische Schriftsteller Plinius nannte ihn *Porta Syriae* (Tor zu Syrien), und in der Tat bietet sich von der Passhöhe ein weiter Blick über die Ebene von Antakya nach Süden.

Wenige Kilometer südlich des Passes weist rechts ein Schild zum **Bakras Kalesi.** Die gegenwärtige Ruine der ehemaligen Templer-Burg datiert aus dem 12. Jahrhundert, wobei Vorgänger bis in byzantinische oder gar hel-

Templer-Burg Bakras Kalesi

lenistische Zeiten zurückreichen sollen. Sie kontrollierte den südlichen Zugangsweg des Belen-Passes und war vor allem zu Kreuzfahrerzeiten ein ständiger Zankapfel zwischen Byzantinern, Tempelrittern und islamischen Heeren. Als dann der ägyptische Mameluckengeneral Baibars 1282 anrückte, schleiften die Tempelritter die Burg und zogen sich kampflos zurück. Die frei zugängliche Ruine liegt recht spektakulär auf einem Hügel über der Ebene. Ihre imposante, ja fast bedrohlich wirkende mächtige Silhouette verspricht bei der Anfahrt mehr, als dann die eigentliche Besichtigung hält. Wer aber zu Ritterromantik neigt, wird nach einem steilen, aber recht kurzen Fußmarsch vom Parkplatz kaum enttäuscht sein, denn die vielen halbzerfallenen Gemächer, Mauern und Burgwinkel begünstigen reichlich die Fantasie eines jeden Ivanhoe-Fans.

Antakya

Wer durch die engen, fast schon arabisch wirkenden Gassen der Altstadt schlendert, mag sich kaum vorstellen können, dass hier einmal eine der größten Weltstädte der Antike stand – so groß, kosmopolitisch und reich, dass sie einen Vergleich mit Rom oder Byzanz kaum zu scheuen brauchte. *Antiochia ad Orontem* – so der antike Name Antakyas – war zusammen mit Alexandria das unbestrittene Zentrum hellenistisch-römischer Kultur im Osten.

Geschichte

Gegründet wurde es um 300 v. Chr. von *Seleukos I.* (358–281 v. Chr.), jenem Diadochenherrscher, der sich mit den asiatischen Satrapien den größten Kuchen aus dem Alexanderreich herausschnitt. Neben anderen Stadtgründungen, die auch seinen Namen tragen, gab er der Siedlung am Orontes zum Andenken an seinen Vater Antiochos dessen Namen. Als die Probleme mit den Parthern im Osten immer drängender wurden, verlegten die

Seleukidenherrscher ihre Hauptstadt vom mesopotamischen *Seleukeia* nach Antiochia, das schließlich 64 v. Chr. im Zuge der pompeianischen Neuordnung von den Römern annektiert wurde.

Schon zu Seleukidenzeiten war die Stadt wegen ihrer heiligen Spiele bekannt. Im heutigen Vorort *Daphne* wurde ein berühmtes Apollonheiligtum verehrt (s.u.), das dem von Delphi nur wenig nachstand. In der römischen Kaiserzeit erlebte die strategisch und wirtschaftlich günstig gelegene Stadt ihre Blütezeit, und mit über einer halben Million Einwohnern gehörte sie zu den vier wichtigsten Städten des *Orbis Romanus.* Als eine der ersten und stabilsten Christengemeinden wurde sie Sitz eines Patriarchen, und die heute noch zu besichtigende **Petrusgrotte** (s.u.) ersetzte die heidnischen Wallfahrer des Daphne-Heiligtums durch christliche Scharen. Gleichwohl Erdbeben und sassanidische Überfälle die Stadt schon des Öfteren heimgesucht hatten, bewirkten erst die zwei Katastrophen des 6. Jahrhunderts den endgültigen Abstieg: Das Erdbeben im Jahre 526 kostete Tausende von Menschenleben und der sassanidische Angriff unter König *Chosrau I.* im Jahre 540 beendete die Blütezeit der antiken Weltstadt. Chosrau deportierte und versklavte die Bewohner in die Nähe seiner Hauptstadt *Ktesiphon,* und die Stadt am Orontes, die der byzantinische Kaiser Justinian dann wieder aufbauen ließ, erreichte niemals wieder die Ausmaße ihrer Vorgängerin.

Im 7. Jahrhundert eroberten die Araber die Stadt, und es dauerte über zwei Jahrhunderte, bis das schwächelnde Byzantinische Reich noch einmal bis Syrien vordringen konnte. Als Fürstentum Antiochia gehörte die mittelalterliche Festung zur Zeit der Kreuzfahrer zum Königreich Jerusalem, bis dann der ägyptisch-mamelukische Sultan Baibars 1268 die Stadt eroberte und zerstörte. Als der osmanische Sultan Selim 1517 gegen die Mamelucken zog, war Antiochia längst zu einem syrischen Provinznest abgesunken, und auch unter osmanischer Ägide sollte sich daran für die nächsten 400 Jahre wenig ändern.

Da nach dem Ende des Ersten Weltkriegs das Osmanische Reich zerbrach, übernahm Frankreich im offiziellen Auftrag des Völkerbundes die Kontrolle über Syrien und die Region Antakya, die zu dieser Zeit als *Sandschak Alexandrette* bekannt war. Im Zuge des kemalistischen Nationalismus wurde im Jahre 1938 für kurze Zeit der Staat *Hatay* ausgerufen (der Name soll von Atatürk in Anlehnung an ein hethitisches Fürstentum geprägt worden sein), der sich ein Jahr später nach einer Volksbefragung der Türkei anschloss; die Franzosen stimmten zu, um eine Allianz zwischen Hitler und der Türkei zu verhindern.

Gegenwart Antakya ist heute zwar die Hauptstadt der türkischen Provinz Hatay, steht aber in wirtschaftlicher Bedeutung hinter der Hafenstadt Iskenderun an zweiter Position. Sie zählt rund 200.000 Einwohner und vermittelt eine kulturell vielschichtige Atmosphäre; dies liegt nicht nur an der nicht unerheblichen arabischen Minderheit, sondern auch an der jahrhundertelangen Präsenz des Christen- und Judentums, die neben dem vorherrschenden Islam der Stadt eine tolerante und multikulturelle Prägung erhalten haben.

Der arabische Einfluss schlägt sich übrigens auch in der Küche nieder, was man zum Beispiel beim Kosten von *humus* und *tabouli* (Sesam-Kichererbsen-Püree) erkunden kann.

Der Fluss *Asi Nehri* – der antike *Orontes* – teilt die Stadt in zwei architektonisch recht unterschiedliche Bereiche: nördlich des Flusses liegt die von modernen Funktionalbauten bestimmte Neustadt, südlich schieben sich die verwinkelten Straßen der Altstadt den Berghang hinauf. Sehenswert sind dort nicht nur die Moscheen und Kirchen, sondern auch einige Gebäude, die noch etwas vom französischen Kolonialstil verraten. Der antiken Größe der Stadt spürt man aber am besten im nördlich der *Ata Köprüsü* – der „Vaterbrücke" – postierten **Hatay Müzesi** nach, das aufgrund seiner gut erhaltenen römischen Mosaiken oft auch als „Mosaikenmuseum" **(Mozaik Müzesi)** bezeichnet wird. In fünf Räumen warten farbenprächtige, bis zu 20 qm große Mosaikgemälde des 2./3. Jahrhunderts mit mythologischen Motiven auf. So zeigen die aus den römischen Villen von *Harbiye* (s.u.) stammenden Bodengemälde, die aus bis zu 200.000 bunten Steinchen zusammengesetzt sind, orphische (Orpheus und die Bestien) wie auch Herakles-Szenen (der junge Herakles erwürgt zwei Schlangen), die zu den berühmtesten ihrer Art gehören. Ferner sind das sogenannte *Chryseis-Mosaik* (Szene aus dem troianischen Krieg), das große *Okeanos-Thetis-Mosaik* (der Gott der Ozeane und seine Schwester Thetis), Dionysos und *Ariadne-Mosaik* sowie das besonders lebendig wirkende *Narziss-Mosaik* hervorzuheben. Zudem gehören verschiedene antike Statuen (Tyche, Mars), Stelen, Münzen und ein figurengeschmückter Sarkophag (3. Jh.) zu den Exponaten. Eintritt 2,50 €, 8.30–12 u. 13.30–17 Uhr (Mo geschl.)

Altstadt und Basarviertel

Jenseits des Flusses birgt die sympathische, wenngleich verwirrende Altstadt neben dem Basarviertel auch einige besuchenswerte Moscheen und Kirchen: Die **Habbib-i-Neccar Camii** an der Kurtuluş Caddesi geht wahrscheinlich auf eine byzantinische Kirche zurück, die dann nach der Eroberung durch umayyadische Araber (638) durch eine erste Moschee ersetzt wurde, von der aber nach der erneuten byzantinisch-christlichen Rückeroberung (1084) nichts übrig blieb. Erst unter den ägyptischen Mamelucken entstand 1268 die neue Moschee, die das Grab des *Habib-i Neccar* – eines lokalen islamischen Heiligen – birgt und von den Osmanen später mit einem barocken Minarett geschmückt wurde. Weitere sehenswerte Moscheen sind die am zentralen Platz gegenüber der Ata Köprüsü gelegene **Meydan Camii** mit ihrem überdachten Minarett sowie die nördlich davon am Eingang zum Basar gelegene **Ihsaniye Camii** (13. Jh.).

Die syrisch-orthodoxe Kirche

Die auffälligste, noch heute einer syrisch-arabischen Christengemeinde dienende

Kirche steht im Zentrum an der Hürriyet Caddesi. Obwohl architektonisch nicht gerade ein Kunstwerk, erstaunt die **Ortodoks Kilisesi** (Orthodoxe Kirche) des 19. Jahrhunderts durch ihre exponierte, auf einem Hügel postierte Lage. Anders als in anderen türkischen Städten – darunter selbst Istanbul – versteckt sich die christliche Präsenz hier nicht, obgleich sich die kleine **Katolik Kilisesi** (Katholische Kirche) mit ihrem schönen Innenhof in einer winzigen Gasse – der Kutlu Sokak – eher unscheinbar gibt.

Petrus-Kirche

Die christliche Bedeutung Antiochias wird durch die am östlichen Höhenrand gelegene **Sen Piyer Kilisesi** (Petrus-Kirche) noch unterstrichen. Die auch als „Petrus-Grotte" bekannte Höhlenkirche soll angeblich noch vom Apostel Petrus selbst geweiht worden sein und gilt als ältestes christliches Gotteshaus der Welt. Das folglich bis heute renommierte Wallfahrtsziel des frühchristlichen Antiochia gedenkt am 29. Juni alljährlich mit einer Messe an den Todestag des Apostels. Die von Rosetten geschmückte Bogenfassade vor der Grotte ist eine Hinzufügung aus Kreuzfahrerzeiten. Wenige hundert Meter nördlich des Eingangs steht am Hang ein meterhohes, in seinen Linien allerdings fast verblasstes Felsportrait, das aus hellenistischer Zeit stammend angeblich den Totenschiffer *Charon* darstellen soll, der die Seelen der Verstorbenen über den Styx – den Fluss der Unterwelt – ins ewige Schattenreich führte.

Anfahrt Mit dem Wagen bzw. Dolmuş über die nördlich des Zentrums abzweigende Straße nach Reyhanlı (dort ausgeschildert); Eintritt 3 €, 8–12 u. 13–18 Uhr (Mo geschl.). Die Grotte wurde zur Zeit der Recherche restauriert.

Antakya Kalesi

Im Süden der Stadt liegen auf dem *Habib Neccar Dağı,* dem Burgberg, die spärlichen Ruinen der mittelalterlichen Festung **Antakya Kalesi,** von deren hellenistischen bzw. byzantinischen Vorläufern nichts erhalten geblieben ist. Die Anfahrt lohnt sich denn auch eher wegen des prachtvollen Panoramas, das man vom dortigen *Çay Bahçesi* (Teegarten) genießen kann.

Blick auf Antakya vom Burgberg

Vorort Harbiye

Der schon mehrmals genannte und 9 km südlich von Antakya gelegene Vorort **Harbiye** war aufgrund seines Apollon-Heiligtums in der Antike ein beliebter Festhain, wo schon zu Zeiten der Seleukiden am (nicht mehr vorhandenen) Apollontempel orgiastische Bacchanalien zu Ehren des Gottes abgehalten wurden. Ein uralter Mythos begründete und befeuerte derartige Exzesse, denn um den Namen *Daphne* (aus dem Griechischen, „Lorbeerbaum", türk. *defne*) rankt sich der in der Antike weithin bekannte Topos der gleichnamigen Nymphe, die vor den Nachstellungen des Apollon flieht.

Ausgangspunkt der dramatischen Liebesgeschichte ist ein Streit zwischen Apollon und Eros. Letzterer wird von dem pfeilkundigen Apollon wegen seiner Schießkünste verspottet, woraufhin der geflügelte Liebesgott zwei seiner berüchtigten Pfeile abschießt. Der erste ist goldener Art – also die Liebe befeuernd – und trifft Apollon selbst; der zweite ist aus Blei – also die Liebe verscheuchend – und trifft Daphne, die Tochter des Flussgottes Peneios. Die Nymphe flieht daraufhin jede Nähe zu Männern, während Apollon nicht anders kann, als in ihr den Inbegriff der Schönheit zu sehen. Als die Flucht vor dem nahenden Gott der Musen aussichtslos wird, fleht Daphne ihren Vater an, ihr die schöne Gestalt zu nehmen, die sie als Ursache der verhassten Nachstellung begreift. Der Vater tut was er kann und verwandelt seine Tochter noch gerade rechtzeitig in einen Lorbeerbaum. Die Liebe des Apollon ist damit aber keineswegs erloschen; er erhebt den Lorbeer zum Symbol seiner Göttlichkeit und windet sich den Lorbeerkranz um das Haupt – ein Symbol des Sieges, das bekannterweise olympische Sieger und später jene römischen Imperatoren kränzte, die einen Triumphzug erhielten.

Auch heute noch sind die in einem Tal **(Cennet Vadısı)** geschützten Lorbeerbäume und Zypressenhaine samt ihrer kleinen Wasserfälle **(Şelale)** beliebte Ausflugsziele für sonntägliche Picknicks. Wer länger bleiben will – viele syrische Touristen erfreuen sich der opulenten Trink- wie Essgelage des Ferienortes –, findet ein reiches Hotel- und Restaurantangebot vor.

Anfahrt Gute Dolmuşverbindungen von Antakya.

Wasserfall bei Harbiye

St Simeon Manastırı bei Antakya

Kloster Simeon Stylites

Ein weiteres interessantes – wenngleich nur für Selbstfahrer zu erreichendes – Ausflugsziel ist das rund 20 km entfernte *Simeon Stylites Kloster* **(Simon Manastırı)**.

Stylites (griech. *stylos* = die Säule) war der Beiname zweier Asketen, die dadurch berühmt wurden, weil sie einen Großteil ihres Lebens auf einer Säule verharrten. *Simeon der Jüngere* (521–592) kopierte dabei anscheinend sein Idol, der als *Simeon der Ältere* (um 390–459) in Syrien durch mehrere extreme Bußübungen für Furore gesorgt hatte. Unter anderem soll er sich während der Passionszeit für 40 Tage einmauern haben lassen – ohne Nahrung, versteht sich, und das gleich 28 Jahre hintereinander. Als ihm der Trubel um seine Person zu groß wurde, bestieg er schlussendlich eine 18 Meter hohe Säule, auf der er angeblich 30 Jahre verbrachte. Nahrung reichte man ihm einmal pro Woche über einen Korb. Nach seinem Tod wurde rund um die Säule, die auf einem Berg nahe der syrischen Stadt Aleppo stand, im Jahre 490 ein Kloster errichtet, das seinen Namen trug.

Die Biographie des „Styliten" Simeons des Jüngeren zeigt große Parallelen. Auch er verbrachte einen Großteil seines Lebens als „Säulenheiliger", wählte dafür allerdings die Einöde des Bergrückens Samandağ nahe Antiochia. Dort fastete er Jahrzehnte auf einer Säule, um die nach seinem Tod ebenfalls ein Kloster sowie drei Kirchen entstanden.

Heute liegen diese archaisch anmutenden Ruinen, darunter auch der etwa vier Meter hohe Stumpf der Säule, in der weltentrückten Einsamkeit nahe Karaçay. Von der Klosterhöhe genießt man einen herrlichen Blick über das umliegende Hügel- und Bergpanorama.

Anfahrt Zunächst Richtung Samandağ, nach ca. 15 km (direkt nachdem man den Flecken Karaçay und die beiden (!) folgenden Brücken überquert hat) links abzweigen, dann auf einer kurvigen kleinen Straße noch gut 6 km; ausgeschildert.

Praktische Infos Antakya

Touristeninfo (Turizm Danışma) Vali Ürgen Parkı (in einem Pavillon ca. 400 m nördlich der Altstadt), Tel. 2166098, Mo–Fr 9–17 Uhr (zur Zeit der Recherche allerdings nicht besetzt).

Vorwahl: 0326. **Post:** Atatürk Caddesi (nahe Ata Köprüsü).

Wechselstuben (Döviz) u.a. Inönü Caddesi.

Busterminal (Otogar) An der Straße nach Iskenderun, 5 km nördlich des Zentrums (Dolmuş zum/vom Zentrum); Verbindungen in alle größeren Städte.

Unterkunft

- **Antik Beyazıt Hotel,** Hükümet Caddesi 4, Tel. 2162900, www.antikbeyazitoteli.com. Restaurierter alter Konak von 1903 mit schönen Balkonen und Balustraden direkt im Altstadtzentrum. Gediegene, geschmackvolle Inneneinrichtung, Minibar, Internet, AC. DZ/F 80 €.
- **Mozaik Hotel,** Istiklal Caddesi 18, Tel. 2155020, www.mozaikotel.com. Ebenfalls zentral, nette Inneneinrichtung mit viel Holz- und Mosaik-Dekors. DZ/F 35 €.
- **Divan Hotel,** Istiklal Caddesi 62, Tel. 2151518. Einfaches, aber sauberes Billighotel mit hellen Zimmern. DZ 20 €.

Essen und Trinken

- **Antik Han,** Hürriyet Caddesi 17/1, Tel. 2141716, www.antikhan.com.tr; großes, bekanntes Restaurant mit schönem Innenhof und guter türkischer Küche.
- **Haysim Anadolu Restaurant,** Hürriyet Caddesi 30/A, Tel. 2153335. Eines der besten Restaurants der Stadt, deshalb nicht gerade billig; schönes, restaurierte Konak-Gebäude mit hübschem Innenhof. Mezeler, Fleisch- und Fischspezialitäten.
- **Antakya Evi,** Silahlı Kuvvetler Caddesi 3, Tel. 2141350. Sympathisches Restaurant mit gediegener Holzeinrichtung und angenehmem musikalischen Hintergrund im 1. Stock eines historischen Hauses. Kebap, Mezeler, Suppen- und Reisgerichte – das ganze erfreulich preiswert. Nette Atmosphäre, empfehlenswert!
- **Restaurant Nuri,** Hürriyet Caddesi 9; einfaches, aber schmackhaftes Schnellrestaurant – Kebap, Döner usw.
- **Lotus Kitapevi Café,** Şinası Sokak 2 (im 2. Stock); nettes Café mit türkischer Musik und urig-studentischer Atmosphäre und bequemen Sesseln; billig.
- **Ehlikeyif Nargile Café,** Istiklal Caddesi 81; für Nargile, Tavla und Çay eine gute Adresse im Norden der Altstadt.
- **Antiochia Pub,** Hürriyet Caddesi 29; zwar kein Nightlife-Renner, aber für ein oder zwei Bier am Abend eine zentrale Adresse

Einkaufen **Şenay,** Hükümet Caddesi 1; kleiner Souvenirladen nahe dem Antik Beyazıt mit einer hübschen Auswahl von Ketten, Vasen und kleinen Figuren/Statuetten. – Wer nachrichtentechnisch wieder einigermaßen auf den neuesten Stand kommen will, findet hier internationale Zeitschriften: **Serah Kirtasiye,** Hürriyet Caddesi 15/C.

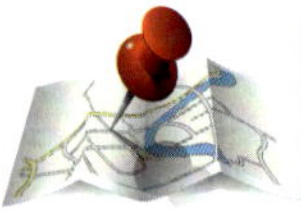

Bitte schreiben oder mailen Sie (verlag@rkh-reisefuehrer.de), wenn sich in der Türkei Dinge verändert haben oder Sie Neues wissen. Wir beantworten jede Zuschrift. Danke!

ANHANG

SPEISEKARTE, GLOSSAR, WÖRTERBUCH, LITERATUR

Anhang

Der Autor

Manfred Ferner, Jahrgang 1955, studierte Anglistik und Philosophie an der Universität Düsseldorf. Seine ausgedehnten Reisen führten ihn unter anderem durch viele islamische Länder zwischen Marokko und Bangladesch. Die Türkei bereiste er mehrfach, so dass er u.a. für deutsche Firmen einen kulturellen Leitfaden für in der Türkei arbeitende Expatriates erstellte.

Seit 1995 begann er, für verschiedene deutsche Verlage Reiseführer zu schreiben, wobei er sich zunehmend auf die Türkei spezialisierte. So entstanden nicht nur ein „Kulturschock Türkei", sondern auch mehrere Bücher über Istanbul und die Türkische Mittelmeerküste. Heute ist er als freier Reisejournalist und interkultureller Berater tätig.

Danksagung und Bildnachweis

Der Türkischen Botschaft in Berlin sowie dem Presse- und Informationsamt der Türkischen Republik sei hiermit für die wiederholt bereitwillig gewährte Unterstützung ausdrücklich gedankt.

Alle Bilder – soweit nicht anders vermerkt – stammen von Manfred Ferner/Jihye Kim.

Alle Karten © Reise Know-How Verlag H. Hermann

Helmut Hermann: S. 164, 167

Türkisches Kultur- und Tourismusministerium, Ankara: S. 2/2, 5, 11, 59, 182, 329

© **iStockphoto.de** (Bildnr./Urheber, Mitgliedsname - wie angegeben): **Titelbild** (3607195 / Vitaly Titov, vitalytitov), S.5/Titelei (9867870 / Pasticcio), S. 25 (12725600 / Burak Demir, burdem), S. 26 (2098537 / syagci), S. 28 (11126491 / Günay Mutlu, gmutlu), S. 35 (296790 / Patrick Roherty, plrphoto), S. 37 (8785266 / Olga Galinka, OlgaLagutina), S. 49 (8685033 / Viacheslav Khmenlnytskyi, slava296), S. 41 (3569754 / Sergey Mostovoy, azgek), S. 42 (8433659 / Elif Eren, eliferen), S. 45 (8323001 / Duncan Walker, duncan1890), S. 54 (8177543 / Selahattin Gezer, dadasselo), S. 56 (8721085 / doga yusuf dokdok), S. 57 (12086396 / Ivan Bliznetsov, Bliznetsov), S. 60/61 (6769770 / faraways, iariturk), S. 70 (12380685 / Peter Tump, petertmp), S. 84 (5684152 / Sadık Güleç, sadikgulec), S. 90 (3487233 / murat Şen, Lebazele), S. 93 (11863451 / bahadir derici), S. 105 (13838514 / syolacan), S. 107 (4310669 / syagci), S. 114 (10243680 / Sadık Güleç, sadikgulec), S. 121 (6598999 / Sadık Güleç, sadikgulec), S. 122 (11309359 / Cornelia Pithart, Copit), S. 125 (3837957 / yusuf anil akduygu, anilakduygu), S. 133 (7574292 / fighterpilot), S. 140 (6360872 / sumbul), S. 153 (8782461 / Okan Metin, molibra), S. 158 (5023568 / Zeynep Mufti, ZeynepOzturk), S. 163 (4416464 / Zeynep Mufti, ZeynepOzturk), S. 168 (12388011 / Ihsan Gercelman, igercelman), S. 172 (11070760 / Elena Shchipkova, Lenorlux), S. 174 (2108512 / cenap refik ONGAN, ongan), S. 177 (11293595 / salih dastan, yumiyum), S. 188 (13470301 / Ragip Candan, 001abacus), S. 194 (3607195 / Vitaly Titov, vitalytitov), S. 201 (9474898 / syagci), S. 202 (3964191 / Tulay Over, AskinTulayOver), S. 207 (13322628 / syagci), S. 212 (3878709 / BMPix), S. 225 (10272190 / yusuf anil akduygu, anilakduygu), S. 230/231 (5882844 / Vladimir Khirman, karambol), S. 236 (4916197 / Nicky Jacobs, nickyj), S. 244 (10194163 / doga yusuf dokdok), S. 252/253 (10860081 / Leonid Anfimov, jordano2000), S. 257 (12173049 / Alexey Stoyanov, AlexeyStoyanov), S. 274 (6499054 / Arkaduisz Kupiec, arway), S. 290 (11181127 / Niko Guido, 1001nights), S. 295 (12947867 / Danish Khan, danishkhan), S. S. 297 (8877452 / Svetlana Tikhonova, svetico), S. 300 (12434193 / Mehemet Salih Guler, salihguler), S. 308/309 (1074828 / Svetlana Tikhonova, svetico), S. 312 (cenap refik ONGAN, ongan), S. 326 (9537564 / syagci)

© **fotolia.com** (Bildnr./Urheber, Mitgliedsname - wie angegeben): vordere Umschlagklappe / Einklinker Relieflandkarte Türkei (10064937 / Aric Ocean), S. 332 (4889280 / Faraways)

Public Domain (gemeinfrei/weltweit). a) Die Bild- oder Mediendatei ist gemeinfrei, weil ihre urheberrechtliche Schutzfrist abgelaufen ist. Dies gilt für Staaten mit einer gesetzlichen Schutzfrist von 70 bzw. 100 Jahren oder weniger nach dem Tod des Urhebers.: S. 47, 48, 62. b) Bild- oder Mediendatei wurde von ihrem Urheber zur uneingeschränkten Nutzung freigegeben: S. 72, 319.

Türkische Speisekarte [eine Auswahl]

Kahvaltı [Frühstück]

(besteht i.d.R. aus Schafskäse, Oliven, Tomaten, Honig, Konfitüre, ein gekochtes Ei und viel helles, frisches Weizenbrot)

Mezeler [Vorspeisen]

Beyaz Peynir – Schafskäse
Biber Dolması – gefüllte Paprika
Börek – Blätterteig bzw. Pastetenvariationen
Cacık – Joghurt mit Dill, Knoblauch und Salatgurke
Domates Dolması – gefüllte Tomaten
Gözleme – würzig gefüllter Pfannkuchen aus an Blätterteig erinnerndem, papierdünn ausgerolltem *yufka*-Teig
Humus – Kichererbsenpüree
Lahmacun – türkische Pizza (wird in 2–3facher Ausführung auch als Hauptessen angesehen)
Midye Dolması – gefüllte Muscheln
Muhamarra – Walnusspaste
Patlıcan Kızartması – gebratene Auberginen
Pastırma – Dörrfleisch mit Knoblauch u.a. Gewürzen
Pilav – Reisbeilage
Salata (Fasulye, Piyaz, Domates) – Salat (Bohnen, Zwiebeln, Tomaten)
Sarma – gefüllte Weinblätter
Yumurtular – Eierspeisen
Zeytin – Oliven

Çorbalar [Suppen]

Domates Soğan Çorbası – Tomaten-Zwiebelsuppe
Ezo Gelin – Linsensuppe mit Pfefferminze
Işkembe Çorbası – Kuttelsuppe
Tarhana Çorbası – Joghurtsuppe mit Tomaten und Zwiebeln
Tutmaç Çorbası – Nudelsuppe
Yayla Çorbası – Reissuppe mit Yoghurt und Ei
Yoğurt çorbası – (oft) heiße Yoghurtsuppen mit Reis oder zerstoßenem Getreide

Etler [Fleischgerichte]

Adana Kebabı – Hackfleischspieß
Ali Nazık – Auberginenpüree mit Hackfleisch
Çerkeş Tavuğu – „Tscherkessenhuhn", in Paprikasoße serviert
Döner Kebap – ins Brot geschnetzelte Fleischstreifen, als Imbiss mittlerweile international
Elbasan tavası – Lammbraten mit Yoghurtsoße
Iskender Kebabı – Hackfleisch in Yoghurtsoße
Kebap – geröstetes Hackfleisch
Köfte – Hackfleischbällchen bzw. -klöße
Koyun Eti – Hammelbraten
Kuzu Eti – Lammgericht
Kuzu Kapaması – Lamm-Frikassee
Pirzola – Lammkotelett
Şiş Kebabı – Kebap-Spieß
Tavuk Döner – Hähnchenstreifen ins Brot geschnetzelt

Sebze [Gemüsebeilagen]

Domates – Tomaten
Fasulye – Bohnen
Kabak – Zucchini
Patates – Kartoffeln
Patlıcan – Auberginen
Piyaz Salatası – Salat mit weißen Bohnen und Zwiebeln

Balıklar [Fischgerichte]

Barbunya – Barbe
Çipura – Goldbrasse
Dil Baliği – Zungenfisch
Gumüç – Silberfisch
Hamsi – beliebter Schwarzmeerfisch, Sardelle
Istakoz – Hummer
Kalkan – Steinbutt
Karagöz – Geissbrasse
Karides – Garnelen
Kılıç – Schwertfisch
Kırlangıç – Roter Knurrhahn
Levrek – Seebarsch
Lipsos – Roter Drachenkopf
Lüfer – Blaufisch
Mercan - Rotbrasse
Mersin – Stör
Palamut – Bonito, Thunfisch
Sardalya – Sardine
Sinarit – Zahnbrasse
Uskumru – Makrele

Tatlılar [Dessert und Süßes]

Baklava – süßer Blätterteig bzw. honigübergossener Mandelkuchen mit Nüssen oder Pistazien
Güllaç – beliebte Süßspeise aus Blätterteig
Incir – Feige
Keşkül – Mandeldessert
Sade Lokum – türkischer Honig
Sütlaç – Reispudding

Brot

Ekmek – weißes, baguetteähnliches Weizenbrot
Pide – flaches Fladenbrot

Getränke [ohne Alkohol]

Ayran – leicht gesalzenes Yoghurtgetränk
Çay – schwarzer Tee, als *fincan* (Tasse) oder *bardak* (Tulpenglas)
Elma Çayı – Apfeltee, beliebt bei Touristen
Kahve – Kaffee (entweder türkischer Mokka, s.u., oder Nescafe (Pulverkaffee)
Limonata – Limonade
Meyva Suyu – Fruchtsaft
Maden Suyu – Mineralwasser
Oralet Çayı – Orangentee
Salep – gegorene Milch mit Zimt und Gewürzen
Şalgam – heißes, recht scharfes Karottengetränk
Su – Wasser
Türk Kahvesi – Türkischer Mokka

Mit Alkohol:

Bira – Bier (türkische Sorten *Efes* oder *Tekel*)
Rakı – Anisschnaps, auch als *Aslan sütü* – „Löwenmilch" – bezeichnet, bis 50%
Şarap – Wein, z.B *Doluca* (*kırmızı şarap* = Rotwein, *beyaz şarap* = Weißwein)

Glossar

Aleviten (türk. Alevi – „Anhänger Alis") Eine an der sogenannten Schia ausgerichtete Religionsgemeinschaft, welche die fünf „Säulen" (Prinzipien) des sunnitischen Islam ablehnt und folglich seit Jahrhunderten in einem offenen oder latenten Spannungsverhältnis zu diesem steht. Die Aleviten sind mit ca. 20% an der Gesamtbevölkerung nach den Sunniten die zweitgrößte Religionsgemeinschaft der Türkei.

Allah (arab. „Der Gott") Name des einen, allwissenden und allmächtigen Gottes, dem sich der Mensch durch Hingabe (Islam) zu überantworten hat

Apsis Meist halbrunde Altarnische als Abschluss des Kirchenraums

Äquadukt (lat.: „Wasserleitung") in der römischen Architektur leicht abfallende, brückenähnliche Bogenkonstruktion zur Leitung des Wassers

Arkade Bogen

Bay (türk. „Herr") Respektvolle Bezeichnung eines (fremden) Mannes, die sich als Anrede vor dem Namen befindet, z.B. *Bay Turgut* (Herr Turgut). Das Wort wird außerdem neben *erkek* (ebenfalls „Mann") für den Hinweis auf die Toilette für Männer benutzt.

Bayan (türk. „Frau, Dame") Diese allgemeine, respektvolle Bezeichnung für eine (fremde) Frau wird ebenfalls vor dem Namen als Anrede benutzt, z.B. *Bayan Elif* (Frau Elif). Das Wort verweist auch neben *kadın* (ebenfalls „Frau") auf die Toilettenräume für Frauen.

Bedesten (türk.) Überdachter Markt, Markthalle, oft als Teil des Bazars

Bouleuterion Rathaus/Versammlungshaus

Caddesi (türk.) Straße

Cami (arab./türk. „Moschee") Im Gegensatz zur kleineren *Mescit* die Moschee, in der das wichtige Freitagsgebet *(Cuma Namazı)* abgehalten wird.

Çarşaf („Betttuch, Umhang") Als traditionelles Kleidungsstück der Frau ein weiter, über Kopf und Schultern getragener, meist schwarzer Überwurf. Die durchaus noch vorkommenden „Ganzkörperumhänge" werden auch als *Çador* bezeichnet. Frauen, die die Hände nicht freihaben, halten oft den Zipfel des Umhangs mit den Zähnen vors Gesicht.

Derwisch Mitglied eines islamischen Ordens, darunter auch der berühmte Konvent der „Tanzenden Derwische" in Konya (Mevlana-Orden)

Divan Osmanischer Staats- und Ministerrat, der im gleichnamigen Gebäude unter Führung des Sultans bzw. des Großwesirs tagte

Dolmuş (türk. „gefüllt, voll") Kleinbus im Regional- und Stadtverkehr, der immer eine bestimmte Strecke abfährt, wo man überall zu- bzw. aussteigen kann

Dorisch (griech.) In der Architektur ein griechischer Säulentyp mit einfachem, schmucklosem Kapitell (vgl. ionisch, korinthisch)

Eklektisch In der Kunstgeschichte (oft abwertend) gebrauchter Begriff für die Vermischung verschiedener historischer Stilrichtungen

Erkek (s. Bay)

Fayence Fliesendekoration der Moscheen

Geçekondu (türk. „über Nacht erbaut") Nach einem alten überlieferten islamischen Grundsatz darf niemandem sein über Nacht gebautes Dach über dem Kopf eingerissen werden. Die an den Peripherien der großen türkischen Städte auf öffentlichem Land entstandenen *Geçekondu*-Siedlungen (Barrackensiedlungen) haben keine Rechtsbasis in der modernen Türkei, sind also eigentlich illegal. In der Praxis werden sie aber aufgrund des obigen Grundsatzes von den Behörden meist geduldet und später anerkannt. Die Geçekondu-Siedlungen haben die Einwohnerzahl der Großstädte im Zuge der Landflucht erheblich steigen lassen.

Ghasi (arab./türk.) Ehrentitel türkischer Fürsten oder Edelleute, die sich historisch als Frontkämpfer gegen die Ungläubigen ansahen. Auch Mustafa Kemal Atatürk wurde dieser Ehrentitel verliehen.

Göbektaşı (türk.) Die beheizte Marmorplatte im Zentrum des türkischen Bads, auf die man sich zum Entspannen bzw. für die Massage legt.

Hamam Türkisches Bad

Han (türk.) In historischer Zeit Herberge für Händler, außerhalb der Städte entlang der Handelsstraßen auch als *Kervansaray* (Karawanserei) bezeichnet.

Harem (arab./türk.) Bezeichnet a) den den Frauen vorbehaltenen Bereich des traditionellen türkischen Hauses sowie b) die dort lebende(n) Ehefrau(en)

Hippodrom (griech.) Pferderennbahn

Ikonoklasmus (griech.) Bilderfeindlichkeit; im 8./9. Jahrhundert in Byzanz die Phase des Bilderstreits, nach der man Personendarstellungen in Kirchen ablehnte (Gegensatz: Ikonodulismus)

Imam (arab./türk. „Vorsteher") Hoher islamischer Geistlicher, der der Gemeinde beim wichtigen Freitagsgebet vorsteht (Vorbeter). Die türkischen Imame werden staatlich ausgebildet und bezahlt. Die früher üblichen Eheschließungen durch den Imam sind heute in der säkularen Türkei ungültig und durch die standesamtliche Ehe ersetzt worden.

Ionisch (griech.) Griechischer Säulentyp, dessen Kapitell mit Voluten (Einrollungen) geschmückt ist (vgl. dorisch, korinthisch)

Islam (arab. „Ergebung in den Willen Gottes" oder auch „Hingabe an Gott") Im alltäglichen Sinne die vom Propheten Mohammed (572–632) begründete jüngste Weltreligion, die heute mit über einer Milliarde Gläubigen nach dem Christentum die zweitstärkste Glaubensgemeinde der Welt darstellt.

Janitscharen (türk. *Yeni Çeri* „Neue Truppe") Osmanische Elitetruppe, die anfänglich großenteils aus zwangsrekrutierten Christenknaben bestand, die in frühem Alter von ihren Familien getrennt und auf den Sultan eingeschworen wurden.

Jungtürken (türk. *Genç Türkler*) Teilweise revolutionäre Reformbewegung im spätosmanischen Reich (1876–1918). Die Ziele der Jungtürken waren von westlichem Gedankengut (Nationalismus, Gleichheit von Mann und Frau), aber auch Panturkismus beeinflusst.

Kadın (s. Bayan)

Kalif (arab. Chalifa „Stellvertreter") Der Kalif ist der universale politische wie religiöse Stellvertreter des Propheten Mohammed, also der Führer der Glaubensgemeinde der Muslime. Die osmanischen Sultane besaßen seit 1517 die Kalifenwürde (Kalifat), die 1924 von Kemal Atatürk durch Ausweisung des letzten Kalifen beseitigt wurde. Heute ist die Position quasi vakant.

Kapitell Der obere Abschluss einer Säule bzw. eines Pfeilers („Köpfchen")

Kervansaray Karawanenhof, s. Han

Kemalismus Gesamtpolitisches Vermächtnis und Programm Mustafa Kemal Atatürks (1881–1938) bzw. die politische Haltung, die sich an diesen Prinzipien orientiert

Keyif (türk. „Wohlbefinden, gute Stimmung") Entspricht in etwa dem Begriff „Muße" oder dem italienischen Dolce far niente („süßes Nichtstun")

Kıbla (arab./türk.) Die Ausrichtung der Gebetsrichtung gen Mekka. In jeder Moschee wird sie durch die Platzierung des Mihrab angezeigt, in dessen Richtung sich die Betenden verneigen.

Konak (türk.) historisches großes Wohn- bzw. Amtshaus eines osmanischen Würdenträgers

Koran (arab./türk. Kuran) Das heilige Buch des Islams. Der Koran stellt die durch Gott an seinen Propheten Mohammed verkündeten Offenbarungen dar. Damit ist er die unmittelbare Äußerung Gottes, also kein Menschenwerk, sondern göttliche Eröffnung. Dies erklärt die Heiligkeit und Autorität des Buches für jeden Muslim, während Mohammed als Prophet selbst nur den Status eines Menschen hat (im Gegensatz zum gottgleichen Jesus der Christen).

Korinthisch (griech.) Griechischer Säulentyp mit floraler Ornamentik am Kapitell (vgl. ionisch, dorisch)

Köy (türk. „Dorf") Das Wort, im Gegensatz zur Stadt *(şehir)*, kommt in vielen Zusammensetzungen und Ortsbezeichnungen vor.

Külliye Stiftungskomplex einer Moschee, bestehend aus Armenküche *(Imaret)*, Krankenhaus *(Darüşşifa)*, Bad *(Hamam)*, Koranschule *(Medrese)* und Stiftergrab *(Türbe)*

Kurban Bayramı (arab. Id-al-Adha „Opferfest") Das viertägige Opferfest findet zwei Monate und zehn Tage nach dem *Şeker Bayramı* (s.u.) statt und erinnert an die Ergebenheit Abrahams, der sogar bereit war, Gott seinen Sohn Isaak zu opfern. An dieses Ereignis wird durch die Opferung eines Tieres (Ziege, Schafbock) erinnert, dessen Fleisch auch an Verwandte und Bekannte verschenkt wird.

Laizismus s. Säkularismus

Levante (ital. „Sonnenaufgang"), steht allegorisch für den „Osten" und das „Morgenland"), die Mittelmeerländer östlich von Italien

Lokanta

Medrese Zu osmanischer Zeit theologische Lehranstalt für die Ausbildung islamischer Geistlicher. Die religiöse Ausbildung wird heute weitgehend durch staatliche Berufsfachschulen abgedeckt.

Mihrab Die in jeder Moschee enthaltene Gebetsnische, die die Gebetsrichtung nach Mekka (s. auch *Kıbla*) anzeigt. Oft kunstvoll verziert.

Minarett (arab.) Der mehr oder weniger schlanke Gebetsturm einer Moschee, ursprünglich zum Ausrufen des Gebetes (türk. *Ezan*) durch den Muezzin bestimmt (heute über Lautsprecher)

Mimbar (arab.) Die in den großen Moscheen neben dem Mihrab angebrachte Gebetskanzel.

Muezzin („Gebetsrufer") Er wird in der modernen Türkei vom Staat besoldet und ist heute allerorten über Lautsprecher vernehmbar

Müzesi (türk.) Museum

Mukarnas Stalaktitenförmiges Dekor in der islamischen Architektur, oft bei Moscheetoren oder auch über dem Mihrab zu erkennen

Nargile Die türkische Wasserpfeife

Narthex (griech.) Vorhalle einer Kirche. Es gibt den Exonarthex (äußere) und den Esonarthex (innere Vorhalle); sie sind dem Hauptschiff meist quer vorgelagert.

Nymphäum (griech.) Stadtbrunnen, Brunnenanlage

Odeion (griech.) In der griechischen Antike ein kreisförmiges Theatergebäude für musikalische bzw. schauspielerische Darbietungen

Orchestra (griech.) Bühne für Chor und Schauspieler im griechischen Theater

Osmanen Nach dem Gründer *Osman* benannte türkische Dynastie (1288–1922), die vom Republikgründer Atatürk beseitigt wurde. In einem weiteren Sinne alle Bewohner, die zum Osmanischen Reich gehörten.

Pantokrator (griech.) Allherscher; Darstellung von Jesus Christus

Ramadan (türk. Ramazan) Der 9. Monat des islamischen Kalenders, der Fastenmonat. Da der islamische Mondkalender insgesamt ca. 11 Tage kürzer ist als der christliche gregorianische Kalender, verschiebt sich die Zeit des Fastenmonats jedes Jahr um 11 Tage nach vorne.

Retabel Mit dem Altar verbundene, künstlerisch ausgestaltete Rückwand der Kirche

Şadırvan Der Moscheebrunnen, an dem vor dem Gebet die rituellen Waschungen vorgenommen werden

Säkularismus Trennung von Staat und Religion (auch Laizismus genannt). Die türkische Republik ist das einzige islamische Land, in dem die Trennung von Religion und Staat verfassungsmäßig verankert sind.

Şeker Bayramı (arab. Id-al-Fitr, „Zuckerfest") Das dreitägige Zuckerfest findet am Ende des Monats Ramadan (deshalb in der Türkei auch *Ramazan Bayramı* genannt) statt und ist neben dem *Kurban Bayramı* (s.o.) das wichtigste religiöse Fest, an dem vor allem Kindern Süßigkeiten geschenkt werden.

Stoa (griech.) Bildgeschmückte Säulenhalle im antiken Athen

Sultan hoher islamischer Herrschertitel, der sich im Gegensatz zum Kalifat hauptsächlich auf die weltlichen Führungsaufgaben bezieht

Sünnet (türk. „Beschneidung") Rituelle Aufnahme des ca. fünf- bis neunjährigen Knaben in die Gesellschaft der Männer durch Beschneidung der Vorhaut

Tavla beliebtes türkisches Backgammonspiel, das oft in Teehäusern und Cafés gespielt wird

Türbe Mausoleum/Grabstätte eines Sultans oder eines islamischen Würdenträgers

Valide Die Mutter des Sultans, damit die höchste und mächtigste Frau im Osmanischen Reich

Yalı (türk.) große Holzvilla am Bosporus

Kleines Wörterbuch

Das Türkische ist aufgrund seiner grammatischen und lexikalischen Andersartigkeit ein schwieriges Terrain für Anfänger. Leicht ist nichtsdestotrotz das Einüben einiger kleiner Redewendungen, deren Anwendung Ihnen Respekt und Anerkennung einbringen wird, da es Ihr Bemühen zeigt.

Einige kurze Erklärungen vorweg: das türkische Alphabet ist seit Atatürk dem westlichen Zeichensystem angepasst worden. Nur einige wenige Buchstaben kommen im deutschen Alphabet nicht vor: **ç, ğ, ş und ı.**

Im Folgenden eine Liste der Zeichen, die eine vom Deutschen abweichende **Ausspracheweise** haben:

c	stimmhaftes dsch wie in „Dschungel", also cacık (gesprochen: dschadschik = Zaziki)
ç	wie tsch in „Tschüß", also çay (tschai = Tee)
ş	wie sch in „Schlange", also şehir (schehir = Stadt)
ğ	1. Verlängerung des vorhergehenden Vokals, also dağ (gesprochen: da: = Berg) 2. steht der Buchstabe zwischen zwei Vokalen, wird er wie ein leichtes j gesprochen, also z.B. dağı (gesprochen: dajı)
ı	wie ungefähr das schnell gesprochene e in deutsch „Falle", also ein Laut zwischen dem dunklen deutschen i und ö; Achtung: das Türkische hat natürlich auch ein normales i mit Punkt über dem Strich; die Aussprache dieses i entspricht dem deutschen
j	wie der Anfangslaut des Wortes Journal
z	wird immer ausgesprochen wie das stimmhafte deutsche „s" in z.B. „Rose"

Nach diesem Mini-Aussprachkurs – alle anderen Buchstaben entsprechen weitgehend der deutschen Aussprache – können Sie sich an folgende hilfreiche Ausdrücke wagen:

Allgemeine Redewendungen

Guten Morgen	Günaydin
Hallo/Guten Tag	Merhaba/Iyi günler
Guten Abend (auch: Gute Nacht)	Iyi akşamlar
Auf Wiedersehen	
derjenige, der weggeht sagt:	Allaha ısmarladik (Aussprache: Allahsmaladik);
derjenige, der zurückbleibt sagt:	Güle güle
Danke	Teşekkür
ich bedanke mich	Teşekkür ederim
wir bedanken uns	Teşekkür ederiz
in Ordnung, stimmt so	Tamam
ja/nein	evet/hayir
es gibt/ist vorhanden	var
es gibt nicht/ist nicht vorhanden	yok
Gibt es hier eine Bank?	Burada banka var mı?
Hier gibt es keine Bank	Burada banka yok
Verzeihung	pardon
Entschuldigen Sie ... (bei einer Bitte um etwas)	Affedersiniz ...
Bitte	Lütfen
Keine Ursache	Bir şey değil
Wie geht es Ihnen?	Nasılsınız?
Mir geht es gut	iyiyim
Ich heiße	Adım

Ich komme aus Deutschland	Almanım
Ich verstehe nicht	Anlamıyorum
Spricht hier jemand Deutsch?	Burada almanca bilen var mı?
Sprechen Sie Deutsch?	Almanca bilir misiniz?
Ich möchte ...	Istiyorum
Ich möchte bitte ein Bier	Bir bira istiyorum, lütfen
groß/klein	Büyük/Küçük
Wann?/Wo?/Wohin?	Ne zaman/nerede/nereye
Wann (wo) fährt der Bus ab?	Otobüs ne zaman (nerede) kalk*yor?
Was kostet das?	Bu kaça oder: Ne kadar?
Ich suche ein gutes Hotel	Iyi bir otel arıyorum
Die Türkei ist (sehr) schön	Türkiye (çok) güzeldir

Zeitangaben

Tag – gün
heute – bugün
gestern – dün
morgen – yarın
Woche – hafta
Monat – ay
Wie spät ist es? – Saat kaç?
Es ist zwei Uhr – Saat iki
um wieviel Uhr? – Saat kaçta?

Zahlen

0 – sıfır	9 – dokuz	70 – yetmiş
1 – bir	10 – on	80 – seksen
2 – iki	11 – on bir	90 – doksan
3 – üç	12 – on iki	100 – yüz
4 – dört	20 – yirmi	102 – yüz iki
5 – beş	21 – yirmi bir	200 – iki yüz
6 – altı	30 – otuz	1000 – bin
7 – yedi	40 – kırk	2000 – iki bin
8 – sekiz	50 – elli	100.000 – yüz bin
	60 – altmış	1.000.000 – bir milyon

Gesundheit

Wo ist die nächste Apotheke?	En yakın eczane nerede?
Wo finde ich einen (Augen)arzt?	Nerede bir (göz) doktoru bulabilirim?
Ich fühle mich unwohl	Kendimi iyi hissetmiyorum

Im Auto unterwegs

Ist das die Straße nach Bodrum?	Bu Bodruma giden yol mudur?
Ich möchte ein Auto mieten	Bir otomobil kiralamak istiyorum
Ich habe eine Panne	Arabam arızalandı
Darf ich bei Ihnen telefonieren?	Sizden telefon edebilir miyim?
Wir haben einen Unfall gehabt	Bir kaza yaptık
Rufen Sie bitte die Polizei	Lütfen polis cağırın
Rufen Sie bitte einen Arzt	lütfen bir doktor cağırın
Wo ist die nächste Tankstelle?	En yakın benzin istasyonu nerede?
Gibt es hier eine Autowerkstatt?	Burada bir tamirhane var mı?

Ausgewählte Literatur

Da dem Leser hier nur ein knapp gehaltener Einstieg in die verschiedenen Bereiche türkischer Kultur und Geschichte angeboten werden kann, sei auf die weiterführenden Literaturhinweise der hier ausgewählten Werke verwiesen (in diesem Fall steht hinter dem Titel ein LH).

Geschichte des Osmanischen Reiches

- **Nicolae Jorga,** Geschichte des Osmanischen Reiches, 5 Bände, Gotha 1908–13, Reprint Darmstadt 1990; ein Klassiker für denjenigen, der sich detailliert über osmanische Geschichte informieren will.
- **Fischer Weltgeschichte Bd. 15,** Der Islam II, Frankfurt/M. 1971; zusammenfassende Darstellung der osmanischen und türkischen Geschichte (LH)
- **Wolfgang Gust,** Das Imperium der Sultane, München/Wien 1995; schwungvoll und anekdotenreich geschriebene Geschichte des Osmanischen Reiches
- **Steven Runciman,** Die Eroberung von Konstantinopel 1453, München 1990; spannende Lektüre für den, der gerade in Istanbul weilt und sich für die osmanische Eroberung der Stadt interessiert … (LH)

Geschichte und Gesellschaft der modernen Türkei

- **Çigdem Akkaya/Yasemin Özbek/Faruk Şen,** Länderbericht Türkei, Darmstadt 1998; eine umfassende geschichtliche, politische, soziologische wie auch ökonomische Darstellung der Türkischen Republik (LH)
- **Udo Steinbach,** Geschichte der Türkei, München 2000; eine knappe, aber aktuelle Darstellung der Geschichte der modernen Türkei (LH)
- **Bernd Rill,** Kemal Atatürk, Hamburg 1999; in der Reihe „Rowohlts Monographien" veröffentlichte Darstellung des Republikgründers; für eine erste Bekanntschaft mit Atatürk gut geeignet (LH)

Zur Kurdenproblematik

- **Martin Strohmeier/Lale Yalçın-Heckmann,** Die Kurden – Geschichte, Politik, Kultur, München 2000; umfassende Darstellung der kurdischen Geschichte und Kultur (LH)

Islam

- **Der Koran,** übers. von Max Henning, Wiesbaden o.J.
- **Annemarie Schimmel,** Der Islam, Stuttgart 1990; Reclam-Heftchen, das eine gute Einführung in die jüngste Weltreligion gibt (LH)
- **Bernard Lewis,** Der Atem Allahs – Die islamische Welt und der Westen/Kampf der Kulturen?, München 1998; eine Geschichte des politischen Islam und seiner Auseinandersetzung mit dem Westen
- **Andreas Meier,** Politische Strömungen im modernen Islam – Quellen und Kommentare, Wuppertal 1995; allgemeine Darstellung der Entwicklung des modernen Politikverständnisses im Islam (LH)
- **Juan Goytisolo,** Kibla – Reisen in die Welt des Islam, Frankfurt/M. 2000; eine zwischen Marokko und Zentralasien wandernde Sammlung von Reiseberichten, essayistisch im Stil und engagiert im Versuch, dem Leser die islamische „Aura" näherzubringen

Zur Kultur der Türkei allgemein:

- **Günter Seufert,** Café Istanbul – Alltag, Religion und Politik in der modernen Türkei, München 1997; ein streckenweise höchst essayistischer Diskurs über die politischen und kulturellen Identitätsprobleme der modernen Türkei (LH)
- **Barbara Yurtdaş,** Gebrauchsanweisung für die Türkei, München 1997; ein locker und humorvoll geschriebener Wegweiser durch das Alltagsleben der Türkei; verfasst aus der Sicht einer in der Westtürkei lebenden deutschen Schriftstellerin

- **Tim Kelsey,** Gesichter der Türkei, Hamburg 1999; im Gegensatz zu Yurtdaş ein eher düsteres, teilweise exzentrisches und äußerst subjektiv gehaltenes Portrait der modernen Türkei; trotzdem ein interessanter geografischer Querschnitt politisch-kultureller Probleme
- **Manfred Ferner,** Kulturschock Türkei, Bielefeld 2007; wer der schwierigen Frage nach der türkischen Identität nachspüren will und sich im Spagat der Kulturen auch für das anatolisch-konservative Denken abseits der Touristenküste interessiert, kann hier den Denkstrukturen (z.B. der viel zitierten Ehre) nachgehen, die ein besseres und tieferes Verständnis des Fremden ermöglichen
- **Fatima Mernissi,** Harem – Westliche Fantasien, östliche Wirklichkeit, Freiburg im Breisgau 2000; kritisch-amüsante, eigenwillig inszenierte Suche der marokkanischen Wissenschaftlerin nach den verborgenen Harems in Ost und West, gleichzeitig ein Versuch über das orientalische bzw. westliche Geschlechterverständnis

Kunst und Literatur der Türkei

Der berühmteste und im Westen bei weitem bekannteste türkische Gegenwartsautor ist sicherlich *Orhan Pamuk,* dem 2006 der Literaturnobelpreis verliehen wurde. Zwei seiner Werke seien hier besonders Istanbul-Reisenden empfohlen:

- **Orhan Pamuk,** Das schwarze Buch, München Wien 1995; der Held des Romans sucht im Labyrinth von Istanbul nicht nur seine verschwundene Frau, sondern auch einen Schlüssel zum Verständnis der verwirrenden kulturellen Vielfalt und Identität der Türkei
- **Orhan Pamuk,** Istanbul – Erinnerungen an eine Stadt, Frankfurt 2008; natürlich eine Hommage und Liebeserklärung an Istanbul, die Stadt, in welcher Orhan Pamuk aufgewachsen ist und gegenwärtig lebt
- Wer sich für **moderne türkische Belletristik** und ihr Jonglieren zwischen den kulturellen Welten interessiert, findet auf www.buchmesse.de/de/fbm/program/ehrengast/2010 eine gute Liste von deutschsprachigen Neuerscheinungen sowie eine kurze thematische Zusammenfassung der einzelnenThemenbereiche.
- **Yüksel Pazarkaya,** Rosen im Frost – Einblicke in die türkische Kultur, Zürich 1989; mittlerweile ein Klassiker der deutschsprachig übersetzten Einführungen in die Literatur- und Kunstgeschichte des Landes

Tradition und Mystik

- **Dschelalladdin Rumi,** Aus dem Diwan, eingel. von Annemarie Schimmel, Stuttgart 1964; Reclam-Heftchen zum Einstieg in die Sufi-Mystik vom Mevlana der tanzenden Derwische
- **Wendy Buonaventura,** Bauchtanz – Die Schlange und die Sphinx, München 1998; ein geografisch wie historisch umfassender Versuch über den „orientalischen Tanz"
- **Türkische Märchen,** hrsg. v. Adelheid Uzunoglu-Ocherbauer, Frankfurt/M. 1997; alte, höchst heitere Märchen für die Reise …

Notizen

Rad- und andere Abenteuer aus aller Welt

Edition Reise Know-How

In der Edition Reise Know-How erscheinen außergewöhnliche Reiseberichte, Reportagen und Abenteuerberichte, landeskundliche Essays und Geschichten. Gemeinsam ist allen Titeln dieser Reihe: Sie unterhalten, sei es unterwegs oder zu Hause – auch als ideale Ergänzung zum jeweiligen Reiseführer.

Abenteuer Anden – Eine Reise durch das Inka-Reich
ISBN 3-89662-307-9 · € 17,50

Afrika – Mit dem Fahrrad in eine andere Welt
ISBN 978-3-89662-522-9 · € 19,90

Auf Heiligen Spuren – 1700 km zu Fuß durch Indien
ISBN 3-89662-387-7· € 17,50

Auf und davon – Auf Motorrädern durch Europa, Asien und Afrika
ISBN 978-3-89662-521-2 · € 19,50

Die Salzkarawane – Mit den Tuareg durch die Ténéré
ISBN 3-89662-380-X · € 17,50

Durchgedreht – Sieben Jahre im Sattel
ISBN 3-89662-383-4 · € 17,50

Myanmar/Burma – Reisen im Land der Pagoden
ISBN 3-89662-196-3 · € 17,50

Odyssee ins Glück – Als Rad-Nomaden um die Welt 10 Jahre, 160.000 km und 5 Kontinente
ISBN 978-3-89662-520-5 · € 19,90

Please wait to be seated – Bizzares und Erheiterndes von Reisen in Amerika. ISBN 3-89662-198-X · € 12,50

Rad ab – 71.000 km mit dem Fahrrad um die Welt.
ISBN 3-89662-383-4 · € 17,50

Südwärts – von San Francisco nach Santiago de Chile.
ISBN 3-89662-308-7 · € 17,50

Suerte – 8 Monate auf Motorrädern durch Südamerika.
ISBN 978-3-89662-366-9 · € 17,50

Taiga Tour – 40.000 km allein mit dem Motorrad von München durch Russland nach Korea und Japan · ISBN 3-89662-308-7 · € 17,50

USA Unlimited Mileage – Abgefahrene Episoden einer Reise durch Amerika
ISBN 3-89662-189-0 · € 14,90

Völlig losgelöst – Panamericana Mexiko–Feuerland in zwei Jahren
ISBN 978-89662-365-2 · € 14,90

Die goldene Insel – Geschichten aus Mallorca
ISBN 3-89662-308-7 · € 10,50

Eine Finca auf Mallorca oder Geckos im Gästebett
ISBN 3-89662-176-9 · € 10,50

Eine mallorquinische Reise – Mallorca 1929
ISBN 3-89662-308-7 · € 10,50

Geschichten aus dem anderen Mallorca – Robert Graves
ISBN 978-3-89662-269-3 · € 12,50

„Rad & Bike"

Fahrrad Weltführer – Das Standardwerk für Fernreiseradler, 3. Aufl., 768 Seiten. ISBN 978-3-89662-527-4 · € 25,00

BikeBuch USA/Canada – 624 S., über 170 Fotos und 45 Karten
ISBN 3-89662-389-3 · € 23,50

Fahrrad Europaführer – 5. Auflage, 768 S., über 50 Karten und 280 Fotos und Abb. · ISBN 978-3-89662-386-7 · € 25,00

Das Lateinamerika BikeBuch 696 S., 92 SW- und 32 Farbfotos, 27 Karten · ISBN 978-3-89662-388-1 · € 25,00

Register A–Z

C

D

E

F

G